民事手続と当事者主導の情報収集

酒 井 博 行

民事手続と当事者主導の情報収集

学術選書
146
民事訴訟法

信 山 社

はしがき

　本書は，筆者が直近の約10年間に行った，当事者照会（民事訴訟法163条）・訴え提起前の照会（同132条の2・132条の3），および，弁護士会照会（弁護士法23条の2）に関する研究の成果をまとめたものである。

　第1部では，現在のわが国の民事訴訟で，当事者・代理人弁護士が主体的に主張や証拠の提出を行い，争点整理に関与するという，真の意味での当事者主義が必ずしも実現されていないのではないかという問題意識から，当事者主義を真の意味で実現するために整備すべきと考えられる証拠・情報の収集手続である当事者照会と訴え提起前の照会の実効化のために，現行法では設けられていない，照会に対する回答拒絶等に対する制裁を新設することにつき，当事者照会の新設時に参考とされたアメリカ法上のディスカバリ（特に質問書）の制度を再検討した結果を踏まえ，試論を提示した。

　第2部では，弁護士の受任事件につき，事件の種類や訴訟係属の有無，訴え提起の意図の有無を問わず，一般的，かつ広範に利用可能な情報収集手続である弁護士会照会につき，照会先の報告拒絶に対する制裁がない状況で報告拒絶に対処し，この制度を実効化するための手段として，照会先の報告義務の確認の訴え，および，照会先の報告拒絶が不法行為に当たるとする損害賠償請求の訴えに着目し，これらの訴えの適法性や請求認容の可能性をより広範に認めるための解釈論を提示した。

　第3部では，弁護士会照会に対する照会先の報告拒絶がなされる理由として，しばしば，照会に応じて報告した場合に，守秘義務違反等を理由として，報告に係る情報の主体から損害賠償を求められる等の恐れがあることが挙げられる現状に鑑み，照会先の報告拒絶を減少させる前提として，照会に対する報告を理由として照会先に対して損害賠償請求の訴えが提起された事案に係る従来の公刊判例・裁判例を分析し，いかなる場合に報告に係る照会先の損害賠償責任が認められるのかという点を明らかにすることを試みた。

はしがき

　本書では，第1部では当事者照会・訴え提起前の照会，第2部・第3部では弁護士会照会という，それぞれ異なる制度を扱い，また，検討の内容も，第1部は立法論，第2部は解釈論，第3部は判例・裁判例の分析というように，それぞれ異なっている。しかし，本書にまとめた研究に通底する筆者の問題意識は，情報の要求，および，それに対する応答の段階では裁判所が関与することが予定されていないという意味で当事者主導型の情報収集手続として評価できる，当事者照会・訴え提起前の照会・弁護士会照会をどのようにしてより実効的な制度としていくべきであるかというものである。

　本書で提示した結論を若干先取りして述べると，筆者は，当事者照会と弁護士会照会については，情報の提供につき，情報を要求する者と情報を保持する者との間で紛争が生じた場合に，裁判所が介入して情報提供の可否を判断するという可能性を提示している。しかし，このことは，当事者照会や弁護士会照会を裁判所主導型の手続とすることを意味しない。すなわち，筆者の議論は，これらの制度での情報の要求，および，それに対する応答の段階はあくまでも裁判所を介さずに行うという基本構造を維持しつつ，情報提供の可否につき紛争が生じた場合にのみ裁判所が介入することを想定している。そして，これらの制度で正当な理由なく情報の提供がなされない場合には裁判所の介入の可能性が控えていることを通じて，当事者照会では紛争当事者間で，また，弁護士会照会では紛争の一方当事者と第三者との間で自発的な情報提供が促進されることを目指している。まとめると，筆者の議論は，当事者照会や弁護士会照会を裁判所主導型の手続として最初の段階から裁判所に頼るのではなく，自発的な情報提供がなされない場合に，いわば裁判所の助けを借りる形で，紛争当事者間，ないし紛争の一方当事者と第三者の間での自発的な情報提供を促進し，ひいては制度の実効化を図ることを目指している。

　もっとも，このような筆者の意図が成功しているか否かについては，はなはだ心もとないが，本書での議論に対する忌憚のないご指摘・ご批判等を賜ることができれば幸いである。

　筆者が研究の道を志してから本書の刊行に至るまで，多くの方々にご指導を賜り，お世話になった。その全ての方々のお名前を挙げることは叶わないが，

はしがき

紙幅の許す限りで，この場を借りてお礼を申し上げさせていただきたい。

まず，川嶋四郎先生（同志社大学教授）に，心よりお礼を申し上げたい。川嶋先生との本格的な関わりは，筆者が民事訴訟法を深く学ぼうと考え，九州大学法学部4年生の時に民事訴訟法演習への参加をお許しいただいたことから始まった。そして，大学院に進学してからは，指導教員として大変お世話になり，現職に就いてからも，本書の刊行をはじめとして，様々な折にご指導を賜り，また，励ましていただいている。

次に，九州大学法学部・大学院法学府在学時に様々な形でご指導いただいた，和田仁孝先生（早稲田大学教授），山本顯治先生（神戸大学教授），黒木和彰先生（福岡県弁護士会），曽野裕夫先生（北海道大学教授），仁木恒夫先生（大阪大学教授），八田卓也先生（神戸大学教授），民事訴訟法専攻の先輩としてお世話になった，宮永文雄先生（広島大学教授），上田竹志先生（九州大学教授），園田賢治先生（同志社大学教授），濵田陽子先生（岡山大学准教授），民事手続研究会（九州大学）・福岡民事訴訟判例研究会（福岡地方裁判所・九州大学）でご指導いただいた，吉村徳重先生（九州大学名誉教授）をはじめとする民事手続法研究者や実務家の先生方，および，日本法社会学会九州支部研究会でご指導いただいた先生方に，心よりお礼を申し上げたい。

北海学園大学法学部への着任後は，民事訴訟法担当の先任教員であった故・池田粂男先生（北海学園大学名誉教授）をはじめとする同僚の先生方に色々と助けていただき，研究・教育・校務を行うことができている。改めて，心よりお礼を申し上げたい。

そして，札幌では，民事法研究会（北海道大学）・札幌民事実務研究会（札幌地方裁判所）・札幌倒産法研究会（札幌地方裁判所）をはじめとする場で，高見進先生（北海道大学名誉教授），町村泰貴先生（成城大学教授），山木戸勇一郎先生（北海道大学准教授），栗原伸輔先生（北海道大学准教授），伊藤隼先生（北海道大学准教授），稲垣美穂子先生（北海学園大学准教授）をはじめ，多くの民事法研究者や実務家の先生方よりご指導いただき，また，法理論研究会（北海道大学）では，基礎法学研究者の先生方よりご指導いただいている。改めて，心よりお礼を申し上げたい。

はしがき

　本書の刊行は，信山社出版株式会社にお引き受けいただいた。筆者のような者の研究成果を研究書として刊行することをお引き受けいただいたことについて，袖山貴氏・稲葉文子氏をはじめ，同社の皆様に心よりお礼を申し上げたい。また，本書の編集をはじめとする諸作業については，同社の今井守氏に大変お世話になった。改めて，心よりお礼を申し上げたい。

　また，本書の基礎となった論稿につき，本書への収録を快諾していただいた，北海学園大学法学会，および，北海学園大学法学部50周年記念論文集編集委員会に，改めて，心よりお礼を申し上げたい。

　最後に，パートナーの利佳をはじめ，筆者が私生活でお世話になっている全ての方々に，心よりお礼を述べさせていただくことをお許しいただきたい。

　　2018年10月

　　　　　　　　　　　　　　　　　　　　　　　　　　酒　井　博　行

＊本書は，JSPS科研費　JP18HP5138の助成を受けたものである。
＊本書の第1部は，平成20年度北海学園学術研究助成金（一般研究）「米国連邦民事訴訟規則ディスカバリ手続における開示不履行等に対する制裁手続に関する基礎研究」による研究成果の一部である。

〈目　次〉

はしがき (v)

◆序　当事者主導の情報収集手続の実効化 …………………… 3

- 問題の所在 … (3)
- 本書の構成 … (6)

◆第1部◆
当事者主義的民事訴訟運営と当事者照会の実効化

◆第1章　問題の所在 ……………………………………… 11

◆第2章　当事者主義的訴訟運営の基盤としての証拠・情報の収集手続の実効化―当事者照会の改革に焦点を当てて― … 15

- 第1節　当事者主義的訴訟運営への移行の必要性―争点整理手続に焦点を当てて― …………………………………… 15
  - 第1款　争点整理手続の現状―裁判所主導型訴訟運営― ……… (15)
  - 第2款　争点整理手続における当事者主義的訴訟運営への移行の必要性 ……… (19)
- 第2節　当事者主義的争点整理手続における当事者・代理人弁護士，裁判所の役割・権限・責任 …………………… 26
  - 第1款　当事者主義的争点整理手続における裁判所の役割・権限・責任 ……… (26)
  - 第2款　訴訟資料提出過程における裁判所の管理的権限と当事者自立支援的権限 ……… (29)

目 次

◆ 第3節　当事者主義的民事訴訟運営と実体的正義・手続的正義,
　　　　手続保障 ……………………………………………………… 39

◆ **第3章　日本民事訴訟法における当事者照会・訴え提起前の
　　　　　照会とその問題点** ……………………………………… 49

- 第1節　当事者照会・訴え提起前の照会の立法経緯 ………… 50
- 第2節　理念・根拠 …………………………………………… 58
- 第3節　要　件 ………………………………………………… 61
  - 第1款　照会の主体・相手方 ……… (61)
  - 第2款　照会の時期 ……… (63)
  - 第3款　照 会 事 項 ……… (65)
  - 第4款　照会除外事由 ……… (67)
  - 第5款　照会の方法 ……… (70)
- 第4節　回　答 ………………………………………………… 73
  - 第1款　回 答 義 務 ……… (73)
  - 第2款　回答の方法 ……… (75)
  - 第3款　不当な回答拒絶・虚偽回答の効果 ……… (76)
- 第5節　問 題 点 ……………………………………………… 82
  - 第1款　当事者照会・訴え提起前の照会の利用状況・課題 ……… (82)
  - 第2款　日本弁護士連合会による当事者照会改革の提案 ……… (88)
  - 第3款　民事訴訟法改正研究会による当事者照会の改正提案
　　　　 ……… (92)

◆ **第4章　アメリカ連邦民事訴訟規則における質問書** ………… 95

- 第1節　目　的 ………………………………………………… 98
- 第2節　質問書の利点と難点 ………………………………… 99
- 第3節　質問書に服する者 …………………………………… 100
- 第4節　質問書における質問数 ……………………………… 101
- 第5節　質問書により入手可能な情報等の範囲 …………… 103
  - 第1款　前提─必要的ディスクロージャー─ ……… (103)

第 2 款　質問書により入手可能な情報等の一般的範囲 ……… (105)
　　　第 3 款　identification interrogatories ……… (108)
　　　　　　1　証人の身元や所在等 (108)
　　　　　　2　証言をなす予定の専門家証人の氏名等 (108)
　　　　　　3　文書，有体物等の存在，所在，表示など (109)
　　　第 4 款　contention interrogatories ……… (109)
　　　　　　1　事実，事実への法の適用に関連する他の当事者の
　　　　　　　　意見・主張 (109)
　　　　　　2　質問書を送付した当事者の知見の範囲内にある
　　　　　　　　事実，両当事者に等しく入手可能な事実 (110)
　　　　　　3　他の当事者の主張の根拠に関連する事実 (111)
　　　　　　4　保険の担保範囲 (112)
　　　　　　5　損害賠償に関連する質問 (112)
　　　　　　6　contention interrogatories として許容されない
　　　　　　　　場合―純粋に法的な事項に関する質問― (113)
　　　第 5 款　質問書に対する制限 ……… (114)
　　　　　　1　秘　匿　特　権 (114)
　　　　　　2　ワーク・プロダクト (114)
　　　　　　3　証人とならない専門家の知る事実，意見 (115)
　　　　　　4　企業秘密，内密の情報 (116)
◆ 第 6 節　質問書を送付可能な時期等 ………………………………… 116
◆ 第 7 節　質問書への回答 ……………………………………………… 119
　　第 1 款　回答の義務と様式 ……… (119)
　　第 2 款　回答によって情報を提供する義務 ……… (119)
　　第 3 款　回答を行う者 ……… (120)
　　第 4 款　業務記録の提出 ……… (122)
　　第 5 款　回答の時期 ……… (124)
　　第 6 款　回答の補充・訂正義務，回答の撤回または修正 ……… (124)
　　第 7 款　回答の利用および効果 ……… (125)
　　第 8 款　質問書への回答の懈怠 ……… (125)

目　次

◆　第 8 節　質問書に対する異議 …………………………………… 126
　　第 1 款　概　説 ……… (126)
　　第 2 款　異議の根拠 ……… (128)
　　第 3 款　異議の放棄 ……… (132)
◆　第 9 節　保 護 命 令 ……………………………………………… 133

◆　第 5 章　質問書への回答の懈怠等に対する制裁 ……………… 135

◆　第 1 節　強 制 命 令 ……………………………………………… 136
　　第 1 款　概　要 ……… (136)
　　第 2 款　強制命令の申立てに関する手続的要件 ……… (137)
　　　　1　一　般 (137)
　　　　2　申立ての期限 (138)
　　　　3　協議または協議の試みに関する確証の要求 (141)
　　第 3 款　強制命令の申立てに対する判断 ……… (146)
　　　　1　強制命令に関する判断の際に裁判所が考慮すべき
　　　　　　要素 (146)
　　　　2　費用償還の制裁 (149)
◆　第 2 節　強制命令の不遵守を理由とする制裁 ………………… 154
　　第 1 款　概　要 ……… (154)
　　第 2 款　制裁の申立てに関する手続的要件 ……… (156)
　　第 3 款　制裁の申立てに対する判断 ……… (157)
　　　　1　制裁の目的の考慮 (157)
　　　　2　制裁の判断に際しての事実審裁判所の裁量 (160)
　　　　3　訴訟の却下または懈怠判決の制裁を科す場合に
　　　　　　考慮される要素 (161)
　　　　　　(1)　最終手段としての制裁 (161)
　　　　　　(2)　不遵守当事者の故意，悪意，重過失 (164)
　　　　　　(3)　事前の警告の必要性 (167)
　　第 4 款　具体的な制裁の種類 ……… (168)
　　　　1　事実の証明の擬制 (168)

2　指定された請求・抗弁を支持することまたは争う
　　　　ことの禁止，指定された事項の証明の禁止 (169)
　　　3　プリーディングの却下 (172)
　　　4　さらなる訴訟手続の停止 (173)
　　　5　訴訟の却下，懈怠判決 (173)
　　　6　裁判所侮辱 (175)
　　　　（1）　民事的裁判所侮辱 (177)
　　　　（2）　刑事的裁判所侮辱 (179)
　　　7　金銭的制裁 (180)
　　　　（1）　概　　要 (180)
　　　　（2）　審問の機会 (182)
　　　　（3）　制裁を科される者 (182)
　　　　（4）　制裁として認められる費用 (183)
　　　8　その他の正当な制裁 (185)
◆　第3節　ディスカバリに対する以前の応答等の補充・訂正の
　　　　　懈怠を理由とする制裁 ………………………………… 186
◆　第4節　ディスカバリに対する応答の完全な懈怠を理由とする
　　　　　制裁 …………………………………………………… 189
　第1款　概　要 ……… (189)
　第2款　主観的要件 ……… (191)
　第3款　保護命令の申立てによる免責 ……… (193)
　第4款　申立て前の協議または協議の試み ……… (193)
　第5款　制裁の種類 ……… (194)
　　　1　非金銭的制裁に関する事実審裁判所の裁量 (194)
　　　2　事実の証明の擬制，指定された請求・抗弁を支持
　　　　することまたは争うこと，もしくは指定された事
　　　　項の証明の禁止 (196)
　　　3　プリーディングの却下，さらなる訴訟手続の停止 (196)
　　　4　訴訟の却下，懈怠判決の登録 (197)
　　　5　費用償還の制裁 (200)

第6款　申立ての時期 ………(202)

◆第6章　当事者照会の制裁型スキーム化の方向性 ……………… 205

◇第1節　制裁の手続 …………………………………………… 205
第1款　制裁に至るまでの段階 ………(205)
第2款　回答命令申立て前の手続 ………(214)
◇第2節　具体的な制裁の種類 ……………………………………… 224
◇第3節　その他 ………………………………………………… 232

◆第7章　おわりに ……………………………………………… 237

◆第2部◆
弁護士会照会に対する報告拒絶と民事訴訟による対処

◆第1章　問題の所在 …………………………………………… 245

◆第2章　報告拒絶を理由とする報告義務の確認の訴え・損害賠償請求の訴えに関する従来の最高裁判例・下級審裁判例 …………………………………………… 253

◆第3章　報告義務の確認の訴えの適法性 ……………………… 293

◇第1節　公法上の法律関係に関する確認の訴えか，民事訴訟法上の確認の訴えか ……………………………………… 293
◇第2節　即時確定の利益 …………………………………………… 302
第1款　依頼者・弁護士の法的利益 ………(302)
第2款　弁護士会の法的利益 ………(311)
第3款　報告義務の確認判決による原告の法的地位への危険・不安の解消，紛争の解決 ………(313)
◇第3節　手段選択の適否 …………………………………………… 314

◆第4節　報告義務の中間確認の訴えの適法性 ………………… 318

◆第4章　照会先の報告義務違反に係る不法行為の成否 ……… 321

　　第1節　報告義務違反による権利・法的利益の侵害 ……………… 321
　　　第1款　依頼者・弁護士の権利・法的利益の侵害 ……… (322)
　　　　　1　依頼者・弁護士の権利・法的利益の侵害を認める
　　　　　　　裁判例 (322)
　　　　　2　依頼者・弁護士の権利・法的利益の侵害を認めない
　　　　　　　裁判例 (324)
　　　　　3　依頼者の権利・法的利益の侵害を認め，弁護士の
　　　　　　　権利・法的利益の侵害を認めない裁判例 (325)
　　　　　4　検　討 (326)
　　　第2款　弁護士会の権利・法的利益の侵害 ……… (330)
　　第2節　報告義務違反に係る照会先の故意・過失 ………………… 340
　　　第1款　故意・過失を否定する裁判例 ……… (340)
　　　第2款　故意・過失を肯定する裁判例 ……… (341)
　　　第3款　検　討 ……… (343)

◆第5章　弁護士会照会の実効化と報告義務の確認の訴え，
　　　　　損害賠償請求の訴え ……………………………………… 347

◆第6章　お　わ　り　に ……………………………………………… 353

◆第3部◆
弁護士会照会に対する報告と照会先の損害賠償責任

◆第1章　問題の所在 …………………………………………………… 363

◆第2章　従来の最高裁判例・下級審裁判例 ……………………… 367

目 次

◆第3章 照会先による報告に係る不法行為の成否 ……………… 385

◆第1節 報告の違法性 ……………………………………………… 385
第1款 報告の違法性の判断基準 ……… (386)
第2款 報告拒絶に基づく損害賠償請求の事案との整合性 ……… (394)

◆第2節 報告に係る照会先の故意・過失 ………………………… 399

◆第4章 お わ り に ……………………………………………… 405

事 項 索 引 (407)

民事手続と当事者主導の情報収集

◆ 序 ◆

当事者主導の情報収集手続の実効化

◆ 問題の所在 ◆

　民事紛争の当事者が民事訴訟手続・民事執行手続等により、自らの権利・義務の確定・実現を図り、紛争を処理するに際しては、様々な情報の収集が問題となる。例えば、民事訴訟手続により自らの権利・義務の確定を求める際には、権利・義務に関する主張を組み立て、また、主張を根拠付ける証拠を入手するための各種の情報の収集が問題となる。さらに、場合によっては、そもそも紛争の相手方として訴訟当事者とするべき者を特定するための情報の収集が問題となることもある。他方、民事訴訟手続によって認められた自らの権利を実現する民事執行手続の段階では、強制執行の対象となる相手方の財産を探索するための情報等の収集が問題となる。

　ところで、民事手続との関係で必要な証拠や情報を収集するための手続として、まず、民事訴訟手続では、もともとは証拠調べ手続として規定されているが、現実には証拠収集手続として機能する、調査嘱託（民事訴訟法186条）、文書提出命令（同220条以下）、文書の送付嘱託（同226条）、証拠保全（同234条以下）等がある[1]。また、民事執行手続では、紛争の相手方たる債務者に自らの財産に関する情報を開示させる財産開示手続（民事執行法196条以下）がある。これらはいずれも、裁判所が積極的に関与する形態の手続である。

---

(1) 「証拠収集」という観点からこれらの制度につき説明する文献として、例えば、佐上善和「証拠収集方法の拡充」伊藤眞＝山本和彦編『民事訴訟法の争点』（有斐閣、2009年）178頁以下、新堂幸司『新民事訴訟法（第5版）』（弘文堂、2011年）377頁以下、大橋正春＝新間祐一郎「証拠の収集―現代型訴訟と証拠収集―」新堂幸司監修／高橋宏志＝加藤新太郎編『実務民事訴訟講座（第3期）第4巻』（日本評論社、2012年）105頁以下、川嶋四郎『民事訴訟法』（日本評論社、2013年）485頁以下等。

◆序　当事者主導の情報収集手続の実効化

　しかし，理念的な面からは，そもそも民事手続がその対象とする実体私法上の権利・義務関係については私的自治が妥当するため，当事者間で処理し得る事項については当事者に委ねることが望ましいと考えられること，および，制度的な面からは，裁判所の負担をできるだけ増大させないことが望ましいと考えられることからすると，民事手続で利用するための情報についても，裁判所を介さずに当事者主導での収集を可能とする手続を充実させることが望ましいのではないかと考えられる。

　このような当事者主導の情報収集手続として，まず，民事訴訟手続との関係では，1996年の民訴法改正により新設された当事者照会（民事訴訟法163条），および，2003年の民訴法改正により新設された訴え提起前の照会（同132条の2・132条の3）があり，これらの制度により，訴訟係属後，ないし，訴え提起前に，裁判所を介することなく，当事者間で主張・立証の準備のために必要な情報を収集することが可能となる。

　また，民事手続との関係に限定される訳ではないが，わが国では古くから，当事者主導の情報収集手続として評価できる制度として，弁護士法上の弁護士会照会（弁護士法23条の2）がある。この制度は，弁護士が依頼者から受任した事件に関して必要な事項につき，所属弁護士会に対し，受任事件との関係では第三者である公務所・公私の団体に照会し報告を求めることを申し出，申出が適当と認められる場合，弁護士会が公務所・公私の団体に対し報告を求めるというものである。弁護士会照会は，当事者の代理人たる弁護士のみが利用可能な手続であり，かつ，弁護士会を介して情報収集を行う構造の手続ではあるが，裁判所を介しないという意味では，当事者主導の情報収集手続であると評価できる。そして，弁護士会照会は，民事事件・刑事事件・家事事件・行政事件の別を問わず，また，訴訟係属や訴訟提起の意図の有無を問わず利用可能な手続であるため，弁護士の受任事件のために一般的に利用可能な，第三者からの情報収集手続であるといえる。

　しかし，当事者主導の情報収集手続として紹介した前記の各制度は，いずれも，手続の対象となる者が情報提供に応じない場合に対処するための手立てを制度の中に有しないという点で共通している。すなわち，当事者照会・訴え提起前の照会，弁護士会照会のいずれも，照会の相手方（当事者照会・訴え提起

前の照会では訴訟ないし紛争の相手方当事者，弁護士会照会では第三者たる公務所・公私の団体）が応答や情報提供を不当に拒絶する場合等に制裁を科す手続を有しない。そのため，これらの制度については，照会の相手方が応答や情報提供を不当に拒絶する場合に対処し，ひいては制度の実効性を担保するためにいかなる方策が採られるべきであるかが問題となる。

本書は，民事訴訟法上の当事者照会・訴え提起前の照会，および，弁護士法上の弁護士会照会の実効性を担保するための手段を探究することを目的とする。具体的には，まず，当事者照会・訴え提起前の照会については，諸々の事情により立法時には導入が見送られた，裁判所による制裁の新設につき，制度のあるべき姿を踏まえた立法論的提言を行う。また，弁護士会照会については，特に近年，照会先の報告拒絶に対処するために弁護士・依頼者・弁護士会が照会先を相手取り，報告義務の確認の訴え・損害賠償請求の訴えを提起した事案に関する判例・裁判例が多く公刊されている点に鑑み，民事訴訟を通じての制度の実効化の可能性を検討する。

なお，前記のような本書の方針に対しては，当事者主導の情報収集手続の実効化のために裁判所の介入を求めることはこれらの制度のそもそもの趣旨・形態と反するのではないかとの指摘も考えられる。しかし，これから本書で論じる，当事者照会への回答拒絶等に対する裁判所の制裁を新設することや，弁護士会照会に対する報告拒絶に対処するための民事訴訟を広く認めることは，確かに裁判所の介入を求めるものであるが，あくまでも回答拒絶ないし報告拒絶が起こった後の対処のために裁判所の介入を求めるにとどまり，そもそも最初の照会の段階から裁判所の介入を伴うような提案を行う訳ではない。また，これらの制度で回答拒絶ないし報告拒絶があった場合には裁判所による介入，あるいは強制力を伴う措置が控えていることにより，照会の相手方による自発的な回答・応答が促進されることも十分に考えられる[2]。従って，本書での提案は，これらの制度につき，照会の段階では裁判所を介しないという当事者主

---

[2] 例えば，1996年の民訴法改正で文書提出義務（民事訴訟法220条）の範囲が拡大され，文書提出命令の発令の可能性が高まったことにより，民事訴訟手続で文書所持者による自発的な文書の提出がなされるようになったとの指摘がある。第1部第6章注(57)，および，その本文参照。

導の構造を維持しつつ，回答拒絶・報告拒絶があった場合の裁判所の介入を認めることにより，いわば裁判所の助けを借り，制度の機能不全を是正し，ひいては制度の実効性を担保することを意図するものであり，当事者主導の各種の情報収集手続を完全に裁判所主導型ないし裁判所依存型の手続とする意図を有するものではないことをあらかじめお断りしたい[3]。

◆ 本書の構成 ◆

本書は以下のように3部構成を採り，筆者が以前に当事者照会・訴え提起前の照会，弁護士会照会に関して研究し公表した諸論稿を基礎とした上で，必要な部分の加筆・修正，冗長と思われる部分の整理，判例・裁判例や引用文献のアップデート等を行っている。

第1部「当事者主義的民事訴訟運営と当事者照会の実効化」では，民事訴訟法上の当事者照会・訴え提起前の照会の実効化を検討する。具体的には，特に

---

[3] 弁護士会照会に対する照会先の報告拒絶を理由として弁護士会が提起した損害賠償請求の訴えにつき弁護士会の法的利益の侵害を否定した最（三小）判平成28年10月18日（民集70巻7号1725頁。第2部第2章で紹介する判例㉓）の評釈である，安西明子「判批」新・判例解説Watch20号（2017年）191頁は，同最判のように弁護士会の法的利益を否定してしまえば，照会先による報告拒絶が起こるたびに弁護士会が損害賠償請求訴訟を提起することをやめさせ，本来弁護士会が自律的に運営実施すべき制度につき，裁判所依存を防ぐことになるとみることもできようとの考えを示す（ただし，安西教授は，報告義務の確認請求の審理において，個別事案で弁護士会が踏んだ具体的な手続過程を裁判所が審査するとの方向性を示しているため〔同191-192頁〕，弁護士会照会に対する報告拒絶の事案での裁判所の介入自体を否定している訳ではなく，また，安西教授が前記のような考えを支持するか否かについては明らかではない）。しかし，弁護士会照会に対する照会先の報告拒絶があった場合につき民事訴訟による対処の途が保障され，民事訴訟の中で種々の事案につき報告拒絶の是非に関する裁判所の判断が示されていくことにより，（事実上のものとはいえ）報告に関する照会先の行為指針が示され，照会先による自発的な応答が促進されることも十分に考えられる。そうすると，照会先の報告拒絶があった事案が無暗に民事訴訟に持ち込まれるということにはならないのではないかと考えられ，それ故，報告拒絶に対する民事訴訟での対処を認めることが弁護士会（または依頼者・弁護士）の裁判所への依存につながるとはいえないのではないかと考えられる。

当事者照会の新設時に参考とされたアメリカ民事訴訟法上のディスカバリ（特に質問書）を改めて検討し，当事者照会・訴え提起前の照会への回答拒絶に対する裁判所の制裁の新設に関する試論を提示する。

　第2部「弁護士会照会に対する報告拒絶と民事訴訟による対処」では，弁護士会照会に対する照会先の報告拒絶への対処手段たる民事訴訟の可能性を検討する。具体的には，弁護士会照会への報告拒絶に対処し同制度を実効化する手段としての，照会先を被告とする報告義務の確認の訴えや損害賠償請求の訴えの可能性を検討する。

　第3部「弁護士会照会に対する報告と照会先の損害賠償責任」は，弁護士会照会に対する報告拒絶に関する第2部での検討と対をなす。弁護士会照会に対する照会先の報告拒絶の理由として，報告をした場合，報告により自らの秘密等を開示されたために法的利益を侵害されたと主張する者から損害賠償請求の訴えを提起される可能性があることがしばしば挙げられる。第3部では，弁護士会照会に対する報告拒絶を減少させ同制度の実効化を図る前提として，どのような場合に照会先が報告に係る情報の主体に対し報告を理由とする損害賠償責任を負うことになるのかという点を，従来の判例・裁判例の検討により，明らかにすることを試みる。

第1部
当事者主義的民事訴訟運営と当事者照会の実効化

第1章

問題の所在

　「民事訴訟を国民に利用しやすく，分かりやすいものとし，もって適正かつ迅速な裁判を図る」[1]ことを目的として制定された現行民事訴訟法が旧民訴法からの変革を目指した点の一つとして，争点整理手続の整備により，従来の五月雨型審理・漂流型審理の悪弊を排し，争点中心型審理の実現を意図した点が挙げられる。現在のところ，争点整理手続の利用等により，争点中心型審理はかなりの程度実現し，第一審訴訟手続の平均審理期間も旧法下と比較して短縮されている。

　しかし，この点につき，裁判所が争点整理を熱心に行う一方で，いわば反作用として，当事者・代理人弁護士の姿勢が裁判所依存になっているのではないかとの問題提起がなされている。そして，近時の民事訴訟法学界・実務界では，争点整理を中心に，当事者・代理人弁護士の主体的な関与の下で手続を進める「当事者主義的訴訟運営[2]」への移行，および，そのための各種の基盤整備を進めるべきであるとの議論が，民事訴訟法理論上・実務上の理由を挙げた上で

---

[1]　法務省民事局参事官室編『一問一答新民事訴訟法』（商事法務研究会，1996年）5頁。
[2]　この用語法は，山本和彦「当事者主義的訴訟運営の在り方とその基盤整備について」同『民事訴訟法の現代的課題』（有斐閣，2016年）76-80頁（初出2009年）を参考とするところ，本来当事者主義が妥当する民事訴訟審理の実体面につき，現状ではむしろ裁判所が主導する職権主義的な運用となっているのではないかとの問題意識から，当事者が主導的な役割を担う本来の当事者主義の実現を目指すことを含意する。従って，例えば「家事審判手続の当事者主義的運用」のように，職権主義が妥当する手続で当事者主義的な要素を導入することとはニュアンスが異なることをお断りしたい。

　なお，当事者主義的訴訟運営に言及する近時の論稿として，垣内秀介「民事訴訟の審理をめぐる問題状況─現行民訴法施行20年を振り返って─」論究ジュリスト24号（2018年）12-13頁，伊藤眞（司会）ほか「（鼎談）これからの民事訴訟法・民事訴訟法学に期待すること」前掲論ジュリ90-92頁［伊藤発言，秋山幹男発言，福田剛久発言］がある。

◆第1部◆　当事者主義的民事訴訟運営と当事者照会の実効化

なされている。当事者主義的訴訟運営のための基盤整備については，様々な事柄が挙げられており，それらの全てを論じることはなし得ないが，その一つとして，当事者・代理人弁護士が訴訟の早い段階から事件に関する資料等を収集し，自発的に提出できるようにするため，証拠・情報の収集手続を充実させることが謳われている。

　ここで，現行民訴法が用意する証拠・情報の収集手続をみると，文書提出命令（民事訴訟法〔以下，「法」と記す〕223 条）については，その前提たる文書提出義務（法 220 条）が一般義務化され，かつ，当事者・第三者が文書提出命令に従わない場合の制裁（法 224 条・225 条）が旧法と比べて強化され，実効性担保のための一定の手立てが図られている。しかし，これ以外の証拠・情報の収集手続では，その実効性担保のための直接の制裁が用意されていない，いわゆる「非制裁型スキーム[3]」が採用されている。例えば，当事者照会（法 163 条）は，当事者が訴訟の係属中に，相手方当事者に対し，主張・立証の準備のために必要な事項につき書面で照会し，回答を求めることができる制度であり，理想的な形で利用されれば，当事者・代理人弁護士にとって有効な情報収集手

---

(3)　三木浩一「裁判官および弁護士の役割と非制裁型スキーム」同『民事訴訟における手続運営の理論』（有斐閣，2013 年）4-5 頁，13-15 頁（初出 2004 年）。三木教授は，わが国の現行民訴法での非制裁型スキームの問題点の一つとして，このスキームの下で裁判官によるパターナリズムと事実上の制裁措置に関する裁判官の裁量権限が結び付くことにより，当事者間・事件間での不公平がもたらされる可能性を指摘し，少なくとも現在の非制裁型スキームのうちのいくつかにつき，何らかの形で制裁型スキームに移行させる必要がある旨を論じる（同 30-31 頁，36 頁）。

　また，前田智彦教授は，非制裁型スキームの問題点の一つとして，相手方当事者・弁護士が協力的行動をとるか否かにより，事案解明のための証拠収集に大きな影響がもたらされ得る点を指摘し，前田教授自身も関与した，法社会学者を中心とする研究グループによる民事紛争処理・民事司法に関する調査研究で収集されたデータの分析により，相手方の代理人弁護士が対立競争的な態度・訴訟戦略を採る場合，証拠収集に対する障害が生じることを明らかにする。そして，前田教授は，非制裁型スキームが当事者間・事件間での不平等・不公平をもたらすとして，直接的な制裁を伴う証拠収集方法の整備・拡充を主張する。前田智彦「非強制型スキームによる訴訟運営の実効性と限界―民事訴訟当事者・代理人調査データによる分析結果から―」名城法学 60 巻別冊（2010 年）690 頁以下。

段となり得る。しかし，当事者照会には，不当な回答拒絶・虚偽回答等に対する直接の制裁が設けられていないため，現行法の制定直後から制度の実効性を疑う見解が出され，現実にも当事者照会はあまり利用されていないといわれている。

　第1部は，将来的には当事者主義的訴訟運営が行われることが望ましいとの立場から，その基盤として整備が必要な制度であると考えられる当事者照会，および，訴え提起前の照会（法132条の2・132条の3）の実効化手段を検討し，あるべき制度改革のための知見を得ることを目的とする。検討に当たっては，特に当事者照会の新設の際に参考とされた，アメリカ連邦民事訴訟規則（以下，「連邦民訴規則」と記す）上のディスカバリ（discovery）の制度の一つである質問書（interrogatories，連邦民訴規則33条）を比較の素材とする。周知の通り，質問書をはじめとする連邦民訴規則上のディスカバリは，トライアル（trial，正式事実審理）前に当事者間で手持ちの証拠・情報を開示・共有するために広範に認められる上，その実効化手段として，証拠・情報の開示等を行わない当事者等に開示等を強制する裁判所の命令や，命令違反に対する強力な制裁が用意されている（連邦民訴規則37条）。

　わが国の現行民訴法制定時における当事者照会新設の段階では，不当な回答拒絶・虚偽回答等に対する直接の制裁は設けられなかった。しかし，前記のように，制度があまり利用されておらず，かつ，当事者主義的訴訟運営の実現のための基盤の一つとして当事者照会の改革・実効化が必要である点に鑑みると，筆者は当事者照会を実効化するための制裁の新設が必要であると考える。

　ところで，近年，当事者照会に制裁を設けるべきであるとの議論が散見され，その中で連邦民訴規則上の質問書，ひいてはディスカバリ一般における制裁につき言及されることも多い。しかし，そこでは，制裁の存在の指摘，および，制裁の種類の列挙はなされるものの，制裁が科されるための手続や，いかなる場合にいかなる制裁が科されるかという点に関する詳細な検討は，管見の限り，なされていないように思われる。第1部では，当事者照会改革のための議論の素材として，連邦民訴規則33条の質問書のみならず，同37条のディスカバリに関する強制命令や命令違反に対する制裁についても，その手続や具体的な制裁を紹介し，加えて，現実の運用がどのようになっているのかを把握するため

◆第1部◆　当事者主義的民事訴訟運営と当事者照会の実効化

に，可能な限りで制裁に関する裁判例の紹介も行う。

　第1部ではまず，わが国の民事訴訟手続における当事者主義的訴訟運営への移行の必要性を，争点整理手続に焦点を当てて論じ，かつ，その基盤としての証拠・情報の収集手続の実効化の問題等を論じる（→第2章）。次に，現行民訴法上の当事者照会・訴え提起前の照会の概要，および，その実効性担保に関する問題点を論じる（→第3章）。そして，連邦民訴規則33条の質問書，および，同37条のディスカバリの強制命令・制裁の制度を紹介し，かつ，実際に制裁が問題となった事案に関する裁判例を可能な限りで紹介する（→第4章・第5章）。最後に，それまでの検討を踏まえて，当事者主義的訴訟運営への移行の基盤としての，当事者照会・訴え提起前の照会の改革の方向性に関する試論を提示することにしたい（→第6章）。

◆ 第 2 章 ◆

当事者主義的訴訟運営の基盤としての証拠・情報の収集手続の実効化
―当事者照会の改革に焦点を当てて―

◆ 第 1 節 ◆ 当事者主義的訴訟運営への移行の必要性
―争点整理手続に焦点を当てて―

第 1 款　争点整理手続の現状―裁判所主導型訴訟運営―

　民事訴訟審理のうち，訴訟手続の進行面，すなわち，期日指定・期日での手続の主宰等については職権主義（→職権進行主義）が妥当し，これに対して，訴訟手続の内容面，すなわち，権利義務に関する訴訟の結論（判決・和解等）に影響を及ぼす部分については当事者主義（→処分権主義・弁論主義）が妥当する。ここで，弁論主義を形式的・技術的に理解すると，その意義は，主張や証拠方法の提出については当事者の権能とされるということにとどまる。しかし，当事者主義のあるべき姿から考えると，原告・被告が互いに主張をし，証拠を提出した上で，当該事件で何につき争いがあり，証拠調べ（人証）を要するのかを明確にする争点整理手続では，裁判所の関与が必要な場面も想定できなくはないとはいえ，基本的には各当事者・代理人弁護士が主導的な役割を担うのが望ましい。

　この点につき，特に現行民訴法の制定・施行直後には，当事者・代理人弁護士主導による争点整理が行われるべきであるとの見解が多くみられた[1]。し

---

(1)　例えば，小山稔「争点整理総論」三宅省三ほか編集代表『新民事訴訟法大系―理論と実務―第 2 巻』（青林書院，1997 年）225 頁，加藤新太郎（司会）ほか「（座談会）争点整理のプラクティス」加藤編『民事訴訟審理』（判例タイムズ社，2000 年）184-185 頁［吉川愼一発言］（初出 1997 年），前田順司「弁論準備手続の在り方―裁判所の立場から見ての問題点と改善への期待―」上谷清 = 加藤新太郎編『新民事訴訟法施行三年の総括と将来の展望』（西神田編集室，2002 年）139 頁，植草宏一「弁論準備手続の在り方―訴訟代理人の立場での問題点と改善のために必要な条件―」上谷 = 加藤編・前掲 162 頁，福田剛久 = 山本和彦「（対談）裁判官からみた民事訴訟の過去・現在・未来」山

◆第1部◆　当事者主義的民事訴訟運営と当事者照会の実効化

かし，現行民訴法施行後しばらくして，争点整理手続で当事者・代理人弁護士が必ずしも積極的な活動を行わず，むしろ裁判所主導型ないし裁判所依存型の争点整理が実態としては広く行われているのではないかとの問題提起がなされるようになった。

例えば，三木浩一教授は，弁論準備手続では当事者や代理人弁護士が主体的に争点整理を行うことが望ましいが，現実には裁判所が中心的な役割を担って手続をリードすることも珍しくない旨[2]，本来は当事者が作成すべき争点整理のための書面を裁判所が作成したり，裁判所が当事者に代わって主要な争点や証拠を整理したりすることも珍しくないといわれる旨[3]を指摘している。

また，山本和彦教授は，争点整理手続の現状についての認識を以下のように論じている[4]。すなわち，そこでは，裁判所の方から足りないと考えられる事実主張や証拠についての釈明がされ，それに対し当事者がその場で応答や反論をすることは少なく，次回期日に書面で対応し，またそれに対する裁判所の釈明がなされるという形で争点整理が進められる。そして，当事者からの資料が出揃う中で，当事者間で認識のズレがある事実等（＝争点）につき，裁判所がそれを確認する作業を主導し，場合によっては，裁判所の側で争点整理案を作成する。また，裁判所が争点とする必要がないと考える問題については，裁判所が当事者を説得して争点から落とす作業を積極的に行う。その上で，どの

本和彦編『民事訴訟の過去・現在・未来—あるべき理論と実務を求めて—』（日本評論社，2005年）13-14頁［山本和彦発言］，笠井正俊「論評」山本和彦編・前掲74頁，杉山悦子「（解題）本書を読み解くために」山本和彦編・前掲249頁等。また，小島武司（司会）ほか「（シンポジウム）新民事訴訟法における理念と実務」民事訴訟雑誌48号（2002年）156-157頁［高橋宏志発言］は，争点整理手続が機能するには，当初は弁護士と当事者のみに任せても無理なので，裁判所がある程度主導する必要があるが，いずれは裁判所の方も，当事者主導型になるように誘導していかなければならない旨を論じる。

(2)　三木浩一「裁判官および弁護士の役割と非制裁型スキーム」同『民事訴訟における手続運営の理論』（有斐閣，2013年）16頁（初出2004年）。

(3)　三木・前掲注(2)17頁。また，福田剛久「民事訴訟の新しい実務」判例タイムズ1077号（2002年）27頁も参照。

(4)　山本和彦「当事者主義的訴訟運営の在り方とその基盤整備について」同『民事訴訟法の現代的課題』（有斐閣，2016年）81-82頁（初出2009年）。

◆第2章　当事者主義的訴訟運営の基盤としての証拠・情報の収集手続の実効化

争点につきどの人証で立証するか，および，人証手続の所要時間につき，当事者の意見を聴きながら裁判所が決めていく。そして，このような争点整理のやり方は，裁判所による職権主義的な運営ではないかと考えられる，と。

他方，実務家の側からの認識として，例えば，林道晴判事（当時。現・東京高等裁判所長官）は，争点中心型の審理が前提としているのは，訴訟資料等を適時に提出する等，主体的に活動する当事者（実際上は弁護士）であり，争点中心型審理を確立した訴訟慣行とするためには，個々の弁護士の活躍が不可欠であることはいうまでもないにもかかわらず，裁判所への「甘えの構造」ともいうべき問題点が依然として残っており，充実した審理のために勢い裁判所の後見的な働きかけが行われる旨を，現行民訴法施行後3年目の時点で指摘している[5]。

また，東京地方裁判所プラクティス委員会が2007年に同地裁の主に民事通常訴訟事件を担当する36か部を対象として実施した「民事訴訟の運用に関するアンケート」の結果の分析で，主張整理は当事者・代理人も主体的に行うべきことを認識してほしい旨の指摘があることが述べられている[6]。そして，この分析では，当事者の訴訟活動の不足や怠慢のために，実際には少なくとも一部の事件については，裁判所が後見的かつ主導的な役割を果たして争点整理を実施している現実が窺われる旨の指摘がなされている[7]。

さらに，2008年に司法研修所で開催された研究会で，参加した裁判官に対するアンケートへの回答として，必ずしも争点整理手続に限定されたものではないとはいえ，当事者と裁判所の役割分担の見直し，すなわち，当事者の主体的な関与による訴訟運営を考えていくべきではないかとの指摘が多数あったということが挙げられている[8]。

---

[5] 林道晴「平成一〇年の民事訴訟法改正後の民事訴訟の現状と課題」民事法情報181号（2001年）4頁。
[6] 東京地方裁判所プラクティス委員会第三小委員会「民事訴訟の現状と今後の展望(1)—主張整理関係—」判例タイムズ1301号（2009年）18頁，19頁。
[7] 東京地方裁判所プラクティス委員会第三小委員会・前掲注(6)20頁。
[8] 林道晴（司会）ほか「改正民事訴訟法の10年とこれから(2)」ジュリスト1367号（2008年）98頁［林発言］。

◆第1部◆　当事者主義的民事訴訟運営と当事者照会の実効化

　それから，裁判の迅速化に関する法律（いわゆる裁判迅速化法）8条1項に基づく，裁判の迅速化に係る検証の過程で行われた，民事訴訟事件の長期化要因を検討するための民事訴訟事件担当裁判官へのヒアリング調査で，争点整理手続は裁判所と当事者との協働作業で行われるべきであるにもかかわらず，実際には裁判所の負担が過大になっており，ひいては争点整理に時間を要する事情となっている旨の指摘が多く聞かれたとのことである(9)。そこでは，具体的には，弁護士が争点整理手続の進行を裁判官任せにする場合がある，当事者が自主的に争点整理手続を進めることは期待できない等の指摘がなされている(10)。また，この検証の過程では，弁護士へのヒアリング調査も行われているところ，そこでは，裁判官には心証を開示するなどしながら積極的に争点を整理してもらいたい，あるいは，当事者同士で争点整理案を作成することは困難である等の指摘がなされている(11)。

　ここまでで紹介した議論をまとめると，現状では争点整理手続が必ずしも現行民訴法が意図したような当事者主導型の手続として行われておらず，具体的には，本来当事者・代理人弁護士が行うべき事柄についても裁判所が後見的に関与していることに伴う裁判所の負担増大という問題が生じている一方で，代理人弁護士の側は争点整理手続への裁判所のより積極的な関与を求めていると

---

(9)　最高裁判所事務総局編『裁判の迅速化に係る検証に関する報告書（平成21年7月）（概況・資料編）』（司法協会，2009年）110頁。

　　なお，最高裁判所事務総局『裁判の迅速化に係る検証に関する報告書（平成29年7月）』（2017年）67頁以下では，民事第一審訴訟事件での争点整理における，裁判所・当事者間での主要な争点や重要な証拠についての認識の共有の現状，認識共有を阻害する原因等に関する実情調査（大規模・中規模・小規模の地方裁判所本庁各1庁，および，前記地裁本庁3庁に対応する単位弁護士会が対象）の結果，および，それを踏まえた議論等の要点が示されている。そこでは，認識共有を阻害する要因の一つとして，争点整理に対する代理人の受動的姿勢が挙げられており（同67頁），また，今後について，代理人には，争点整理は裁判所が主導的に行うものとして受動的な姿勢で臨むのではなく，争点の解明に主体的に関わり，共通基盤の形成を裁判所と協働して行うという発想をより強く持つことも望まれると思われる旨が論じられている（同70頁）。

(10)　最高裁判所事務総局編・前掲注(9)110頁，同編『裁判の迅速化に係る検証に関する報告書（平成21年7月）（分析編）』（司法協会，2009年）12-13頁。

(11)　最高裁判所事務総局編・前掲注(9)106頁，同編・前掲注(10)12-13頁。

◆ 第 2 章　当事者主義的訴訟運営の基盤としての証拠・情報の収集手続の実効化

いう，当事者・代理人弁護士の裁判所へのもたれかかりが生じているということになる(12)。

第 2 款　争点整理手続における当事者主義的訴訟運営への移行の必要性

　第 1 款で紹介したような現状に対しては，研究者・実務家から様々な批判がなされており，当事者主義的訴訟運営への移行の必要性が説かれている。

　例えば，三木浩一教授は，必ずしも争点整理手続に限定されない文脈において，以下のような論拠を挙げ，裁判所の後見的関与を批判的に捉えている(13)。その論拠とは，①裁判所による過剰な後見的関与は，自己責任の原理に裏打ちされた自立した個人を前提とする社会構造と，原理的にも実際的にも抵触する恐れがあり，かつ，当事者の自助努力のインセンティブを低下させる(14)，②裁判所が後見的な援助を続ける限り，弁護士は，事件の筋さえよければ裁判に勝つ可能性が高くなるため，苦労してスキルを磨くことを怠る可能性があり，弁護士間の健全な自由競争と全体的なスキルの底上げを阻害する(15)，③裁判

---

(12)　ただし，前の本文で紹介した，裁判の迅速化に係る検証における弁護士へのヒアリング調査の中で，裁判官が争点と無関係な主張を制限しない場合，証拠を出さない相手方の主張を打ち切らない場合，準備書面の交換以外に関与しない場合，当事者の不明確な主張を明確化する対応をとらない場合がある旨の指摘があり，裁判官が争点整理手続を積極的に進行しないため，争点整理に時間を要する場合があるという実情は，第 1 部の直接の関心からは外れるとはいえ，無視されてはならない点であろう。この点に関しては，最高裁判所事務総局編・前掲注(9)106 頁，同編・前掲注(10)13 頁。

　なお，最高裁判所事務総局・前掲注(9)67 頁は，民事第一審訴訟事件での争点整理における，裁判所・当事者間での主要な争点や重要な証拠についての認識共有を阻害する要因の一つとして，裁判官の争点整理に対する消極的姿勢を挙げる。

(13)　三木・前掲注(2)29-30 頁。

(14)　この点につき，笠井・前掲注(1)74 頁も参照。

(15)　この点につき，山本弘＝山本和彦「変容する民事訴訟実務と研究者の視座」山本和彦編・前掲注(1)162-163 頁［山本弘発言］，加藤新太郎＝山本和彦「民事訴訟法規範の将来」山本和彦編・前掲注(1)229 頁［加藤発言］，高橋宏志（司会）ほか「(座談会）民事訴訟法改正 10 年，そして新たな時代へ」ジュリスト 1317 号（2006 年）40 頁［山本克己発言］，伊藤眞ほか『民事訴訟法の論争』（有斐閣，2007 年）186 頁［山本和彦発言］，中島弘雅「いま民事裁判に求められているもの──『審理の充実・迅速化』から『わかりやすく満足・納得のいく民事訴訟』へ──」井上治典先生追悼論文集『民事紛争

◆第1部◆　当事者主義的民事訴訟運営と当事者照会の実効化

所の後見的関与は，当該事件限りでは実体的正義の実現に資するとはいえ，他方で，当該事件の当事者が自己責任に基づく適切な行動をしていれば他の事件に振り向けられたはずの司法資源の浪費につながる，④実体的正義は，中立的な裁判官，当事者の利益擁護に熱心な弁護士，自立した当事者の三者の協働によってこそ，最も適切に発見されるともいえる，⑤手続的正義の価値が時として実体的正義の価値に優越するというものである。

また，伊藤眞教授は，比較的早い時期に，専門訴訟との関係で，納税者の負担で運営される訴訟制度については人的・物的制約条件が存在すること，適正かつ迅速な専門訴訟運営への期待がますます高まることに鑑みると，裁判所依存型の争点整理の実務は再考を迫られているのではないかとの指摘を行っている[16]。また，伊藤教授は後に，争点整理の段階では裁判所と当事者との関係は水平的な協働関係であるという訴訟哲学的な点，および，法曹人口，特に弁護士人口が飛躍的に増えることになるため，訴訟代理人たる弁護士としても，裁判所から相対的に独立して訴訟の運営を担っていく姿勢が必要なのではないかという点から，争点整理における当事者主義的訴訟運営への転換を主張している[17]。

さらに，前田智彦教授は，弁護士任官の定着・法曹一元制への移行が望ましいという観点から，民事訴訟における訴訟代理人としての弁護士の主張・立証活動の充実が裁判官の負担軽減，および，裁判官の出身母体としての弁護士層の資質向上につながる旨を論じている[18]。その上で前田教授は，幅広い積極的釈明・釈明義務を認めることで裁判官が当事者・代理人弁護士の主張・立証を実質的に肩代わりする裁判官主導型訴訟により弁護士の技能不足や怠慢を補うことは，短期的には当事者本人の権利保護につながるとしても，長期的には

　　と手続理論の現在』（法律文化社，2008年）101-102頁，山本和彦「民事訴訟法10年―その成果と課題―」同・前掲注(4)民事訴訟法の現代的課題67頁（初出2008年）等も参照。
(16)　伊藤眞「専門訴訟の行方」判例タイムズ1124号（2003年）5-6頁。
(17)　林ほか・前掲注(8)100頁［伊藤眞発言］。
(18)　前田智彦「弁護士任官の促進と訴訟運営における弁護士の役割」札幌法学15巻2号（2004年）26頁。

◆ 第2章　当事者主義的訴訟運営の基盤としての証拠・情報の収集手続の実効化

弁護士の資質向上や資質不足の弁護士の淘汰の機会を失わせ，訴訟業務に居残る技能不足の弁護士による裁判官の負担継続につながり，また，裁判官候補者の育成にもマイナスに働く旨を指摘し[19]，弁護士の資質向上の動機付けと機会が失われることを理由に，裁判官主導型訴訟から弁護士主導型訴訟への移行を主張している[20]。

また，田原睦夫弁護士（当時。その後，最高裁判所判事）は，当事者主義の再確認という観点から，争点整理では，代理人弁護士が就いている事案で，代理人の主張内容に，他の関連事実と矛盾する事実が認められ，あるいは確立したとみられる判例法理に相反する主張が認められても，裁判所はそれを指摘するに止めるべきであり，それを超えて後見的権能を行使することは控えるべきである旨を指摘している[21]。

それから，山本克己教授は，以下のような理由を挙げ，当事者主導型の争点整理への移行の必要性を指摘している。その理由は，①弁護士会が実力のある法律専門家集団であることを社会的に実証するためには，争点整理の場面等で弁護士同士で色々なことができないといけない[22]，②対席事件の審理期間をさらに短縮することは，現在の裁判所主導型の手続では不可能であり，事件処理の迅速化のためには，裁判所が後見的な役割を放棄して，手続の追行を当事者の自己責任に委ね，審理期間を短くするしかない（さもなければ，審理期間の短縮は諦めて，さらに裁判所の側のコストをかけ続けることになる）[23]，③従来の民事訴訟における当事者主義は，裁判所が当事者のミスの尻拭いをしてきたという，責任を伴わない当事者主義であり，当事者主義の名に値せず，当事者は

---

[19]　前田・前掲注(18)41-42頁。

[20]　前田・前掲注(18)45頁。

[21]　田原睦夫「訴訟の促進と審理の充実―弁護士から―」ジュリスト1317号（2006年）56頁。

[22]　高橋ほか・前掲注(15)25頁［山本克己発言］。

[23]　林ほか・前掲注(8)98頁［山本克己発言］。この点に関して，林道晴（司会）ほか「改正民事訴訟法の10年とこれから(1)」ジュリスト1366号（2008年）124頁表②によると，地方裁判所の民事第一審通常訴訟事件（既済事件）のうち人証調べ実施・対席判決事件の平均審理期間は，平成14年から19年まで，ほぼ19ヶ月前後で推移していることが分かる。

◆第1部◆　当事者主義的民事訴訟運営と当事者照会の実効化

自由に色々なことができるかわりに失敗の責任は取るという，責任を伴った本来の当事者主義にかじを切るべきである[24]というものである。

　また，山本和彦教授は，以下のような理由を挙げ，争点整理も含めて当事者主義的訴訟運営への移行の必要性を説いている。その理由は，①民事訴訟法理論上の理由として，当事者が手続過程に積極的に関与することに係る独自の意義（当事者の納得・満足等），それに基づく手続に対する当事者の信頼や責任感の醸成等といった，当事者主義の理念的な意味での望ましさ[25]，②民事訴訟実務上の理由として，(1)近時の司法制度改革による弁護士数の増大に伴う将来の訴訟事件数の増大，および，社会全体の高度化・複雑化による訴訟事件の内容の高度化・複雑化に伴う解決困難性による裁判所の負担増大という，量的側面・質的側面の両面での裁判所の負担の増大に伴い，現在のようなきめ細かい裁判所の関与による手続が早晩困難になる可能性があること，(2)法曹人口の増大に伴い，弁護士の質の格差も大きくなるとすれば，裁判所の介入に歯止めがかからなくなる恐れがあり，当事者間の不公平感の増大を招く恐れがあること[26]，③国家の役割論に関する理由として，現在の日本社会の方向ができるだけ国，すなわち公的セクターによる規制を緩和し，民間で可能なものは民間に委ね，その活力を活用するものであることに鑑みると，民事訴訟でも，公的セクターたる裁判所の果たす役割を限定し，弁護士等の私的セクターの活力を活用する方向に向かうことが，弁護士数の増加や質の高まりを背景としても，望ましいと考えられること[27]というものである[28]。

　ここまでで紹介してきた，各論者により提示されてきた当事者主義的訴訟運営への移行の必要性に係る理由の最大公約数的部分をまとめると，おおむね，(A)当事者主義の理念的な意味での望ましさ，および，その内容としての，当事者・代理人弁護士の責任の強調，(B)当事者・代理人弁護士の裁判所への依

---

(24)　林ほか・前掲注(8)102頁［山本克己発言］。
(25)　山本和彦・前掲注(4)77-78頁。
(26)　山本和彦・前掲注(4)78-79頁。
(27)　山本和彦・前掲注(4)79頁。
(28)　また，山本和彦「改正民事訴訟法の10年とこれから(3)(Comment)当事者主義の訴訟運営に向けて」ジュリスト1368号（2008年）102-103頁も参照。

◆第2章　当事者主義的訴訟運営の基盤としての証拠・情報の収集手続の実効化

存によって生じる裁判所の負担の軽減，ひいては，それに伴う適正・迅速な手続の実現，(C)将来の弁護士人口増加を前提とする，弁護士層の資質向上の動機付けと機会を与える場の提供といった点を指摘できる。これらの点につき筆者は，実務上の観点からは(B)(C)の理由も重要であり，当事者主義的訴訟運営への移行により実現されることが望ましいが，理念的な観点を重視して，真の意味での当事者の主体性の確保という観点から，(A)の理由が重視されるべきではないかと考える。以下では，筆者の能力の点からはなはだ未熟ではあるが，この点に関しての筆者なりの試論を提示したい[29]。

社会に存在する私的紛争解決のためのプロセスである民事訴訟手続では，当事者こそが訴訟手続上重要な事項の決定権をもち，その権限と責任で民事訴訟手続上の重要事項が決定されることが原則となる[30]。第1部で主に問題とする争点整理手続では，そこで用いられる訴訟資料の提出，および，それを前提とする争点の決定等については，弁論主義により，主張のない事実・争いのない事実・申出のない証拠についての裁判所に対する消極的拘束を通じて当事者の責任が強調されるところ，当事者は訴訟資料提出の責任を負担する前提として，訴訟資料提出権，すなわち，一般的に弁論権を有する[31]。そして，弁論権と当事者の責任との関係についてより敷衍すると，ここでの当事者の責任とは，民事訴訟において訴訟資料の不充分のために適正でない裁判がなされるこ

---

[29]　山本和彦（司会）ほか「（座談会）争点整理をめぐって―『民事訴訟実務と制度の焦点』を素材として―（下）」判例タイムズ1268号（2008年）11頁［垣内秀介発言］は，学説における当事者主義の理念について，そもそも当事者主義はなぜ望ましいのかというメタレベルの議論になると，必ずしも理解の一致がある訳でもなく，十分に積極的な論拠が示されている訳でもない旨を指摘する。本文の以下での記述は，はなはだ未熟なものであるが，前記の垣内教授の問題提起に対する筆者なりの考察の結果である。

[30]　河野正憲「裁判所と当事者の役割分担」伊藤眞＝山本和彦編『民事訴訟法の争点』（有斐閣，2009年）131頁。

[31]　上野泰男「弁論主義」伊藤＝山本和彦・前掲注(30)132頁。なお，弁論権，および，当事者権一般に関しては，山木戸克己「訴訟における当事者権―訴訟と非訟の手続構造の差異に関する一考察―」同『民事訴訟理論の基礎的研究』（有斐閣，1961年）59頁以下，特に61-66頁（初出1959年），山本克己「当事者権―弁論権を中心に―」鈴木正裕先生古稀祝賀『民事訴訟法の史的展開』（有斐閣，2002年）61頁以下，特に76頁以下等。

23

◆第 1 部◆　当事者主義的民事訴訟運営と当事者照会の実効化

とについての不利益ないし究極的な批難，すなわち責任が当事者に存することをいうところ，当事者に弁論権を保障することなくして，不当判決に対する責任を当事者に帰せしめることは，法的正義の理念から正当ではないといえる(32)（なお，ここでいう「適正でない裁判」とは，真の実体的な法律関係と合致しない判決〔不当判決〕を指すものと考える）。

　このように，理念的には，当事者に弁論権が保障されていることと不当判決に対する当事者の責任とは表裏一体の関係にあるといえるが，現在の争点整理手続においては，例えば山本和彦教授が指摘するように(33)，当事者・代理人弁護士が必ずしも十分な事実主張・証拠提出を行う訳ではなく，裁判所が後見的に釈明を行い，事実主張・証拠を補充しているという状況にあり(34)，本来ならば当事者が自らの責任を踏まえ，自らのイニシアティブにより弁論権を十分に行使すべきところを行使せず，その後始末を裁判所が行っているかのように考えられる。この点につき，理念的には，裁判所の釈明権行使は，当事者が訴訟資料たる事実・証拠を提出し得るという弁論権の積極的側面における発現

---

(32)　山木戸克己「弁論主義の法構造—弁論権および当事者責任との関連における試論—」同『民事訴訟法論集』（有斐閣，1990 年）9-10 頁（初出 1970 年）。なお，ここでの本文の記述は，当事者の訴訟資料提出権，すなわち弁論権を弁論主義の定義ないし内容に含めない近年の有力説に依拠している。この点につき，例えば，同 3-12 頁，山本克己「弁論主義論のための予備的考察—その根拠論と構造論—」民事訴訟雑誌 39 号（1993 年）176-177 頁，同「戦後ドイツにおける弁論主議論の展開—弁論主義の構造論と根拠論のために—(1)」法学論叢 133 巻 1 号（1993 年）4 頁，竹下守夫＝伊藤眞編『注釈民事訴訟法(3)』（有斐閣，1993 年）54-56 頁［伊藤］，徳田和幸「弁論主義と新民事訴訟法」法学教室 223 号（1999 年）31 頁，高田裕成「弁論主義」法学教室 242 号（2000 年）15 頁，畑瑞穂「弁論主義とその周辺に関する覚書」新堂幸司先生古稀祝賀『民事訴訟法理論の新たな構築（下巻）』（有斐閣，2001 年）11 頁，山本和彦「弁論主義の根拠」同『民事訴訟法の基本問題』（判例タイムズ社，2002 年）127 頁，園田賢治「判決による不意打ちとその救済に関する一試論—弁論主義の『仕分け論』の検討を通じて—」井上追悼・前掲注(15)244 頁，垣内秀介「主張責任の制度と弁論主義をめぐる若干の考察」青山善充先生古稀祝賀論文集『民事手続法学の新たな地平』（有斐閣，2009 年）85 頁等。

(33)　山本和彦・前掲注(4)81 頁。

(34)　この点につき，三木・前掲注(2)15-19 頁も参照。

◆第2章　当事者主義的訴訟運営の基盤としての証拠・情報の収集手続の実効化

を促し触発するという形で当事者に協力することであると考えられる[35]。しかし，現実には，本来ならば当事者の責任と裏腹の関係にある弁論権の行使が自発的になされるべき場面で裁判所が後見的に責任を肩代わりしている状況にあり，その意味で，従来の民事訴訟における当事者主義は，裁判所が当事者・代理人弁護士の尻拭いをしてきたという，本来の意味での当事者の責任の伴わない，当事者主義の名に値しない当事者主義であったといえるのではないかと考えられる[36]。

　それでは，当事者が裁判所に依存せず，自らのイニシアティブで適切に弁論権を行使することにより行われる，責任の伴った「真の」当事者主義的な争点整理手続のあり方とはどのようなものであろうか。この点については，山本和彦教授が提示する当事者主義的な争点整理手続のイメージ[37]が大いに示唆を与えるのではないかと筆者は考える。すなわち，そこでは，各当事者は自己の有する情報（事実・証拠）をできるだけ早期に出し合い，法的問題についても当事者が主導して検討し，問題とならないような事実は積極的に取り下げていく。また，事実認定に関しても，およそ立証困難とみられる事実は当事者の側から積極的に落としていく。そして，そのような作業により，両当事者がどの点が争点であるかについての共通認識を形成していく。その際，裁判所は争点形成の作業を基本的には当事者に委ね，適宜自ら気付いた点について助言するにとどまる。換言すれば，主張や証拠（書証）の提出については当事者が責任をもち，自ら情報・証拠を積極的に収集し，必要な資料を早期に提出し，裁判所が当事者にとって別のアプローチがあり得るかどうかを積極的に検証することは基本的にはしない。裁判所が異なる法律構成やそれに基づく事実主張の可能性等に気付いている場合にその点を釈明することはあり得るが，裁判所はそのような場合に対応すれば十分であり，それ以上の釈明義務等を負わせることはしない。そして，当事者の事実主張がどの点で食い違うかは当事者間のやり

---

(35) 山木戸・前掲注(32) 22頁。なお，新堂幸司『新民事訴訟法（第5版）』（弘文堂，2011年）492頁，髙橋宏志『重点講義民事訴訟法(上)（第2版補訂版）』（有斐閣，2013年）448頁注(39)も参照。

(36) 林ほか・前掲注(8) 102頁［山本克己発言］。

(37) 山本和彦・前掲注(4) 82-83頁。

取りの中で基本的に整理され，争点整理案が必要な場合には，両当事者の責任でそれを作成するものとする，と。

◆ 第2節 ◆ 当事者主義的争点整理手続における当事者・代理人弁護士，裁判所の役割・権限・責任

第1款 当事者主義的争点整理手続における裁判所の役割・権限・責任

　第1節第2款の末尾では，山本和彦教授の見解に依拠して，当事者主義的な争点整理手続のイメージを提示した。それでは，このような当事者主義的な争点整理手続で，当事者・代理人弁護士と裁判所のそれぞれの役割・権限・責任はどのように考えられるのであろうか。この点につき，当事者主義的訴訟運営を主張する論者の間では，裁判所の役割が後退する旨の認識が強いように思われる(38)。しかし，当事者主義的な争点整理手続で，裁判所の役割・権限・責任が後退すると一概にいえるのであろうか。確かに，前記のような当事者主義的な争点整理手続では，裁判所が釈明を行うことにより後見的に当事者・代理人弁護士の事実主張・証拠提出を肩代わりすることはなくなり，裁判所の役割は中立的・助言者的なものにとどまり(39)，その権限・責任は従来よりも後退するともいえるように思われる。しかし，他方で，当事者主義的争点整理手続の実効化のためには，十分な争点整理に協力しない当事者等に制裁を科す仕組みが必要であると考えられ(40)，そこでは裁判所の権限・責任はむしろ強化されるのではないかと考えられる。また，第1章でも論じたように，当事者主義的争点整理手続の基盤として，当事者・代理人弁護士が訴訟の早い段階から事件に関する資料等を収集・提出できるようにするために，証拠・情報の収集手続を充実させなければならず，そこでは手続の実効化のために，第1部で詳論する当事者照会における回答拒絶・不誠実回答に対する制裁等のように，裁判所の介入が必要となると考えられ，そこでも裁判所の権限・責任の強化が望ま

---

(38) 例えば，山本和彦・前掲注(4)87頁等。

(39) 山本和彦・前掲注(4)82頁注(12)。

(40) 山本和彦・前掲注(4)84頁，99-100頁等。例えば，時機に後れた攻撃防御方法の却下（法157条）の強化等が考えられるであろう。

◆第2章　当事者主義的訴訟運営の基盤としての証拠・情報の収集手続の実効化

れるのではないかと考えられる。

　このような点を踏まえると，争点整理手続をはじめとする当事者主義的訴訟運営における当事者・代理人弁護士と裁判所のそれぞれの権限・責任の関係をどのように捉えるべきかが問題となるように思われる。この点に関しては，三木浩一教授が提案するモデル分析の検討により，一定の示唆を得られるのではないかと筆者は考える。三木教授は，当事者・代理人弁護士の自治の権限と裁判所の管理的権限を単純化して高・低の二つのカテゴリーに分け，これを縦・横のマトリックスに収め，①低度の自治的権限＋低度の管理的権限＝「低－低モデル」，②低度の自治的権限＋高度の管理的権限＝「低－高モデル」，③高度の自治的権限＋低度の管理的権限＝「高－低モデル」，④高度の自治的権限＋高度の管理的権限＝「高－高モデル」の四つの組み合わせから成るモデル分析の枠組みを提案している[41]。この分析モデルを踏まえ，当事者主義的争点整理手続における当事者・代理人弁護士と裁判所のそれぞれの権限を検討すると，そこではまず，当事者には自らの責任を踏まえ自発的・積極的に弁論権を行使することが求められ，かつ，その前提として，拡充された証拠・情報の収集手続を用いて必要な証拠・情報を相手方当事者等から入手することが認められ，この意味で，当事者・代理人弁護士の高度の自治的権限が認められる。しかし，前記のように，当事者主義的争点整理手続の実効化，および，当事者主義的争点整理手続の基盤たる証拠・情報の収集手続の実効化のためには，裁判所の権限の強化もまた認められるのではないかと考えられる。ただ，この点から直ちに，当事者主義的争点整理手続での当事者・代理人弁護士と裁判所のそれぞれの権限の関係を前記の「高－高モデル」として捉えることは，両者の関係の捉え方としては若干不十分な点が残るように考えられる。確かに，三木教授が論じるように，従来のわが国の民事訴訟手続での当事者・代理人弁護士の裁判所へのもたれかかりと裁判所の事実上の裁量的な権限を捉えて，これを当事者・代理人弁護士の低度の自治的権限と裁判所の高度の管理的権限から成る「低－高モデル」とみなすこと[42]は，分析として適切なものと考えられる。これに

---

(41)　三木・前掲注(2)33-34頁。
(42)　三木・前掲注(2)34頁。

◆第1部◆　当事者主義的民事訴訟運営と当事者照会の実効化

対して，前記の当事者主義的争点整理手続での裁判所の権限は，一方では，争点整理の実効化のために法157条の時機に後れた攻撃防御方法の却下を強化すること等にみられるように，管理的権限として捉えられる。他方で，当事者主義的争点整理手続の実現のためにその基盤たる証拠・情報の収集手続を実効化するべく裁判所の制裁権限を強化することは，直接的には裁判所の管理的権限の強化とも捉えられ得る。しかし，証拠・情報の収集手続における裁判所の制裁権限をより広い視点でみると，裁判所のこの権限により手続内での証拠・情報の不開示等に対して適切に制裁が科され得ることを通して，当事者に不当判決の責任を帰せしめる前提たる当事者の弁論権行使のために必要不可欠な当事者間での証拠・情報の開示・共有の機会が実効的に保障されることになる。そして，当事者は，裁判所の制裁権限による下支えを通じてその実効性を保障された証拠・情報の収集手続を用いて，自らの主張・立証に必要な証拠・情報を相手方当事者等から入手する機会，および，そこで得られた証拠・情報を用いて主体的に主張・立証を行う機会，すなわち，弁論権を行使する機会を保障される。まとめると，証拠・情報の収集手続での裁判所の制裁権限は，当事者・代理人弁護士が必要な証拠・情報を相手方当事者等から入手する機会を保障する手続の実効化を図り，もって，当事者がそこで入手した証拠・情報を用いて主体的に弁論権を行使する機会を保障することを可能にするものであり，そこでは，証拠・情報の収集手続を実効化する裁判所の制裁権限が，当事者の自発的・自立的な弁論権行使を下支えし，支援しているものと捉えられ得るのではないかと考えられる。そして，この点で，ここでの裁判所の権限は，単に管理的権限というよりは，むしろ当事者・代理人弁護士の主体性発揮・自立を支援するための権限として捉えられるのではないかと筆者は考える[43]。この意味

---

(43)　三木・前掲注(2)34頁注(69)は，当事者・代理人弁護士の自治的権限と裁判所の管理的権限とが常にトレードオフの関係に立つ訳ではなく，例えば，①自治の権限が有効に機能しない場合（当事者の一方が本人訴訟の場合等），②自治的権限に基づく手続運営が行き詰った場合（当事者間で主体的に手続上の争いを解決できない場合等），③管理的権限に委ねた方が合理的な場合（手続運営に専門性を要する訴訟等）等において，裁判所が補完的に管理の権限を行使できる仕組みが充実している訴訟制度は，考え得る「高－高モデル」の一つの例である旨を論じる。筆者は，基本的にはこの三木教授の議論に賛成する。ただ，ここで論じられる裁判所の権限のうち，少なくとも①②の場合の

で筆者は、わが国で実現されるべき当事者主義的争点整理手続における当事者・代理人弁護士と裁判所のそれぞれの権限の関係は、〈当事者・代理人弁護士の高度の自治的権限〉＋〈裁判所の高度の管理的権限〉＋〈裁判所の高度の当事者自立支援的権限〉から成るモデルとして捉えられるべきではないかと考える。ただ、この点に関しては、ここでは問題提起のみにとどめ、詳細については第2款にて、より敷衍した形で論じることにしたい。

第2款　訴訟資料提出過程における裁判所の管理的権限と当事者自立支援的権限

　第1款では、当事者主義的争点整理手続における当事者・代理人弁護士、裁判所それぞれの役割・権限・責任の検討に当たり、三木浩一教授によるモデル分析の枠組みに基本的には依拠しつつも、特に裁判所の権限につき、高度の管理的権限であるのみならず、高度の当事者自立支援的権限であるとも捉えられるのではないかとの問題提起を行った。そこでは筆者は、当事者照会をはじめとする証拠・情報の収集手続を実効化するために裁判所の制裁権限を強化することが、広い視点からみれば、当事者の自立的な弁論権行使の支援につながるのではないかとの考えを提示し、この裁判所の権限を高度の当事者自立支援的権限であると捉え得る旨を論じた。

　ここで、裁判所の管理的権限と当事者自立支援的権限との関係をどのように捉えるのかという点が問題になると考えられる。裁判所の管理的権限といっても、その具体的な内容については多様なものがあり得るところ、争点整理手続における管理的権限の例としては、争点整理の実効化のために時機に後れた攻撃防御方法の却下（法157条）を強化することのように、当事者自立支援的権限と両立するものも考えられる。

　　裁判所の権限については、当事者・代理人弁護士の自治的権限が機能不全に陥った場合に、当事者・代理人弁護士が有効に自治的権限を行使できるようにするために、裁判所が後見的な形でではなく、当事者・代理人弁護士を支援する形で行使する権限であるとも捉えられるのではないかと筆者は考える。そのため、前記の場合の裁判所の権限については、管理的権限と捉えるよりも、むしろ本文で論じるように当事者自立支援的権限として捉える方が問題がクリアになるように考えられる。

◆第1部◆　当事者主義的民事訴訟運営と当事者照会の実効化

　これに対して，第2章第1節で紹介し，筆者も多くを依拠する，山本和彦教授により提示された現状の裁判所主導型争点整理手続の姿と，当事者・代理人弁護士が裁判所に依存することなく進められる当事者主義的争点整理手続のイメージとを改めて比較すると，裁判所主導型争点整理手続では，当事者が本来自らの責任・イニシアティブでなすべき弁論権行使を十分に行わず，他方で，裁判所が釈明を行うことにより，不足していると思われる事実主張・証拠を補充する。そして，そこでは裁判所が釈明という後見的ないしパターナリスティックな管理的権限を行使していると考えられる。

　これに対して，当事者主義的争点整理手続では，裁判所が異なる法律構成やそれに基づく事実主張の可能性等に気付いている場合にその点を釈明することはあり得るものの，それ以上の釈明義務等を負うことは基本的になくなる。そこでは，当事者には自らの責任・イニシアティブによる，拡充された証拠・情報の収集手続を用いての証拠・情報の入手，および，自発的・積極的な弁論権行使が求められ，この意味で当事者・代理人弁護士の高度の自治的権限が認められる。他方で，裁判所の権限についてみると，一方で，当事者・代理人弁護士の裁判所へのもたれかかりを防ぎ，当事者・代理人弁護士が自らの責任・イニシアティブにより主体的に事実主張・証拠提出を行うようにするために，釈明権・釈明義務については後退が求められる。しかし，当事者・代理人弁護士が主体性を発揮し，自らのイニシアティブにより，自らに有利な判決等を得るために必要な事実主張・証拠提出を行えるようにする（言い換えれば，仮に当事者の側からみて「不当判決」といえるような結果に至ったとしても，そのことにつき当該当事者の自己責任を問い得る条件を整える）という観点からみると，裁判所の釈明権限を後退させることだけでは適切ではない。そして，当事者・代理人弁護士が裁判所の釈明に頼らずとも，必要な事実主張・証拠提出を行えるようにするためには，当事者・代理人弁護士が証拠・情報の収集手続により事件に関する証拠・情報を入手し，必要な事実主張・証拠提出を自らの責任・イニシアティブにより行う機会が保障されることが求められ，その前提として，裁判所の制裁権限による証拠・情報の収集手続の実効化，および，それを通じての当事者の自立的な弁論権行使の下支えが求められる。

　このように，裁判所主導型争点整理手続と当事者主義的争点整理手続とを比

◆第2章　当事者主義的訴訟運営の基盤としての証拠・情報の収集手続の実効化

較すると，後者では釈明という裁判所の管理的権限の後退と，証拠・情報の収集手続における制裁権限という裁判所の当事者自立支援的権限の拡充という現象がみられることになり得ると考えられる。この点について，筆者は現在のところ，民事訴訟による私人間の紛争処理における裁判所，ひいては国家の役割のあるべき変容の姿を捉えることができるのではないかと考えている。以下では，筆者の能力の点からはなはだ未熟なものとならざるを得ないが，主に釈明の思想的・理念的背景に関する従来の議論を概観し，考察を加えた上で，釈明と当事者照会における裁判所の制裁権限の関係について若干の試論を提示したい。

　わが国における釈明の思想的・理念的背景を考察する際には，とりわけ，釈明権行使・釈明義務に関する大審院・最高裁の判例の変遷をたどることが有益であると考えられる[44]。戦前の大審院判例では，とりわけ昭和初期に釈明義務違反を理由に下級審判決を破棄する事例が相当数存在した。これに対して，戦後の最高裁判所発足（1947年）後1954年頃までは，最高裁判例では釈明の不行使を理由とする破棄事例がほとんどみられず，むしろ釈明義務を否定するような態度を示す判例もみられた。その後，1955年前後からは，釈明義務の不存在を明言する最高裁判例は姿を消し，かえって釈明権不行使を理由とする破棄判例がみられるようになるものの，1965年前後までは，これらの破棄判例で問題とされたのはほとんどが当事者の申立て・主張等の不明瞭を正す消極的釈明にとどまる。そして，1965年前後を境として，それ以降，釈明義務の違反を明言する破棄判例が再び現れ，かつ，釈明の内容に関してもそれまでの判例と比較して格段の積極性がみられるようになり，消極的釈明にとどまらず，当事者が適切な申立て・主張等をしない場合に裁判所が積極的にそれを示唆・指摘する積極的釈明についても，その適法たることを判示し，あるいはこれについての釈明権不行使の違法（釈明義務違反）を認める判例も少なからずみられるようになった[45]。この1965年前後以降の流れが，基本的に現在まで続く

---

(44)　以下の記述については，中野貞一郎「弁論主義の動向と釈明権」同『過失の推認（増補版）』（弘文堂，1987年）215-220頁（初出1972年），同「釈明権」小山昇ほか編『演習民事訴訟法』（青林書院，1987年）390-392頁，小島武司「釈明権行使の基準」新堂幸司編著『特別講義民事訴訟法』（有斐閣，1988年）333-334頁に多くを負う。

31

◆ 第 1 部 ◆　当事者主義的民事訴訟運営と当事者照会の実効化

最高裁判例の流れであるといってよいのではないかと考えられる[45]。

　大審院時代から現在の最高裁に至る釈明権行使・釈明義務に関する前記の判例の変遷が思想的に意味するものについての指摘として，まず，小島武司教授の見解が挙げられる[47]。小島教授の見解を整理すると，まず，①大審院時代の積極的釈明のプラクティスは，職権証拠調べ（1948 年改正前の旧法 261 条）や裁判官尋問の原則（1948 年改正前の旧法 299 条）といった濃厚な職権主義的制度を基盤として，当時の権威主義的社会思潮の影響を受けて定着した「職権主義的積極釈明モデル」と解される[48]。次に，②戦後の最高裁発足後 1954 年頃までの釈明に対する消極的態度は，職権証拠調べの規定の削除，交互尋問制の採用（旧法 294 条，現行法 202 条 1 項，現行規則 113 条・115 条）といった英米

---

(45)　最（一小）判昭和 45 年 6 月 11 日（民集 24 巻 6 号 516 頁）は，原審裁判所が別個の法律構成に基づく新たな請求原因を具体的に示唆する釈明を行ったことの是非が問題となった事案で，「釈明の制度は，弁論主義の形式的な適用による不合理を修正し，訴訟関係を明らかにし，できるだけ事案の真相をきわめることによって，当事者間における紛争の真の解決をはかることを目的として設けられたものである」との判示をしている。また，最（三小）判昭和 44 年 6 月 24 日（民集 23 巻 7 号 1156 頁）は，原審裁判所の釈明権不行使を理由とする破棄事例の一つであり，そこでは，「当事者の主張が，法律構成において欠けるところがある場合においても，その主張事実を合理的に解釈するならば正当な主張として構成することができ，当事者の提出した訴訟資料のうちにもこれを裏付けうる資料が存するときは，直ちにその請求を排斥することなく，当事者またはその訴訟代理人に対してその主張の趣旨を釈明したうえ，これに対する当事者双方の主張・立証を尽くさせ，もって事案の真相をきわめ，当事者の真の紛争を解決することが公正を旨とする民事訴訟制度の目的にも合するものというべ」き旨の判示がなされている。これらの判示は，最高裁の釈明制度に対する基本的理解を明らかにしたものといえると考えられる（中野・前掲注(44)過失の推認（増補版）216 頁，同・前掲注(44)演習民事訴訟法 391 頁，395 頁注(10)）。

(46)　戦後の最高裁発足以降近年に至るまでの，釈明権行使に関する最高裁判例を簡潔にまとめた論稿として，八木一洋「釈明権の行使に関する最高裁判所の裁判例について」民事訴訟雑誌 56 号（2010 年）109-131 頁。

(47)　小島・前掲注(44)334-335 頁。

(48)　この点につき，安井光雄「釈明権について(1)」法学 23 巻 3 号（1959 年）178 頁も，民訴法の大正改正による職権証拠調べの導入により弁論主義が緩んできたこと，個人よりも国家や社会に重きを置く当時の社会思想の反映と考えられる旨を論じる。

◆第2章　当事者主義的訴訟運営の基盤としての証拠・情報の収集手続の実効化

法系の制度の導入に伴う，当事者主義の図式的理解，および，その強調の反映であり[49]，「古典弁論主義的消極釈明モデル」と解される。最後に，③1965年前後以降現在に至る最高裁の積極的釈明のポリシーは，当事者主義を制度基盤としながら，当事者間に真の対等性を回復しようとする理念や活力ある対論こそ適正な手続の中核的要素であるとする手続保障の理念と根底でつながっている「手続保障志向積極釈明モデル」と解されるところ，このモデルは，実質的手続保障を指導理念として裁判官と両当事者との間の活発な情報伝達によって法的討論の実を挙げようとするねらいを内に秘めたものであり，民事訴訟の理念に根ざすものであると述べられている。

　次に，前記の小島教授の見解を意識しつつ，裁判所（裁判官），ひいては国家の役割を前面に押し出した形で釈明制度の思想的背景を論じたものとして，山本和彦教授の見解がある[50]。山本和彦教授の見解を整理すると，釈明制度の思想的背景として，まず，(1)国家の公益を強調し，民事訴訟の目的も法秩序の維持にあるとの理解を前提に，裁判官に積極的介入を求める，一種の全体国家的な理念が考えられ，このような思想は，戦前（昭和初期）の大審院判例の釈明強化にみられたものではないかと考えられる[51]。次に，(2)国民の幸福・保護という観点を強調し，国家がそのために積極的に介入する必要があるとする，一種の福祉国家・社会国家的な理念が考えられ，このような思想は，ワイマール期ドイツにおける釈明強化等にみられるものではないかと考えられる[52]。最後に，(3)パターナリズムを排した国民の自律を基礎とする理念を背景にしながら，その自律性を確保するための最小限度の措置を図る役割を国家に認め，国民が情報に基づく決断（informed decision）を行うことができるインフラを国家が整備する責任があるとする，自由主義的な理念が考えられる。

---

(49)　この点につき，安井・前掲注(48)189頁，中野・前掲注(44)過失の推認（増補版）216頁，同・前掲注(44)演習民事訴訟法390頁。

(50)　山本和彦「基本的な考え方―研究者の視点―」大江忠ほか編『手続裁量とその規律―理論と実務の架橋をめざして―』（有斐閣，2005年）22-24頁。

(51)　山本和彦・前掲注(50)23頁注(11)は，小島教授の見解でいうところの「職権主義的積極釈明モデル」を，この思想に基づくものとしている。

(52)　この点につき，山本弘＝山本和彦・前掲注(15)163頁［山本和彦発言］も参照。

◆第1部◆　当事者主義的民事訴訟運営と当事者照会の実効化

なお，1970年代のドイツや，1965年前後以降現在に至る日本の最高裁の釈明に対する積極的な考え方が，前記の(2)(3)のいずれの潮流に属するのかについては，議論のあるところであると述べられている(53)。その上で山本和彦教授は，将来の釈明制度の向かうべき方向として，(1)の方向が相当でないことは明らかであるとしても，(2)の方向をどの程度重視するかは一つの問題であり，近時の世界的潮流が国の役割をできるだけ限定していこうとする方向に向かっている点からすれば(54)，この点の過度の重視は必ずしも相当でないとも考えられ，将来的には(3)の方向が中心となっていくのではないかとの認識を示す(55)。

ところで，わが国の民事訴訟法の母法国であるドイツでは，釈明に相当する制度は，2002年改正後のZPO(56)では，139条で実体的訴訟指揮（materielle Prozessleitung）という形で規定がなされている(57)。ZPOについての注釈書・

(53)　山本和彦・前掲注(50)23頁注(12)は，小島教授が日本の最高裁の1965年前後以降現在に至る傾向を「手続保障志向積極釈明モデル」と呼んでいることを指して，前記の(3)の思想にたつものとして理解され得る旨を論じ，また，2002年のドイツのZPO改正における釈明強化についても，(3)の思想で説明されるものであろうかとの認識を示す。他方で，山本弘＝山本和彦・前掲注(15)163頁［山本和彦発言］は，1970年代のドイツにおける釈明強化の方向について，福祉国家の議論が背景にあったのではないかとの認識を示す。

(54)　大江忠（司会）ほか「（座談会）民事訴訟審理における裁量の意義とその規律」大江ほか編・前掲注(50)357頁［山本和彦発言］。

(55)　山本弘＝山本和彦・前掲注(15)164頁［山本弘発言］も，このような趣旨であるのではないかと筆者は考える。

(56)　2001年に成立し，2002年より施行されている現行ZPOの改正経緯・概要に関する邦語文献として，例えば，八田卓也「二〇〇一年ドイツ民事訴訟法改正について―概要の紹介と若干の検討を兼ねて―」法政研究70巻3号（2003年）661-675頁，アストリッド・シュタットラー（本間靖規訳）「現代民事訴訟における裁判所と弁護士の役割分担―改正ドイツ民事訴訟法を例として―」民事訴訟雑誌50号（2004年）157-182頁，勅使川原和彦『民事訴訟法理論と「時間」的価値』（成文堂，2009年）39-117頁等。

(57)　現行ZPO139条の翻訳を示すと，次の通りである（訳は筆者による。また，ここでは1項・2項のみを訳出し，3-5項は割愛する）。
　1項：裁判所は必要な限り，事実上・法律上の観点から，当事者と事実関係および訴訟関係を討論し，問いを発しなければならない。裁判所は，当事者が全ての重要な事実に

◆第2章　当事者主義的訴訟運営の基盤としての証拠・情報の収集手続の実効化

体系書の中から，はなはだ不十分ではあるが，ZPO139条の背後にある思想・理念に関して言及していると思われる部分を若干抽出すると，まず，この規定による指摘義務（Hinweispflicht）につき，それが社会的法治国家（soziale Rechtsstaat）の現れであり，かつ，訴訟資料の完全化のための最も重要な訴訟指揮の手段である旨を明言するものがある[58]。次に，ZPO139条の釈明（Aufklärung）が，当事者が誤解や過失により，その実体権において回避できる不利益を被ることを防ぐものであり，その主な理念は，当事者の援助と武器平等にある旨を述べるものがある[59]。また，ZPO139条により，裁判官は，事案解明の際にも，さらには法的な「方向設定」の際にも，十分に援助し，指導する形で介入することが許されるし，また，介入しなければならない旨を述べるもの[60]，ZPO139条が裁判所に，公平な，自由意志に基づく，かつ，できるだけ真実の探知に向けられた手続のための，補充や修正に関する配慮義務と共同責任を負わせ，ここで正当に理解された裁判官の能動性は，裁判官の援助の提供の要請のみにより弁論主義を修正する旨を述べるもの[61]がある。

ここまで，釈明の思想的・理念的背景に関してみてきた。それでは，現在のわが国の民事訴訟における裁判所の釈明のあり方は，どのように評価されるの

ついて適時に，かつ完全に明らかにし，特に，主張された事実に関する不十分な陳述を補充し，証拠方法を提示し，適切な申立てをなすように努めなければならない。

2項：裁判所は，単に附帯請求に該当する場合でない限り，当事者が明らかに見落としていた，または重要でないとみなしていた観点を指摘し，それについて意見を述べる機会を与えていた場合にのみ，その観点を基礎として裁判をすることができる。裁判所が両当事者と異なる評価をした観点についても，同様とする。

なお，現行ZPO139条の実体的訴訟指揮につき紹介する論稿として，髙田昌宏「訴訟審理の実体面における裁判所の役割について―釈明権の法理に関する序論的考察―」栂善夫先生・遠藤賢治先生古稀祝賀『民事手続における法と実践』（成文堂，2014年）314-329頁がある。

(58) Rosenberg/Schwab/Gottbald, Zivilprozessrecht, 18. Auflage（2018），§77 Rn. 18.
(59) MüKoZPO/Fritsche, 5. Auflage（2016），§139, Rn. 2. また，Stein/Jonas/Kern, ZPO, 23 Auflage（2016），§139, Rn. 3 も，ZPO139条により要求される裁判所の能動性が当事者への援助であり，当事者の主張の不足を是正することに寄与し得る旨を述べる。
(60) Baumbach/Lauterbach/Albers/Hartmann, ZPO, 76. Auflage（2018），§139, Rn. 14.
(61) Musielak/Voit/Stadler, ZPO, 15. Auflage（2018），§139, Rn. 1.

◆第1部◆　当事者主義的民事訴訟運営と当事者照会の実効化

であろうか。この点と関連して，現在のわが国の民事訴訟における裁判官の役割につき，一般に大陸法系の訴訟手続の下では，裁判官こそが事案解明の主体であるとされ，そのため，大陸法系の裁判官は通常，不明瞭な主張を明らかにするために自ら積極的に当事者に釈明を求めることや，事案の解明に不可欠と考える証拠の提出を当事者に促すこと等をさほど躊躇しないと考えられるところ，純粋には大陸法系の手続とはいえない民事訴訟手続をもつ現在のわが国においても，裁判官・弁護士のメンタリティには，依然として大陸法系の色彩が色濃く残っている旨[62]の指摘がある。また，これに加えて，わが国の民事訴訟で，裁判官がパターナリスティックな後見人の役割を志向し，当事者や弁護士は，その庇護を当然のこととして受け止める傾向がある旨[63]も指摘されている。なお，わが国の民訴法の母法国であり，法律上明文で裁判所の釈明の義務性が強調されているドイツで，釈明制度に社会的法治国家の現れを見出したり，釈明制度が事案解明の際の当事者への援助・介入のためのものであるという理解がみられたりすること等も，前にみてきた通りである。このようにみると，現在のわが国の民事訴訟での釈明のあり方は，裁判所が事案解明のために積極的に当事者側に介入するという意味で，山本和彦教授が論じるところの，国家の積極的介入の必要性を強調する福祉国家・社会国家的な理念とパラレルに考えることができるのではないかと思われる。しかし，第2章第1節第1款でもみてきたように，現在のわが国の争点整理手続の現状として指摘されている裁判所主導型争点整理手続で，裁判所が積極的に，あるいはパターナリスティックに釈明を行う反面，当事者・代理人弁護士の裁判所へのもたれかかりが生じているとすれば，当事者への弁論権の保障と表裏一体の関係にある，不当判決に対する当事者の自己責任という理念との離齬がみられることになるのではないかと考えられる。言い換えると，訴訟資料提出過程で，裁判所・国家の当事者側への積極的な介入の反面としての，当事者・代理人弁護士の裁判所・国家への依存という現象が生じていると評価できるのではないかと考えられる。従って，当事者の自立的な弁論権行使を促すことにより，当事者の責任

---

[62]　三木・前掲注(2)16頁。

[63]　三木・前掲注(2)19頁。

◆ 第 2 章　当事者主義的訴訟運営の基盤としての証拠・情報の収集手続の実効化

の伴った，真の意味での当事者主義を目指すという観点からは，筆者は，当事者への弁論権保障という観点からの裁判所の釈明の余地は残らなければならないと考えるが，現状のような後見的な，あるいはパターナリスティックな意味での釈明については，当事者主義的訴訟運営のための様々な基盤が整うことを前提とすれば，後退を認めてもよいのではないかと考える。

　それでは，当事者主義的争点整理手続で裁判所の釈明の後退を認めるとして，そこでの釈明のあり方をどのように考えるべきであろうか。筆者は，現行民訴法での裁判所の釈明権行使につき検討を加える石田秀博教授の見解[64]が，この点に関する一定の示唆を与えるのではないかと考える。石田教授は，裁判所の釈明権行使を，裁判所－当事者間，および，両当事者間のベクトルに着目して分類し，まず，裁判所－当事者間の縦のベクトルを中心に指向する釈明権行使のあり方を，当事者の従前の申立て・主張等が裁判官からみた事案の真相に合致しない場合に，それらを裁判官からみた適切な申立て・主張・立証に変換する「変換機能」であるとする[65]。次に，当事者間の横のベクトルに一定程度配慮した釈明権行使のあり方は，裁判官と当事者間，および，当事者間での事実評価・法的評価の食い違いを是正し，弁論・対論を活性化する前提を作り出す「意思疎通機能」であるとされる[66]。この意思疎通機能は，釈明があくまでも裁判官の発問の形で行われる点に鑑みると，当事者相互間の意志疎通を直接に目指すものではないが，ここでの裁判官の役割は，当事者間の弁論を活性化するための，すなわち，当事者間の横のベクトル間でのやり取りのための触媒的役割であるといえるとされる[67]。なお，これらの二つの機能の前提として，当事者の申立て・事実主張・立証が多義的である場合に，その行為により当事者が意図するところを明らかにするための「明確化機能」を挙げることができ，この機能は，意思疎通の前提として当事者の意思・意図を明確にする

---

(64)　石田秀博「新民事訴訟法における釈明権について」民事訴訟雑誌 46 号（2000 年）235 頁以下，同「新民事訴訟法における釈明権行使」愛媛法学会雑誌 27 巻 1 号（2000 年）113 頁以下。

(65)　石田・前掲注(64)民訴 236 頁，同・前掲注(64)愛媛 116 頁。

(66)　石田・前掲注(64)民訴 236 頁，同・前掲注(64)愛媛 116-117 頁。

(67)　石田・前掲注(64)民訴 236 頁，同・前掲注(64)愛媛 117 頁。

◆第1部◆　当事者主義的民事訴訟運営と当事者照会の実効化

ことに尽きるとされる(68)。

　そして，石田教授は，前記の釈明権の変換機能・意思疎通機能を論じる前提として，現行民訴法で訴訟の迅速化・効率化のために当事者に重要な役割が課されていること，当事者相互間の関係が重視されていること(69)を主な理由として，裁判所から当事者への縦ベクトルを指向する釈明権行使のあり方（変換機能）のみならず，裁判所と当事者間ないし当事者相互間の双方向を指向する水平ベクトルとしての釈明権行使のあり方（意思疎通機能）が重視されるべき旨を論じる(70)。筆者は，当事者の主体的な弁論権行使や両当事者間での主体的な対論によって行われるべき当事者主義的争点整理手続のためには，石田教授の論じる意思疎通機能を重視した釈明に関しては，その余地は認められるべきであると考える。

　しかし，石田教授も論じるように，釈明はあくまでも裁判官の発問の形で行われるものであること，および，両当事者・代理人弁護士が基本的には裁判所に依存せず，自発的・主導的に争点整理に取り組むという当事者主義的争点整理手続のあるべき姿から考えると，両当事者間での意思疎通のためには，釈明よりもむしろ，両当事者間での直接の情報等のやり取りにより訴訟関係等を明確化することに資する制度である当事者照会の役割が重視されるべきではないかと考えられる。そして，当事者照会を用いた当事者・代理人弁護士の自立的な情報等の収集・交換，争点整理を下支えするものとして，当事者照会における裁判所の制裁権限を考えていくことが必要なのではないかと筆者は考える。また，裁判所と当事者間・当事者相互間での意思疎通機能に資する釈明は，従来の後見的・パターナリスティックな釈明とは異なり，あくまでも，自立的な情報等の収集・交換を前提とする両当事者間での自立的な争点整理の場面で，裁判所が別の法律上・事実上の観点を両当事者に示唆する等の形で，事案に関する両当事者間の共通理解の形成を促進する等して，両当事者の争点整理のた

---

(68)　石田・前掲注(64)愛媛117頁。

(69)　この点につき，例えば，竹下守夫「新民事訴訟法制定の意義と将来の課題」竹下＝今井功編『講座新民事訴訟法Ⅰ』（弘文堂，1998年）23-25頁，鈴木正裕「新民事訴訟法における裁判所と当事者」竹下＝今井編・前掲64-66頁等。

(70)　石田・前掲注(64)民訴235頁，同・前掲注(64)愛媛114-115頁。

◆第2章　当事者主義的訴訟運営の基盤としての証拠・情報の収集手続の実効化

めの活動を支援するものとして，そのあり方が考えられるべきではないかと思われる。

◆第3節◆　当事者主義的民事訴訟運営と実体的正義・手続的正義，手続保障

　第1部ではここまで，権利義務に関する訴訟の結論（判決・和解等）に影響を及ぼす部分，すなわち，訴訟における実体形成の側面につき，裁判所主導型訴訟運営から脱却し，当事者主義的訴訟運営への移行を図るべきである旨を論じてきた。ところで，第1部で論じる争点整理手続での当事者主義的訴訟運営への移行を考える場合，当事者・代理人弁護士の主体性発揮という観点に鑑みて，裁判所主導型争点整理手続にみられる，釈明を通じての当事者・代理人弁護士の事実主張・証拠提出の後見的な補充については，第2節第2款で論じたように，後退を考えるべきであるということになる。

　この点につき，実体的正義と手続的正義のバランスをどのように考えるべきかという問題が出てくるように思われる。すなわち，裁判所主導型争点整理手続では，当事者・代理人弁護士がある主張をしていない，あるいは，ある証拠を提出していない状況で，当該の主張や証拠が訴訟の場に挙げられれば，真実に適い，実体法的な関係に沿った判決がなされ得る場合，さらにいえば，当該当事者が実体法的には勝訴すべき場合，裁判所が積極的に釈明を行うことにより，当該の主張や証拠の補充がなされ，この意味で実体的正義に適う結果は得られる。しかし，この場合，問題の当事者は本来その自己責任と裏腹の関係にある弁論権の行使，すなわち，主張や証拠の提出を自発的になすべきであり，当事者に弁論権が保障されていることと不当判決についての当事者の不利益・責任とが表裏一体の関係にあることに鑑みると，その主張や証拠が訴訟の場に挙げられなかったことにより，不当判決，さらにいえば，実体法的に当該当事者に不利な判決がなされる恐れがあるところを，裁判所が積極的に釈明を行うことで救済する。ただ，この場合，当該当事者が本来弁論権の行使により自身の手続上の責任を果たすべきであるのに，そこで裁判所が釈明による後見的な主張・証拠の補充により責任を肩代わりすることで実体的正義の貫徹がなされ

る反面，両当事者が自らの手続上の責任を果たすべきであるという手続的正義の観点からは望ましくない事態が生じているのではないかという問題を提起できるのではないかと考えられる。

　また，争点整理手続での当事者主義的訴訟運営への移行を図る，すなわち，争点整理段階での当事者の自発的な弁論権行使，および，責任を強調するに際しては，当事者・代理人弁護士が適時に必要な主張・証拠提出を行うことを促すため，時機に後れた攻撃防御方法の却下（法157条）を強化することが考えられるところ，この場面でも実体的正義と手続的正義のバランスをどのように考えるべきかという問題が出てくるように思われる。すなわち，一方の当事者・代理人弁護士がある攻撃防御方法を時機に後れて，または争点整理手続の終結後に提出しようとしているところ，その攻撃防御方法の提出を認めることにより，判決の実体法的な結論が当該当事者にとって有利に変わる可能性がある場合が考えられる。一方で，真実発見や実体的正義の貫徹を重視すれば，そこで問題となっている攻撃防御方法の提出を認めることに傾くと考えられるところ，この場合，当該当事者が本来攻撃防御方法の提出の機会を保障されていながらそれを怠っていた，すなわち，自らの手続上の責任を十分に果たしていなかったにもかかわらず，時機に後れた攻撃防御方法の却下がなされないことにより，その責任の懈怠が救済され，手続的正義の観点からは望ましくない事態が生じることが考えられる。他方で，手続的正義の観点を重視すれば，問題の攻撃防御方法を時機に後れたものとして却下することに傾くと考えられるところ，この場合，当該当事者は不当判決という結果を甘受せざるを得ず，真実発見や実体的正義の貫徹という観点は背後に退くことが考えられる。

　このように，当事者主義的訴訟運営への移行を考える場合，そこで考慮されるべきであると考えられる，裁判所の釈明の範囲の問題，時機に後れた攻撃防御方法の却下の問題との関係で，実体的正義と手続的正義との関係・バランスをどのように考えるべきであるかという問題が生じるように思われる[71]。この問題につき，一方で，実体的正義と手続的正義とが対立するものと捉えられ

---

(71) 釈明権行使，時機に後れた攻撃防御方法の却下という二つの場面との関係で，実体的正義と手続的正義の相克の問題を検討する文献として，伊藤ほか・前掲注(15) 185-196頁。

◆第2章　当事者主義的訴訟運営の基盤としての証拠・情報の収集手続の実効化

ることも考えられ，それ故，当事者主義的訴訟運営・当事者主義的争点整理手続への移行のために裁判所の釈明を後退させること，および，時機に後れた攻撃防御方法の却下を強化することにつき，手続的正義を優先する反面で実体的正義を後退させるものとして批判的に捉えられることも考えられる。

　ただ，この点に関しては，確かにわが国の現行の民事訴訟法・民事訴訟手続を前提として考えれば，前記のような方策を伴い当事者主義的訴訟運営・当事者主義的争点整理手続に移行することによる，実体的正義と手続的正義との対立が生じるように一見思われる。しかし，従来当事者主義的訴訟運営への移行を唱えてきた論者，および，筆者がその基盤として前提とする，当事者照会を含む各種の証拠・情報の収集手続の充実化・実効化という条件も考慮すると，前記のような実体的正義と手続的正義との対立が生じるか否かという点には疑問の余地もあるのではないかと筆者は考える。すなわち，現状の裁判所主導型争点整理手続で，当事者・代理人弁護士による，実体法上有利な判決等を得るために必要な主張・証拠提出がなされず，裁判所の釈明による主張・証拠等の補充が必要となること，あるいは，そのような主張・証拠提出が時機に後れてなされることの要因の一つとして，当事者・代理人弁護士が実体法上有利な判決等を得るために必要な主張を組み立てるために必要な情報や，立証のために必要な証拠を適切な形で入手できる可能性，ひいては，両当事者・代理人弁護士や裁判所との間で必要な情報等を共有できる可能性が限られていることが考えられる。そして，そのような可能性が限定されているからこそ，当事者・代理人弁護士が必要な情報・証拠等を認識できず，裁判所の後見的な釈明による主張・証拠の補充，あるいは，そのような主張・証拠の時機に後れての提出といった現象が生じると考えられる。そして，このような場面では，実体的な観点からは必要とされる主張・証拠が，手続的な観点からは適切でない形で，すなわち，それを提出すべき側の当事者が自身の手続上の責任を十分果たしていない形で提出されるが故に，実体的正義と手続的正義との対立という見かけが生じているように考えられる。従って，筆者は，このような見かけを払拭し，当事者・代理人弁護士にとって実体的な観点から必要とされる主張・証拠が，それを必要とする側の当事者・代理人弁護士から，その手続上の責任を十分に果たす形で自発的に，かつ適時に提出されることを保障するために，当事者照

◆第1部◆　当事者主義的民事訴訟運営と当事者照会の実効化

会を含む各種の証拠・情報の収集手続の充実化・実効化がなされるべきではないかと考える。この点につき筆者は，伊藤眞教授の次の指摘[72]に賛意を表する。伊藤教授の指摘は，双方当事者と裁判所の三者間で，紛争に関する情報が共有されていれば，実体的正義と手続的正義という二つの目標が対立することはないと思われるが，しばしば，共有されるべき情報の間に格差が出るため，あたかも実体的正義と手続的正義とが対立するようにみえる，というものである。

また，このように，当事者主義的訴訟運営・当事者主義的争点整理手続で当事者が自発的に，かつ適時に自らの手続上の責任を尽くす形で弁論権の行使，すなわち，必要な主張や証拠提出を行い，もって，実体的にも適切な形で判決等がなされることを考える場合，そこで考えられる手続保障の意義についても一定の変容が求められることになると思われる。周知の通り，わが国の民事訴訟法学における手続保障論の展開は，以下のように要約できる[73]。すなわち，まず，山木戸克己教授の当事者権の理論に代表される流れにより，非訟手続との比較での，訴訟手続における当事者の権能への着目がなされ，それに続き，新堂幸司教授の争点効理論・「手続事実群」の概念に代表される流れにより，主に判決効の根拠を実質的に説明し正当化するために解釈論上手続保障に注目が集まり，そして，井上正三教授・井上治典教授をはじめとする論者による「手続保障の第三の波」理論が，民事訴訟制度の目的として手続保障を捉え，手続保障を中核に民事訴訟制度・民事訴訟理論を組み立て，当事者による主体的な手続形成に訴訟の普遍的価値を求める方向に向かった，という展開である。このような形で，わが国の民事訴訟法学で論じられてきた手続保障の意義を顧みた場合，そこで想定されている意義として様々なものが考えられる。それでは，当事者主義的訴訟運営・当事者主義的争点整理手続で実体的正義と手続的正義を調和させる形での制度設計を考える場合，そこで問題となる手続保障に

---

(72)　伊藤ほか・前掲注(15)199頁［伊藤発言］。
(73)　わが国の民事訴訟法学における手続保障論の展開につき，伊藤眞「学説史からみた手続保障」新堂編著・前掲注(44)51頁，井上治典「手続保障の第三の波」同『民事手続論』(有斐閣，1993年)29頁（新堂編著・前掲注(44)76頁にも所収)，伊藤ほか・前掲注(15)172頁。

◆第2章　当事者主義的訴訟運営の基盤としての証拠・情報の収集手続の実効化

つきどのような意義・内実を考えることが望ましいのであろうか。この点につき筆者は，近時手続保障に関して論じられたいくつかの見解が重要な示唆を与えるのではないかと考える。

　まず，筆者は，伊藤眞教授が近年示した，当事者にとっての証拠の確保が手続保障の中心となるのではないかとの見解が示唆に富むのではないかと考える。この伊藤教授の見解は，次のようなものである[74]。当事者に，自らの請求を維持するために十分な主張をする機会が与えられ，裁判所がそれに対して適切に対応することは大切であるが，他方で主張は，証拠さえ準備できれば，しかるべき構成は可能であるし，仮に不適切なものであっても，裁判所の釈明によって修正が可能である。しかし，証拠に関しては，それが当事者の手元になければならず，当事者がいかに立派な主張を提示しても，それが証拠によって裏付けられないようなものであっては意味がない。そうすると，民事訴訟手続における手続保障とは，結局のところ，当事者がその主張を支えるために必要な証拠を確保できる手段を訴訟法として用意できるか，というところに集約される，と。

　また，筆者は，前記の伊藤教授の見解を受け，「実質的手続保障」という鍵概念を定立した上で手続保障の意義・内実を再考する山本和彦教授の見解[75]も示唆に富むのではないかと考える。山本和彦教授はまず，民事訴訟において当事者の主体性の発揮を最も重要な価値として位置付け，その価値が，対抗する何らかの価値に抵触しない限り，最もよく達成できるような民事訴訟法・民事訴訟制度を構成すべきであるとの考えに基づき，民事訴訟制度が国家制度として正統性を有する根拠として手続保障を位置付けることを提唱する[76]。ここでの手続保障の位置付けとしては，個別の民事訴訟において，あるいは制度として敗訴当事者をその結果に拘束する根拠となるのみならず，さらにそれを超えて，民事訴訟制度・民事訴訟手続の全体に対する国民の信頼を取得・確保するための根拠ともされることになる[77]。ところで，従来手続保障の内容と

---

(74)　伊藤ほか・前掲注(15)182頁［伊藤発言］。

(75)　山本和彦「手続保障再考―実質的手続保障と迅速訴訟手続―」同・前掲注(4)民事訴訟法の現代的課題107頁（初出2008年）。

(76)　山本和彦・前掲注(75)112-113頁。

◆第1部◆　当事者主義的民事訴訟運営と当事者照会の実効化

しては，事実の陳述や証拠の申立てをできる権利である狭義の弁論権と，それを十分に保障するためのものである審理手続への立会権および記録閲覧権等（さらに，これに上訴権を加えることも考えられる）が挙げられるところ，山本和彦教授は，従来このように手続保障の中核として観念されてきたものは，当事者の主張・立証の妨害・禁止がなされないことという，形式的な機会の保障にとどまっていたとの認識を示す(78)。そして，その上で，現代の民事訴訟手続においては，当事者，あるいは国民一般から見た正統性を支えるものとして，このような形式的な手続保障よりも，あるいはそれとともに，当事者が十分な主張・立証を展開することが現実に，実質的にみても可能となるような環境の整備を図っていくことが重要である旨が論じられる(79)。このような実質的手続保障の内容としては，まず，訴訟手続に未だ顕出されていないが，ある主張や証拠の当該訴訟における重要性を認識するために必要な情報（内容の面では，法に関する情報，事実に関する情報に分けられ，情報の所持者についての面では，裁判所の有する情報，相手方当事者の有する情報，第三者の有する情報に分けられる）を当事者が取得することを可能にする手続・制度の整備が挙げられる(80)。また，情報取得のための手続・制度に加えて，存在は確認されているがそれを自らの手中に確保することができない（相手方当事者・第三者が所持する）証拠を当事者に取得させることを可能にする手続・制度の整備も，実質的手続保障の内容として，その必要性が説かれる(81)。

　ここまで，伊藤教授・山本和彦教授によって近年示された，手続保障に関する見解を概観した。そして，筆者は基本的には両教授が提唱する実質的な手続

---

(77)　山本和彦・前掲注(75)113頁。
(78)　山本和彦・前掲注(75)113-114頁。
(79)　山本和彦・前掲注(75)114頁。そこでは，例えば，ある主張・立証をする必要性を認識できていない当事者や，ある証拠を手中にできず結果としてそれを訴訟に提出できなかった当事者に対して，主張や証拠提出の機会が十分にあった（誰からも妨害されなかった）として，必要な手続保障が尽くされているとすることは，当事者，あるいは国民一般から見ての民事訴訟の正統性を疑わせることにつながるのではないかとの問題提起がなされている。
(80)　山本和彦・前掲注(75)116-117頁。
(81)　山本和彦・前掲注(75)118-119頁。

◆第2章　当事者主義的訴訟運営の基盤としての証拠・情報の収集手続の実効化

保障という方向性に賛意を表する。すなわち，両当事者が自身の実体的な主張や立証を展開するために必要な情報，および，主張を根拠付けるために必要な証拠を相手方当事者や第三者等から取得することを現実に可能とし，もって，自身の実体上の請求・抗弁等についての主体的な主張・立証を可能とし促進するための手続・制度を整備し，その実効的な運用を図っていくことをも手続保障の意義・内容として捉えるべきではないかと筆者は考える。

また，このように考えると，手続保障に伴う，判決等の裁判の結果の正統化に関する問題についても一定程度再考が必要となるのではないかと思われる。この点に関して，筆者は現在のところ，民事訴訟法学からは外在的な議論となるが，ドイツの社会学者N・ルーマン（Niklas Luhmann）の手続理論[82]の枠組みを踏まえた上で，紛争当事者がより実り多い形で自らの行動期待を変更していくための「学習促進装置」として手続を位置付けることを提唱する福井康太教授の見解[83]が示唆を与えるのではないかと考えている。福井教授の見解を整理すると，以下の通りである[84]。ルーマンの手続理論により提示されている手続の機能には，当事者の「期待の変更」と「コンフリクトの吸収」という二つの側面があるところ，従来の理解では，法プログラムに適合する形でのコンフリクトの吸収という側面が過度に強調され，そこで措定される手続は，当事者の意に反してでも法プログラムを学習[85]するように強制するものとの理解がなされてきた。しかし，当事者の「期待の変更」という側面を強調する場合，この期待の変更は，必ずしも当事者の意に反する形でのみ作用する訳ではない。この場合の学習では，当事者同士が様々な形で現れる他者（人だけでは

---

(82) N・ルーマン（今井弘道訳）『手続を通しての正統化（新装版）』（風行社，2003年）（原著1969年）。とりわけ，裁判手続に関するルーマンの理論については，同64-141頁。なお，ルーマンの手続理論の要点については，N・ルーマン（村上淳一＝六本佳平訳）『法社会学』（岩波書店，1977年）（原著1972年）284-291頁も参照。

(83) 福井康太「『手続を通しての正統化』論再考―学習の強制から学習促進のメカニズムへ―」法社会学51号（1999年）171-175頁。

(84) 以下の整理は，福井・前掲注(83)171-173頁による。

(85) ルーマンの手続理論における「学習（Lernen）」とは，行為者が体験を加工する枠組（「期待（Erwartung）」の構造）を変更することを指す。福井・前掲注(83)174頁注(2)参照。

◆第1部◆　当事者主義的民事訴訟運営と当事者照会の実効化

なく，他の期待，異なる論理，法プログラムも含まれ得る）を参照しつつ，自ら抱えている当該紛争にふさわしい定義を各自で与え，それによって自身の行動の指針たる体験加工の枠組（期待）を，自己を回復し実現するような方向で変更していくことも可能となる(86)。そして，このような学習にとっては，当事者が相手方や利害関係人による様々な要求に触れ，また，それを取り囲む社会の出来事に接することが重要な意味をもつ。なぜなら，当事者は，そうした様々な他者に照合することではじめて，自分が抱えている紛争を多面的に検討し，それに引き受け可能な形を与えることが可能となるからである。この点につき，裁判手続では，当事者の攻撃防御において様々な主張や証拠が提示されること，また，直接・間接の利害関係人の関与等によって，様々なファクターが導入され，当事者たちは，そのような様々なファクターに照らして自らの置かれている立場を解釈し，それにふさわしいように自らの体験加工の枠組を変更することが可能になる，と。

　ここまで，ルーマンの手続理論を踏まえつつそれを展開することを試みる福井教授の見解を概観した。そして筆者は，紛争当事者が相手方当事者の主張・立証，あるいは利害関係人によってもたらされるコンタクトに接することにより，当該紛争に関する自身の行動指針たる体験加工の枠組（期待）の変更，すなわち学習を行い，もって，判決等の結果を受容することを訴訟手続が可能に

---

(86)　福井教授は，手続の学習機能についてこのように理解する場合，ルーマン自身の意図からは離れてしまうかもしれないが，なお，ルーマンの手続理論の可能的な射程範囲を超えてはいないと思われる旨を論じる。ルーマンは，その手続理論の中で，アメリカ合衆国の社会心理学者・哲学者 G・H・ミード（George Herbert Mead）の「役割引受（roll-taking）」理論を援用しているところ（ルーマン〔今井訳〕・前掲注(82)89-95頁），福井教授によれば，ルーマンは，そこでの「他者」を，法律家，法廷という場の論理，法プログラムに引き寄せて理解したものと思われるという。しかし，ミード自身は，「人間の社会的なあり方一般」を引き受けるという，より広い意味で「役割引受」理論を構想しており（G・H・ミード〔河村望訳〕『精神・自我・社会（デューイ＝ミード著作集 6）』〔人間の科学社，1995年〕〔原著 1934年〕309-317頁），福井教授は，それをそのまま手続理論に持ち込んだ方が，手続の実際における当事者の学習プロセスを捉えるという意味では生産的である旨を論じる。この点につき，福井・前掲注(83)172頁，174-175頁注(5)，福井康太『法理論のルーマン』（勁草書房，2002年）142-143頁，222頁注(16)）。

◆第 2 章　当事者主義的訴訟運営の基盤としての証拠・情報の収集手続の実効化

し，促進するという点において，訴訟手続を学習促進装置として理解することに賛意を表する。しかし，このような形で訴訟手続を理解する場合，訴訟当事者の学習の促進のためには，その重要な点として，当該紛争に関する両当事者の主張・証拠，あるいはそれと関連する様々な情報が学習のためのファクターとして手続の中にもたらされることが望ましいと考えられるところ，わが国の現状の民事訴訟手続ではそのための証拠・情報の収集手続が必ずしも十分な形で整備されていないため，訴訟手続を通じての紛争当事者の学習の促進が十分に図れていないのではないかと考えられる。そして，筆者は，制裁を備えることによる当事者照会の実効化を含む，証拠・情報の収集手続のさらなる拡充・実効化により，民事訴訟手続が学習促進装置としてより望ましい形で機能するようになり，訴訟当事者による判決等の結果の受容，ひいては判決等の結果の正統化にとってプラスとなるのではないかとの考えを抱いている。

◆ 第3章 ◆

日本民事訴訟法における当事者照会・訴え提起前の照会とその問題点

　当事者主義的争点整理手続の実現のための基盤として，なぜ当事者照会への制裁の新設をはじめとする証拠・情報の収集手続の実効化が必要か。現状の裁判所主導型（裁判所依存型）の争点整理手続では，不当判決がなされ得ることについての当事者の責任と裏腹の関係にある弁論権の行使が当事者により必ずしも積極的に行われるのではなく，裁判所が後見的に釈明を行い，本来当事者・代理人弁護士により自発的になされるべき事実主張・証拠提出の補充がなされている。これに対して，当事者主義的争点整理手続では，裁判所による後見的な釈明は基本的にはなくなり，各当事者には自発的・積極的に弁論権の行使（事実主張・証拠提出）を行うことが求められ，かつ，弁論権の行使が不十分であったことによる不当判決についての責任は，裁判所が後見的に肩代わりするのではなく，当該の当事者が負うべきであるということになる。しかし，当事者が訴訟資料を提出し得るという弁論権の積極的側面における発現を促し触発するという形での当事者への協力である釈明権行使を後退させるだけでは，当事者の自発的・積極的な弁論権行使を促し得ず，また，弁論権不行使による不当判決に対する自己責任を当該の当事者に問い得る前提条件も整わない。当事者・代理人弁護士が裁判所の釈明に頼らずとも，不当判決という事態を避けるために必要な訴訟資料を適切に提出できるようにするためには，自身による調査活動だけでは入手が困難な，相手方や第三者が保有する情報や証拠を入手するための手続上の手段が不可欠となる。故に，当事者主義的争点整理手続の実現のためには，証拠・情報の収集手続の実効化が不可欠となり，これらの手続は当事者による自発的な，かつ，責任の伴った弁論権行使の下支えの役割を果たすことになる。

　この証拠・情報の収集手続の一つとして挙げられるのが，第1部で主に採り上げる当事者照会，および，訴え提起前の照会である。これらの制度は，当事

◆第1部◆　当事者主義的民事訴訟運営と当事者照会の実効化

者主導による，事件に関する情報等の交換・共有のために設けられたものであり，理想的な形で用いられれば，まさに当事者主義的訴訟運営に資する制度となる。しかし，これらの制度の現状はどのようになっているのであろうか。本章では，当事者照会・訴え提起前の照会の制度を概観し，現状の制度の問題点を指摘し，近年の制度改革の提案についても概観する。

◆第1節◆　当事者照会・訴え提起前の照会の立法経緯

　現行民事訴訟法（平成8年法律第109号）で新設された当事者照会（法163条）は，弁護士会側の強い働きかけにより立法化されることとなった[1]。具体的には，1990年7月から始まった法制審議会民事訴訟法部会での立法作業の中で，弁護士会推薦の委員が中心となり，証拠収集方法の拡充の一つとして当事者照会制度の導入を求め，それが最終的に立法に辿り着いたとの経緯がある[2]。この点につき，以下ではより詳しくみていく[3]。

　日本弁護士連合会（以下，「日弁連」と記す）は，1991年11月，「民事訴訟法改正にあたっての検討事項についての意見書」をとりまとめているところ，その「第17の7の(1)」では，新たな証拠収集手続として，当事者が相手方に対して訴訟に関連する事実又は証拠についての情報について質問することができる制度（質問書）を検討することが提案されている。また，その「第18の2」では，訴え提起前においても，証拠保全の他に，訴え提起の準備のために必要なときは，提起しようとする訴えの概要と申立ての必要性を明らかにして，裁判所は被告たるべき者に対して文書に関する情報開示命令や質問書への回答命令を発することができるとすることの検討が提案されている。これらの提案に

---

　(1)　例えば，清水正憲「当事者照会制度」ジュリスト1098号（1996年）48頁，東京弁護士会民事訴訟問題等特別委員会編著『当事者照会の理論と実務』（青林書院，2000年）3頁［相川裕］等。

　(2)　竹下守夫ほか編集代表『研究会新民事訴訟法―立法・解釈・運用―』（有斐閣，1999年）167頁［田原睦夫発言］。

　(3)　以下の論述は，志知俊秀「当事者照会と訴えの提起前における照会」福田剛久ほか編『民事証拠法大系第5巻』（青林書院，2005年）228-235頁に多くを負う。

◆第3章　日本民事訴訟法における当事者照会・訴え提起前の照会とその問題点

おける「質問書」が，現行法の当事者照会の原型であると考えられるところ，この制度のモデルとされていたのは，アメリカ型のディスカバリ（discovery），あるいはその一手段たる質問書（interrogatories）の手続である[4]。故に，これらの提案では，当事者間に開示義務の有無につき争いがあった場合の裁判所の関与，および，開示義務があるとされたにもかかわらず開示に応じない当事者に対する制裁については，導入すべき制度の一部として念頭に置かれていたと考えられる[5]。

1991年12月12日，法務省民事局参事官室は，「民事訴訟手続に関する検討事項」[6]（以下，「検討事項」と記す）を公表した。この検討事項で当事者照会は，「第五　証拠」の「一　証拠収集手続」の項目の中で，「(五) 当事者照会（仮称）制度」との標題で，「当事者は，係属した訴訟において，相手方に対し，主張又は立証を準備するために必要な事項について，照会書（仮称）を送付し，一定期間（例えば，1月）内に文書で回答するよう求めることができるものとするとの考え方」として提示されている。この当事者照会（仮称）制度につき，検討事項の補足説明[7]は次のように説明していた。

　第127条第3項（※筆者注：現行法149条3項）は，訴訟関係を明瞭にするために必要があるときは，当事者が裁判長を通じて相手方に釈明を求めることができるとしているが，当事者としては，自らの主張又は立証を準備するために相手方から一定の情報を取得したい場合があるとの指摘があり，また，裁判長を通じるのではなく，当事者間で直接にやりとりをする方が，当事者と裁判所の双方にとって便宜であるとの指摘もある。(五) は，これらの指摘に即した制度として，当事者間における直接照会の制度を設けてはどうかという考え方を掲げて，その当否を問うものである。
　なお，この考え方を採る場合には，その要件をどのように定めるべきか，また，相手方が照会に応じないときや，故意又は過失により虚偽の回答をし

---

(4)　志知・前掲注(3)229頁。
(5)　志知・前掲注(3)229頁。
(6)　法務省民事局参事官室編『民事訴訟手続の検討課題―民事訴訟手続に関する検討事項とその補足説明―』（別冊NBL23号）（1991年）に所収。
(7)　法務省民事局参事官室編・前掲注(6)に所収。

51

◆第1部◆　当事者主義的民事訴訟運営と当事者照会の実効化

たときにどのような取扱いをすべきかについて検討する必要がある。

　また，この考え方を採る場合において，検討事項(二)(2)（※筆者注：裁判所が，一定の要件がある場合に，当事者に対し，書証として提出する予定がない文書であっても，一定の範囲のものにつき，その名称，作成者等を記載した文書目録を相手方に交付するとともに，裁判所に提出するよう命ずるものとする旨の考え方につき言及した部分）の考え方も採る場合には，文書に関する情報については右の(二)(2)の制度により，その他の事項についてはこの制度によって，情報を収集することになる。

　検討事項での当事者照会（仮称）制度については，日弁連が提案した質問書が訴え提起の前後を問わない制度として考えられていたのに対し，訴訟係属中の，言い換えると，訴訟係属を前提とした制度として考えられていたことになる[8]。また，検討事項では，当事者が相手方に照会できる事項につき，「主張又は立証を準備するために必要な事項」という要件は提示されていたものの，それ以上の詳細な要件については，さらに検討するものとされていた。さらに，検討事項では，相手方が照会に応じない場合，および，故意または過失による虚偽回答を行った場合の取扱いについても，さらに検討するものとされていて，この段階では，当事者照会における裁判所の関与や制裁を設けることについては，未だ排除されていた訳ではなかったことが窺える。

　検討事項については，公表と同時に関係各界への意見照会がなされ，1992年10月末日までに，裁判所，弁護士会，法曹関係団体，大学，民事訴訟法研究者等による研究会，経済団体，労働団体，消費者団体等，約80を超える団体および個人から意見書が提出された[9]。その中でも，当事者照会（仮称）制度については，賛成意見と反対意見が拮抗したとのことである[10]。反対意見

---

[8] この点の理由として，竹下ほか編集代表・前掲注(2)169頁［柳田幸三発言］は，濫用の防止，および，照会に対する回答義務を当事者間に認める実質的根拠は当事者間に訴訟法律関係が成立していることに求めざるを得ない旨を論じる。

[9] 柳田幸三ほか「『民事訴訟手続に関する検討事項』に対する各界意見の概要(1)」NBL512号（1993年）34頁（法務省民事局参事官室編『民事訴訟手続に関する改正試案―試案とその補足説明，検討事項に対する各界意見の概要―』〔別冊NBL27号〕〔1994年〕にも所収）。

◆ 第3章　日本民事訴訟法における当事者照会・訴え提起前の照会とその問題点

としては，①濫用のおそれが大きく，要件や照会できる範囲の限定等をしたとしても濫用の防止は困難であること，②この制度をめぐって当事者間に無用の対立が生じ，円滑な訴訟運営を害するおそれがあること，③求問権や弁護士会照会の制度の拡充によって対処可能であり，必要性に乏しいこと等が挙げられていた[11]。他方，賛成意見の中で，要件についての意見としては，①訴訟に関連があること，相手方に秘匿特権がないこと，相手方が回答をするために不相当な時間や費用を要しないものであること等を要件とすべきであるとするもの，②秘匿特権がある場合や，照会が相手方に困惑を与えたり，過度の負担や費用を必要とする場合には，相手方は，裁判所にその旨を主張して，回答義務を免れることができるようにすべきであるとするもの，③相当な期間内に回答することができる範囲についてのみ回答を求めることができるものとすべきであるとするもの等があった[12]。また，相手方が照会に応じない場合，虚偽回答をした場合の取扱いについての意見としては，制裁を設けるべきではなく，弁論の全趣旨として考慮されることで満足すべきであるとするものと，強制力を行使するか，または制裁を加えることができるようにすべきであるとするものとがそれぞれ複数あった[13]。

　日弁連は検討事項についての意見照会に対し，1992年7月，「『民事訴訟手続に関する検討事項』に対する意見書」をとりまとめているところ，その中で当事者照会については，①訴訟に関連性があること，②相手方に秘匿特権がないこと，③相手方が回答するために不相当な時間・費用を要しないものであること等を要件として，相手方の支配領域内にある証人の氏名・住所，書証・検証物の所在等の主張・立証を準備するために必要な事項（相手方の供述を求めるようなものは除く）を対象としてこれを導入することに賛成している[14]。ただし，濫用のおそれを懸念して，相手方が照会に応じない場合でもそのことが

---

[10] 柳田幸三ほか「『民事訴訟手続に関する検討事項』に対する各界意見の概要(6)」NBL517号（1993年）54頁（法務省民事局参事官室編・前掲注(9)にも所収）。
[11] 柳田ほか・前掲注(10)54頁（法務省民事局参事官室編・前掲注(9)にも所収）。
[12] 柳田ほか・前掲注(10)54頁（法務省民事局参事官室編・前掲注(9)にも所収）。
[13] 柳田ほか・前掲注(10)54頁（法務省民事局参事官室編・前掲注(9)にも所収）。
[14] 志知・前掲注(3)230-231頁。

◆ 第1部 ◆　当事者主義的民事訴訟運営と当事者照会の実効化

弁論の全趣旨として斟酌されることで満足すべきであり，その程度であっても，法律上の根拠があることにより，制度としての実効性を保ち定着していくと予測しており，また，裁判所の関与，制裁については，制度の定着を待って検討すべきとしている[15]。この点に関して，当事者照会制度の導入を提案した弁護士会自体が従来の立場を大きく転換し，裁判所の関与や制裁に関する規定を置かない形での立法を要望するようになったとの評価がある[16]。

その後，法制審議会民事訴訟法部会は，検討事項に対して寄せられた各界からの意見を参考にしつつ審議を行い，法務省民事局参事官室は1993年12月20日，「民事訴訟手続に関する改正要綱試案」[17]（以下，「要綱試案」と記す）を公表した。この要綱試案で当事者照会は，「第五　証拠」の「一　証拠収集手続」の項目の中で，「3　当事者照会（仮称）制度」との標題で，次のように提示されていた。

　　当事者は，係属した訴訟において，相手方に対し，主張又は立証を準備するために必要な事項について，照会書（仮称）を送付し，相当の期間を定めて，文書で回答するよう求めることができるものとする。ただし，次に掲げる照会については，この限りでないものとする。
　1　具体的又は個別的でない照会
　2　相手方を侮辱し，又は困惑させる照会
　3　既にした照会と重複する照会
　4　意見を求める照会
　5　相手方が回答するために不相当の時間又は費用を必要とする照会
　6　証言の拒絶事由（第280条及び第281条〔※筆者注：現行法196条・197条〕）と同様の事由のある事実についての照会
（注）この制度は，制裁を伴わないものとする。

そして，この制度につき，要綱試案の補足説明[18]は次のように説明していた。

---

(15)　志知・前掲注(3) 231頁。
(16)　志知・前掲注(3) 231頁。
(17)　法務省民事局参事官室編・前掲注(9)に所収。
(18)　法務省民事局参事官室編・前掲注(9)に所収。

◆第3章　日本民事訴訟法における当事者照会・訴え提起前の照会とその問題点

　第127条第3項（筆者注：現行法149条3項）は，訴訟関係を明瞭にするために必要があるときは，当事者が裁判長を通じて相手方に釈明を求めることができるとしているが，当事者としては，自らの主張又は立証を準備するために相手方から一定の情報を取得したい場合があるとの指摘があり，また，裁判長を通じるのではなく，当事者間で直接にやりとりをする方が，当事者と裁判所の双方にとって便宜であるとの指摘もある。他方，このような当事者間での直接照会の制度を設けることについては，その濫用や，訴訟に更に時間と費用がかかることになりはしないかを危惧する指摘もある。そこで，試案は，主張又は立証を準備するための当事者間での文書による直接照会の制度（当事者照会と仮称している。）を新設することとする一方で，回答するために不相当の時間又は費用を必要とする照会をする場合や，濫用的な照会とみられる具体的な場合等をこの照会をすることができない場合として明示的に列挙するとともに，この照会に応じない場合でも制裁を課すことはしないとすることにより，濫用等の弊害に対する危惧が解消されるようにしている。

　要綱試案の当事者照会（仮称）制度に関する部分と現行法163条とを比較すると，要綱試案の段階で現行の当事者照会の骨格はほぼできあがっていたことが窺い知れる。そこでは，当事者同士が自らの主張または立証の準備のために相手方から一定の情報を取得したい場合があること等に鑑み，当事者間での直接照会の制度を設けることにつき，検討事項で示した姿勢を維持しているものの，検討事項に対する反対意見の中で示された制度の濫用に対する危惧，および，賛成意見の中でも示された要件の具体化に関する見解を踏まえ，照会をできない場合を明示的に列挙し要件化したとの評価が可能であろう。また，相手方が照会に応じない場合や故意・過失による虚偽回答への対処につき，裁判所による強制力行使や制裁の導入を求める意見もあったものの，要綱試案ではこれらの対処方法を導入しないことにより（要綱試案・補足説明ともに，制裁を伴わない旨を明記している），照会制度に関する当事者間の対立による円滑な訴訟進行の阻害，および，制度の濫用等といった弊害を除去しようとしたとの評価が可能であろう。

◆第 1 部◆　当事者主義的民事訴訟運営と当事者照会の実効化

　要綱試案についても，公表と同時に関係各界への意見照会がなされ，1994年 7 月末までに，裁判所，弁護士会，大学，法曹関係団体，経済団体，労働団体，消費者団体等 58 の団体等から意見書が提出された[19]。その中でも，当事者照会（仮称）制度については，賛成意見が多数であったが，反対意見も相当数の団体等から寄せられたとのことである[20]。賛成意見の中には，除外事由につき，①ある程度抽象的・一般的な照会もやむを得ず，これを全面的に禁止してしまうと，制度の効用が半減する，②この制度には，争点を明確にする機能が期待されるし，事実と意見の区別は困難な場合もあるから，4を除外することには反対する，③相手方が任意に回答に応ずる可能性もあるから，6は除外しなくてよい，④例外の範囲，特にどのようなものが 5 に該当するかについて，疑義が生じないようにする必要がある，⑤「訴訟と関連性のない照会」も除外すべきである，⑥ 1 から 6 に該当しない場合であっても，濫用と認められる照会に対しては回答の義務がないものとすべきである，⑦照会者が回答に要する費用の負担を約束し，概算費用を予納する場合には，5 に該当することを理由とする回答拒絶はできないものとすべきである，⑧費用を要する照会は，照会者が費用を前払するものとすべきである等の補足意見を付記するものがあったとのことである[21]。また，相手方が照会に応じない場合の取扱い等についての補足意見として，①何らかの制裁規定の導入が望ましい，②制裁を伴わないこととすべきである，③照会に応じなくても，裁判所は弁論の全趣旨として考慮できないことを明示すべきである，④制裁規定や回答期限等を設けると裁判所が関与せざるを得なくなるが，それは適当ではない，⑤照会書を裁判所を通じて相手方に送付する制度を設けるか否か，相手方が照会に応じない場合に裁判所が関与する手続（回答命令の申立て等）を設けるか否かについては，この制度の運用の実態に照らして将来検討すべきである，⑥相手方が回答をしない場合や虚偽回答をした場合の制裁については，この制度の今後の運用に照

---

[19]　柳田幸三ほか「『民事訴訟手続に関する改正要綱試案』に対する各界意見の概要（1）」NBL561 号（1995 年）14-15 頁。

[20]　柳田幸三ほか「『民事訴訟手続に関する改正要綱試案』に対する各界意見の概要（4）」NBL564 号（1995 年）41 頁。

[21]　柳田ほか・前掲注(20)41 頁。

◆第3章　日本民事訴訟法における当事者照会・訴え提起前の照会とその問題点

らして将来検討すべきである等といったものがあったとのことである[22]。他方，反対意見はその理由として，①要証事実との関連性について，裁判所のチェックを経ないで照会がされるから，回答義務を負う相手方の負担が過大になるおそれが強い，②照会への対応に多大の時間・費用がかかる，③嫌がらせや裁判を長期化させる目的等に濫用される危険性が高い，④回答義務の有無をめぐって無用の対立が生まれ，かえって迅速な裁判の実現を阻害しかねない，⑤とりわけ本人訴訟の当事者にとって，照会に応ずるための心理的負担が大きく，意に反した先行自白をしかねない，⑥実効性のある秘密保護措置がとられていない，⑦求問権や弁護士会照会制度の拡充等によって対処すべきである，⑧専門家の間での実務慣行として認めれば足り，制度化する必要性はない等の理由を挙げていたとのことである[23]。

そして，1996年2月26日，法制審議会総会決定により，「民事訴訟手続に関する改正要綱」[24]（以下，「改正要綱」と記す）が法務大臣に答申された。その際，当事者照会については，改正要綱内での位置付けにつき要綱試案からの変更はなく，制度の詳細に関する本文中の記載も要綱試案とほぼ同様のものとなっていた。

その上で，改正要綱は条文化されるに至った。そして，当事者照会は，検討事項から改正要綱に至るまで証拠収集手続として「証拠」の部分に置かれていたのに対し，ここでは「第2章　口頭弁論」の「第2節　準備書面等」の中に規定が置かれた。

こうして，1996年の現行民訴法制定により当事者照会が新設され，前記のように，この制度は訴訟係属後の制度としてスタートすることになった。その後，1999年に内閣に設置された司法制度改革審議会は，2001年6月12日，「司法制度改革審議会意見書—21世紀の日本を支える司法制度—」[25]を公表した。この意見書では，民事訴訟のさらなる充実・迅速化や計画審理の導入等

---

[22]　柳田ほか・前掲注(20)41頁。
[23]　柳田ほか・前掲注(20)41-42頁。
[24]　自由と正義47巻4号（1996年）等に所収。
[25]　同意見書は，ジュリスト1208号（2001年）付録の「司法制度改革審議会全記録CD-ROM」にも収録されている。

が指摘されていた。これを受けて法制審議会民事・人事訴訟法部会は，2002年6月7日，「民事訴訟法改正要綱中間試案」（以下，「中間試案」と記す）をとりまとめ，その中では，提訴予告通知制度の下，訴えの提起前の照会制度を導入することとされた。この照会制度につき，中間試案の注書では，①被通知者が照会に応ずるとの書面による同意をすることを要件とするか否か，②被通知者が照会に応じないとの書面による拒絶をしないことを要件とするか否かについてはなお検討するとされていたものの，相手方の同意を要件とすると，紛争性のある事件では同意をとれないことが予想され，制度を利用しにくいものとしてしまうとの懸念から，中間試案本文では相手方の同意を要件としない立場を採っていた[26]。そして，条文化に当たり，相手方の同意については，中間試案本文と同様，これを要しないとしつつも，照会を受けた者の利益の保護や濫用のおそれに配慮し，訴え提起後の当事者照会と比較すると，①照会を行う期間は予告通知がされた日から4ヶ月間に限定され，②照会の（主張・立証を準備するための）必要性が明確であることが要求され，さらに，③除外事由に，私生活についての秘密および営業秘密が加わっている（法132条の2第1項2号・3号）[27]。

◆第2節◆　理念・根拠

　当事者照会・訴え提起前の照会については，そもそもなぜ一方当事者が相手方当事者に対して照会をできるのか，相手方当事者が照会に対する回答義務を負うのかにつき，特に当事者照会との関連で議論がある。この点につき，学説上挙げられている根拠として，訴訟当事者間の信義則（法2条）[28]，争点・証

---

[26]　志知・前掲注(3)235頁。

[27]　志知・前掲注(3)235頁。

[28]　清水・前掲注(1)49頁は，当事者が相互に協力し合って，訴訟を運営し，訴訟の資料を充実させていくべき信義則に根拠がある旨を論じる。中野貞一郎『解説新民事訴訟法』（有斐閣，1997年）35頁は，照会を受けた相手方の回答義務の根拠が訴訟上の信義則に求められる旨を論じる。竹下ほか編集代表・前掲注(2)166頁［柳田発言］は，当事者の一般的な審議協力義務や訴訟上の信義則に根拠を求めることになるのではないのかとの見解を示す。河野正憲『民事訴訟法』（有斐閣，2009年）364頁は，一般的に訴訟

◆ 第3章　日本民事訴訟法における当事者照会・訴え提起前の照会とその問題点

拠の整理の充実[29]，証拠・情報の偏在がある場合の武器平等の確保[30]，紛争

当事者に課された〈信義誠実に訴訟追行に努めなければならない義務〉を基礎にして，さらにその具体的な形態として相手方配慮の義務が生じると考えられ，その際，さらに具体的に，必要な訴訟手続に関連した情報を相手方から獲得することができる情報請求権を観念することができ，当事者照会の制度はこの情報請求権を法律上明確にした制度だと理解できる旨を論じる。新堂幸司『新民事訴訟法（第5版）』（弘文堂，2011年）384頁は，当事者は信義誠実義務を相互に負っていることから，当事者の照会権が基礎付けられる旨を論じる。賀集唱ほか編『基本法コンメンタール民事訴訟法2（第3版追補版）』（日本評論社，2012年）107頁［田原睦夫］は，当事者間に訴訟法律関係が成立することに伴い，当事者は信義に従い誠実に訴訟を追行すべき義務を負うが，その一環として，相互の情報を開示して訴訟の充実を図るべき義務を訴訟法上負うことに根拠を求める。梅本吉彦『民事訴訟法（第4版補正第3刷）』（信山社，2013年）537-538頁は，回答義務の根拠につき，訴訟係属により，当事者間に訴訟法律関係が形成されることに伴い，当事者は信義に従い誠実に訴訟を追行する義務を負うことに由来する旨を論じる。伊藤眞『民事訴訟法（第5版）』（有斐閣，2016年）280頁は，訴訟法上の義務たる回答義務の履行を正当な理由なく拒絶することは，当事者に課される信義誠実訴訟追行義務に違反する旨を論じる。濱﨑録「民事訴訟における情報の収集と相手方の協力義務」民事訴訟雑誌63号（2017年）244-246頁は，訴え提起前の照会と訴え提起後の早期の段階での当事者照会の局面を「情報収集局面」と捉えた上で，主張の具体化義務（民事訴訟規則53条・81条）に基づき具体的な主張を構築するための情報を訴え提起前の照会や当事者照会で収集する必要があるにもかかわらず，相手方が応答しないことは，照会者側が主張の具体化義務を果たすことを妨げたという点で訴訟上の信義則に反するとし，この点から，情報収集局面における相手方の協力義務としての回答義務を根拠付ける。

　これに対して，竹田真一郎「当事者照会③―照会をうけた側の代理人として―」三宅省三ほか編集代表『新民事訴訟法大系―理論と実務―第2巻』（青林書院，1997年）199頁注(24)は，当事者照会制度の基礎を一応，法2条の訴訟上の信義則に置き，ここから両当事者に訴訟追行に当たっての協力義務が生じるものとして捉えるものの，ただ信義則のみから，両当事者が保有する情報を互いに開示しあい，充実した審理を実現すべき義務を導くには，やや飛躍があるようにも思え，本制度の基礎付けには，さらに当事者の事案解明義務といった，より明確な指導理念が必要にも思われる旨を論じる。また，西村健「当事者照会」滝井繁男ほか共編『論点新民事訴訟法』（判例タイムズ社，1998年）143-144頁は，当事者照会における相手方の回答義務の根拠は訴訟当事者間の信義則にあるといわれるが，その信義則の具体的内容は必ずしも明確ではないように思われる旨を論じる。

(29)　清水・前掲注(1)49頁，秋山幹男「証拠収集手続(2)―当事者照会―」塚原朋一ほか

◆第 1 部◆　当事者主義的民事訴訟運営と当事者照会の実効化

の具体的局面で一方が相手方に質してその対応を求めるという，それ自体平凡で当たり前の紛争当事者間のコミュニケーションの発現の一態様であること(31)，現行民訴法制定を機に，相手方が情報を欠くことを奇貨として勝訴するのは妥当ではない（公正・公平ではない）という思想，ものの考え方への転換があったこと(32)等がある。

編『新民事訴訟法の理論と実務（上）』（ぎょうせい，1997 年）424-425 頁（労働災害や医療過誤等のような情報偏在事例を念頭に置いて論じられる），森脇純夫「当事者照会②—照会する側の代理人として—」三宅ほか編集代表・前掲注(28)166 頁，同「当事者照会制度の意義と課題」自由と正義 48 巻 10 号（1997 年）39 頁，東京弁護士会法友会新民事訴訟法実務研究部会編『実践新民事訴訟法—民事弁護の在り方とその対応—』（ぎょうせい，1998 年）180 頁［主査：和田光史］，笠井正俊＝越山和広編『新・コンメンタール民事訴訟法（第 2 版）』（日本評論社，2013 年）725 頁［下村眞美］（医療過誤訴訟や労働災害訴訟のような情報偏在型の現代型訴訟を念頭に置いて論じられる），秋山幹男ほか『コンメンタール民事訴訟法Ⅲ（第 2 版）』（日本評論社，2018 年）475 頁。
(30)　秋山・前掲注(29)424-425 頁は，主に当事者間での証拠・情報の偏在に着目して当事者照会を理解する。森脇・前掲注(29)新民事訴訟法大系第 2 巻 166 頁も，当事者照会の目的・機能の一つとして，証拠偏在類型の訴訟での一方当事者の情報・証拠へのアクセスの困難を救済し，実質的な武器対等を確保することを挙げる。
(31)　井上治典「当事者照会制度の本質とその活用」同『民事手続の実践と理論』（信山社，2003 年）48-49 頁（初出 1998 年）。
(32)　高橋宏志『重点講義民事訴訟法（下）（第 2 版補訂版）』（有斐閣，2014 年）70 頁。同「新民事訴訟法から見たこれからの弁護士像」同『新民事訴訟法論考』（信山社，1998 年）206 頁（初出 1996 年）でも，一方当事者が情報を独占する状態を新法は否定的に評価したとみることができる旨が論じられる。竹下ほか編集代表・前掲注(2)176-177 頁［竹下発言］は，当事者照会制度が自分に不利な手持ち証拠や情報を秘匿する自由に対する修正を迫るものではないかとの見解を示す。また，椎橋邦雄「当事者照会」西口元編『現代裁判法大系⑬』（新日本法規，1998 年）103 頁も，自己に有利な裁判資料のみを提出し，不利になる情報は相手に知らせないとの従来の弁護士の実務慣行の転換を当事者照会が迫る旨の見解を示す。

◆ 第3章　日本民事訴訟法における当事者照会・訴え提起前の照会とその問題点

◆ 第3節 ◆ 要　件

第1款　照会の主体・相手方

　当事者照会は,「訴訟の係属中」(法163条本文),当事者が相手方に対して行う。従って,原告から被告に対して,あるいは逆に,被告から原告に対して照会を行うというのが典型であり,第三者に対して照会を行うことは許されない[33]。

　相手方に補助参加(法42条)をした者については,被参加人との関係で,あるいは補助参加人との間でも攻撃防御が行われるのであるから,照会が認められると解される[34]。また,独立当事者参加(法47条)をした者についても,他の当事者との間で攻撃防御がなされるので,この者に対する,あるいはこの者による照会は認められると解される[35]。

---

(33)　清水・前掲注(1)49頁,志知・前掲注(3)246頁。
(34)　小田敬美「当事者照会制度」小林秀之編著『新民事訴訟法の解説』(新日本法規,1997年)237頁,秋山・前掲注(29)426頁,森脇・前掲注(29)新民事訴訟法大系第2巻173頁,同・前掲注(29)自正46頁,竹田・前掲注(28)190-191頁,西村・前掲注(28)136頁,椎橋・前掲注(32)98頁,前田陽司「当事者照会」第二東京弁護士会民事訴訟改善研究委員会編『新民事訴訟法実務マニュアル(改訂版)』(判例タイムズ社,2000年)148頁,東京弁護士会民事訴訟問題等特別委員会編著・前掲注(1)23頁[本橋一樹],小山稔「当事者照会」吉村徳重先生古稀記念論文集『弁論と証拠調べの理論と実践』(法律文化社,2002年)44頁,京都シミュレーション新民事訴訟研究会『シミュレーション新民事訴訟(訂正版)』(信山社,2002年)73頁,井上・前掲注(31)53頁,志知・前掲注(3)246-247頁,笠井正俊「当事者照会の可能性」谷口安平先生古稀祝賀『現代民事司法の諸相』(成文堂,2005年)228頁,秋山ほか・前掲注(29)477頁,賀集ほか編・前掲注(28)108頁[田原],梅本・前掲注(28)539頁,高橋・前掲注(32)重点講義民事訴訟法(下)73頁,笠井＝越山編・前掲注(29)725頁[下村]。
(35)　小田・前掲注(34)237頁,秋山・前掲注(29)426頁,森脇・前掲注(29)新民事訴訟法大系第2巻173頁,竹田・前掲注(28)190-191頁,椎橋・前掲注(32)98頁,前田・前掲注(34)148頁,東京弁護士会民事訴訟問題等特別委員会編著・前掲注(1)22頁[本橋],京都シミュレーション新民事訴訟研究会・前掲注(34)73頁,井上・前掲注(31)53頁,志知・前掲注(3)246-247頁,梅本・前掲注(28)539頁,笠井＝越山編・前掲注(29)725頁[下村],秋山ほか・前掲注(29)477頁。

◆第 1 部◆　当事者主義的民事訴訟運営と当事者照会の実効化

　これに対して，共同訴訟での相原告間・相被告間での照会については，これを認めない見解（否定説）と認める見解（肯定説）がある(36)。

　他方，訴え提起前の照会は，訴えを提起しようとする者が訴えの被告となるべき者に対し，訴えの提起を予告する書面での通知（予告通知）をしたことを条件として行うことができ（法132条の2第1項），予告通知を受けた者（被予告通知者）も，予告通知に対する返答をしたことを条件として行うことができる（法132条の3第1項）。「訴えを提起しようとする者」（予告通知者）とは，主観的に提訴の意思を有する者である(37)。独立当事者参加や共同訴訟参加は，実質的には訴えの提起であるので，これらの参加の意思を有する者は「訴えを提起しようとする者」に含まれる(38)が，補助参加の意思を有するにとどまる

---

(36)　否定説は，共同訴訟人間に訴訟係属がない点を主な論拠として挙げる。否定説として，秋山・前掲注(29)426頁，森脇・前掲注(29)新民事訴訟法大系第2巻173頁，同・前掲注(29)自正46頁，竹田・前掲注(28)190頁，西村・前掲注(28)135-136頁，東京弁護士会民事訴訟問題等特別委員会編著・前掲注(1)22頁［本橋］，京都シミュレーション新民事訴訟研究会・前掲注(34)73頁，志知・前掲注(3)247頁，笠井・前掲注(34)228頁，高橋・前掲注(32)重点講義民事訴訟法（下）73頁，秋山ほか・前掲注(29)477頁。これに対して，肯定説として，前田・前掲注(34)148頁は，潜在的には対立関係が生じ得ること，訴訟過程で対立関係が顕在化した場合には準備書面や証人尋問等を通じて実質的な攻撃防御の関係が成立することもあることを理由に，照会を可能と解すべき旨を論じる。小山・前掲注(34)44頁は，共同訴訟人間に実質的な利害対立があるときは，係属中の同じ訴訟に関与する実質的な対立当事者として照会を認めるべきである旨を論じる。井上・前掲注(31)53頁は，共同訴訟人間に利害が相反する場合，一方が申請した証人や本人の尋問に際し他方にも尋問の機会が与えられ，実質的に攻撃防御がなされる関係にあるから，共同訴訟人間での照会を肯定的に解すべき旨を論じる。梅本・前掲注(28)539頁は，共同訴訟人間も，通常共同訴訟人間の協同的訴訟運営の趣旨から，相手方に含まれると解する旨を論じる。小田・前掲注(34)237頁は，断言はしていないものの，共同訴訟人間でも同一の訴訟手続に関与している限り民事訴訟が公正・迅速に行われるよう相互に協力すべき関係にあり，裁判所の関与を待たずに情報収集できることのメリットはあると考えられるので，照会を認めてもよいのではないかとの見解を示す。

(37)　秋山幹男ほか『コンメンタール民事訴訟法Ⅱ（第2版）』（日本評論社，2006年）592頁。

(38)　賀集唱ほか編『基本法コンメンタール民事訴訟法1（第3版追補版）』（日本評論社，2012年）327頁［三木浩一］。

者は含まれない[39]。これに対して，予告通知の相手方（被予告通知者）たる「訴えの被告となるべき者」は，予告された訴えにつき被告適格を有する者であることを要しない[40]。

第2款　照会の時期

当事者照会は，「訴訟の係属中」に行うことができ（法163条本文），訴訟係属がその前提となる。そこで，そもそも訴訟係属がいつ発生するかが問題となるところ，現在の通説は，被告に訴状が送達され，被告が訴訟に関与できるようになった時に訴訟係属が発生すると解すべきであるとする[41]。従って，当事者照会がいつからできるかという問題については，被告に訴状が送達された時以降との見解が多数説である[42]。また，当事者照会をいつまでできるかという問題につき，当事者照会が主張または立証の準備のための制度である点に鑑み，事実審の口頭弁論終結時までであり，上告審では当事者は新たな事実の主張立証は許されない（法321条）ため，照会は許されないとの見解が多数説

---

(39) 秋山ほか・前掲注(37)592頁，賀集ほか編・前掲注(38)327頁［三木］，中野貞一郎ほか編『新民事訴訟法講義（第3版）』（有斐閣，2018年）325頁［春日偉知郎］。

(40) 秋山ほか・前掲注(37)593頁。賀集ほか編・前掲注(38)327頁［三木］は，その理由につき，被告適格は原則として訴え提起後に訴訟の中で判断されるべきであるからと論じる。

(41) 新堂幸司＝福永有利編『注釈民事訴訟法(5)』（有斐閣，1998年）215-216頁［佐野裕志］。

(42) 清水・前掲注(1)52頁注(14)（「仮に（被告への訴状送達前の照会を）認めるとしても，回答までの相当期間は訴状送達から開始するとみるべきである」旨も論じられる），秋山・前掲注(29) 427頁，森脇・前掲注(29)新民事訴訟法大系第2巻173-174頁，同・前掲注(29)自正46頁，竹田・前掲注(28)190頁，東京弁護士会法友会新民事訴訟法実務研究部会編・前掲注(29)183頁［主査：和田］，東京弁護士会民事訴訟問題等特別委員会編著・前掲注(1)24-25頁［本橋］，京都シミュレーション新民事訴訟研究会・前掲注(34)73頁，志知・前掲注(3)248-249頁，笠井・前掲注(34)228頁，山本和彦「当事者照会に関する諸問題」現代民事法研究会『民事訴訟のスキルとマインド』（判例タイムズ社，2010年）162-163頁（初出1998年），兼子一原著『条解民事訴訟法（第2版）』（弘文堂，2011年）969頁［上原敏夫］，賀集ほか編・前掲注(28)108-109頁［田原］，笠井＝越山編・前掲注(29)725頁［下村］，梅本・前掲注(28)539頁，高橋・前掲注(32)重点講義民事訴訟法（下）73頁，秋山ほか・前掲注(29)477-478頁。

◆第 1 部◆　当事者主義的民事訴訟運営と当事者照会の実効化

である[43]。

　他方，訴え提起前の照会は，予告通知者が被予告通知者に対して予告通知をした場合，あるいは，被予告通知者が予告通知者に対して予告通知への返答をした場合に行うことができる（法132条の 2 第 1 項・132条の 3 第 1 項）。そこで，訴え提起前の照会がいつからできるかという問題との関連で，予告通知者が予告通知と同時に照会を行えるか，また，被予告通知者が予告通知への返答と同時に照会を行えるかが問題となり得る[44]。この点につき，条文上訴え提起前の照会を予告通知または予告通知への返答と同時に行うことを排除する文言がないこと，実質的に考えてもできるだけ早く攻撃防御の準備を進めることはこの制度の立法趣旨にも適い，予告通知・予告通知への返答と同時に照会を行うならば相手方の保護に欠けるところもないことを理由に，積極的に捉える見解が存在する[45]。これに対して，訴え提起前の照会がいつまでできるかという問題につき，条文上「予告通知をした日」（法132条の 2 第 1 項本文。予告通知者の場合）ないし「予告通知をされた日」（法132条の 3 第 1 項本文。被予告通知者の場合）から「 4 月以内」となっているところ，この起算点はいずれも予告通知が被予告通知者に到達した時点である（到達主義）[46]。この点に関して，

---

(43)　清水・前掲注(1)49頁，小田・前掲(34)237頁，秋山・前掲注(29)427頁，森脇・前掲注(29)新民事訴訟法大系第 2 巻174頁，竹田・前掲注(28)191頁，椎橋・前掲注(32)98-99頁，前田・前掲注(34)147頁，東京弁護士会民事訴訟問題等特別委員会編著・前掲注(1)25頁［本橋］（事実審口頭弁論終結後に弁論が再開されたり，上告審で破棄差戻しとなったりする場合には，口頭弁論終結後まで再び照会が可能となる旨も論じる），小山・前掲注(34)43頁，京都シミュレーション新民事訴訟研究会・前掲注(34)73頁，志知・前掲注(3)249頁，賀集ほか編・前掲注(28)109頁［田原］，梅本・前掲注(28)539頁，笠井＝越山編・前掲注(29)725頁［下村］，秋山ほか・前掲注(29)478頁。

(44)　賀集ほか編・前掲注(38)329頁［三木］は，「予告通知をした日」（法132条の 2 第 1 項本文）とは予告通知が被予告通知者に到達した日である（予告通知は私人間の意思表示として民法の到達主義〔民法97条 1 項〕の適用を受けるから）とするが，予告通知者が予告通知と同時に訴え提起前の照会をすることができるかとの問題についての態度は明らかではない。他方，同332頁［三木］は，予告通知への返答と訴え提起前の照会を同一の書面で行うことは差し支えない旨を論じる。

(45)　志知・前掲注(3)250頁。反対，兼子原著・前掲注(42)685頁［上原］。

(46)　小林秀之編著『Q&A（新版）平成16年 4 月 1 日施行民事訴訟法の要点―計画審理

「4月以内に限り…照会をすることができる」との条文の文言から、4ヶ月の期間内に照会を行う（照会書が相手方に到達する）ことが必要なのであり、相手方の回答期限が4ヶ月以内に設定されることまでは要しないとの見解がある[47]。

第3款　照会事項

当事者照会は、「主張又は立証を準備するために必要な事項」につき行うことができる（法163条本文）。従って、相手方が保有する情報で、照会除外事由（法163条1-6号）に該当せず、照会者自身の主張を構築するために必要な事実や立証手段の手がかりになり得るものは広く照会の対象になり得る[48]。照会事項は、照会者自身が主張責任・証明責任を負う事実に関する事項のみに限定される訳ではなく、相手方の主張に対する反論や相手方の立証に対する反証の準備のために必要な事項でもよい[49]。

照会事項には、主張または立証の準備のための必要性が要求され、この必要性は照会書に記載すべき旨が民事訴訟規則（以下、「規則」と記す）84条2項5号に規定されているところ、当事者照会が主に訴訟の早期の段階で争点・証拠の整理の準備手段として用いられるものであり、また、照会者の具体的主張を

の推進と証拠収集手続の拡充など―』（新日本法規、2004年）82頁［田村陽子］、賀集ほか編・前掲注(38)329頁、332頁［三木］、笠井＝越山編・前掲注(29)500頁、502頁［笠井］。

(47) 小林編著・前掲注(46)83頁［田村］、志知・前掲注(3)250頁、秋山ほか・前掲注(37)595頁、614頁、賀集ほか編・前掲注(38)329頁、332頁［三木］、笠井＝越山編・前掲注(29)500頁、502頁［笠井］。

(48) 前田・前掲注(34)149頁は、相手方の主張・立証予定（書証の内容、誰を証人として呼ぶか、鑑定・検証等を申請する予定があるか等）についても照会の対象となる旨を論じる。

(49) 増田勝久＝田原睦夫「証拠収集方法の拡充」判例タイムズ851号（1994年）15頁、清水・前掲注(1)49頁、秋山・前掲注(29)428頁、森脇・前掲注(29)新民事訴訟法大系第2巻172頁、西村・前掲注(28)137頁、東京弁護士会民事訴訟問題等特別委員会編著・前掲注(1)27頁［本橋］、京都シミュレーション新民事訴訟研究会・前掲注(34)73頁、志知・前掲注(3)251頁、賀集ほか編・前掲注(28)109頁［田原］、笠井＝越山編・前掲注(29)726頁［下村］、秋山ほか・前掲注(29)478-479頁。

◆ 第 1 部 ◆　当事者主義的民事訴訟運営と当事者照会の実効化

詳細に構築する目的でも用い得るものである点に鑑み,「必要性」につき柔軟に解すべき旨が主張される[50]。また,個々の照会事項につき照会書中で詳細に必要性を説明させると,当事者照会の機動性を奪うことにもなりかねないので,照会書中で記載されるべき「必要性」につき,ある程度包括的な記載が許されて然るべきである旨も主張される[51]。

照会し得る事実は,主要事実・間接事実・補助事実等一切の事実を含むとされる[52]。もっとも,主要事実,および,その認否に関して照会が可能か否かにつき議論がある[53]。

具体的にどのような事項が照会事項となり得るかに関しては,立案担当者をはじめ,様々な論者が議論を展開する[54]。

他方,訴え提起前の照会は,「訴えを提起した場合の」(法132条の2第1項本文),または「訴えを提起された場合の」(法132条の3第1項)「主張又は立証を準備するために必要であることが明らかな事項」(法132条の2第1項本文・132条の3第1項)につき行うことができる。この制度での照会事項についても,当事者照会と同様,主張責任・証明責任の所在とは関係なく,また,主張や立証と直接結び付く必要もなく,背景事情や間接的な事項についても広く対象となると解される[55]。ただし,この制度が提訴前の制度であり,当事者

---

(50)　森脇・前掲注(29)新民事訴訟法大系第 2 巻 170 頁。
(51)　前田・前掲注(34)149 頁。
(52)　東京弁護士会民事訴訟問題等特別委員会編著・前掲注(1)27 頁［本橋］。
(53)　清水・前掲注(1)49 頁は,具体例として,弁済の抗弁について弁済の場所,方法,弁済に立ち会った者の氏名を挙げる。また,山本和彦・前掲注(42)166 頁,高橋・前掲注(32)重点講義民事訴訟法（下）72 頁は,被告の不貞行為を理由とする離婚請求訴訟での不貞行為自体に関する照会が許されるかとの具体例を挙げ,議論を展開する。
(54)　例えば,立案担当者による,法務省民事局参事官室編『一問一答新民事訴訟法』（商事法務研究会,1996 年）165 頁は,交通事故と原告主張の病状との因果関係が争点となる訴訟での,原告の既往症と診察を受けた病院名およびその所在地,被告が行った手術の過誤の存否が争点となる医療過誤訴訟での,当該手術に関与した看護師の氏名・住所等を例に挙げる。その他,秋山・前掲注(29)429-432 頁,森脇・前掲注(29)新民事訴訟法大系第 2 巻 171-172 頁,秋山ほか・前掲注(29)480-482 頁等も,具体例を詳細に検討する。
(55)　賀集ほか編・前掲注(38)329 頁,332-333 頁［三木］。

◆第3章 日本民事訴訟法における当事者照会・訴え提起前の照会とその問題点

照会と比較して濫用の危険性が大きい点に鑑み，照会事項には必要性が「明らか」であることが要求され，予定されている訴えでの主張・立証に不必要であることが明白な事項はもちろん，必要か不要かが不明・不確かな事項も対象にはできないと解されている[56]。

訴え提起前の照会についても，具体的にどのような事項が照会事項となり得るかに関しては，立案担当者をはじめ，様々な論者が議論を展開する[57]。

第4款　照会除外事由

照会除外事由には，まず，当事者照会・訴え提起前の照会に共通するものがある（法163条1-6号・132条の2第1項1号・132条の3第1項後段）。

まず，「具体的又は個別的でない照会」（法163条1号）については，回答すべき事項が不明確で回答が困難である点，および，回答を求める事項が拡大し相手方に不当な負担を負わせる結果となりかねない点[58]，模索的・探索的照会は許されるべきではない点[59]等から，照会除外事由とされる。ただし，後者の根拠と関連して，当事者照会はそもそも当事者の知り得ない相手方の情報を獲得する手段であり，照会事項がある程度抽象的にならざるを得ないため，この要件をあまりに厳格に解することは好ましくない旨[60]，当事者照会を含むほとんどの「相手方からの証拠収集」は，多かれ少なかれ，「何か証拠が見つかるかもしれないと相手方の手の内を…覗き込むことであ」り，「証拠漁り」ないし「模索的・探索的照会」の側面を持つといわざるを得ないので，「証拠

---

(56)　賀集ほか編・前掲注(38)329頁，332-333頁［三木］。
(57)　例えば，立案担当者による，小野瀬厚＝武智克典編著『一問一答平成15年改正民事訴訟法』（商事法務，2004年）35頁は，手術の際に生じた医療事故に関する紛争事案での，手術に関与した医師や看護師の氏名を例として挙げる。また，武本夕香子「民事訴訟法改正・人事訴訟法制定―弁護士の立場から―」自由と正義54巻7号（2003年）69頁は，サラ金業者等に対する取引履歴照会を例として挙げる。
(58)　秋山・前掲注(29)428頁，秋山ほか・前掲注(29)485頁。
(59)　増田＝田原・前掲注(49)16頁，清水・前掲注(1)50頁，東京弁護士会民事訴訟問題等特別委員会編著・前掲注(1)41頁［松井菜採］，賀集ほか編・前掲注(28)109頁［田原］，笠井＝越山編・前掲注(29)726-727頁［下村］。
(60)　西村・前掲注(28)138-139頁。

◆第1部◆　当事者主義的民事訴訟運営と当事者照会の実効化

漁り」ないし「模索的・探索的照会」が一律に許されないとすることはできない旨[61]の指摘もある。

「相手方を侮辱し，又は困惑させる照会」（法163条2号）については，当事者照会の濫用を防ぐという観点から，これが照会除外事由となるのは当然である[62]。

「既にした照会と重複する照会」（法163条3号）については，無意味なものであり，相手方に負担を強いるだけであるから，照会除外事由とされる[63]。ただし，既にした照会に対して相手方から何らの応答もない場合に再度の照会をすることまでは，規定の趣旨からも否定されないとの見解もある[64]。

「意見を求める照会」（法163条4号）については，当事者照会が主張・立証の準備のために必要な事実等に関する情報を収集する制度である点[65]，意見や評価は口頭弁論でなされるべきであり，照会にはなじまない点[66]から，照会除外事由とされる。ただし，文書の作成目的や行為の意図，特定の事実に対する認識等のような主観的事実はこの事由に該当しない[67]，ある事実につき自白するか否かの照会は許される[68]との見解が存在する。

---

(61) 志知・前掲注(3)259頁。「相手方からの証拠収集」と「証拠漁り」，「何か証拠があるかもしれないと相手方の手の内を…覗き込むこと」との関係につき，園尾隆司「当事者照会④―当事者照会に不適切な対応をした場合―」三宅ほか編集代表・前掲注(28) 202-203頁。

(62) 増田＝田原・前掲注(49)16頁，清水・前掲注(1)50頁，竹田・前掲注(28)192頁，東京弁護士会民事訴訟問題等特別委員会編著・前掲注(1)41頁［松井］，賀集ほか編・前掲注(28)109頁［田原］，秋山ほか・前掲注(29)485頁。

(63) 増田＝田原・前掲注(49)16頁，清水・前掲注(1)50頁，志知・前掲注(3)259-260頁，賀集ほか編・前掲注(28)109頁［田原］。

(64) 竹田・前掲注(28)192頁，東京弁護士会民事訴訟問題等特別委員会編著・前掲注(1) 41頁［松井］，兼子原著・前掲注(42)970頁［上原］。

(65) 秋山・前掲注(29)433頁，竹田・前掲注(28)192頁，東京弁護士会民事訴訟問題等特別委員会編著・前掲注(1)41頁［松井］，秋山ほか・前掲注(29)485頁。

(66) 増田＝田原・前掲注(49)16頁，京都シミュレーション新民事訴訟研究会・前掲注(34)74頁，志知・前掲注(3)260頁。

(67) 増田＝田原・前掲注(49)16頁，竹田・前掲注(28)192頁，東京弁護士会民事訴訟問題等特別委員会編著・前掲注(1)42頁［松井］，志知・前掲注(3)260頁。

◆第3章　日本民事訴訟法における当事者照会・訴え提起前の照会とその問題点

　「相手方が回答するために不相当な費用又は時間を要する照会」（法163条5号）については，当事者照会が当事者間の訴訟における信義則ないし協力関係に基礎を置く点[69]，照会による訴訟遅延の防止[70]，制度の濫用防止[71]という点から，照会除外事由とされる。なお，照会者が費用の負担を申し出，それを予納すべく提供した場合，不相当な費用を要するとの理由で回答を拒絶することはできないとの見解もある[72]。

　「（法）第196条又は第197条の規定により証言を拒絶することができる事項と同様の事項についての照会」（法163条6号）については，そもそも当事者尋問の場合は証言拒絶事由が明文化されていないものの，当事者尋問でも証言拒絶事由と同様の事由がある場合は当事者が証言を拒んでも正当事由があるとされるので，当事者照会・訴え提起前の照会でも，これを照会除外事由としたとされる[73]。

　他方，訴え提起前の照会にのみ適用される照会除外事由として，まず，「相手方又は第三者の私生活についての秘密に関する事項についての照会であって，これに回答することにより，その相手方又は第三者が社会生活を営むのに支障を生ずるおそれがあるもの」（法132条の2第1項2号・132条の3第1項後段），「相手方又は第三者の営業秘密に関する事項についての照会」（法132条の2第1項3号・132条の3第1項後段）がある。これらの事由については，実際の事

---

(68)　竹下ほか編集代表・前掲注(2)174頁［伊藤発言］，伊藤・前掲注(28)280頁注(83)。
(69)　清水・前掲注(1)51頁，竹田・前掲注(28)193頁，西村・前掲注(28)139頁，東京弁護士会民事訴訟問題等特別委員会編著・前掲注(1)42頁［松井］，賀集ほか編・前掲注(28)109頁［田原］。
(70)　増田＝田原・前掲注(49)16頁，秋山・前掲注(29)433頁，西村・前掲注(28)139頁，賀集ほか編・前掲注(28)109頁［田原］，秋山ほか・前掲注(29)486頁。
(71)　竹田・前掲注(28)193頁，秋山・前掲注(29)433頁，東京弁護士会民事訴訟問題等特別委員会編著・前掲注(1)42頁［松井］，志知・前掲注(3)260頁，秋山ほか・前掲注(29)486頁。
(72)　増田＝田原・前掲注(49)16頁，清水・前掲注(1)51頁，竹田・前掲注(28)193頁，東京弁護士会民事訴訟問題等特別委員会編著・前掲注(1)43頁［松井］，志知・前掲注(3)260頁，笠井・前掲注(34)229頁，賀集ほか編・前掲注(28)109-110頁［田原］。
(73)　清水・前掲注(1)51頁，西村・前掲注(28)140頁，志知・前掲注(3)260頁，賀集ほか編・前掲注(28)110頁［田原］。

◆第1部◆　当事者主義的民事訴訟運営と当事者照会の実効化

件では予告通知をしても最終的には提訴されない可能性があること，提訴前には裁判所の監視が入らないため照会制度が濫用される危険が大きいこと，法196条・197条の解釈に争いがありこれらの事由が狭く解されがちであること等から，訴え提起前の照会事項を提訴後の照会事項よりも制限する必要性が指摘されたため，照会除外事由に加えられた[74]。なお，第三者の私生活についての秘密または営業秘密に関する事項は，相手方がこれらの事項につき回答することを当該第三者が承諾した場合には，照会除外事由とならない（法132条の2第2項・132条の3第1項後段）。

また，「既にした予告通知と重複する予告通知に基づ」く照会（法132条の2第4項），「既にされた予告通知と重複する予告通知に対する返答に基づ」く照会（法132条の3第2項）も，照会除外事由となる。これは，同じ紛争につき予告通知を繰り返す度に新たな予告通知から4ヶ月間何度も照会ができるとすると，4ヶ月という一定期間に照会可能な期間を制限した意味がなくなるので，照会が可能な期間を一つの紛争につき最初の予告通知から4ヶ月間のみに制限したものである[75]。

第5款　照会の方法

当事者照会は，相当の期間を定めて，書面で回答することを求めた照会書を相手方に送付することにより行う（法163条本文，規則84条1項前段。照会書の記載事項等につき，規則84条2項）。相手方に代理人がある場合，照会書は当該代理人宛に送付しなければならない（規則84条1項後段）。ファクシミリによる送付も可能である（規則47条1項・84条2項8号）[76]。

当事者照会の方法に関しては，照会事項を準備書面に記載してこれを行うことが認められるか否かとの問題がある。準備書面の当事者間での直送（規則83

---

(74)　小林編著・前掲注(46)89頁［田村］，志知・前掲注(3)262頁。

(75)　小野瀬＝武智編著・前掲注(57)34頁，志知・前掲注(3)263頁。

(76)　清水・前掲注(1)50頁，秋山・前掲注(29)434-435頁，森脇・前掲注(29)自正46頁，竹田・前掲注(28)190頁，西村・前掲注(28)141頁，前田・前掲注(34)150頁，東京弁護士会民事訴訟問題等特別委員会編著・前掲注(1)31頁［本橋］，志知・前掲注(3)264頁，賀集ほか編・前掲注(28)110頁［田原］，秋山ほか・前掲注(29)486頁。

◆ 第3章　日本民事訴訟法における当事者照会・訴え提起前の照会とその問題点

条1項）が実務上定着していることを前提として，照会事項を事実上裁判所に了知させることで相手方からの回答をより確実に得られるようにするよう圧力をかけるとの観点から，準備書面に独立の項を設けて当事者照会を行えるとする肯定説[77]と，当事者照会が裁判所を介さない当事者間の訴訟関係上の行為である，当事者照会は主張・立証の準備のための制度であり，口頭弁論期日等で行う予定の主張等をあらかじめ裁判所・相手方に了知させるためのものである準備書面中で照会を行うことは制度の趣旨に反する，当事者照会は準備書面の記載事項（法161条2項，規則79条等）に当たらない等として，準備書面による当事者照会を認めない否定説[78]がある。

---

[77]　清水・前掲注(1)52頁注(20)，秋山・前掲注(29)435頁（ただし，そもそも当事者照会は当事者間で直接行うのが本来であり，手続を明確にするため，準備書面に記載して照会を行うことは避けることが望ましいが，この場合に当事者照会としての効力を否定することは困難である旨を論じており，積極的な肯定説ではないと思われる），森脇・前掲注(29)新民事訴訟法大系第2巻175頁，同・前掲注(29)自正47頁，西村・前掲注(28)141頁（当事者間の文書のやりとりの方が望ましい旨も論じる）。

[78]　中野・前掲注(28)34-35頁，竹下ほか編集代表・前掲注(2)175頁［福田剛久発言，竹下発言］，東京弁護士会民事訴訟問題等特別委員会編著・前掲注(1)32頁［本橋］，小山・前掲注(34)47頁，京都シミュレーション新民事訴訟研究会・前掲注(34)78頁注(13)，井上・前掲注(31)54頁，志知・前掲注(3)264頁，笠井・前掲注(34)229頁，兼子原著・前掲注(42)970-971頁［上原］，賀集ほか編・前掲注(28)110頁［田原］，梅本・前掲注(28)541頁。

　なお，現行規則の立案担当者は，当事者照会が裁判所を介さない手続であること，照会の当否や必要性などについての議論に裁判所に巻き込まれる恐れがあること，裁判所を介する必要がある場合には期日外釈明（法149条1項）等を用いることができることを理由に，準備書面に当事者照会に係る事項を記載することは適当ではないとする。最高裁判所事務総局民事局監修『条解民事訴訟規則』（司法協会，1997年）191頁注(4)。また，東京地方裁判所は，当事者照会に対する回答を拒否することの適否につき裁判所が判定することは制度上全く予定されておらず，この手続は裁判所が関与しない手続であるから，当事者照会手続が進行中に，その経過等を準備書面に記載したり，照会回答文書を書証で提出して裁判所の関与を求めたりすることは認めない運用が相当である旨の見解を公表している（東京地方裁判所監修『東京地方裁判所における新民事訴訟法・規則に基づく実務の運用―東京地方裁判所新民事訴訟法施行準備委員会報告―（改訂版）』〔司法協会，2000年〕24頁）。

◆ 第1部 ◆　当事者主義的民事訴訟運営と当事者照会の実効化

　当事者照会に回答するための「相当の期間」は，回答のための調査の要否，回答作成の難易等によってケース・バイ・ケースで設定されるべきである[79]。

　訴え提起前の照会も，相当の期間を定めて，書面で回答することを求めた照会書を相手方に送付することにより行う（法132条の2第1項本文・132条の3第1項前段，規則52条の4第1項前段。照会書の記載事項等につき，規則52条の4第2項）。相手方に代理人がある場合，照会書は当該代理人宛に送付しなければならない（規則52条の4第1項後段）。ファクシミリによる照会書の送付も可能である（規則47条1項・52条の4第2項7号）[80]。電子メールによる照会書の送付ができるかとの点につき，肯定説[81]と否定説[82]がある。

　訴え提起前の照会に関して，照会を予告通知，あるいはこれに対する返答と同一の書面に記載して行うことができるか否かとの問題が考えられるところ，この点につき，訴え提起前の照会を予告通知あるいはそれに対する返答と同時に行えると解すべきことを前提に，同一の書面で行えるとした方が望ましい旨の見解がある[83]。

　訴え提起前の照会に回答するための「相当の期間」についても，回答のための調査の要否，回答作成の難易等によってケース・バイ・ケースで設定されるべきである[84]。

---

(79)　志知・前掲注(3)264頁。
(80)　志知・前掲注(3)266頁，秋山ほか・前掲注(37)607頁，笠井＝越山編・前掲注(29)500頁，502頁[笠井]。
(81)　笠井＝越山編・前掲注(29)500頁，502頁[笠井]。
(82)　志知・前掲注(3)266頁。
(83)　志知・前掲注(3)266頁（ただし，関係条文の体裁からすると，照会書と予告通知書あるいは返答書はそれぞれ別の文書であることを前提にしていると思われるので，被照会者の回答拒絶の余地をできるだけ少なくするとの観点からは，別文書にしたほうが無難である旨も論じる。同266-267頁）。
(84)　志知・前掲注(3)266頁。

◆第 3 章　日本民事訴訟法における当事者照会・訴え提起前の照会とその問題点

◆ 第 4 節 ◆　回　答

第 1 款　回答義務

　法 163 条は，その本文で「当事者は…照会をすることができる」と規定するのみであるが，同条各号の照会除外事由に該当しない適法な当事者照会を受けた相手方は照会に回答する義務を負う旨を論じるのが支配的見解である。まず，現行法の立案担当者は，法 163 条各号の「いずれにも該当しないときは，相手方は，その照会に回答すべき義務があ」る旨を明言する(85)。また，当事者照会に関するほとんどの文献も，照会除外事由に該当しない適法な照会に対する相手方の回答義務を肯定する(86)。回答義務の根拠につき，第 2 節で論じたように様々な事柄が挙げられており，主に，当事者が相互に協力し合い，訴訟を運営し，訴訟の資料を充実させていくべき信義則，当事者の一般的な審議協力義務，当事者間に訴訟法律関係が成立することに伴う，当事者の信義誠実訴訟追行義務の一環としての，相互の情報を開示し訴訟の充実を図るべき訴訟法上の義務，一般的に訴訟当事者に課された〈信義誠実に訴訟追行に努めなければならない義務〉を基礎とする，その具体的形態としての相手方配慮の義務，お

---

(85)　法務省民事局参事官室編・前掲注(54)166 頁。
(86)　増田＝田原・前掲注(49)16 頁，清水・前掲注(1)49 頁，中野・前掲注(28)35 頁，小田・前掲注(34)241 頁，秋山・前掲注(29)425 頁，河野正憲「当事者照会①—その目的—」三宅ほか編集代表・前掲注(28)159 頁，同・前掲注(28)364 頁，森脇・前掲注(29)新民事訴訟法大系第 2 巻 166-167 頁，同・前掲注(29)自正 39 頁，竹田・前掲注(28)187 頁，西村・前掲注(28)143 頁，竹下ほか編集代表・前掲注(2)171 頁［竹下発言］，172-173 頁［田原発言］，前田・前掲注(34)145 頁，東京弁護士会民事訴訟問題等特別委員会編著・前掲注(1)10-11 頁［相川］，小山・前掲注(34)39 頁，京都シミュレーション新民事訴訟研究会・前掲注(34)75 頁，笠井・前掲注(34)225 頁，山本和彦・前掲注(42)157-158 頁，兼子原著・前掲注(42)970 頁［上原］，上田徹一郎『民事訴訟法（第 7 版）』（法学書院，2011 年）257 頁，新堂・前掲注(28)379-380 頁，賀集ほか編・前掲注(28)110 頁［田原］，笠井＝越山編・前掲注(29)726 頁［下村］，梅本・前掲注(28)541 頁，伊藤・前掲注(28)280 頁，高橋・前掲注(32)重点講義民事訴訟法（下）73-74 頁，濱﨑・前掲注(28)245 頁，秋山ほか・前掲注(29)475-476 頁，中野ほか編・前掲注(39)303 頁［上原敏夫］。

◆第1部◆　当事者主義的民事訴訟運営と当事者照会の実効化

よび，必要な訴訟手続に関連した情報を相手方から獲得することができる情報請求権といったように，主に訴訟上の信義則（法2条）に求められることが多い[87][88]。これに加え，「弁護士会は…公務所又は公私の団体に照会して必要な事項の報告を求めることができる」（弁護士法23条の2第2項）と規定されている弁護士会照会につき，照会先に報告義務があるとされる[89]ことを根拠に，同様の規定（「照会をすることができる」）である当事者照会でも相手方に回答義務がある旨を論じる見解もある[90]。

これに対して，照会をすることの根拠が，紛争の具体的局面で一方が相手方に質してその対応を求めるという紛争当事者間のコミュニケーションの発現の一態様であること，また，法・規則は照会の際に誠実な回答を引き出すための，照会をする側の作法の大枠を規定したものであるということから，照会の相手方には回答義務はないとする見解がある[91]。また，当事者照会での回答義務を肯定する多数説の論拠に絶対的なものがある訳ではないとの認識の下，むしろ，法・規則に回答義務や制裁の規定がないことを直視し，回答義務がないとの前提で解釈を行うのが素直であると考えられる旨の見解もある[92]。

他方，訴え提起前の照会も，その規定は「照会をすることができる」（法132条の2第1項前段・132条の3第1項前段）との体裁となっているが，この制度についても相手方の回答義務を認める見解が多数説である[93]。これに対して，

---

[87]　前注(28)参照。なお，上田・前掲注(86)257頁も参照。

[88]　これに対し，増田＝田原・前掲注(49)16頁は，相手方の回答義務を公法上の義務とする。また，山本和彦・前掲注(42)157頁は，相手方の回答義務の根拠付けにつき，訴訟手続外では認められない権利義務関係が訴訟当事者になったことで当然に認められる例として，既に文書提出義務等があり，この場合についても，訴訟手続上の義務として法律が定めたとの説明で十分であり，あえてそれ以上の説明は要しないのではないかとの見解を示す。

[89]　日本弁護士連合会調査室編著『条解弁護士法（第4版）』（弘文堂，2007年）165-168頁は，照会先に報告義務がある旨を判示した裁判例を列挙する。

[90]　竹田・前掲注(28)187頁，189頁注(8)，前田・前掲注(34)145頁。

[91]　井上・前掲注(31)48-49頁。

[92]　志知・前掲注(3)267-271頁。

[93]　秋山ほか・前掲注(37)597頁，615頁，兼子原著・前掲注(42)686頁，688頁［上原］，笠井＝越山編・前掲注(29)500-501頁，502頁［笠井］，伊藤・前掲注(28)322頁，

◆ 第 3 章　日本民事訴訟法における当事者照会・訴え提起前の照会とその問題点

訴え提起前の照会では裁判所の審査はなく，訴訟係属すらない状態であるため，訴訟法上の回答義務を認める基礎は著しく不十分であり，従って，回答義務があるとしても，それは当事者照会における回答義務よりも弱いものと解される旨の見解[94]，および，訴え提起があった場合の主張・立証の準備に「必要なことが明らかな」事項であることについての判断は事案の具体的事情に左右されるため予告通知者と被予告通知者とで異なることがある上，要件の具備の有無に関する裁判所の審査もなく，当事者照会と同様，不当な回答拒否に対する制裁や濫用的な照会に対する救済も予定されていないため，義務性は希薄であると見ざるを得ない旨の見解[95]もある。なお，訴え提起前の照会に対する回答義務の根拠として，予告通知者と被予告通知者との間に訴訟係属に準じる状態（準訴訟係属）が発生すること[96]，あるいは，予告通知者および被予告通知者に法2条に基づく信義誠実義務とこれに対応する照会権が認められること[97]等が挙げられる。

これに対して，当事者照会の場合と違い，訴え提起前の照会については立法者の解説中に回答義務に関する言及がないことを根拠に，回答義務がない旨を示唆する見解もある[98]。

第 2 款　回答の方法

当事者照会に対する回答は，回答書を相手方に送付することにより行う（規則84条1項前段。回答書の記載事項につき，規則84条3項）。回答書については，照会書の場合と異なり，照会者に代理人があるときには当該代理人に対し送付する旨の規定はないが（規則84条1項後段参照），このような場合，照会書に記載される「照会をする者の住所」等（規則84条2項8号）は，一般的には代

　　　濱﨑・前掲注(28)245-246頁，中野ほか編・前掲注(39)327頁［春日］。
(94)　賀集ほか編・前掲注(38)331頁，333頁［三木］。
(95)　松本博之＝上野泰男『民事訴訟法（第8版）』（弘文堂，2015年）218-219頁［松本］。
(96)　伊藤・前掲注(28)320-321頁。
(97)　新堂・前掲注(28)381頁。濱﨑・前掲注(28)244-246頁も参照。
(98)　志知・前掲注(3)267-271頁。

理人の事務所等所在地であろうから，多くの場合，代理人宛に回答書を送付することになる(99)。回答書の送付についても，照会書の場合と同様，ファクシミリによることも可能である（規則47条1項・84条2項8号）。

当事者照会に対する回答を準備書面で行うことができるかとの問題があり，この点については，一方で，回答書の体裁には規定がないこと，照会者に情報を開示することを理由に，これを肯定する見解がある(100)。他方で，手続を明確にするとの見地，照会に対する回答は準備書面の記載事項（法161条2項，規則79条等）に当たらないこと等を理由に，これを否定する見解もある(101)。

訴え提起前の照会に対する回答も，回答書を相手方に送付することにより行う（規則52条の4第1項前段・第5項。回答書の記載事項につき，規則52条の4第3項・第5項）。具体的な送付先としては，照会書に「照会をする者の住所」等（規則52条の4第2項7号）が記載されるので，当該送付先（代理人がある場合は当該代理人のものとなろう）に送付する(102)。回答書の送付についても，ファクシミリによることが可能である（規則47条1項・52条の4第2項7号）。

訴え提起前の照会に対する回答については，これを予告通知に対する返答書と同一の書面に記載して行えるかとの問題があり，この点につき，返答書と回答書を同一の文書にして差し支えない旨の見解がある(103)。

第3款　不当な回答拒絶・虚偽回答の効果(104)

現行法の当事者照会は，不当な回答拒絶や虚偽回答に対する直接の制裁がなく，かつ，裁判所の関与もない制度として出発したが，他方，照会除外事由に該当しない適法な照会を受けた相手方は回答義務を負うというのが立案担当

---

(99)　志知・前掲注(3)274-275頁。
(100)　秋山・前掲注(29)435頁，竹田・前掲注(28)195頁，賀集ほか編・前掲注(28)110頁［田原］。
(101)　志知・前掲注(3)275頁。
(102)　志知・前掲注(3)276頁。
(103)　志知・前掲注(3)277頁。
(104)　本款の本文の記述，および，脚注は，酒井博行「民事訴訟手続過程における弁護士の行為規律の実効化手段に関する一考察」北海学園大学法学研究42巻1号（2006年）64-67頁の内容と多くの点で重複することをお断りしたい。

◆ 第3章　日本民事訴訟法における当事者照会・訴え提起前の照会とその問題点

者・多数説の立場であるため，回答義務を措定する場合，その違反に対する効果をどう考えるかが問題となる(105)。以下，回答義務違反の効果として提唱されるものを概観する。

　まず，照会者が相手方の不当な回答拒絶・虚偽回答の事実を口頭弁論に顕出し，それが弁論の全趣旨，あるいは間接事実・補助事実として，裁判所の自由心証により相手方に不利に斟酌される旨が主張される(106)。

　次に，相手方が回答を拒絶した事項を後に主張した場合，または回答と異なる主張を後にした場合に，裁判所により訴訟上の信義則違反（禁反言），または時機に後れた攻撃防御方法としてその主張が却下される可能性がある旨が主

---

(105)　井上・前掲注(31)48-49 頁は，相手方の回答義務を否定するが，他方，同 62-64 頁は，相手方の回答が不適切である場合については，その後の訴訟手続内で照会者側に照会事項についての模索的な主張や証明が許され，それに対して回答者（相手方）側の具体的な主張責任，立証（反証）の負担が強化されるとの方向性を示し，相手方の不適切な回答がその後の訴訟手続（特に，当事者間の裁判手続内コミュニケーションにおける関係付け）に一定の効果を及ぼすことを認める。なお，園田賢治「情報の偏在と訴え提起後の情報・証拠の入手―当事者照会・文書提出命令を中心に―」法律時報 82 巻 2 号（2010 年）24 頁は，被照会者が回答義務を負うことを前提とするが，不回答等が裁判所の心証に直接影響するとの考え方は，その効果が不透明であるため採るべきでないこと，当事者照会が情報収集過程の一部であることを理由に，井上治典説と同様の，不回答等がその後の主張・立証過程に影響を与えるとの考え方が自然である旨を論じる（具体的には，文書提出命令手続における文書特定の要件の緩和を挙げる）。

(106)　清水・前掲注(1)50 頁，中野・前掲注(28)35 頁，小田・前掲注(34)241 頁，秋山・前掲注(29)434 頁，森脇・前掲注(29)新民事訴訟法大系第 2 巻 181 頁，同・前掲注(29)自正 41 頁，竹田・前掲注(28)186 頁，園尾・前掲注(61)204 頁，東京弁護士会法友会新民事訴訟法実務研究部会編・前掲注(29)186 頁［主査：和田］，西村・前掲注(28)143 頁，椎橋・前掲注(32)102 頁，中島晃「情報開示制度の確立と弁護士の役割―情報偏在型訴訟における当事者照会活用の試み―」自由と正義 50 巻 4 号（1999 年）109 頁，東京弁護士会民事訴訟問題等特別委員会編著・前掲注(1)12 頁［相川］，京都シミュレーション新民事訴訟研究会・前掲注(34)75-76 頁，志知・前掲注(3)278 頁，笠井・前掲注(34)226 頁，山本和彦・前掲注(42)168-169 頁，兼子原著・前掲注(42)970 頁［上原］，上田・前掲注(86)257 頁，新堂・前掲注(28)385 頁，賀集ほか編・前掲注(28)110 頁［田原］，梅本・前掲注(28)542 頁，秋山ほか・前掲注(29)484 頁，中野ほか編・前掲注(39)303 頁［上原］等。

◆第1部◆　当事者主義的民事訴訟運営と当事者照会の実効化

張される(107)。

　また，証拠に関する情報を求める場合のように，相手方が情報提供の訴訟上の協力義務を負っている場合，不協力が証明妨害と評価され得るとの見解もある(108)。

　さらに，不当な回答拒絶・虚偽回答により訴訟が遅延した場合，裁判所がそのことにより余分に生じた訴訟費用を相手方に負担させる（法62-64条）との考え方も主張される(109)。

　また，相手方が誤った情報を故意・過失により伝えた場合，不法行為責任を問われ得るとの見解もある(110)。

　それに加え，当事者照会に相手方が回答しない状況で，照会が要件を満たし，

---

(107)　清水・前掲注(1)50頁，中野・前掲注(28)35頁，東京弁護士会法友会新民事訴訟法実務研究部会編・前掲注(29)192頁［矢吹公敏発言］，西村・前掲注(28)143頁，椎橋・前掲注(32)102頁，中島・前掲注(106)109頁，東京弁護士会民事訴訟問題等特別委員会編著・前掲注(1)12頁［相川裕＝濱口博史］，志知・前掲注(3)281頁，笠井・前掲注(34)226頁，上田・前掲注(86)257頁等。

(108)　松本＝上野・前掲注(95)384頁［松本］（ただし，そのためには裁判所の釈明権の行使が必要であろうとも論じられる），上田・前掲注(86)257頁。

(109)　清水・前掲注(1)50頁，中野・前掲注(28)35頁，西村・前掲注(28)143頁，椎橋・前掲注(32)102頁，東京弁護士会民事訴訟問題等特別委員会編著・前掲注(1)13頁［相川＝濱口］，志知・前掲注(3)281頁，笠井・前掲注(34)226頁，兼子原著・前掲注(42)970頁［上原］，上田・前掲注(86)257頁，賀集ほか編・前掲注(28)110頁［田原］，中野ほか編・前掲注(39)303頁［上原］等。

(110)　新堂・前掲注(28)386頁。なお，東京地判平成12年4月27日（判例集未登載。志知・前掲注(3)242-243頁，268-269頁，281-282頁，高橋・前掲注(32)重点講義民事訴訟法（下）83-84頁注(75)で紹介されている）は，原告が国に対して提起した別件訴訟で当事者照会を行ったが，国の指定代理人により違法に回答を拒絶されその結果損害を被ったと主張し，国に対し不法行為に基づく損害賠償を請求した事案で，「民訴法163条所定の当事者照会の制度は，訴訟法上設けられた制度であって，同条が照会に対する相手方当事者の回答義務や回答がされない場合の措置について何ら規定していないことから窺われるように，訴訟の当事者に対して，実体法上の権利又は利益を付与するものではないと解するのが相当である。したがって，当事者照会に対して回答がされなかった場合においても，当事者照会を行った当事者の実体法上の権利又は利益が侵害されたということはできず，不法行為が成立するものではない」と判示する。

◆第3章　日本民事訴訟法における当事者照会・訴え提起前の照会とその問題点

不回答が正当でないとの評価がされ，かつ，照会に係る情報が事案解明上，または訴訟進行に必要と評価できる場合，その点を明らかにするための証人尋問や当事者尋問を実施し，その結果に応じて主張を再構成したり，場合によっては再度の争点整理手続を開いたりすることが許されるべきである。あるいは，争点整理手続を一旦打ち切り，未回答のため明らかになっていない事実のみに絞った人証調べを行い，争点整理手続に戻ることも考えられるとの見解がある[111]。

また，当事者照会に対する不当な回答拒絶・虚偽回答に相手方の代理人弁護士が関与している場合，当該弁護士が弁護士倫理（1990年3月2日日弁連臨時総会決議，1994年11月22日改正，2005年3月31日廃止）・弁護士職務基本規程（2004年11月10日日弁連会規第70号，2005年4月1日施行）違反を問われ，弁護士会による懲戒の対象となり得るとの見解もある[112][113]。

---

[111]　町村泰貴「民事手続における情報流通のあり方―当事者照会を中心に―」民事訴訟雑誌45号（1999年）245頁。山浦善樹「当事者照会等の活用の問題点と改善のために必要な条件」上谷清＝加藤新太郎編『新民事訴訟法施行三年の総括と将来の展望』（西神田編集室，2002年）74-75頁，77頁注(74)，78-79頁注(75)は，この方法を「優先的証拠調べ」と呼び，照会への不正な回答拒否への効果的なサンクションとして評価する。

[112]　当事者照会への不当な回答拒絶・虚偽回答が弁護士倫理違反になる旨，または弁護士が当事者に回答義務を負う情報を開示するよう助言すべき倫理上の責務を負う旨を述べる文献として，森脇・前掲注(29)自正42頁，竹田・前掲注(28)188頁，東京弁護士会法友会新民事訴訟法実務研究部会編・前掲注(29)197頁［田中紘三発言］，竹下ほか編集代表・前掲注(2)175頁［伊藤発言］，前田・前掲注(34)155頁，志知・前掲注(3)282頁，兼子原著・前掲注(42)970頁［上原］，伊藤・前掲注(28)280頁，秋山ほか・前掲注(29)484-485頁（ただし，当事者照会に応じないことだけでは懲戒の問題にはならないであろうとの見解を示す。それに対して，故意に虚偽回答を行った場合には弁護士倫理違反となるとする），中野ほか編・前掲注(39)303頁［上原］。照会への不当な回答拒絶・虚偽回答が弁護士倫理・弁護士職務基本規程違反になることに加え，当該弁護士が弁護士会の懲戒処分の対象となる旨を述べる文献として，笠井・前掲注(34)226頁，山本和彦・前掲注(42)169頁。これらの文献のうち，弁護士倫理・弁護士職務基本規程上の根拠条文を具体的に挙げるものは，弁護士倫理4条・7条・53条・55条，弁護士職務基本規程5条・74-76条を挙げる。なお，東京弁護士会民事訴訟問題等特別委員会編著・前掲注(1)55-63頁［鷹取信哉］は，代理人弁護士が被照会者たる依頼者に回答義務

◆第1部◆　当事者主義的民事訴訟運営と当事者照会の実効化

　訴え提起前の照会についても，当事者照会と同様に，相手方が回答義務を負うことを前提とするものの(114)，相手方の不当な回答拒絶や虚偽回答に対する直接の制裁はない。そのため，訴え提起前の照会についても，回答義務違反の効果が問題となる。

　まず，相手方の不当な回答拒絶・虚偽回答が，間接事実ないし補助事実とし

を尽くさせ，また，主観的真実に反する回答をさせないよう働きかける倫理上の義務があることを前提に，被照会者から委任された弁護士としてのあるべき行為規範のガイドラインを提示する。

(113)　なお，小山・前掲注(34)39-43頁は，当事者照会が「敵に塩を送る」ことを求めるという意味で従来の弁護士の訴訟観に変革を迫る立法である以上，当面は弁護士倫理・懲戒で回答を強制するのではなく，弁護士会が当事者照会の効用につき説明すること，適正な照会と誠実な回答のガイドラインを定めること等の努力をすることにより，適切な運用が行われるよう実務慣行の確立に努めるべきである旨を論じるが（39-40頁），他方，弁護士会がガイドラインを定めた場合に，その違反が弁護士倫理の問題となる余地が生ずるとしており（41頁），また，当事者照会が普及し一般化するに従い，回答義務も（訴状・答弁書等書面の充実，主張・証拠の早期提出等のような，現行法に沿った審理の充実・促進に関するルールと共に）弁護士倫理に高められ，その違反が懲戒の対象となり得る旨を論じる（42頁）。また，山浦・前掲注(111)71頁は，当事者照会の回答義務に違反した場合に弁護士倫理違反を問うことは論理的に可能であるし，適法な回答拒否と不適法な回答拒絶の違いを明確にする行為規範ができれば，当事者照会に対する代理人弁護士の責任が具体的になり，代理人が回答義務に違反したときは弁護士会として懲戒等必要な措置をとることができるとして，弁護士会で行為規範を制定し，弁護士倫理の強化をすべきである旨を論じる。さらに，高橋・前掲注(32)重点講義民事訴訟法（下）84-85頁注(76)は，当事者照会に回答すべきであるのに回答しないことが懲戒の対象となるかどうかという点につき，一般論としては懲戒は無理だが，全く問題となることはないとはいえず，当事者照会は直接の制裁がなく，その遵守は当事者・訴訟代理人の違法精神により担保されるから，（文書提出命令のような，訴訟法上の直接の制裁がある制度と比較して）より強い程度で法2条の信義誠実訴訟追行義務で充填されており，弁護士職務基本規程に関係すると論じ得るし，また，弁護士会が当事者照会のガイドラインなりルールなりを定めたとき，会則遵守が弁護士職務基本規程の一つであり，懲戒事由の一つだとすれば，当事者照会に違法に回答しないことも懲戒事由に近づくのではないかと考えられる旨を論じ，当事者照会への違法な回答拒絶が懲戒事由となる可能性を肯定する。

(114)　上野泰男「証拠収集手続の拡充」ジュリスト1252号（2003年）23頁。前注(93)も参照。

◆ 第3章　日本民事訴訟法における当事者照会・訴え提起前の照会とその問題点

て，後の訴訟で裁判所の自由心証による評価の対象となるとの見解がある(115)。

次に，相手方の不当な回答拒絶・虚偽回答を本案訴訟で制裁的に考慮し得るとの見解がある(116)。

また，訴え提起前の照会に対する不当な回答拒絶・虚偽回答に相手方の代理人弁護士が関与している場合，当該弁護士が弁護士倫理・弁護士職務基本規程違反を問われるとの見解もある(117)(118)。

なお，訴え提起前の照会と当事者照会における相手方の協力義務としての回答義務違反につき，求められている情報が本案手続での要証事実の確定に必要

---

(115) 立案担当者はこの見解を採る（小野瀬＝武智編著・前掲注(57)38頁）。また，秋山ほか・前掲注(37)597-598頁，615頁，兼子原著・前掲注(42)686頁，688頁［上原］，笠井＝越山編・前掲注(29)501頁，502頁［笠井］，伊藤・前掲注(28)322頁，中野ほか編・前掲注(39)327頁［春日］。なお，武本・前掲注(57)69-70頁は，訴え提起前の照会に対する虚偽回答が判明した場合に，弁論の全趣旨として回答者に不利な事実認定を行う訴訟慣行を定着させることを提案する。上田・前掲注(86)258頁は，照会の拒絶や虚偽回答が後に弁論の全趣旨として評価の対象となるであろう旨を指摘する。同旨，梅本・前掲注(28)180頁。

(116) 田邊誠「民事司法Ⅰ―民事訴訟の適正化と充実―」ジュリスト1198号（2001年）132頁は，訴え提起前の照会を認める場合，適切な回答があれば提訴自体の必要がなかったとの事情が認められる場合には，回答を拒絶した者に，提訴に要した費用を負担させるべきである旨を論じる。また，畑瑞穂「訴え提起前の情報収集・交換の拡充と審理の充実等」ジュリスト1317号（2006年）76頁は，訴え提起前の情報収集・交換の制度全般に関する文脈において，その実効性確保のため，本案訴訟の訴訟費用負担において不当な拒絶等を制裁的に考慮し得る制度が一考に価する旨を論じる。

(117) 秋山ほか・前掲注(37)598頁，615頁，兼子原著・前掲注(42)686-687頁，688頁［上原］，伊藤・前掲注(28)322頁。

(118) なお，賀集ほか編・前掲注(38)331頁，333頁［三木］は，訴え提起前の照会に対する回答義務違反の効果として，裁判所による間接事実・補助事実としての評価，代理人弁護士が弁護士倫理・弁護士職務基本規程違反に問われる余地があることを認めるが，他方，ここでの回答義務は当事者照会におけるそれと比べて弱いものと解されることを前提に，前記の効果については当事者照会の場合と比較して相対的に可能性が低い旨を論じる。また，松本＝上野・前掲注(95)218-219頁［松本］は，訴え提起前の照会での回答義務の義務性は希薄であるとみざるを得ないことを前提に，この制度は予告通知者・被予告通知者両者の意向により相互に回答がなされることを期待した制度であろう旨の見解を示す。

◆第1部◆　当事者主義的民事訴訟運営と当事者照会の実効化

となる蓋然性が高いこと，当該情報につき，照会者の側では収集が困難または不可能であるのに対し，相手方は提供が容易であること，相手方が回答しないことに合理的な理由がないことを要件として，(1)証明責任を負う当事者の請求を基礎付ける事実の記載が概括的であっても許される，(2)主張・立証の局面における，証明責任を負わない相手方の協力義務（事案解明義務）の発動要件が緩和されるとの効果を認める見解もある[119]。

◆第5節◆　問　題　点

第1款　当事者照会・訴え提起前の照会の利用状況・課題

　ここまで，当事者照会・訴え提起前の照会につき詳しく紹介してきた。これらの制度は，当事者主導型の新たな情報収集手続として立案され，当初はその可能性に期待がかけられていた[120]。しかし，いざ現行法が施行された段階になっても，当事者照会は基本的にあまり使われない制度となってしまったというのが大方の評価であろう。この点は，当事者照会の実際の担い手として期待される弁護士を対象としたアンケート調査の結果からも窺い知ることができる。例えば，日弁連は1999年1月，会員全員（16,767名）を対象にアンケート調査を行い（回収総数1,336名）[121]，これによると，当事者照会をした経験がある者はわずかに20.3％，当事者照会をされた経験がある者もわずかに14.1％であったとのことである。また，大阪弁護士会が1998年5月に会員を対象に行ったアンケート調査（回答総数212名）によれば[122]，当事者照会を使った

---

(119)　濱﨑・前掲注(28)248-249頁。

(120)　ただし，小山稔（司会）ほか「（座談会）民事弁護実務は変わるか―民事訴訟改善運動と新民事訴訟法―」判例タイムズ923号（1997年）25頁［井上治典発言，小山発言］は，当事者照会がうまく機能するかどうか多分に疑問である旨を述べていた。

(121)　日本弁護士連合会『新民事訴訟法の運用状況に関する調査報告書―会員宛アンケートによる―』（日本弁護士連合会，1999年）。ただし，現物を入手できなかったため，このアンケートに関する以下の記述は，これを引用する，東京弁護士会民事訴訟問題等特別委員会編著・前掲注(1)14頁［相川＝濱口］，山浦・前掲注(111)57頁以下に多くを負う。

(122)　大阪弁護士会「新訴法の運用に関するアンケート」判例タイムズ1007号（1999

◆ 第 3 章　日本民事訴訟法における当事者照会・訴え提起前の照会とその問題点

ことがあると答えた者は 46 名，使われたことがあると答えた者は 17 名，全くないと答えた者は 135 名とのことである。また，個々の弁護士からも，具体的な事件での当事者照会の経験等から，現行の当事者照会に対する期待が失われている旨の声が聞かれ[123]，かつ，現行法施行後ある程度の年月が経ってからも，この傾向に変化はみられないように思われる[124]。

なお，訴え提起前の照会についても，当事者照会と同様，それほど利用されていないようであるとの指摘がある[125]。

このように，現在のところ当事者照会・訴え提起前の照会の利用状況は極め

年）72 頁以下。
[123]　例えば，中島・前掲注(106)103-106 頁は，中島弁護士自身が薬害ヤコブ病訴訟の原告代理人として，被告国・企業に対して当事者照会を行ったものの，満足な回答が得られなかった，あるいは回答がなかったというエピソードを紹介し，「当事者照会制度を定めた…法 163 条は，制度発足後 1 年余りですでに死文化しつつあるといっても過言ではない」と述べる。また，山浦・前掲注(111)57 頁は，前記の日弁連のアンケートの結果，および，現行法施行後に公刊された論文等でも当事者照会の利用状況につき極めて低調である旨が書かれていることを理由に，「多くの弁護士は当事者照会制度に当初期待したような効果がないので熱意を失っている」と述べる。
[124]　例えば，福田剛久（司会）ほか「（座談会）民事訴訟の新展開（上）」判例タイムズ 1153 号（2004 年）10 頁［鈴木利廣発言］は，建築訴訟で，（消費者が証拠を持っている場合が多いという理由もあるが）当事者照会はほとんど経験がない旨を述べ，同頁［奥宮京子発言］は，普通の訴訟で当事者照会はあまり経験はない旨を述べる。また，高橋宏志（司会）ほか「（座談会）民事訴訟法改正 10 年，そして新たな時代へ」ジュリスト 1317 号（2006 年）28 頁［秋山幹男発言］は，当事者照会は頻繁に使われるものではないように思う旨を述べる。さらに，山本和彦「民事訴訟法 10 年―その成果と課題―」同『民事訴訟法の現代的課題』（有斐閣，2016 年）64 頁（初出 2008 年）も，「当事者照会や提訴予告通知の制度創設は基本的には失敗に終わったものと言ってよ」い旨を論じる。同旨，山浦善樹「当事者照会」伊藤眞＝山本和彦編『民事訴訟法の争点』（有斐閣，2009 年）143 頁。
[125]　北秀昭「提訴予告通知」伊藤＝山本和彦編・前掲注(124)155 頁，畑宏樹「情報の偏在事例における訴訟準備活動―制度的・理論的分析―」法律時報 82 巻 2 号（2010 年）15 頁，高橋・前掲注(32)重点講義民事訴訟法（下）75 頁。増田勝久「訴え提起前の証拠収集制度」法律時報 87 巻 8 号（2015 年）19 頁は，訴え提起前の照会につき，増田弁護士自身の経験も制度制定後 1 件にとどまり，他の弁護士からの聴き取りでも，実際に経験のある弁護士は少数であり，あったとしてもおおむね 1-2 件程度である旨を論じる。

◆第1部◆　当事者主義的民事訴訟運営と当事者照会の実効化

て低調であり，その要因の一つとして，不当な回答拒絶や虚偽回答に対する制裁がない点があることは間違いないといえよう[126]。この点につき，例えば前記の日弁連のアンケート調査で，照会しても効果が期待できないとの回答が27％あったという結果も，具体的な制裁がないから回答が拒否されるのではないか，不誠実な回答に終わるのではないかとの諦めから当事者照会が利用されないことの傍証として挙げられると思われる[127]。

また，訴え提起前の照会の利用状況が低調である理由として，①提訴予告通知・照会後から訴え提起までの予告通知者・被予告通知者間の関係を適切に規律する明確な行為規範がない上，その関係を制御する裁判所の関与もないこと，②被照会者の確かな行為規範たるべき回答義務についても，その懈怠が裁判官の心証に与える影響は弱く，他方，照会者の他目的利用等の濫用的照会を防止する有効な制度的担保がないこと等が挙げられる[128]。

ここで問題となる，不当な回答拒絶・虚偽回答に対する制裁の欠缺という点につき，当事者照会に焦点を当て，いま一度確認すると，現行法の立法過程で

---

[126]　例えば，当事者照会について，山浦・前掲注(124)143頁，笠井＝越山編・前掲注(29)725頁［下村］。

　　他方，加藤新太郎ほか「証拠・データ収集の方法と事実認定」同編『民事事実認定と立証活動（第Ⅰ巻）』（判例タイムズ社，2009年）250頁［山浦善樹発言］（初出2007年）は，当事者照会に制度的な欠陥があるのではなく，欠陥があるといって使わない方が結果としては弁護士にとっていい，使わなくても弁護士のリピーター（依頼者）確保，抱え込みのためには構わないという状態になっているのではないかとの認識も示す。また，奥宮京子「文書提出命令及び当事者照会制度改正に関する民事訴訟法改正要綱中間試案について」自由と正義62巻1号（2011年）22-23頁は，当事者照会がそれほど利用されていないのは，制度に致命的欠陥があるからではなく，①提訴前につき，とりわけ双方に代理人弁護士がいる場合，内容証明郵便等で主張のやり取りをし，その中で事実上，照会と回答を行っていることが多く，また，提訴前の文書送付嘱託や調査嘱託により，証拠として必要不可欠な資料が提出されるようになっていること，②提訴後は，弁論準備手続で主張・証拠の整理が行われ，釈明権の行使と相まって，事案解明のために必要な事実と証拠が提出され，任意での文書提出が行われない場合は，文書提出命令制度が利用されることの二点が影響しているのではないかとの認識を示す。

[127]　山浦・前掲注(111)57-58頁，65頁注(27)。

[128]　北・前掲注(125)155頁，畑・前掲注(125)15頁。

◆ 第3章　日本民事訴訟法における当事者照会・訴え提起前の照会とその問題点

　日弁連が最初に当事者照会の原型たる質問書の制度を提案した段階では，不当な回答拒絶・虚偽回答に対する制裁は，導入するべきものとして念頭に置かれていた。そして，検討事項の段階でも，不当な回答拒絶・虚偽回答に対する制裁を導入する可能性が排除されていた訳ではなかった。しかし，要綱試案の段階で「制裁を伴わない」ことが明記され，不当な回答拒絶・虚偽回答に対する制裁の可能性は完全に排除された。

　前記のように，当事者照会への不当な回答拒絶・虚偽回答に対する制裁の可能性が完全に排除されたことから，その前提となる，照会への回答義務・回答内容に関する当事者間の紛争につき，裁判所がその当否の判断のために関与する可能性[129]も排除された。その後立法過程で弁護士会側が提案した方策は，照会書を当事者間で直接やり取りするのではなく，裁判所を介して相手方に送付する（ただし，裁判所は照会書の内容はチェックしない）というものであった[130]。その狙いは，弁護士の立場からすれば，当事者から直接照会書が来るよりは，裁判所を通じて照会書が来る方が回答しやすい，あるいは，依頼者に対しても回答を説得しやすいというものであり[131]，いわば裁判所の権威を利用した事実上の強制システムである[132]。しかし，裁判所側は，仮にこのような方策を採ると，裁判所の名前で（具体的には，裁判所書記官名で）照会書が送付され，受領した当事者は裁判所のチェックの下に照会書が来たと考えるのではないかと思われるが，そもそも裁判所は照会書の内容はチェックできないし，チェックできないものをそのまま送付し，それが裁判所のやっていることだと理解されるということは受け入れ難い等との理由で，難色を示した[133]。

---

(129)　志知・前掲注(3)236頁は，これを「実質的関与の問題」とする。
(130)　竹下ほか編集代表・前掲注(2)167頁［田原発言］。志知・前掲注(3)236頁は，これを「形式的関与の問題」とする。
(131)　竹下ほか編集代表・前掲注(2)167頁［田原発言］。
(132)　三木浩一「裁判官および弁護士の役割と非制裁型スキーム」同『民事訴訟における手続運営の理論』（有斐閣，2013年）23頁（初出2004年）。
(133)　竹下ほか編集代表・前掲注(2)168-169頁［福田発言］。
　　なお，当事者照会の方法につき，照会事項を事実上裁判所に了知させ，相手方からの回答を確実に得られるように圧力をかけるため，準備書面による照会を認めるべきであるとの見解があったが，現行規則の立案担当者や東京地方裁判所がこのような運用は認

◆第1部◆　当事者主義的民事訴訟運営と当事者照会の実効化

　このような経緯もあり，結局，当事者照会は裁判所の関与が一切ない，従って，不当な回答拒絶・虚偽回答に対する制裁もない制度としてスタートしたものの，前記の通り，利用状況が極めて低調な制度となってしまった。それだけでなく，この制度は弁護士にとって，当事者の代理人として照会を受けた場合の確固たる行為規範を提供しないという点で，極めて問題のある制度となってしまったと評価できる[134]。すなわち，現行の弁護士倫理・弁護士職務基本規程上は，弁護士は依頼者たる当事者に，一方では当事者照会の制度趣旨と回答義務の存在を説明する義務があるが，他方で正当な理由なく照会への回答を拒絶する等しても制裁はないことを説明する義務もあるため，弁護士は矛盾した立場に置かれ，かつ，回答拒絶等を意図する依頼者を説得するための行為規範が提供されないことになってしまう[135]。このように考えると，弁護士にとっては，当事者照会を制裁型スキーム，すなわち，不当な回答拒絶や虚偽回答に対する制裁を伴った制度とすることがむしろ望ましいとも考えられる[136]。実際，弁護士の間でも当事者照会の制裁型スキームへの移行を望む声が少なくないことを窺わせる徴憑として，前記の1999年の日弁連のアンケート調査では，当事者照会で改善を要する点に関する質問項目に対して，回答義務が明文化されていない点を指摘する回答が37.7％，無回答に対する制裁がない点を指摘する回答が38.5％，裁判所の関与がない点を指摘する回答が19.9％あり，また，当事者照会を有効に運用するために日弁連がすべきこととして，無回答に対する制裁の強化の働きかけを求める回答が25.7％あったとのことである[137]。そして，近年の学説でも，当事者照会・訴え提起前の照会における不当な回答拒絶・虚偽回答に対する制裁を設けるべきであるとの議論が出ている[138]。ま

　　めないのが相当である旨の見解を公表したことは，前注(78)で記した通りである。このことからも，裁判所側が一貫して，当事者照会の手続への関与を（照会の内容のチェック・判断，制裁のような実質的な関与から，照会書の送付のみのような形式的な関与に至るまで）拒否していることが窺える。

(134)　三木・前掲注(132)31頁。
(135)　三木・前掲注(132)24頁。
(136)　森脇・前掲注(29)自正43-45頁，三木・前掲注(132)32頁。
(137)　三木・前掲注(132)32頁の引用による。
(138)　例えば，山本和彦「当事者主義的訴訟運営の在り方とその基盤整備について」同・

◆ 第3章　日本民事訴訟法における当事者照会・訴え提起前の照会とその問題点

た，裁判の迅速化に関する法律（いわゆる裁判迅速化法）8条1項に基づく，裁判の迅速化に係る検証の第4回報告書の「施策編」で，提訴前の証拠収集処分があまり利用されていない原因を分析し，必要に応じて制度の見直しを行うこと，当事者照会制度があまり利用されていない原因を分析し，必要があれば改善策を考えることも含めて，検討を進めること，証拠収集手段全般の強化のため，証拠の提出に関する裁判所の指示に従わなかった場合の制裁として，法廷侮辱（contempt of court）のような制裁制度の導入が可能かどうか検討を進めることといった施策が提示されている[139]。そして，近年では，当事者照会

前掲注(124)民事訴訟法の現代的課題93頁，98頁（初出2009年）は，当事者照会への制裁の導入を提唱するところ，照会の対象が通常は照会者に有利な情報で，かつ，当事者の主張立証を準備するための情報であるとすれば，回答義務違反を訴訟の結果に反映させる証拠妨害的な対応は通常困難ではないかと思われ，また，アメリカ合衆国のように義務違反の一事を捉えて当事者を敗訴させるのはあまりにラジカルであり，真実発見を重視する日本では受け入れられ難いであろう点に鑑み，訴訟の結論に関係させない形での制裁，すなわち，照会に応じない場合に裁判所が命令を発令し，その命令の違反に対する制裁を科すという裁判所侮辱的な仕組みの可能性を提唱する（なお，民事訴訟手続での制裁型スキーム全般における裁判所侮辱の導入については，三木・前掲注(132)36-37頁）。高橋・前掲注(32)重点講義民事訴訟法（下）74頁も，当事者照会につき，将来の立法としては裁判所の関与を望むべきであり，そこから制裁も生ずるであろう旨を論じる。

　訴え提起前の照会については，例えば，賀集ほか編・前掲注(38)326頁，331頁〔三木〕は，立法論として，アメリカ合衆国の質問書と同様，訴え提起前の照会を廃止して提訴後の当事者照会に一本化するとともに，受訴裁判所による後見的な審査および不当な回答拒否等に対する制裁を設け，正当性と実効性を担保できる制度に改正すべき旨を論じる。また，畑・前掲注(125)17頁も，訴え提起前の照会につき，制裁型スキームとしての再設計が検討されるべき旨を論じる。

(139)　最高裁判所事務総局『裁判の迅速化に係る検証に関する報告書（施策編）（平成23年7月）』（最高裁判所事務総局，2011年）27-30頁。この第4回報告書で提示された，提訴前の証拠収集処分に関する施策については，山本和彦（司会）ほか「(特別座談会)民事裁判の一層の充実・迅速化に向けて─最高裁迅速化検証報告書を受けて─(2)」ジュリスト1433号（2011年）91-93頁で議論がなされている（なお，高橋宏志ほか「民事訴訟の迅速化に関するシンポジウム（上）」判例タイムズ1366号〔2012年〕17頁，19頁〔三木浩一発言〕は，提訴前の証拠収集手段の拡充という方向性に疑問を呈する）。また，法廷侮辱に関しては，山本和彦（司会）ほか「(特別座談会)民事裁判の一層の

◆第1部◆　当事者主義的民事訴訟運営と当事者照会の実効化

の制裁型スキーム化，すなわち，不当な回答拒絶や虚偽回答に対する制裁の新設に関する提案がなされており，この点については，第2款以降で詳述する。

第2款　日本弁護士連合会による当事者照会改革の提案

日弁連は2008年12月13日，第3回民事裁判シンポジウム「権利救済を拡充するための新しい民事裁判を提言する」を開催し，その中で当事者照会に関する改正提言が示された[140]。この改正提言のポイントは，要件の面に関しては，照会事項に相手方が所持する文書の表示および趣旨を規定すること，主張・立証の準備のために必要な相手方が所持する文書の写しの送付を求めることができること（文書提出除外事由に該当するもの，相手方が写しを送付するのに不相当な費用または時間を要するものを除く）を規定することが挙げられる。それに加え，第1部で問題とする制裁型スキームの導入との関係で重要なポイントは，回答義務を明記し，回答拒絶理由の通知を義務付けること，不当な回答拒絶や回答義務・範囲の争いによる訴訟遅延を防止するため，裁判所が回答を勧告することができる旨を規定すること，不当な回答拒絶に対する訴訟費用の負担を規定することが挙げられている点である[141]。この提言の理由として，当事者照会が実際にはあまり活用されていないが，今後の訴訟件数の増加，とりわけ証拠偏在型の訴訟の増加に対応するためには，当事者照会を活用した訴訟資料の開示と争点整理が必須であることが挙げられている[142]。この改正提言に対して，シンポジウム内でのパネルディスカッションでは，基本的には賛成の方向が示されたが，不当な回答拒絶に対する制裁として訴訟費用の負担が挙げられている点に関しては，わが国では弁護士費用が訴訟費用とされていないため，訴訟費用の負担といっても，実際にはほとんど名目的なものにならざ

　　充実・迅速化に向けて―最高裁迅速化検証報告書を受けて―(3)」ジュリスト1434号（2011年）82-86頁，高橋宏志ほか「民事訴訟の迅速化に関するシンポジウム（下）」判例タイムズ1367号（2012年）13-19頁で議論がなされている。

(140)　日本弁護士連合会第3回民事裁判シンポジウム「パネルディスカッションⅠ　文書提出命令，当事者照会」NBL902号（2009年）66-67頁に，改正提言のポイント，改正条文案が掲載されている。

(141)　日弁連第3回民事裁判シンポジウム・前掲注(140)66頁。

(142)　日弁連第3回民事裁判シンポジウム・前掲注(140)67頁。

◆第3章　日本民事訴訟法における当事者照会・訴え提起前の照会とその問題点

るを得ないとすれば，回答義務違反の制裁として十分機能するとはいえないのではないかとの指摘もあった[143]。

　その後，日弁連の民事裁判手続に関する委員会は，立法提言案をまとめ，2009年8月に各弁護士会および関連委員会等に意見照会を行ったところ，19の弁護士会と14の委員会等から回答があったとのことである[144]。そして，これらの回答を踏まえ，日弁連は2010年1月21日，「文書提出命令及び当事者照会制度改正に関する民事訴訟法改正要綱中間試案」（以下，「日弁連中間試案」と記す）を公表した[145]。日弁連中間試案の提言の理由として，民事訴訟における事実解明に不可欠な証拠・情報を早期かつ広汎に当事者が収集する仕組みが不十分であるために，民事訴訟が事案解明力を十分に発揮できない制度にとどまっており，特に当事者間での証拠・情報の偏在がある場合，あるいはそれらが第三者の下にある場合に，問題が顕著に現れるとの認識の下，民事訴訟をより利用しやすく事案解明力のあるものとするという点が挙げられている[146]。また，日弁連中間試案の当事者照会に関する改正提言の理由としては，当事者照会は当事者主導で迅速に訴訟資料や関連情報を開示し，争点整理を迅速かつ適正に行うことを目指したものであるが，実際には十分活用されているとはいえない状況にあり，また，真摯でない回答などに何ら措置をとれないために，この制度の実効性への疑問や不公平感をもたらしているという認識の下，利用しやすく真実解明力のある民事訴訟の実現のために，証拠開示手続としての当事者照会の実効化の方向での見直しが必要であることが挙げられている[147]。日弁連中間試案の当事者照会に関するポイントのうち，照会事項に相

---

(143)　日弁連第3回民事裁判シンポジウム・前掲注(140)71頁［山本和彦発言］。
(144)　奥宮・前掲注(126)20頁。
(145)　日弁連のウェブサイトより，日弁連中間試案，提言の理由，条文案，新旧対照条文の全文をPDFファイルでダウンロードできる（https：//www.nichibenren.or.jp/library/ja/opinion/report/data/100121_2.pdf）（2018年10月15日閲覧）。また，日弁連中間試案の骨子は，奥宮・前掲注(126)24-25頁にも掲載され，日弁連中間試案の条文案の概要は，新堂・前掲注(28)386-387頁にも掲載されている。以下，日弁連中間試案等についての引用は，前記のPDFファイルの頁数にて行う。
(146)　日弁連中間試案PDFファイル3頁。
(147)　日弁連中間試案PDFファイル15頁。

◆第 1 部◆　当事者主義的民事訴訟運営と当事者照会の実効化

手方が所持する文書の表示および趣旨を明記すること，主張・立証の準備のために必要な相手方が所持する文書の写しの送付を求めることができること（文書提出除外事由に該当するもの，相手方が写しを送付するのに不相当な費用または時間を要するものを除く）を規定すること，回答および文書の送付（以下，「回答等」と記す）の義務を明記し，回答等拒絶理由の通知を義務付けることは，前記の改正提案と基本的に共通している。それに加え，第 1 部で問題とする制裁型スキームの導入との関係で重要なポイントは，正当な理由なく回答等の拒絶がなされた場合や，照会書の送付から一定期間内に回答等がなされない場合に，裁判所が照会者の申立てにより，相手方に回答等を行うよう促すことができる旨を規定すること，裁判所が回答等を促したにもかかわらず，相手方がなお正当な理由なく回答等に応じないときは，裁判所が照会者の申立てにより，相手方を審尋した上で，相当と認めるときは，相手方に対し決定で回答等を行うことを命ずることができる旨を規定すること（この決定に対しては，即時抗告をすることができる），相手方が前記の命令に従わない場合に，裁判所が照会者の申立てにより，決定で過料（20 万円以下）に処することができる旨を規定すること（この決定に対しては，即時抗告をすることができる）が挙げられる。日弁連中間試案の特徴として，照会の相手方が正当な理由なく回答等を拒絶した等の場合に，裁判所による回答等の促しのみにとどまらず，回答等を命じる決定の制度，これに従わない場合の過料の制裁を規定した点，および，これらの制度における相手方の手続保障を規定した点が挙げられる。このうち，過料の制裁については，前記の改正提案で示されていた訴訟費用の負担では実効性に問題がある旨の指摘が多くなされたことを受け，このような規定になったとのことである[148]。

　日弁連は，日弁連中間試案の公表後，さらに会内外からの意見聴取，および，検討を行い，2012 年 2 月 16 日，「文書提出命令及び当事者照会制度改正に関する民事訴訟法改正要綱試案」（以下，「日弁連要綱試案」と記す）[149]を公表し

---

(148)　日弁連中間試案 PDF ファイル 19 頁。
(149)　日弁連のウェブサイトより，日弁連要綱試案，提言の理由，条文案の全文を PDF ファイルでダウンロードできる（https：//www.nichibenren.or.jp/library/ja/opinion/report/data/2012/opinion_120216_4.pdf）（2018 年 10 月 15 日閲覧）。

た。日弁連要綱試案の提言の理由，同試案の当事者照会に関する改正提言の理由は，日弁連中間試案で示されたものとほぼ同旨である。以下，日弁連要綱試案の当事者照会に関係する部分を提示する。

第4　当事者照会制度（民事訴訟法第163条）関係

現民事訴訟法第163条に規定する当事者照会の制度を以下のように改める。

1　相手方が所持する文書の表示及び文書の趣旨が照会事項に含まれることを明記する。

2　照会を行う当事者は，相手方に対し，当該照会事項に関するものであって主張又は立証を準備するために必要な相手方が所持する文書の写しの送付を求めることができるものとする。但し，文書が次のいずれかに該当するときはこの限りではないものとする。

（1）文書提出義務が除外される文書（但し，個人の私生活上の重大な秘密が記載された文書であってその提出により当該個人が社会生活を営むのに著しい支障を生ずるおそれがあるものについては，当該訴訟においてその支障を受忍させることが不当であるかどうかを問わず，その写しの送付を拒絶できるものとする。）

（2）相手方が写しを送付するために不相当な費用又は時間を要する文書

3　照会又は文書の写しの送付請求（以下「照会等」という。）がなされた場合，相手方は速やかに回答又は送付（以下「回答等」という。）を行わなければならないものとする。回答等の全部又は一部を拒絶する場合は，拒絶する旨及び拒絶の理由を書面で通知しなければならないものとする。

4　正当な理由なく回答等の拒絶がなされた場合又は照会書の送付から一定期間内に回答等がなされない場合，裁判所は，照会等を行った当事者の申立てにより，相手方に対し回答等を行うよう促すことができるものとする。

5　裁判所が回答等を促したにもかかわらず，相手方がなお正当な理由なく回答等に応じないときは，裁判所は，照会等を行った当事者の申立てにより，相手方を審尋したうえで，相当と認めるときは，相手方に対し決定で回答等を行うことを命ずることができるものとする。この決定に対しては，即時抗告ができるものとする。

◆第1部◆　当事者主義的民事訴訟運営と当事者照会の実効化

6　5の裁判所の命令に従わないときは，裁判所は，照会等を行った当事者の申立てにより，決定で過料（※筆者注：条文案では20万円以下とされている）に処することができるものとする。この決定に対しては即時抗告ができるものとする。

第3款　民事訴訟法改正研究会による当事者照会の改正提案

日弁連による改正提案の後に公表された当事者照会の改正提案として，民事訴訟法学者・実務家で構成される「民事訴訟法改正研究会」（代表：三木浩一教授）が2012年に公表した民事訴訟法の改正提案がある[150]。この改正提案では，現行民訴法制定時に残された改正課題，外国法上の望ましい制度の導入，外国では否定的な考えが主流である制度の廃止，現行民訴法で導入された制度でうまく機能していない，ないし問題のある制度の改正がテーマとなっており[151]，当事者照会についても制裁型スキーム化が提案されている[152]。

当事者照会に関する改正提案の目的として，民事訴訟に関連する事実や証拠に関わる情報が当事者間で共有されることにより，当事者主導の実効的な争点整理の実現を図ることが挙げられる[153]。この改正提案の要件面に関するポイントとして，「訴訟との関連が明らかに認められない照会」，および，「相手方の私生活上の重大な秘密についての照会」を回答拒絶事由として加える点が挙

---

[150]　三木浩一＝山本和彦編『民事訴訟法の改正課題（ジュリスト増刊）』（有斐閣，2012年）。この改正提案は，第82回日本民事訴訟法学会大会のシンポジウム（2012年5月20日開催。於：京都大学）でもその一部が採り上げられている。三木浩一（司会）ほか「（シンポジウム）民事訴訟法の今後の改正課題」民事訴訟雑誌59号（2013年）145頁以下。

[151]　三木＝山本和彦編・前掲注(150)3頁，三木ほか・前掲注(150)147頁［三木発言］。

[152]　三木＝山本和彦編・前掲注(150)99-104頁。

[153]　三木＝山本和彦編・前掲注(150)101頁。民事訴訟法改正研究会の改正提案では，他にこの目的のために，訴訟に関係する文書に係る情報の相手方当事者への提供を義務付ける早期開示制度（三木＝山本和彦編・前掲注(150)64-72頁，坂田宏「証拠収集手続の改正―文書提出の局面を中心に―」民事訴訟雑誌59号〔2013年〕162-165頁〔三木ほか・前掲注(150)のシンポジウムでの報告］），証言録取制度（三木＝山本和彦編・前掲注(150)132-138頁）を新設する提案がなされている。

◆ 第3章　日本民事訴訟法における当事者照会・訴え提起前の照会とその問題点

げられる(154)。また，第1部で問題とする制裁型スキームの導入との関係で重要なポイントとして，相手方当事者の回答義務を明記すること，回答の全部または一部を拒絶する場合に，回答を拒絶する旨およびその理由の書面での通知を義務付けること，回答の全部または一部につき拒絶がされた場合に，照会を行った当事者または相手方当事者が裁判所に対し，回答拒絶につき回答拒絶事由があるか否かの裁定を求めることができる旨を規定すること，および，回答義務に違反した相手方当事者に対する制裁を設けることが挙げられる(155)。この改正提案での当事者照会の制裁型スキーム化の特徴として，回答拒絶がなされた場合に回答拒絶事由の有無についての裁判所の裁定を設け，かつ，照会当事者のみならず，回答拒絶をなした相手方当事者にも裁定の申立権を認める点(156)，回答拒絶事由の有無に関する裁判所の裁定を端緒として，回答拒絶事由がないにもかかわらずなお回答を拒絶する相手方当事者に対する制裁を認める点(157)，回答拒絶に対する制裁を義務的制裁ではなく，裁判所の裁量によるものとする点(158)，具体的な制裁のメニューとして，裁判所侮辱に対する過料，弁護士費用の全部・一部の負担，真実擬制，審理の現状に基づく請求の認容・棄却または訴えの却下といった種々の制裁を用意することが考えられている点(159)が挙げられる。

　ここまで，日弁連・民事訴訟法改正研究会による，制裁型スキームを導入する形での当事者照会の実効化のための改正提案を概観した。筆者は，当事者照会の実効化を図り，当事者主導による情報等の交換や共有，および，それらを前提とする当事者主導の争点整理を実現するとの観点からは，いずれの提案も基本的に賛成すべき方向性を示していると考える。しかし，当事者照会への不当な回答拒絶・虚偽回答への制裁，および，制裁を科すための手続については，

---

(154)　三木＝山本和彦編・前掲注(150)99頁。提案理由につき，同103頁。
(155)　三木＝山本和彦編・前掲注(150)99頁。
(156)　三木＝山本和彦編・前掲注(150)103頁。
(157)　三木＝山本和彦編・前掲注(150)103頁。
(158)　三木＝山本和彦編・前掲注(150)103頁。
(159)　三木＝山本和彦編・前掲注(150)103-104頁。

さらなる検討を行う必要があると考えられる。

そして，第1章でも論じたように，当事者照会の新設の際に参考にされた，連邦民訴規則における質問書（interrogatories，連邦民訴規則33条）では，これによる情報等の開示を行わない当事者等に対する裁判所の強制命令，および，これに違反した場合の強力，かつ多様な制裁が用意されている（連邦民訴規則37条）。第4章・第5章では，ここまで概観してきた日弁連・民事訴訟法改正研究会の改正提案を尊重しつつ，当事者照会の実効化にとってより望ましい制裁型スキームのあり方を探究するために，連邦民訴規則における質問書，および，強制命令や制裁の制度を検討することにしたい。

◆ 第 4 章 ◆

アメリカ連邦民事訴訟規則における質問書

　わが国の現行民訴法上の当事者照会は，連邦民訴規則上のディスカバリ（discovery）[1]の手続の一つである質問書（interrogatories，連邦民訴規則33条）

---

[1] 連邦民訴規則上のものも含め，ディスカバリ一般に関する邦語文献として，例えば，田中和夫「訴訟資料の相手方よりの取得— discovery の制度を中心として—(1)(2)」法学協会雑誌58巻3号（1940年）307頁，58巻4号（1940年）488頁，同「米國連邦民事訴訟法における開示（discovery）の制度」法曹時報4巻11号（1952年）339頁，住吉博「ヒクマン原則の成立と展開— adversary system の一局面—(1)(2・完)」法学新報73巻1号（1966年）35頁，73巻2・3号（1966年）95頁，霜島甲一「アメリカ合衆国の開示手続—わが国の研究の現状・意義・方法—」法学志林79巻4号（1982年）1頁，高橋一修「アメリカ連邦民事訴訟規則の開示手続とその1970，80，82年改正について(1)」前掲志林13頁，高橋宏志「米国ディスカバリー法序説」法学協会編『法学協会百周年記念論文集第3巻』（有斐閣，1983年）527頁，新堂幸司（司会）ほか「（座談会）アメリカの開示手続と日本への影響」ジュリスト824号（1984年）42頁，伊藤眞「開示手続の理念と意義—民事訴訟法改正への導入をめぐって—（上）（下）」判例タイムズ786号（1992年）6頁，787号（1992年）11頁，古川絵里「米国連邦民事訴訟におけるディスカバリーと司法制裁」国際商事法務21巻12号（1993年）1375頁，林田学「アメリカにおけるディスカバリの改正について」ジュリスト1047号（1994年）111頁，平野晋「アメリカ合衆国連邦民訴規則改訂における強制的開示手続」判例タイムズ835号（1994年）36頁，同「国際民事訴訟とアメリカ合衆国連邦民事訴訟規則の改訂(4)-(10・完)」国際商事法務22巻7号（1994年）741頁，23巻4号（1995年）375頁，24巻4号（1996年）384頁，24巻5号（1996年）507頁，24巻6号（1996年）616頁，24巻7号（1996年）741頁，24巻8号（1996年）851頁，小林秀之『新版・アメリカ民事訴訟法』（弘文堂，1996年）148-178頁，笠井正俊「民事訴訟における争点及び証拠の早期整理とディスクロージャー」法学論叢142巻5・6号（1998年）132頁，同「アメリカの民事訴訟における二〇〇〇年のディスカバリ制度改正をめぐって」新堂幸司先生古稀祝賀『民事訴訟法理論の新たな構築（下巻）』（有斐閣，2001年）1頁，同「ディスカバリと当事者・裁判所の役割」民事訴訟雑誌48号（2002年）236頁，金祥洙「ディスカヴァリーの歴史」名古屋大学法政論集181号（2000年）1頁，山本浩美『アメリカ環境訴訟法』（弘文堂，2002年）213-226頁，リチャード・L・マーカス（三木

◆第 1 部◆　当事者主義的民事訴訟運営と当事者照会の実効化

を参考にして設けられた。連邦民訴規則上のディスカバリは，トライアル（trial，正式事実審理）前に当事者間で事件に関する証拠や情報の共有を図り，争点を明確にすることを主な目的とする。現行の制度では，初期必要的ディスクロージャー（initial required disclosure，連邦民訴規則 26 条）[(2)]により，事件に関する一定の情報につき，当事者は他の当事者からの要求を待つまでもなく当然に開示しなければならない。その上で当事者は，さらに必要な情報・証拠等を得るため，証言録取書（deposition，連邦民訴規則 27-28 条，30-32 条），質

　　浩一訳）「アメリカにおけるディスカヴァリの過去，現在，未来」大村雅彦＝三木編『アメリカ民事訴訟法の理論』（商事法務，2006 年）29 頁，モリソン・フォースター外国法事務弁護士事務所『アメリカの民事訴訟（第 2 版）』（有斐閣，2006 年）65-107 頁，土井悦生＝田邊政裕「米国ディスカバリ手続の法と実務―米国民事訴訟における開示手続―（1）-（6），（9）-（13・完）」国際商事法務 38 巻 1 号（2010 年）50 頁，38 巻 2 号（2010 年）207 頁，38 巻 3 号（2010 年）366 頁，38 巻 4 号（2010 年）497 頁，38 巻 5 号（2010 年）641 頁，38 巻 7 号（2010 年）933 頁，38 巻 12 号（2010 年）1698 頁，39 巻 3 号（2011 年）378 頁，39 巻 5 号（2011 年）707 頁，39 巻 6 号（2011 年）843 頁，39 巻 12 号（2011 年）1790 頁，土井悦生「米国ディスカバリ手続の法と実務―米国民事訴訟における開示手続―（7）（8）」国際商事法務 38 巻 9 号（2010 年）1231 頁，38 巻 10 号（2010 年）1405 頁，土井悦生＝田邊政裕『米国ディスカバリの法と実務』（発明推進協会，2013 年），大村雅彦「アメリカ民事訴訟における事件情報の早期開示の動向」同『比較民事司法研究』（中央大学出版部，2013 年）3 頁（初出 1994 年），同「民事訴訟におけるディスクロージャーについて―連邦民事訴訟規則における開示合理化の改革―」同・前掲比較民事司法研究 34 頁（初出 1995 年），同「新民事訴訟法とアメリカ法―争点整理・証拠収集の比較を中心として―」同・前掲比較民事司法研究 63 頁（初出 1997 年），溜箭将之『英米民事訴訟法』（東京大学出版会，2016 年）149-184 頁，浅香吉幹『アメリカ民事手続法（第 3 版）』（弘文堂，2016 年）81-103 頁等。

(2)　初期必要的ディスクロージャーは，1993 年の連邦民訴規則改正の際に導入され，その範囲等の一部改正を経て，現行の連邦民訴規則にも引き継がれている。この制度に関する邦語文献として，伊藤・前掲注(1)判タ 787 号 17-19 頁，林田・前掲注(1)112-113 頁，平野・前掲注(1)判タ 36 頁以下，小林・前掲注(1)170-176 頁，笠井・前掲注(1)論叢 137-147 頁，同・前掲注(1)新堂古稀 9-23 頁，同・前掲注(1)民訴 236-238 頁，山本浩美・前掲注(1)215-217 頁，土井＝田邊・前掲注(1)際商 38 巻 5 号 641-645 頁，土井＝田邊・前掲注(1)米国ディスカバリの法と実務 66-70 頁，大村・前掲注(1)「アメリカ民事訴訟における事件情報の早期開示の動向」3 頁以下，同・前掲注(1)「民事訴訟におけるディスクロージャーについて」34 頁以下，浅香・前掲注(1)84-85 頁等。

◆ 第 4 章　アメリカ連邦民事訴訟規則における質問書

問書，文書提出・土地立入（production and entry, 連邦民訴規則 34 条），身体・精神検査（physical and mental examination, 連邦民訴規則 35 条），自白要求（request for admission, 連邦民訴規則 36 条）といった手続で，他の当事者や第三者に対し，情報や証拠の開示を要求できる。そして，ディスカバリでの情報・証拠の不開示等に対しては，裁判所の強制命令，および，開示義務の違反に対する様々な制裁が用意されている（連邦民訴規則 37 条）。

　本章では，連邦民訴規則 33 条の質問書を概観する。

　なお，連邦民訴規則については，2015 年 12 月に改正規定が施行されているところ，この改正は，本章・第 5 章で検討する 26 条（ディスカバリの範囲等），33 条（質問書），37 条（ディスカバリへの応答の懈怠等の場合の制裁等）にも関係する。本章では，基本的に 2015 年改正前の規定に基づく論述を行うが，26 条・33 条の改正規定については，関連する部分で簡潔に紹介する[3]。37 条は，特に e ディスカバリ（電子情報〔electronically stored information〕を対象とするディスカバリ）との関係で大幅に改正されたが[4]，33 条の質問書やわが国の当事者照会との関連性という観点から，改正規定の紹介は割愛する。

　今回の連邦民訴規則の改正作業は，合衆国司法会議（Judicial Conference of the United States）に設置された，連邦民事訴訟規則に関する諮問委員会（Advisory Committee on the Federal Rules of Civil Procedure）が 2010 年 5 月にデューク大学ロースクールで，連邦裁判所・州裁判所の裁判官，様々な立場の弁護士，および法学者約 200 名を招待して開催した民事訴訟に関する会議（デューク会議〔Duke Conference〕）に端を発する。このデューク会議は，連邦

---

(3)　なお，連邦民訴規則の 2015 年改正につき，北海道大学大学院法学研究科民事法研究会（2014 年 7 月 18 日開催）における Andrew M. Pardieck 氏（南イリノイ大学ロー・スクール准教授）による報告「アメリカ連邦民事訴訟規則の改正— e ディスカバリのジレンマを解決できるのか—」，および，その際の質疑応答から，有益な情報を得ることができた。この場を借りて，謹んで御礼申し上げる次第である。

(4)　e ディスカバリに関する邦語文献として，例えば，土井・前掲注(1)際商 38 巻 10 号 1407-1412 頁，土井＝田邊・前掲注(1)際商 38 巻 12 号 1698-1705 頁，デジタル・フォレンジック研究会監修/町村泰貴＝小向太郎編著『実践的 e ディスカバリ—米国民事訴訟に備える—』（NTT 出版，2010 年），土井＝田邊・前掲注(1)米国ディスカバリの法と実務 86-99 頁等。

◆第 1 部◆　当事者主義的民事訴訟運営と当事者照会の実効化

裁判所の民事訴訟の状態を吟味し，全ての訴訟につき公正・迅速・廉価な判断という連邦民訴規則 1 条所定の目的を達成するためのよりよい手段を探求することを目的としていた。デューク会議では，連邦裁判所の民事訴訟は十分合理的に機能しており，システムの大規模な再編は必要ないとの結論に至ったが，他方，参加者のほぼ全員が，当事者間の協力，手続の利用における均衡（proportionality），裁判所による早期の事件管理（case management）を促進することにより，民事訴訟の処理（disposition）は改善され得るという点で一致した。このデューク会議での結論を受け，諮問委員会は連邦民訴規則の改正案を作成・可決の上，司法会議の手続規則に関する常任委員会（Standing Committee on Rules of Practice and Procedure）に送付した。常任委員会は改正案を可決の上，司法会議に上程し，司法会議により改正案が合衆国最高裁判所に送付された。そして，合衆国最高裁判所は 2015 年 4 月 29 日，合衆国議会に改正案を送付し，そこで改正案の施行を差し止める立法がなされなかったので，同年 12 月 1 日より自動的に改正規則が施行された[5][6]。

◆第 1 節◆　目　的

ディスカバリの一般的な目的は，合理的かつバランスのとれた真実の発見を促進し，全ての訴訟につき公正，迅速，廉価な判断を確保することであり，質問書もまたこの目的に資する[7]。より正確にいえば，質問書の機能は，不必要な証言録取書を回避し，遅延を最小にし，廉価な方法でトライアルでの争点を狭めることである[8]。質問書は，争点を狭めることで，不意打ちの可能性

---

(5)　連邦民訴規則をはじめ，連邦裁判所規則の制定・改正の手続に関する邦語文献として，例えば，浅香・前掲注(1)16-17 頁。

(6)　合衆国議会に提出された改正案，諮問委員会注解，改正案が諮問委員会から常任委員会に送付される際に付された覚書等の資料は，合衆国裁判所のウェブサイトより PDF ファイルでのダウンロードが可能である（http://www.uscourts.gov/file/document/congress-materials）（2018 年 10 月 15 日閲覧）。本書で改正規定を概観する際には，これらの資料に多くを負う。

(7)　7 *Moore's Federal Practice*，§ 33.03（Matthew Bender 3d ed.）.

(8)　*Id*.

◆ 第4章 アメリカ連邦民事訴訟規則における質問書

を減少させる[9]。また，質問書は各当事者に，他の当事者の請求や抗弁の根拠を判断する機会や，争いになっている事実や争点を描写する機会を提供する[10]。

現行の連邦民訴規則の下では，かつて質問書で求められていた情報は必要的ディスクロージャー（連邦民訴規則26条(a)項）の下で各当事者により開示されなければならないが，質問書は依然，必要的ディスクロージャーに規定されている範囲を超えた追加の情報を得るために用いられ得る[11]。

質問書の使用法として，①当事者がどのような証拠に接しなければならないかにつき知らせることにより，当事者のトライアルの準備を助けること，②トライアルの準備の時間を節約するために，他の当事者から非公式の自白を得ること，③事実や証拠が存在するか，またどこでそれらを得られるかを知ること，④ある特定の会話，通信，または文書の重要性を判断すること，⑤和解またはサマリ・ジャッジメント（summary judgment）による事件の処分を迅速化すること，⑥証言録取書をとられるべき証人を確定すること，証言録取書で問われるべき質問を展開すること，文書提出の要求を申し立てるために文書の存在や所在に関する情報を得ることを含む，他のディスカバリの手段を効果的に用いるために必要な情報を得ること，⑦管轄の問題に関する事実を得ること，⑧出訴期限の抗弁のための日付を判断すること，⑨ある特定の主張の根拠を包含する実際の事実に関する詳細を得ることが挙げられる[12]。

◆ 第2節 ◆ 質問書の利点と難点

質問書は，他のディスカバリの方法と比べて単純・廉価な手段であり得る。当事者にとって利用可能な様々なディスカバリの手段を評価する際，質問書の利点を見出し得，その利点は，①準備や送達が容易・廉価であること―特に，時間・場所の設定やコート・リポータの確保といった入念な事前の準備が求め

---

[9] Id.
[10] Id.
[11] Id.
[12] Id.

られる証言録取書と比べて―，②相手方当事者の主張の基礎となる特定の事実や文書，事実や文書を保有する証人や専門家の身元の確定に役立つこと，③相手方当事者が入手可能な全ての情報を開示させる手段として役立つこと，④複雑な訴訟で当事者の主張を開示させるのに効果的であることである[13]。

　他方で，他のディスカバリの手段と比べた場合の質問書の難点は，①当事者間での利用に限られること―この点は特に，当事者以外の者からの開示を得るために用いられ得る，口頭の尋問または書面での質問による証言録取書との比較において顕著である―，②訴訟上の合意または裁判所の命令がない限り，質問書の質問事項が，個々の小問を含め25個を超えない範囲に限定されること，③回答する当事者の挙措・態度といった主観的な情報を提供しないこと，④前の質問への回答に基づく補足の質問をすることや，質問を受けた当事者が回答の回避を試みた場合の質問の繰り返しを代理人弁護士に認める，口頭の尋問による証言録取書と比べて，柔軟性に欠けること，⑤複雑で，混乱したものであり得る情報を得るためには効果的でないことがあり得ることである[14]。

◆ 第3節 ◆ 質問書に服する者

　当事者は他の当事者に質問書を送付し得，ここでいう質問書に服する当事者は，公法人や私法人・パートナシップ・社団・政府機関を含む，呼出状や訴状に名前を挙げられた全ての人や法主体を含む[15]。また，質問書は原則として，当事者以外の者に送付されてはならず，この点は，類似の制度である書面での質問による証言録取書が当事者以外の者に対しても使用可能であるのとは異なる[16]。

　法人・パートナシップ・社団・その他の事業体は当事者となり得，それ故，質問書に服するが，質問書は，その者自身が当事者となっていない，法人・事業体の中の特定の自然人に宛てられてはならず，法人または事業体それ自体に

---

(13)　7 *Moore's Federal Practice*, § 33.05[1]（Matthew Bender 3d ed.）.
(14)　7 *Moore's Federal Practice*, § 33.05[2]（Matthew Bender 3d ed.）.
(15)　7 *Moore's Federal Practice*, § 33.20[1]（Matthew Bender 3d ed.）.
(16)　*Id.*

宛てて送付されなければならない(17)。

　未成年者や無能力者の訴訟後見人は当事者ではなく，その結果，訴訟後見人は，自身の個人的な資格では質問書への回答を強制され得ない(18)。しかし，訴訟後見人は，当事者である未成年者や無能力者が回答できない場合，当事者に代わり回答を行うことができる(19)。

◆ 第4節 ◆ 質問書における質問数

　裁判所の命令または当事者間での書面による合意がない場合，当事者は他のそれぞれの当事者に対し，個々の小問も含め25問まで質問書を送付することができる（連邦民訴規則33条(a)(1)項）。一部の裁判所は，どのような質問が質問書での1問の質問を構成するかをローカル・ルールで規定している(20)。しかし，連邦民訴規則33条で認められた質問数を裁判所がローカル・ルールで変更することは禁止されている(21)。

　当事者が送付できる質問数の制限は，全ての個々の小問を含む。小問は，複数の質問として数えられるよう個別に番号がふられている必要はない―さもないと，当事者は小問に個々に番号をふるのを省略することにより，簡単に質問数の制限に関する規定を潜脱できることにもなりかねない―(22)。

---

(17) 7 *Moore's Federal Practice*, § 33.20[3][a]（Matthew Bender 3d ed.）; *see also* Holland v. Minneapolis-Honeywell Regulator Co., 28 F.R.D. 595, 595（D.D.C. 1961）（被告企業の社長個人〔※当事者とはなっていない〕宛に送付された質問書につき，質問書は相手方当事者のみに宛てられなければならないとして，異議が認められる旨を判示する）.

(18) 7 *Moore's Federal Practice*, § 33.20[3][c]（Matthew Bender 3d ed.）; *see also* Ju Shu Cheung v. Dulles. 16 F.R.D. 550, 552（D. Mass. 1954）（当事者たる未成年者の父親〔※当事者とはなっていない〕宛に送付された質問書につき，訴訟後見人は当事者ではなく，それ故問書にも服しない旨を判示する）.

(19) 7 *Moore's Federal Practice*, § 33.20[3][c]（Matthew Bender 3d ed.）; *see also* Hall v. Hague. 34 F.R.D. 449, 450（D. Md. 1964）.

(20) 7 *Moore's Federal Practice*, § 33.30[1]（Matthew Bender 3d ed.）.

(21) *Id*.

(22) 7 *Moore's Federal Practice*, § 33.30[2]（Matthew Bender 3d ed.）.

◆第1部◆　当事者主義的民事訴訟運営と当事者照会の実効化

　25問を超える質問書を送付するためには，当事者は裁判所の命令，または相手方当事者からの書面による合意を得なければならない（連邦民訴規則33条(a)項）。裁判所は，追加のディスカバリが連邦民訴規則26条(b)(2)項（証言録取書の数や時間，質問書の数に関する制限を裁判所が命令により変更できるとの規定）と矛盾しない範囲で，当事者が追加の質問書を送付することを認め得る。追加の質問書を送付するために裁判所の許可を要求する目的は，必要なディスカバリを縮減するためではなく，当事者が制限数を超える質問書を送付する前に状況を吟味することを裁判所に認めるためである[23]。

　裁判所は，追加の質問書を送付することについての当事者の要求を評価するにあたり，より多くのディスカバリを行うことについての利益と相手方当事者の負担との衡量の他には，何らかの特定の基準を適用するのではない[24]。裁判所は機械的な基準を適用するのではなく，むしろ，それぞれの要求を事件の文脈の中で吟味する[25]。質問書を送付しようとする当事者は，追加の質問書が当該事件の状況の下で必要であることについての裁判所に対する説得責任を負う[26]。

　裁判所は，トライアル前にスケジューリング・オーダー（連邦民訴規則16条(b)項）を発する際に，追加の質問書の送付の許可を認めることができ[27]，また，プリトライアル・カンファレンス（連邦民訴規則16条）で，追加の質問書

---

(23)　7 *Moore's Federal Practice*, §33.30[3][a]（Matthew Bender 3d ed.）; Fed. R. Civ. P. 33(a) advisory committee's note (1993); *see also* Capacchione v. Charlotte-Mecklenburg Sch., 182 F.R.D. 486, 492 (W.D.N.C. 1998).

(24)　7 *Moore's Federal Practice*, §33.30[3][b]（Matthew Bender 3d ed.）.

(25)　7 *Moore's Federal Practice*, §33.30[3][b]（Matthew Bender 3d ed.）; *see also* Duncan v. Paragon Publ'g, Inc., 204 F.R.D. 127, 128-129 (S.D. Ind. 2001)（25問を超える質問書を送付することの許可を求める原告の申立てを，原告により提案されている質問書が過度に広範で，不当な負担を課し，酷なものであり，かつ，原告が質問書により求めようとしている情報がすでに証言録取書により入手可能であること等を理由として排斥した）.

(26)　7 *Moore's Federal Practice*, §33.30[3][b]（Matthew Bender 3d ed.）; *see, e.g.*, M.D. Fla., Rule 3.03(a).

(27)　7 *Moore's Federal Practice*, §33.30[3][c]（Matthew Bender 3d ed.）; Fed. R. Civ. P. 33(a) advisory committee's note (1993).

の送付の許可を認め得る(28)。

当事者は，質問数が25問を超える質問書を送付するために裁判所の許可を求めるのではなく，当事者間で質問数が25問を超える質問書を送付することにつき合意することもできる（連邦民訴規則33条(a)(1)項）。連邦民訴規則は，この合意が書面でなされることを要求する（連邦民訴規則29条・33条(a)(1)項）。

なお，2015年改正前の連邦民訴規則33条(a)(1)項の第2文は，質問数が25問を超える追加の質問書を送付することについての裁判所の許可は，ディスカバリの頻度や範囲の制限に関する規定である連邦民訴規則26条(b)(2)項と矛盾しない範囲で認められる旨を規定していた。この第2文は，2015年改正規定では「26条(b)(1)項・(2)項と矛盾しない範囲で」追加の質問書に関する裁判所の許可が認められるとの形に改められる。2015年改正規定の諮問委員会注解はこの改正につき，2015年改正後の26条(b)(1)項がディスカバリの一般的な要件として事件における必要性との均衡を規定する点を反映させるためであるとする。

◆ 第5節 ◆ 質問書により入手可能な情報等の範囲

第1款 前提―必要的ディスクロージャー―

現行の連邦民訴規則に基づく訴訟手続で，当事者は他の当事者からのディスカバリの要求を待つことなく，一定の事項につき他の当事者に開示しなければならないという必要的ディスクロージャー（required disclosure，連邦民訴規則26条(a)項）が行われる。この必要的ディスクロージャーの手続は3種類に分類される。

まず，イニシャル・ディスクロージャー（initial disclosure，連邦民訴規則26条(a)(1)項）で，当事者は原則として，(i)開示をなす当事者が請求・抗弁を支持するために用い得る，ディスカバリが可能な情報を有する可能性のある人物の氏名・住所・電話番号（連邦民訴規則26条(a)(1)項(A)(i)），(ii)開示をなす当事者が有し，かつ，請求または抗弁を支持するために用い得る全ての文書の

---

(28) See Fed. R. Civ. P. 26(a) advisory committee's note (1983).

◆第1部◆　当事者主義的民事訴訟運営と当事者照会の実効化

写し等，および，電子情報・有体物（連邦民訴規則26条(a)(1)項(A)(ii)），(iii)開示をなす当事者により主張されている損害額の全ての費目の計算（連邦民訴規則26条(a)(1)項(A)(iii)），(iv)判決の全部または一部の履行，もしくは判決の履行のための費用の補償・償還につき保険会社が責任を負う根拠となる全ての保険契約（連邦民訴規則26条(a)(1)項(A)(iv)）を開示しなければならない。

　また，専門家証言のディスクロージャー（disclosure of expert testimony，連邦民訴規則26条(a)(2)項）で当事者は，トライアルで証言を求める可能性のある専門家証人の身元を開示しなければならない（連邦民訴規則26条(a)(2)項(A)）。また，その専門家証人が証言のために委任を受け，または雇用されている場合，あるいは当事者の被用者として証言の義務を負う場合，(i)証人が証言する予定の全ての意見，および，その根拠，(ii)意見形成の際に考慮された事実やデータ，(iii)意見の要約・支持のために用いられる資料，(iv)過去10年間に著された全ての出版物のリストを含む，証人の適格性に関する情報，(v)過去4年間に証人が専門家としてトライアルまたは証言録取書で証言をした全ての事件のリスト，(vi)その事件での調査・証言のために支払われる報酬についての陳述といった情報を記載した，証人自身により準備・署名された報告書が提出されなければならない（連邦民訴規則26条(a)(2)項(B)）。なお，証人が前記の報告書の提出を要求されない場合，専門家証言のディスクロージャーでは，(i)それにつき証人が証言することが予想される係争事項（subject matter），(ii)それに関して証人が証言すると予想される事実や意見の要約が陳述されなければならない（連邦民訴規則26条(a)(2)項(C)）。

　さらに当事者は，イニシャル・ディスクロージャー，専門家証言のディスクロージャーに加えて，プリトライアル・ディスクロージャー（pretrial disclosure，連邦民訴規則26条(a)(3)項）で原則として，(i)召還する予定の，または召還する可能性のある個々の証人の氏名・住所・電話番号，(ii)証言録取書による証言の提出を予定している証人の氏名（速記がなされていない場合，証言録取書の関連する部分の反訳記録も），(iii)当事者が提出する予定の，また，提出する可能性のある個々の文書またはその他の証拠物の一覧（他の証拠の要約を含む）といった，トライアルで提出する可能性のある証拠に関する情報を他の当事者に提供し，かつ，裁判所に提出しなければならない（連邦民訴規則26条

(a)(3)項(A))。

第2款　質問書により入手可能な情報等の一般的範囲

　必要的ディスクロージャーの対象とならない事項については，当事者からのディスカバリの要求を受けて，他の当事者や第三者から開示がなされる。ディスカバリが許される範囲については，ディスカバリの手続の種類を問わず，連邦民訴規則26条(b)項で規定されている。裁判所の命令による特段の制限がない限り，一般に当事者は全ての当事者の請求（claim）または抗弁（defense）に関連する，秘匿特権の対象とならない全ての事項に関してディスカバリを求めることができる（連邦民訴規則26条(b)(1)項）。

　なお，2015年改正後の連邦民訴規則26条(b)(1)項は，ディスカバリを求められる事項が「訴訟で問題となっている争点の重要性，係争利益の総額，関連する情報への当事者の相対的なアクセス，当事者の資源，争点の解決に際してのディスカバリの重要性，および，要求されるディスカバリの負担や費用がその想定される利益を上回るか否かを考慮して，事件における必要性と均衡している」点を，ディスカバリが認められるための要件として追加した。この要件（ディスカバリを求められる事項とその事件での必要性との均衡）は，2015年改正前の連邦民訴規則26条(b)(2)項(C)(iii)が当事者の申立てまたは裁判所の職権によりディスカバリの頻度や範囲を制限しなければならない場合の要件として規定しているものから，一部の文言等が変更されて，ディスカバリ一般の範囲に関する連邦民訴規則26条(b)(1)項に移されたものである。2015年改正規定の諮問委員会注解はこの改正につき，そもそも連邦民訴規則26条(b)(1)項の1983年改正規定が過剰なディスカバリを制御することを裁判官に勧めるために，ディスカバリの一般的な範囲に関する規定の中で，事件での必要性等を考慮してディスカバリが不当に負担の重い，または費用がかかるものである場合には，裁判所がディスカバリの頻度や範囲を制限しなければならないとしていたにもかかわらず，1993年改正規定でこの均衡に関する部分がディスカバリの制限に関する規定として連邦民訴規則26条(b)(2)項という形で分割され，2015年改正前の連邦民訴規則26条(b)(2)項(C)(iii)に至っていたところ，この均衡に関する要件がディスカバリの制限にのみ関連しディスカバリの範囲一

◆第1部◆　当事者主義的民事訴訟運営と当事者照会の実効化

般とは関係がないように読まれる可能性があるため，この要件を 1983 年改正規定がもともと意図していたように，ディスカバリの一般的な範囲の規定に戻すために改正がなされる旨を論じる。また，2015 年改正後の連邦民訴規則 26 条(b)(1)項では，ディスカバリを求められる事項がその事件での必要性と均衡しているか否かを考慮する際の要素として，2015 年改正前の連邦民訴規則 26 条(b)(2)項(C)(iii)が列挙したものに加えて，「関連する情報への当事者の相対的なアクセス」，「当事者の資源」が新たに加えられた。

　また，2015 年改正前の連邦民訴規則 26 条(b)(1)項は，ディスカバリを求め得る事項につき，「文書またはその他の有体物の存在，表示，性質，管理，状態，および所在，また，ディスカバリが可能なあらゆる事項を知る者の身元や所在を含む」との文言が付されていたが，2015 年改正後の連邦民訴規則 26 条(b)(1)項では，この文言が削除された。2015 年改正規定の諮問委員会注解はその削除の理由につき，これらの事項に関するディスカバリは実際には非常に定着しており，連邦民訴規則 26 条の長文の規定をあえてこのような例示で混乱させる必要はないためである旨を論じる。

　さらに，2015 年改正前の連邦民訴規則 26 条(b)(1)項は，十分な理由（good cause）がある場合，裁判所が当該訴訟に含まれる係争事項（subject matter）に関連する全ての事項についてのディスカバリを命じ得る旨を規定していたが，2015 年改正後の連邦民訴規則 26 条(b)(1)項では，この規定が削除された。ディスカバリが認められる一般的範囲を全ての当事者の請求または抗弁に関連する事項とし，十分な理由がある場合に係争事項に関連する事項についてのディスカバリを認めるとの区別は，2000 年の連邦民訴規則の改正で導入された。2015 年改正規定の諮問委員会注解は，係争事項に関連する事項についてのディスカバリに関する規定がめったに援用されてこなかったこと，および，何が請求または抗弁に関連するかを適切に理解するならば，「全ての当事者の請求または抗弁と関連する，均衡のとれたディスカバリ」で十分対応できることを，改正の理由として論じる。

　連邦民訴規則 33 条(a)(2)項は，連邦民訴規則 26 条(b)項に基づきディスカバリが可能な全ての事項につき質問書により質問することが可能である旨，また，事実または事実への法の適用に関連する意見もしくは主張につき質問して

いるという理由のみでは質問書は異議を述べられない旨を規定する。質問書が必ずしも証拠能力ある証拠を要求している必要はないが，それらは証拠能力ある証拠の発見につながるよう合理的に計画されていなければならない（ディスカバリ一般に関する，連邦民訴規則26条(b)(1)項参照）[29]。

なお，2015年改正前の連邦民訴規則26条(b)(1)項は，ディスカバリが証拠能力ある証拠の発見につながるよう合理的に計画されているのであれば，（ディスカバリが求められている）関連性のある情報は証拠能力あることを要しない旨を規定するところ，この部分は2015年改正後の連邦民訴規則26条(b)(1)項では，ディスカバリの範囲に該当する情報は証拠能力あることを要しない旨の規定に置き換えられる。この改正の趣旨につき，2015年改正規定の諮問委員会注解は，現行規定の「合理的に計画された」との文言がディスカバリの制限のために一部の者によって誤用されてきたため，より直截な表現を採用する旨を論じる。

質問書で他の当事者に質問することが可能な事項の範囲は前記の通りであり，この点から，質問書は一般に次の2種類に分類される[30]。まず，identification interrogatories は，他の当事者に事実に関する情報を要求する質問書であり，関連する文書，有体物，事件に関連する事実についての知識を有する人物の身元を明らかにする[31]。次に，contention interrogatories は，事実または事実への法の適用に関連する意見・主張について質問するものであり（連邦民訴規則33条(a)(2)項）[32]，とりわけ，(1)どのような主張をするか，または，特定の主張をするか否かを陳述すること，(2)主張の根拠となる事実を説明す

---

(29) 7 *Moore's Federal Practice*，§ 33.61（Matthew Bender 3d ed.）.

(30) 以下での分類の際に用いられる"identification interrogatories"，"contention interrogatories"という用語につき，本書ではもともとの英語表記を用いる。なお，連邦民訴規則上の質問書につき論じる邦語文献のうち，土井＝田邊・前掲注(1)際商38巻7号934頁では，これらの用語につきそれぞれ「事実関係質問書」，「主張質問書」との訳がなされ，土井＝田邊・前掲注(1)米国ディスカバリの法と実務72頁では，それぞれ「事実インターロガトリー」，「主張インターロガトリー」との訳がなされる。

(31) 7 *Moore's Federal Practice*，§ 33.02[2][a]（Matthew Bender 3d ed.）.

(32) See generally Johnston & Johnston, *Contention Interrogatories in Federal Court*, 148 F.R.D. 441 (1993).

ること，(3)どのように法を事実に適用するかに関する立場を主張し，または説明すること，(4)主張の法的な，または理論的な理由を提示することを当事者に求めるものである[33]。

第3款　identification interrogatories
1　証人の身元や所在等

identification interrogatories による質問の対象となる事項は，当事者からのディスカバリの要求を待つことなく必要的ディスクロージャーで開示される事項と重複する。まず，当事者がその請求・抗弁を支持するために用い得る，ディスカバリが可能な情報を有する可能性のある人物の氏名等は，イニシャル・ディスクロージャー（連邦民訴規則26条(a)(1)項(A)(i)）の対象である。それに加えて，トライアルで召還する予定の，または召還する可能性のある証人の氏名等，証言録取書による証言を提出する予定の証人の氏名等は，プリトライアル・ディスクロージャー（連邦民訴規則26条(a)(3)項(i)(ii)）の対象である。

しかし，必要的ディスクロージャーの規定により，同様の情報に関するディスカバリの要求が排斥される訳ではなく[34]，それ故当事者は，ディスカバリが可能な事項についての知見を有する人物の身元や所在につき，質問書でさらなる情報を求めることができる[35]。質問書は，とりわけ人身被害や不法死亡の事件で，この種の情報を引き出すのに適している[36]。

2　証言をなす予定の専門家証人の氏名等

専門家証言のディスクロージャーで当事者は，ディスカバリの要求を待つことなく，トライアルで専門家証人としての証言を求める可能性のある人物の身元に関する情報を開示しなければならず（連邦民訴規則26条(a)(2)項(A)），それに加えて，その専門家証人の意見やその根拠，意見形成の際に使用された

---

(33)　7 *Moore's Federal Practice*，§ 33.02[2][b]（Matthew Bender 3d ed.）．

(34)　*See* Fed. R. Civ. P. 26(a) advisory committee's note（2007）; Fed. R. Civ. P. 26(a) advisory committee's note（1993）．

(35)　7 *Moore's Federal Practice*，§ 33.70（Matthew Bender 3d ed.）．

(36)　*Id*．

◆第4章　アメリカ連邦民事訴訟規則における質問書

データ等に関する報告書の提出が求められる場合がある（連邦民訴規則26条(a)(2)項(B)）。

しかし，専門家証言のディスクロージャーにより，同様の情報に関するディスカバリの要求が排斥される訳ではなく[37]，それ故当事者は，トライアルで証言を行う可能性のある専門家証人に関するさらなる情報を質問書で求めることができる[38]。

3　文書，有体物等の存在，所在，表示など

書物，記録，または文書の存在や所在に関する一部の情報，すなわち，当事者がその請求・抗弁を支持するために使用し得る，当事者の所有または支配の下にある全ての文書，電子情報，および有体物の写しもしくは表示は，イニシャル・ディスクロージャーの対象となり（連邦民訴規則26条(a)(1)項(A)(ii)），ディスカバリの要求を待つことなく開示されなければならない。

しかし，イニシャル・ディスクロージャーにより，同様の情報についてのディスカバリの要求が排斥される訳ではなく[39]，それ故，文書，電子情報，有体物の存在・所在等に関する情報は，質問書で求めることができる（連邦民訴規則26条(b)(1)項も参照）[40]。

第4款　contention interrogatories

1　事実，事実への法の適用に関連する他の当事者の意見・主張

質問書では，事実または事実への法の適用に関連する意見・主張につき質問することが許される（連邦民訴規則33条(a)(2)項）。法的な，または事実上の結論・意見を求める質問書は，それが訴訟の迅速化，証拠の導出，争点の縮減といった重要な目的に資する場合に適切であるということは，いくつかの裁判例が指摘する[41]。しかし，そのような質問書は，明確で，わかりやすく，かつ

---

(37) See Fed. R. Civ. P. 26(a) advisory committee's note (2007); Fed. R. Civ. P. 26 (a) advisory committee's note (1993).
(38) 7 *Moore's Federal Practice*, § 33.71 (Matthew Bender 3d ed.).
(39) See Fed. R. Civ. P. 26(a) advisory committee's note (2007); Fed. R. Civ. P. 26 (a) advisory committee's note (1993).
(40) 7 *Moore's Federal Practice*, § 33.72 (Matthew Bender 3d ed.).

事件に適合するように精密に作成されていなければならない[42]。

contention interrogatories の目的は、質問書を送付した当事者に、質問書を送付された当事者の事件に関する理論についてのディスカバリを認めることであるため、そのような質問書を許容する規定の下では不可避的に、法と事実が混合した質問が認められる[43]。例えば、移動住宅の製造業者に対し、生産する住宅が商品となり特定の目的に適合すると考えていたか否か、また、もしそう考えていたのであれば、その主張の事実上の根拠につき質問する質問書は、事実に基づく法理論を質問するものとして適切であるとする裁判例がある[44]。

2 質問書を送付した当事者の知見の範囲内にある事実、両当事者に等しく入手可能な事実

質問書を送付した当事者の知見の範囲内にある情報につき質問書による質問が可能であることは、裁判例で認められている[45]。この種の質問書は、争点

---

(41) 7 *Moore's Federal Practice*, § 33.78 (Matthew Bender 3d ed.); *see, e.g.*, Luey v. Sterling Drug, Inc., 240 F. Supp. 632, 636 (W.D. Mich. 1965) (法的な、または事実に関する結論を要求する質問書への回答は、それが訴訟の迅速化、証拠の導出、争点の縮減といった重要な目的に資する場合には許容される旨を判示する); Alta Health Strategies, Inc. v. Kennedy, 790 F. Supp. 1085, 1100 (D. Utah 1992) (前記の Luey v. Sterling Drug, Inc. を引用の上、回答が訴訟の迅速化、証拠の導出、争点の縮減といった重要な目的に資する場合、法的な、または事実に関する結論を求める質問書に対しては回答がなされなければならない旨を判示する); Jayne H. Lee, Inc. v. Flagstaff Industries Corp., 173 F.R.D. 651, 652 (D. Md. 1997) (適切に作成された contention interrogatories は、相手方当事者の法理論とそれらを支持する主な事実を明確にすることに資する旨を判示する); Frontier-Kemper Contractors, Inc. v. Elk Run Coal Co., Inc., 246 F.R.D. 522, 529 (S.D. W. Va. 2007) (前記の Jayne H. Lee, Inc. v. Flagstaff Industries Corp. を引用の上、contention interrogatories は相手方当事者の法理論とそれらを支持する主な事実を明確にすることに資するため、有益である旨を判示する).

(42) 7 *Moore's Federal Practice*, § 33.78 (Matthew Bender 3d ed.); *see, e.g.*, Roberts v. Heim, 130 F.R.D. 424, 427 (N.D. Cal. 1989) (個々の contention interrogatories は、その範囲と、質問がされる時点での事件の全体的な文脈という点から判断されなければならない旨を判示する).

(43) 7 *Moore's Federal Practice*, § 33.78 (Matthew Bender 3d ed.).

(44) Schaap v. Executive Indus., Inc., 130 F.R.D. 384, 388 (N.D. Ill. 1990).

(45) 7 *Moore's Federal Practice*, § 33.73 (Matthew Bender 3d ed.); *see, e.g.*, S.E.C. v.

◆第4章　アメリカ連邦民事訴訟規則における質問書

を縮減して確定し，また，質問書を送付する当事者に，回答する側の当事者がどのように事実をみているのかという点に関する視点を提供するため，許容される(46)。

また，質問書で求められているのと同じ情報を，質問書を送付した当事者が既に入手している場合（以前のディスカバリの要求に対して既に情報が提供されている場合等）にも，裁判所は個別の事件ごとの判断により，同一の事項につき質問書でさらに情報を求める必要の有無を評価する(47)。例えば，使用者による人種差別に関する事件で，個々の被用者の職務内容証明書（job description）に関する事項が既に証言録取書で回答されていたとしても，使用者にその事項につき質問する質問書への回答を要求した裁判例がある（質問書を送付した当事者が，職務内容証明書に関する「公式の」見解を求めていたことを理由とする）(48)。

3　他の当事者の主張の根拠に関連する事実

質問書では適切に，当事者の特定の主張または主張されている訴訟原因（cause of action）の詳細な事実上の根拠を質問することができ，そのような質問書の適切さは，原告の主張の事実上の根拠や，原告がその主張を支持するために使用することを意図している文書を知ることに係る被告の権利に基づく(49)。

　　Cymaticolor Corp., 106 F.R.D. 545, 549 (S.D.N.Y. 1985)（ディスカバリの目的は，事実を確定することだけではなく，相手方当事者がどのようにその事実を主張するかを確定することでもあるため，ディスカバリを求める当事者が要求する事実を既に知っているということは無関係である旨を判示する）．

(46)　7 *Moore's Federal Practice*, § 33.73 (Matthew Bender 3d ed.); *see, e.g.*, Weiner v. Bache Halsey Stuart, Inc., 76 F.R.D. 624, 625 (S.D. Fla. 1977)（証券訴訟の事案で，原告が計算書を支持する方法が関連性を有するため，被告が自身のファイルの中に原告の計算書に関する情報を有することを理由とする原告からの異議にもかかわらず，被告がその点についての詳細な情報を原告への質問書にて求めることを許容した）．

(47)　7 *Moore's Federal Practice*, § 33.73 (Matthew Bender 3d ed.).

(48)　Hicks v. Arthur, 159 F.R.D. 468, 470 (E.D. Pa. 1995).

(49)　7 *Moore's Federal Practice*, § 33.74 (Matthew Bender 3d ed.); *see, e.g.*, Continental Ill. Nat'l Bank & Trust Co. v. Caton, 136 F.R.D. 682, 684 (D. Kan. 1991)（不法行為訴訟の原告は，訴状中の原告の主張を支持する特定の事実につき尋ね

4　保険の担保範囲

当事者は，ディスカバリの要求を待つことなく，イニシャル・ディスクロージャーで，判決の全部または一部の履行，もしくは判決の履行のための費用の補償・償還につき保険会社が責任を負う根拠となる全ての保険契約につき開示することを要求され，かつ，各当事者は，調査や複写のために責任保険証券を他の当事者が利用可能な状態にしなければならない（連邦民訴規則26条(a)(1)項(A)(iv)）。

しかし，必要的ディスクロージャーの規定により，この種の情報についてのさらなるディスカバリの要求が排斥される訳ではなく[50]，当事者は，保険の担保範囲が事件の争点と関連し，それ故，係属中の訴訟の訴訟物と関連する場合，責任保険の存在と額に関するさらなる質問書を送付することができる[51]。

5　損害賠償に関連する質問

当事者は，ディスカバリの要求を待つことなく，イニシャル・ディスクロージャーで，損害賠償の個々の費目の算定を他の当事者に開示することを要求され，また，被害の性質や範囲に関連する資料を含む，算定の根拠となる文書またはその他の証拠資料を他の当事者に利用可能な状態にしなければならない（連邦民訴規則26条(a)(1)項(A)(iii)。秘匿特権が認められる資料やディスクロージャーから保護される資料は除く）。

　　る被告の質問書への回答を拒絶できない旨を判示する）．

[50]　*See* Fed. R. Civ. P. 26(a) advisory committee's note (2007); Fed. R. Civ. P. 26 (a) advisory committee's note (1993).

[51]　7 *Moore's Federal Practice*, § 33.76 (Matthew Bender 3d ed.); *see, e.g.,* Union Carbide Corp. v. Travelers Indem. Co., 61 F.R.D. 411, 413 (W.D. Pa. 1973)（原告が保険会社2社を共同被告として提起した保険金請求訴訟で共同被告間に保険の担保範囲につき争いがある場合に，保険証券の限度をできるだけ徹底的に検討することが争点となっていたため，共同被告が保険証券に反してなした負担に関する情報を求める他の被告の質問書を認めた）; Jackson v. Kroblin Refrigerated Xpress, Inc, 49 F.R.D. 134, 136 (N.D.W. Va. 1970)（交通事故による人身被害を理由とする損害賠償請求訴訟で，被保険者の行為に関する争点以外の争点が存在し，それに関する判断のために保険の要素についてのディスカバリが必要であるとの理由から，所有権や代理権のような，保険の要素に関する質問書が許容された）．

◆第4章　アメリカ連邦民事訴訟規則における質問書

　しかし，必要的ディスクロージャーの規定により，この種の情報についてのさらなるディスカバリの要求が排斥される訳ではない(52)。それ故，質問が損害賠償と関連する限り，原告が被告の正味の資産につき質問する質問書を送付することは適切である旨を判示する裁判例がある(53)。そのような場合，質問は必ずしも厳密に作成される必要はないが，それが損害賠償に関連する情報の発見につながるよう合理的に計画されているならば，たいてい許容される(54)。故に，例えば，連邦地方裁判所の裁判例で，懲罰的損害賠償に関する判断のために被告の財務状況につき質問する質問書を許容したものがある(55)。

6　contention interrogatories として許容されない場合—純粋に法的な事項に関する質問—

　質問書は，純粋に法的な事項に関する質問を提示してはならず(56)，それは具体的には，「事件の事実に関連しない法的な争点」に関する質問を指す(57)。

---

(52)　*See* Fed. R. Civ. P. 26(a) advisory committee's note (2007); Fed. R. Civ. P. 26(a) advisory committee's note (1993).

(53)　7 *Moore's Federal Practice*, §33.77 (Matthew Bender 3d ed.); *see, e.g.*, CHH, Inc. v. FV Seafarer, 148 F.R.D. 469, 471 (D.R.I.), *aff'd*, 153 F.R.D. 491 (1993) (被告の底引き網の操業により原告の漁業関係の設備が破壊されたことを理由とする損害賠償請求訴訟で，原告が被告の全体的な財務状況につきディスカバリを認められなかったが，懲罰的損害賠償の目的のために被告の正味の資産についてのディスカバリを行うことが認められた).

(54)　7 *Moore's Federal Practice*, §33.77 (Matthew Bender 3d ed.).

(55)　7 *Moore's Federal Practice*, §33.77 (Matthew Bender 3d ed.); *see, e.g.*, Wauchop v. Domino's Pizza, Inc., 138 F.R.D. 539, 550 (N.D. Ind. 1991) (宅配ピザチェーンのフランチャイジーのドライバーによって引き起こされた交通事故の被害者遺族が，当該チェーンを被告としてその方針〔30分以内での配達の保証〕を問題として提起した人身被害訴訟で，懲罰的損害賠償に関する判断のために，被告の授権済・発行済の株式とその券面額，総売上，および総収益に関する情報を求める原告からの質問書が許容された).

(56)　7 *Moore's Federal Practice*, §33.79 (Matthew Bender 3d ed.); Fed. R. Civ. P. 33(b) advisory committee's note (1970).

(57)　*Id*.

◆第1部◆　当事者主義的民事訴訟運営と当事者照会の実効化

第5款　質問書に対する制限
1　秘匿特権

　質問書をはじめ，一般にディスカバリの手続で，秘匿特権の対象となる事項の開示を求めてはならない（連邦民訴規則26条(b)(1)項）。故に，質問されている事項が秘匿特権に係る事項であることは，質問書に対する有効な異議事由となる(58)（質問書に対する異議については，第8節で論じる）。秘匿特権には様々な種類のものがあり，まず，憲法上認められたものとして，自己負罪拒否特権（privilege against self-incrimination）があり（合衆国憲法第5修正），また，伝統的にコモン・ロー上認められてきたものとして，弁護士－依頼者間の秘匿特権，医師－患者間の秘匿特権，聖職者－信者間の秘匿特権等がある(59)。

　秘匿特権の主要なものである弁護士－依頼者間の秘匿特権につき若干補足すると，この秘匿特権は弁護士と依頼者との間のコミュニケーションのみを保護するものであり，事実には及ばない(60)。また，質問書がもっぱら当事者の代理人弁護士からのみ入手された事実または情報（これらは秘匿特権の問題を生じさせ得る）ではなく，当事者の知識の範囲内での情報・事実を要求している限り，当事者は質問書への回答を強制される(61)。

2　ワーク・プロダクト

　ワーク・プロダクト（work product）の法理は，当事者やその代理人弁護士

---

(58)　7 *Moore's Federal Practice*, § 33.62[1]（Matthew Bender 3d ed.）.

(59)　ディスカバリ一般における開示除外事由としての秘匿特権に言及する邦語文献として，例えば，山本浩美・前掲注(1)214頁，モリソン・フォースター外国法事務弁護士事務所・前掲注(1)73-76頁，浅香・前掲注(1)88-92頁等。

(60)　7 *Moore's Federal Practice*, § 33.62[1]（Matthew Bender 3d ed.）; *see, e.g.,* Hoffman v. United Telecomms., Inc., 117 F.R.D. 436, 439 (D. Kan. 1987)（雇用差別訴訟の事案で，原告による質問書が被告のコンピュータ・ファイルに関する事実のみを求めている場合に，被告による弁護士－依頼者間の秘匿特権の主張を排斥した）.

(61)　7 *Moore's Federal Practice*, § 33.62[1]（Matthew Bender 3d ed.）; *see, e.g.,* In re Shopping Carts Antitrust Litig., 95 F.R.D. 299, 306 (S.D.N.Y. 1982)（ショッピングカートの製造業者による価格協定を理由とする反トラスト法関連の民事訴訟で，被告による弁護士－依頼者間の秘匿特権の包括的な主張が不適切であり，それ故被告は，原告による質問書が代理人弁護士からのみ得られた事実または情報を要求していない限り，回答を拒絶できない旨を判示する）.

◆ 第4章 アメリカ連邦民事訴訟規則における質問書

等が訴訟のために準備した文書や有体物等を他の当事者からのディスカバリの要求から保護するものであり，当事者が自ら訴訟のための準備を行うことなく，他の当事者が勤勉に準備した資料等に「ただ乗り」することを防ぐことを主眼とする[62]。この法理は，もともと判例[63]で発展したものが後に連邦民訴規則にて明文化されたものであり，現行の連邦民訴規則では26条(b)(3)項に規定されている。

ワーク・プロダクトは，さらに2種類に分類される。第一の類型は，ノンオピニオン・ワーク・プロダクト (non-opinion work product)，すなわち，当事者またはその代理人弁護士により，もしくはそれらの者のために，訴訟を予期して，またはトライアルのために準備された文書や有体物であり，これらの資料はディスカバリから保護される（連邦民訴規則26条(b)(3)項(A)）。ただし，(1)それらの資料についての重大な必要性があること，(2)不当な困難なしには，他の手段によりそれらの資料を入手することができないことを当事者が証明した場合には，ノンオピニオン・ワーク・プロダクトについてのディスカバリが認められる（連邦民訴規則26条(b)(3)項(A)(ii)）。

第二の類型は，オピニオン・ワーク・プロダクト (opinion work product) であり，訴訟に関連する代理人弁護士やその他の代理人の心理的な印象，結論，意見，または法理論を指す（連邦民訴規則26条(b)(3)項(B)）。オピニオン・ワーク・プロダクトは，ノンオピニオン・ワーク・プロダクトと異なり，資料の必要性や資料入手の際の不当な困難の存在・不存在にかかわらず，無条件にディスカバリから保護される（連邦民訴規則26条(b)(3)項(B)）。

3　証人とならない専門家の知る事実，意見

訴訟を予期して，またはトライアルの準備のために他の当事者の委任を受け，

---

(62)　ワーク・プロダクトの法理に言及する邦語文献として，例えば，山本浩美・前掲注(1)214頁，モリソン・フォースター外国法事務弁護士事務所・前掲注(1)76-77頁，浅香・前掲注(1)92-94頁等。

(63)　Hickman v. Taylor, 329 U.S. 495, 512, 67 S. Ct. 385, 91 L. Ed. 451 (1947). Hickman判決を検討する邦語文献として，例えば，住吉・前掲注(1)新報73巻1号62-70頁，73巻2・3号95頁以下，高橋宏志・前掲注(1)539-541頁，小林・前掲注(1)151頁等。

あるいは雇用されており，かつ，トライアルで証言する予定のない専門家の知る事実，またはそれらの専門家の保持する意見は，質問書（および証言録取書）による開示の対象とはならない（連邦民訴規則26条(b)(4)項(D)）。ただし，連邦民訴規則35条（身体・精神検査に関する規定）に規定されている場合，および，他の手段により同様の事項に関する事実・意見を入手することが不可能であるという例外的な事情を当事者が証明した場合には，これらの事項についてのディスカバリが認められる（連邦民訴規則26条(b)(4)項(D)(i)(ii)）。

4　企業秘密，内密の情報

当事者は，ディスカバリを制限し，または禁止する保護命令（protective order）を裁判所に申し立てることにより，企業秘密や内密の企業情報を質問書による開示から保護することができる（連邦民訴規則26条(c)(1)項(G)。保護命令については，第9節で論じる）。もっとも，この種の情報を求める質問書は当該訴訟の争点と密接に関連する情報を求めるものであるため，裁判所が回答義務を完全に否定することを躊躇することがある[64]。それ故，裁判所がディスカバリを制限する保護命令を認めることにより，問題の情報を広く一般に開示することから保護しつつ，質問書を送付した当事者に必要な情報を提供することを認めることがあり得る。例えば，石膏製断熱材の製法に関連する内密の情報を要求する原告の質問書に対して，裁判所が，製法を含む質問書への回答につきただ1組のみの写しを準備し秘密裡に原告の代理人弁護士に迅速に提出すること，回答をどのような方法であれ原告本人あるいはその他の何人にも開示してはならないこと，および，回答は原告の代理人弁護士によってのみ，かつ，当該訴訟の促進にとって重要な意義を持ち，訴訟の促進に資する場合にのみ用いられなければならないことを命じた裁判例がある[65]。

◆ 第6節 ◆ 質問書を送付可能な時期等

当事者は，連邦民訴規則26条(f)項所定の要件に従い協議を行う以前に，質

---

(64)　7 *Moore's Federal Practice*，§ 33.62[4]（Matthew Bender 3d ed.）.
(65)　Stillman v. Vassileff, 100 F.R.D. 467, 468（S.D.N.Y. 1984）.

◆第4章　アメリカ連邦民事訴訟規則における質問書

問書を含むディスカバリ一般を他の当事者その他の情報源に要求してはならない（連邦民訴規則26条(d)(1)項。連邦民訴規則26条(a)(1)項(B)に基づきイニシャル・ディスクロージャーを免除される場合，特段の合意または裁判所の命令がある場合を除く）。連邦民訴規則26条(f)項は，当事者ができるだけ早期に，かつ，少なくともスケジューリング・カンファレンス（scheduling conference）が行われるか連邦民訴規則16条(b)項に基づくスケジューリング・オーダー（scheduling order）がなされる21日前までに，請求および抗弁の性質，迅速な和解の可能性，連邦民訴規則26条(a)(1)項所定のイニシャル・ディスクロージャーの実施または準備等につき協議し，ディスカバリ・プランの案を提出しなければならない旨を規定する（ディスカバリ・カンファレンス〔discovery conference〕）。しかし，ディスカバリ・カンファレンスの実施の要求に従えば，全ての当事者は裁判所の許可を求めることなく質問書を送付することができる。また，それぞれのディスカバリの方法は任意の順序で用いることが可能であり，それ故，当事者や証人の便宜のために，または司法の利益の点から裁判所が特に命令する場合を除き，全ての当事者は他のディスカバリの方法が用いられる前後を問わず質問書を送付することができる（連邦民訴規則26条(d)(2)項(A)）。当事者が他の形態のディスカバリの途中であるという事実により，他の当事者のディスカバリが遅延させられることはない（連邦民訴規則26条(d)(2)項(B)）。

　質問書のうち，証人の身元や，文書またはその他の有体物の所在等を質問する identification interrogatories は，訴訟の早期の段階で送付され得る[66]。それに対して，事実や事実への法の適用に関連する意見・主張に関する質問を含む contention interrogatories が訴訟の早期の段階で送付された場合，裁判所は，指定されたディスカバリが完了するまで，またはプリトライアル・カンファレンスやその他のより後の時点までそれらへの回答を延期することを命じ得る（連邦民訴規則33条(a)(2)項）。

　contention interrogatories を送付する適切な時期につき，数多くの裁判所によって精密な吟味がなされている[67]。contention interrogatories を早期に送

---

[66] 7 *Moore's Federal Practice*, §33.41[3]（Matthew Bender 3d ed.）; Fischer & Porter Co. v. Tolson, 143 F.R.D. 93, 95（E.D. Pa. 1992）（証人の身元，文書やその他の有形物証拠の同一性を求める質問書は，任意の時点で提出され得るとする）。

◆ 第1部 ◆　当事者主義的民事訴訟運営と当事者照会の実効化

付されることに対する異議の際に述べられる主な異議事由は，質問書を送付された当事者が十分な文書または証言のディスカバリを行う時間がなく，それ故回答のための十分な情報を収集することが不可能であるというものである[68]。さらに，もし訴訟中のあまりにも早期の段階で contention interrogatories への回答を強制されるなら，当事者は事件に関する仮定的かつ不完全な理論を提示するよう要求されることになり得る[69]。裁判所は，contention interrogatories への回答を延期させる権限を有し（連邦民訴規則33条(a)(2)項），その理由として，contention interrogatories はたいてい法と事実が混合した質問を含み，しばしばさらなるディスカバリが完了した後で解決され得るような当事者間の紛争を誘発するということが挙げられる[70]。連邦地方裁判所の裁判例で示唆されているように，通常の実務では，早期の回答がディスカバリの目的に資する旨を質問書を送付した当事者が証明しない限り，裁判所が contention interrogatories への回答をディスカバリの後の段階まで延期させる[71]。

なお，現行の連邦民訴規則では，当事者が質問書をはじめとするディスカバリの手段を，連邦民訴規則26条(a)項の必要的ディスクロージャーの対象となる事項に関連するさらなる情報を入手するために利用することが予定されてい

---

(67)　See Johnston & Johnston, *supra* note 32, at 445 n.30（contention interrogatories の送付の時期につき論じる裁判例を列挙する）.

(68)　7 *Moore's Federal Practice*, § 33.41 [4]（Matthew Bender 3d ed.）; Fischer & Porter Co. v. Tolson, 143 F.R.D. 93, 95（E.D. Pa. 1992）（証券取引法違反に関する訴訟で，contention interrogatories が時期尚早であり，回答する側の当事者は回答を延期できる旨を判示する）.

(69)　7 *Moore's Federal Practice*, § 33.41[4]（Matthew Bender 3d ed.）; Storie v. United States, 793 F. Supp. 221, 142 F.R.D. 317, 319（E.D. Mo. 1992）（人身被害に関する訴訟での，被告の過失の性質を詳細に説明することを原告に求める contention interrogatories は，訴訟に関する理論の詳細な分析を原告に要求するため，時期尚早である旨を判示する）.

(70)　See Fed. R. Civ. P. 33(b) advisory committee's note（1970）.

(71)　7 *Moore's Federal Practice*, § 33.41 [4]（Matthew Bender 3d ed.）; *see, e.g.*, B. Braun Med., Inc. v. Abbott Lab., 155 F.R.D. 525, 527（E.D. Pa, 1994）（特許権侵害に関する訴訟で，contention interrogatories への早期の回答がディスカバリに資することに関する証明責任を原告が尽くしていない旨を判示する）.

る(72)。そのため，ディスクロージャーが相当となる時点よりも前に同じ情報を求める質問書を送付することにより当事者が必要的ディスクロージャーに先んじようとしている場合，連邦民訴規則によるとを裁判所の命令によるとを問わず，質問書は時期尚早であるとして却下される可能性がある(73)。

◆ 第7節 ◆ 質問書への回答

第1款 回答の義務と様式

質問書を送付された当事者は，個々の質問に対して回答するか，または異議を述べなければならない（連邦民訴規則33条(b)(2)項。質問書に対する異議については，第8節で論じる）。質問書を送付された当事者がその質問書全体，またはその中の一部の質問に対して異議を述べる場合，異議事由を述べなければならず，かつ，異議の対象とならない質問については，全て回答の義務が課される(74)。なお，質問書を送付された当事者には，質問への回答，異議を述べることに加えて，保護命令を申し立てるという選択肢も認められる（連邦民訴規則26条(c)項。保護命令については，第9節で論じる）。

質問書を送付された当事者は，個々の質問に対し，個別に，完全に，かつ書面で回答しなければならず，かつ，回答は宣誓の下で確証されていなければならないので（連邦民訴規則33条(b)(3)項），回答は真実でなければならず(75)，さもなければ制裁が科される。

第2款 回答によって情報を提供する義務

質問書を送付された当事者は質問に回答する際，入手可能な全ての情報を提供する積極的な義務を負うが，他方，新たな情報を探し出す義務までは負わない(76)。

---

(72) *See* Fed. R. Civ. P. 26(a) advisory committee's note (1993).
(73) 7 *Moore's Federal Practice*, § 33.41[6] (Matthew Bender 3d ed.).
(74) *See* Fed. R. Civ. P. 33(b) advisory committee's note (1993).
(75) 7 *Moore's Federal Practice*, § 33.101 (Matthew Bender 3d ed.).
(76) 7 *Moore's Federal Practice*, § 33.102[1] (Matthew Bender 3d ed.); Trane Co. v.

◆第1部◆　当事者主義的民事訴訟運営と当事者照会の実効化

　質問書を送付された当事者が団体である場合，当該団体はその役員・従業員・元従業員により保有されている情報についても提供する義務を負う[77]。また，質問書を送付された親会社はそのコントロール下にある従属会社の保有する情報をも提供しなければならない旨を判示する裁判例がある[78]。

　なお，当事者が知見や情報を有しないために質問に対する回答ができない場合，単に回答を拒絶することは許されず，回答中で情報の提供が不可能である旨を述べた上で，保有する限りの情報を提供し，かつ，残余の情報を入手するために特に尽力したことにつき述べなければならないとされる[79]。

第3款　回答を行う者

　個人である当事者に送付された質問書に対しては，その個人自らが宣誓の下で回答し，署名による確証をしなければならない（連邦民訴規則33条(b)(3)項・(5)項）。特に複雑な質問，または意見や主張を求める質問への回答の準備に際して，個人の当事者がしばしば代理人弁護士の援助を受けていることは自明であるが，代理人弁護士のみが回答に署名し確証することは不適切であり，許容されない[80]。もっとも，代理人弁護士は依頼者たる当事者本人とともに回答に署名して確証しなければならず（連邦民訴規則26条(g)(1)項），また，質問に対する異議を作成した代理人弁護士は全ての異議に署名しなければならな

　　Klutznick, 87 F.R.D. 473, 476（W.D. Wis. 1980）（当事者は新たな情報を探し出す義務は負わないとはいえ，当事者が入手可能な全ての情報を提供する義務を負うことについては争いがない旨を判示する）．

(77)　7 *Moore's Federal Practice*, §33.102[2]（Matthew Bender 3d ed.）．

(78)　Transcontinental Fertilizer Co. v. Samsung Co., 108 F.R.D. 650, 652-653（E.D. Pa. 1985）．

(79)　7 *Moore's Federal Practice*, §33.102[3]（Matthew Bender 3d ed.）; Hansel v. Shell Oil Corp., 169 F.R.D. 303, 305-306（E.D. Pa. 1996）．

(80)　7 *Moore's Federal Practice*, §33.104[1]（Matthew Bender 3d ed.）; McDougall v. Dunn, 468 F.2d 468, 472（4th Cir. 1972）（たとえ被告がミシガン州に居住していて，ノース・カロライナ州にいる代理人弁護士に直ちにアクセスすることが不可能であるとしても，代理人弁護士のみが被告に代わって回答に署名して確証することはできない旨を判示する）．

◆第 4 章　アメリカ連邦民事訴訟規則における質問書

い（連邦民訴規則 33 条(b)(5)項）。

　質問書を送付された者が会社・パートナシップ・社団である場合，回答はその役員または代理人により署名されなければならず，かつ，当該団体が入手可能な全ての情報を提供する義務を負う（連邦民訴規則 33 条(b)(1)項(B)）。この場合，役員・代理人は回答中の情報に関する直接の知見なしに，自身の知見・情報・確信に基づき回答に署名し，確証することができる[81]が，他方で，回答が正確であることを保証できなければならない[82]。質問書が会社・パートナシップ・社団に送付された場合，当該団体は質問書への回答のために自身の役員または代理人を指定する権限を認められ[83]，その役員または代理人は当該団体の弁護士でもよい[84]（ここで指定された代理人は，外部の弁護士でもよく，社内弁護士により回答が用意されなければならない訳ではない[85]）。また，政府機関に送付された質問書は，政府の公務員または代理人により回答される（連邦民訴規則 33 条(b)(1)項(B)）。

　質問書への回答には，回答をした当事者による署名・確証に加えて，記録上現れた少なくとも 1 名の代理人弁護士が署名し，また，当該代理人弁護士の住所，e メールアドレス，電話番号を記載しなければならない（連邦民訴規則 26 条(g)(1)項。弁護士に代理されていない当事者は，自身で回答に署名し，自身の住

---

[81]　7 *Moore's Federal Practice*，§ 33.104[2]（Matthew Bender 3d ed.）; *see, e.g.*, United States v. 42 Jars, 264 F.2d 666, 670（3d Cir. 1959）（会社のために質問書に回答する代理人が個人的な知見を有している必要はない旨を判示する）; Law v. NCAA, 167 F.R.D. 464, 476（D. Kan. 1996）（法人格のない社団〔unincorporated association〕が質問書に回答する際にその役員や代理人により回答するとはいえ，その回答は，役員や代理人が事実に関する個人的な知見を有しているか否かに関係なく，当事者の「複合した知見」を述べていなければならない旨を判示する）．

[82]　7 *Moore's Federal Practice*，§ 33.104[2]（Matthew Bender 3d ed.）．

[83]　7 *Moore's Federal Practice*，§ 33.104[3]（Matthew Bender 3d ed.）．

[84]　7 *Moore's Federal Practice*，§ 33.104[3]（Matthew Bender 3d ed.）; Rea v. Wichita Mortgage Corp., 747 F.2d 567, 574 n.6（10th Cir. 1984）（被告会社の弁護士により宣誓された回答は，連邦民訴規則 33 条の下で許容される旨を判示する）．

[85]　7 *Moore's Federal Practice*，§ 33.104[3]（Matthew Bender 3d ed.）; Shire Labs., Inc. v. Barr Labs., Inc., 236 F.R.D. 225, 227（S.D.N.Y. 2006）（原告会社のために回答をなす「代理人」は，社内弁護士のみならず，外部の弁護士も含む旨を判示する）．

所，eメールアドレス，電話番号を記載しなければならない）。この署名は，回答が，(i)連邦民訴規則に適合し，かつ，現行法，または現行法の拡張・修正・破棄，新たな法の定立のための採るに値しないものではない（nonfrivolous）議論により支持されていること，(ii)嫌がらせ，不必要な遅延の惹起，訴訟費用の不必要な増加のような，不適切な目的のためになされるものではないこと，(iii)当該事件での必要性，当該事件で既に行われたディスカバリ，係争金額，および当該訴訟で問題となっている争点の重要性を考慮して，不合理なものではなく，不当に負担の重い，または費用が過大なものでもないことを確証する（連邦民訴規則26条(g)(1)項(B)）。署名による確証が十分な正当事由なく前記の規定に違反している場合，裁判所は署名者，当事者本人，またはその両者に適切な制裁を科さなければならず，この制裁には弁護士費用を含む，違反によって生じた合理的な費用の償還が含まれ得る（連邦民訴規則26条(g)(3)項）。

第4款　業務記録の提出

　質問書に対する回答が，質問書を送付された当事者の業務記録（電子情報を含む）から得られる場合，その当事者は回答をなす代わりに，質問書を送付した当事者に記録の識別を許すための詳細な説明を付した上で，その中から回答が引き出され確認され得る記録を特定し，質問書を送付した当事者に記録の吟味，検査，閲覧，また，コピーや編集物，要約，もしくは一覧の作成のための合理的な機会を提供することができる（連邦民訴規則33条(d)項）。この選択肢の目的は，質問書を送付された当事者に自身の業務記録についての厄介な，または不経済な調査を要求する代わりに，質問書を送付した当事者の側に業務記録の調査の負担を負わせることである[86]。しかし，この選択肢を利用できるのは，回答を得るための負担が質問書を送付した当事者にとって質問書を送付

---

(86)　7 *Moore's Federal Practice*，§ 33.105[1]（Matthew Bender 3d ed.）; Fed. R. Civ. P. 33(c) advisory committee's note (1970); *see, e.g.*, SEC v. Elfindepan, S.A., 206 F.R.D. 574, 577 (M.D.N.C. 2002)（連邦民訴規則33条(d)項は，質問書が広範な質問をなしており，身元，分量，データ，そしてテストの結果といったような事実を確認するために大量の文書が調べられなければならない場合に用いられることを意図されている旨を判示する）．

◆第4章　アメリカ連邦民事訴訟規則における質問書

された当事者と実質的に等しい場合に限られる（連邦民訴規則33条(d)項）。従って，質問書を送付した当事者が質問書を送付された当事者よりも負担を負う場合，質問書を送付された当事者はこの選択肢を利用できず，その代わりに情報自体を入手し質問書に回答しなければならない[87]。

　質問書を送付した当事者が，相手方による連邦民訴規則33条(d)項の援用が不適切である旨を主張する場合，回答を強制する申立てができる（連邦民訴規則37条(a)項。この規定によるディスカバリの強制命令については，第5章で論じる）。この申立てが認容されるために，質問書を送付した当事者は，情報が業務記録からは完全には得られないため，または業務記録から情報を得ることがあまりにも困難であるため，相手方の連邦民訴規則33条(d)項の援用が不適切であることにつき一応の証明（prima facie showing）をしなければならない[88]。この一応の証明により，質問書への直接の回答に代えて業務記録を提出することを正当化する責任が相手方に移転し，相手方はこの責任を充たすために，①業務記録を吟味することにより現実に質問書への回答が明らかになることを証明すること，②質問書を送付した当事者に業務記録を吟味する負担を移転することを正当化することという二要件を充足しなければならない[89]。

---

(87) 7 *Moore's Federal Practice*, § 33.105[1]（Matthew Bender 3d ed.）; *see, e.g.*, Sadofsky v. Fiesta Products, LLC, 252 F.R.D. 143, 148（E.D.N.Y. 2008）（連邦民訴規則33条(d)項は，業務記録を提出する当事者とそれを吟味する当事者のそれぞれの負担が均等であることを要求し，また，質問書を送付した当事者が回答に相当する文書を探し出し特定できるように十分詳細に特定がされていることを要求している旨を判示する）; Al Barnett & Son, Inc. v. Outboard Marine Corp., 611 F.2d 32, 35（3d Cir. 1979）（記録が手書きで，判読が困難であり，かつ，質問書を送付された当事者が自身の簿記の方法についてより精通しているため，情報を引き出す負担が質問書を送付した当事者にとってより多大であると判断される場合，質問書を送付された当事者はこの規定を援用できず，質問書に回答しなければならない旨を判示する）.

(88) 7 *Moore's Federal Practice*, § 33.105[1]（Matthew Bender 3d ed.）; *see, e.g.*, Sadofsky v. Fiesta Products, LLC, 252 F.R.D. 143, 148（E.D.N.Y. 2008）（質問書を送付した当事者が，情報が業務記録中からは完全には得られないか，または情報を業務記録から引き出すことがあまりにも困難であるため，相手方による連邦民訴規則33条(d)項の援用が不適切であることにつき一応の証明をしなければならない旨を判示する）.

◆第1部◆　当事者主義的民事訴訟運営と当事者照会の実効化

第5款　回答の時期

　質問書への回答の時期は，連邦民訴規則33条(b)(2)項に規定されている。質問書を送付された当事者は，回答や，もし異議があれば異議を，質問書の送付から30日以内に送付しなければならない。ただし，裁判所は所定の30日よりも短期の，または長期の，回答等の送付のための期間を命じることができる。なお，当事者はしばしば contention interrogatories への回答の延期を裁判所に申し立て，裁判所は他の指定されたディスカバリが完了するまでそのような質問書に回答する必要がない旨を命じる権限を有する（連邦民訴規則33条(a)(2)項）。

　また，裁判所が質問書への回答等の送付のための期間につき命令をしていない場合，当事者は所定の30日よりも短期の，または長期の期間を合意できる（この合意は，ディスカバリの手続や制限を変更する合意につき規定する連邦民訴規則29条に従う）。質問書への回答等のための期間を延長する合意がディスカバリの終結，申立てについての審理，またはトライアルのために裁判所により設定された日付と抵触する場合，裁判所の承認が必要である（連邦民訴規則29条(b)項）。他方，当事者間の合意が裁判所により設定された日付と抵触しない場合，裁判所の承認は要求されない[90]。

第6款　回答の補充・訂正義務，回答の撤回または修正

　質問書に対し回答した当事者は，何らかの重要な点で回答が不完全または不正確であり，かつ，追加の，または正確な情報がディスカバリの手続の過程で，または書面で相手方当事者に知らされていないことを知った場合，適時に質問書に対する以前の回答を補充し，または訂正しなければならない（連邦民訴規則26条(e)(1)項(A)）。裁判所に回答の補充または訂正を命じられた場合も同様である（連邦民訴規則26条(e)(1)項(B)）。なお，回答した当事者が回答の補充・訂正の義務を怠った場合，制裁が科される（連邦民訴規則37条(c)(1)項。制裁については，第5章で論じる）。

---

　(89)　7 *Moore's Federal Practice*，§33.105[1]（Matthew Bender 3d ed.）.

　(90)　Fed. R. Civ. P. 29 advisory committee's note (1983).

◆ 第4章　アメリカ連邦民事訴訟規則における質問書

また，連邦地方裁判所は当事者に質問書への回答の撤回・修正を許可する裁量を有する[91]。当事者はその回答を撤回しまたは修正するために裁判所の許可を求めなければならない[92]。

第7款　回答の利用および効果

質問書に対する回答は，連邦証拠規則に従い，トライアルでの証拠として提出し，利用することができる[93]が，回答はトライアルで提出されるまでは証拠とはならない[94]。質問書に対する回答は，相手方当事者の自白として利用できる[95]が，自白として提出された回答は拘束力を有さず，回答をなした当事者はその争点に関する別の証拠を提出できる[96]。

質問書に対する回答は，弾劾の目的のためにも利用できる[97]。また，それに加えて，サマリ・ジャッジメント（summary judgment〔連邦民訴規則56条．重要な事実についての真正な争点が存在せず，法的な判断だけで判決が可能な場合に，トライアルを経ずになされる判決〕の申立てを根拠付けるためにも利用できる（連邦民訴規則56条(c)項）。

第8款　質問書への回答の懈怠

質問書を送付された当事者が質問に対して回答しなかった場合，不完全に，

---

(91)　Fed. R. Civ. P. 33(b) advisory committee's note（1970）．

(92)　7 *Moore's Federal Practice*，§ 33.107（Matthew Bender 3d ed.）; Bollard v. Volkswagen of Am., Inc., 56 F.R.D. 569, 574（W.D. Mo. 1971）（被告が質問書を送付した原告に対し送付した回答と異なる回答を故意に裁判所に提出した場合に，裁判所の許可しない回答の修正に当たるとした）．

(93)　7 *Moore's Federal Practice*，§ 33.160（Matthew Bender 3d ed.）．

(94)　*Id*．

(95)　*Id*．

(96)　7 *Moore's Federal Practice*，§ 33.160（Matthew Bender 3d ed.）; Fed. R. Civ. P. 33(b) advisory committee's note（1970）．

(97)　7 *Moore's Federal Practice*，§ 33.160（Matthew Bender 3d ed.）; Meadows v. Palmer, 33 F.R.D. 136, 137（D. Md. 1963）（問題となった質問書は被告の信用性に関する反対尋問のための事実を発見することを意図しているため，被告が今までに有罪判決を受けたことがあるか否かを尋ねる質問が適切である旨を判示する）．

または回避的に回答した場合，十分に根拠付けられない異議を述べた場合，質問書を送付した当事者は，裁判所の介入なしに回答を得るために相手方と誠実に協議を行うか，協議を試みた上で（連邦民訴規則37条(a)(1)項），回答を強制する命令を裁判所に申し立てることができる（連邦民訴規則37条(a)(3)項(B)(3)）。そして，裁判所が強制命令の申立てを認容し，質問書を送付された当事者に回答を命じた場合，裁判所はこの命令の違反に対して制裁を科すための命令を発することができる（連邦民訴規則37条(b)(2)項(A)）。なお，強制命令の申立てが認容された場合，または強制命令の申立て後に回答がなされた場合，裁判所は強制命令の申立ての必要を生じさせた当事者，代理人弁護士，またはその両者に対し，弁護士費用を含む，申立てのために要した合理的な費用の償還を命じなければならないが（連邦民訴規則37条(a)(5)項(A)），質問書を送付した当事者が裁判所の介入なしに回答を得るための誠実な努力を怠った，質問書への回答の懈怠が十分に正当化される，またはその他の事情により費用の償還を命じることが不当であると裁判所が判断した場合は，この限りではない（連邦民訴規則37条(a)(5)項(a)(iii)）。

また，質問書を送付された当事者が質問書に全く回答せず，異議も述べなかった場合，裁判所は強制命令の申立てを経ることなく，質問書を送付した当事者の申立てにより，即時の制裁を科すことができる（連邦民訴規則37条(d)(1)項(A)(ii)）。また，質問書に回答した当事者が回答の補充・訂正を怠った場合にも，裁判所による制裁が科され得る（連邦民訴規則26条(e)項・37条(c)(1)項）。

なお，質問書への回答の懈怠等を理由とする制裁，および，制裁を科すための手続等については，第5章で論じる。

◆ 第8節 ◆ 質問書に対する異議

第1款 概　説

質問書中の質問に対する異議，および，異議を述べられない質問に対する回答は，質問書が送付されてから原則として30日以内に，質問書を送付した当事者に送付されなければならない（連邦民訴規則33条(b)(2)項）。異議を述べる

◆第4章　アメリカ連邦民事訴訟規則における質問書

場合，質問書を送付された当事者の代理人弁護士は異議に署名しなければならない（連邦民訴規則33条(b)(5)項）。

　質問書に対する異議は，どの質問に対して異議があるかを述べていなければならず，かつ，異議の正確な理由を含んでいなければならない（連邦民訴規則33条(b)(4)項）[98]。一般的・包括的な異議は許容されず，質問書が負担の重いものである，圧迫的である，重複的である，関連性がない旨の異議を単に主張するだけでは，異議の理由を十分に述べているとはいえない[99]。そのような理由により異議を述べる当事者は，質問が具体的にどのように負担が重いものであるか，圧迫的であるか，重複的であるか等といった点を説明しなければならない[100]。また，秘匿特権を包括的，あるいは不特定的な形で主張するこ

---

[98]　7 *Moore's Federal Practice*，§ 33.171（Matthew Bender 3d ed.）; *see, e.g.*, Burns v. Imagine Films Entertainment, Inc., 164 F.R.D. 589, 593（W.D.N.Y. 1996）（質問に対する異議は明確なものでなければならず，かつ，なぜ質問が異議を述べられ得るのかという点に関する詳細な説明により根拠付けられていなければならない旨を判示する）。

[99]　7 *Moore's Federal Practice*，§ 33.171（Matthew Bender 3d ed.）; *see, e.g.*, Burns v. Imagine Films Entertainment, Inc., 164 F.R.D. 589, 593（W.D.N.Y. 1996）（質問が過度に広範であり，曖昧であり，かつ不当に負担の重いものである旨を一般的にのみ述べる異議は，明確なものではなく，不適切である旨を判示する）; Momah v. Albert Einstein Med. Ctr., 164 F.R.D. 412, 417（E.D. Pa. 1996）（質問が「過度に広範であり，負担の重いものであり，圧迫的なものであり，かつ無関連なものである」旨を単に細々と繰り返すことは，異議の十分な理由付けとはならない旨を判示する）; Pulsecard, Inc. v. Discover Card Servs., 168 F.R.D. 295, 303（D. Kan. 1996）（明確な事由を述べない一般的な異議は，連邦民訴規則33条(b)(4)項の明確性の要件を充足しない旨を判示する）; Convertino v. United States Dep't of Justice, 565 F. Supp. 2d 10, 13（D.D.C. 2008）（原告が，個々のディスカバリへの応答を参照することにより組み込まれた一般的な異議を列挙したことは，異議の当否の評価を裁判所に可能とするよう十分に明確な形で異議を述べなければならないという責任を充足したことにはならない旨を判示する）。

[100]　7 *Moore's Federal Practice*，§ 33.171（Matthew Bender 3d ed.）; Chubb Integrated Sys. v. National Bank of Washington, 103 F.R.D. 52, 59-60（D.D.C. 1984）（質問に異議を述べる当事者は，質問がどのように過度に広範で，負担が重く，あるいは圧迫的であるかを，宣誓供述書〔affidavit〕，または負担の性質を明らかにする証拠を提出することにより証明しなければならない旨を判示する）。

◆第1部◆　当事者主義的民事訴訟運営と当事者照会の実効化

とは，異議の理由として不十分，かつ不適切である(101)。さらに，質問書に対する異議の中でワーク・プロダクトの保護という理由を一般的・不特定的な形でしか述べていない場合，そのような異議は不十分，かつ不適切である(102)。裁判所は，十分に根拠付けられない形で質問書に対する異議を述べた当事者や代理人弁護士に対し，連邦民訴規則 26 条(g)(3)項または 37 条(a)(5)項(A)に基づき制裁を科すことができる (37 条の制裁については，第 5 章で論じる)。

質問書を送付された当事者が異議を述べた場合，質問書を送付した当事者は裁判所の関与なしに回答に関する紛争を解決するために，質問書を送付された当事者と誠実に協議を行うか，協議を試みなければならない (連邦民訴規則 37 条(a)(1)項。この要件については，第 5 章で論じる)。当事者間の協議により回答に関する紛争を解決できない場合，質問書を送付した当事者は，質問への回答を強制する命令を裁判所に申し立てることができる (連邦民訴規則 37 条(a)項。詳しくは，第 5 章で論じる)(103)。強制命令の申立てに関する判断の過程で，裁判所は異議に関して判断する(104)。なぜ質問書が異議を述べられ得るのかについての証明責任は，異議を述べた当事者が負う(105)。

第 2 款　異議の根拠

質問書を送付された当事者は，質問がディスカバリの許容される範囲外の情

---

(101)　7 *Moore's Federal Practice*, § 33.171 (Matthew Bender 3d ed.); *see, e.g.*, In re Shopping Carts Antitrust Litig., 95 F.R.D. 299, 305 (S.D.N.Y. 1982) (質問への異議の理由として弁護士－依頼者間の秘匿特権を包括的・抽象的に主張することは不適切である旨を判示する).

(102)　7 *Moore's Federal Practice*, § 33.171 (Matthew Bender 3d ed.); Stabilus v. Haynsworth, Baldwin, Johnson & Greaves, 144 F.R.D. 258, 268 (E.D. Pa. 1992) (質問に対して，ワーク・プロダクトの保護という理由を一般的・不特定的にしか述べていない異議は不十分・不適切である旨を判示する).

(103)　Fed. R. Civ. P. 33(a) advisory committee's note (1970).

(104)　*Id.*

(105)　7 *Moore's Federal Practice*, § 33.172 (Matthew Bender 3d ed.); Rosenberg v. Johns-Manville Corp., 85 F.R.D. 292, 297 (E.D. Pa. 1980) (被告が原告の質問に対する異議の明確な説明を怠ったことを理由に，原告の申し立てた回答の強制命令を認容する原審の判断を維持した).

報を要求しているという根拠に基づき，異議を述べることが可能であり，とりわけ，
- 請求・抗弁等との関連性のない情報
- 証拠能力ある証拠のディスカバリを導くために合理的に組み立てられていない情報
- 秘匿特権を認められる情報
- ワーク・プロダクトとして保護される情報
- 証人とならない専門家が保持する情報や意見
- 企業秘密
- 法的な結論や純粋に法的な質問に対する回答

を求めていることが，異議の根拠となる[106]。

また，連邦民訴規則26条(b)(2)項(C)は，裁判所が申立て，または職権によりディスカバリの頻度や範囲を制限しなければならない場合を規定し，この規定に基づき，
- 質問が不合理に累積的または重複的である場合，もしくはより適切な，負担の軽い，あるいは廉価な情報源から入手可能な情報を要求している場合
- 質問書を送付した当事者が訴訟中で既に他のディスカバリにより十分に入手する機会のあった情報を要求している場合
- 事件に関する必要性，紛争の程度，当事者の資源，問題となっている争点の重要性，また，争点を解決するに際しての質問の重要性を考慮して，質問に関する負担や費用が想定される利益を上回る場合

質問書に対し異議が述べられ得る[107]。

質問書を送付された当事者はしばしば，質問への回答のために不当な負担または過大な費用を要することを理由に，質問に対する異議を述べ，この根拠は質問書中の不合理な質問に対する有効な異議の理由となり得る[108]。もっとも，

---

[106] 7 *Moore's Federal Practice*, §33.173[1] (Matthew Bender 3d ed.).

[107] 7 *Moore's Federal Practice*, §33.173[2] (Matthew Bender 3d ed.).

[108] 7 *Moore's Federal Practice*, §33.173[3][a] (Matthew Bender 3d ed.); McKissick v. Three Deer Ass'n Ltd. Partnership, 265 F.R.D. 55, 56 (D. Conn. 2010)（ディスカバリの要求が過剰に広範であるか，または不当に負担の重いものであるなら，当事者

◆第1部◆　当事者主義的民事訴訟運営と当事者照会の実効化

質問で要求されている情報の性質と範囲が，質問書を送付された当事者に対する不当な負担を伴うか否かを判断することは，常に裁判所の裁量の範囲内である[109]。質問書を送付された当事者は，異議を根拠付ける宣誓供述書またはその他の証拠の提出により，回答のために課される負担の範囲と性質を示す事実を提示して，ディスカバリの要求が過度に広範でかつ負担の重いものであることにつき証明する証明責任を負う[110]。

　「不当な負担」を要するとの理由による異議を扱う事件ではしばしば，当事者に回答のためのさらなる調査や，大量のデータや情報の編集を要求する質問が問題となるが，この種の質問が自動的に許容されなくなる訳ではなく，裁判所は個々の事件の事実や状況を考慮した上で，質問書を送付された当事者に情報を提供するよう要求することが合理的であるか否かを判断しなければならない[111]。裁判所は，質問書を送付した当事者により証明された必要性の程度と，質問書を送付された当事者により主張される負担とを比較衡量しなければならない（連邦民訴規則26条(b)(2)項(C)(iii)）。故に，例えば，質問書を送付された当事者が回答のために必要な情報を自身のファイルの中ですぐに入手可能な場合[112]，または多大な労力や費用を要することなく情報を引き出すことが可

　　　は関連するディスカバリの要求に対して異議を述べることができる旨を判示する）．
(109)　7 Moore's Federal Practice，§ 33.173[3][a]（Matthew Bender 3d ed.）; see, e.g., Macmillan, Inc. v. Federal Inc. Corp., 141 F.R.D. 241, 243-244（S.D.N.Y. 1992）（訴訟費用の償還を求める訴訟で，回答が訴訟費用の合理性のために要求される情報との関連性のなさという点から不当に負担の重いものである場合，保険者は，同じ会社により発せられた同様の保険証券の下でなされた全ての請求を明らかにすることを求める原告の質問に回答することを要求されないとして，保険者による異議を認めた）．
(110)　7 Moore's Federal Practice，§ 33.173[3][a]（Matthew Bender 3d ed.）; see, e.g., McKissick v. Three Deer Ass'n Ltd. Partnership, 265 F.R.D. 55, 56-57（D. Conn. 2010）（異議を述べる当事者は，負担の性質を明らかにする宣誓供述書または証拠を提出することにより，それぞれの要求がどのように過剰に負担の重いものであるのかという点について証明する証明責任を負う旨を判示する）．
(111)　7 Moore's Federal Practice，§ 33.173[3][b]（Matthew Bender 3d ed.）．
(112)　7 Moore's Federal Practice，§ 33.173[3][b]（Matthew Bender 3d ed.）; Fagan v. District of Colombia, 136 F.R.D. 5, 7（D.D.C. 1991）（障害者教育法〔Education of the Handicapped Act〕に基づき障害児の私立学校での就学を認めるよう求める訴訟で，

◆第4章　アメリカ連邦民事訴訟規則における質問書

能な場合(113)，不当な負担という異議は認められず，回答を求められる。また，質問に対する回答は，そのためにさらなる調査が要求される場合でさえ，多くの場合に要求される(114)。

　裁判所は，過度に広範な，過度に一般的な，または包括的な質問に対する異議を認め得る(115)。例えば，医療過誤訴訟での質問書で被告に個々の原告の全ての証言録取書での証言を争うか否かを尋ね，また，争う場合にはその証言を特定することを要求する質問がなされている場合に，その質問が過度に広範であるとして被告からの異議を認めた裁判例がある(116)。質問が過度に広範であるか否かを評価する際，裁判所は質問書を送付された当事者の負担と質問書を送付した当事者の利益を比較衡量しなければならない（連邦民訴規則26条(b)(2)項(C)(iii)）。質問は一般に，当事者の主張や抗弁と関連しない事項に関する場合，過度に広範であり，質問書を送付した当事者に利益をもたらさないとされる(117)。

　質問書に対する異議の根拠として頻繁に用いられる事由として，前記のものに加えて，

・負担の重いもの，または圧迫的なものとなるほどに不確かな，もしくは曖昧なものであること
・論争的，または推論的であること

　　公立学校委員会が障害のある児童・生徒を配置した私立学校，教員の特別な資格，児童・生徒の障害の状況に関する情報をそのファイル中にて入手可能であると期待することが合理的な場合に，不当な負担という異議を認めず，そのような情報を要求する質問に回答することを命じられた）。

(113)　7 *Moore's Federal Practice*, § 33.173[3][b] (Matthew Bender 3d ed.); *see, e.g.*, PHE, Inc. v. Department of Justice, 139 F.R.D. 249, 257 (D.D.C. 1991)（質問書を送付された当事者の業務がコンピュータ化されており，質問で求められている情報を少ない労力で検索できる場合，そのような質問書への回答は不当に負担の重いものではない旨を判示する）。

(114)　7 *Moore's Federal Practice*, § 33.173[3][b] (Matthew Bender 3d ed.).

(115)　7 *Moore's Federal Practice*, § 33.173[4] (Matthew Bender 3d ed.).

(116)　Cahela v. Bernard, 155 F.R.D. 221, 227-228 (N.D. Ga. 1994).

(117)　7 *Moore's Federal Practice*, § 33.173[4] (Matthew Bender 3d ed.).

・質問数が連邦民訴規則33条(a)(1)項所定の制限を超過していること
・累積的であること、あるいは以前のディスカバリで回答されていること
・自己負罪免責特権に違反していること

がある(118)。

なお、2015年改正前の連邦民訴規則26条(b)(2)項(C)(iii)は、当事者の申立てまたは裁判所の職権によりディスカバリの頻度や範囲を制限しなければならない場合の要件の一つとして、「事件に関する必要性、紛争の程度、当事者の資源、問題となっている争点の重要性、また、争点を解決するに際してのディスカバリの重要性を考慮して、申出がされているディスカバリに関する負担や費用が想定される利益を上回る場合」を規定していたところ、ここで列挙されていた要素は、2015年改正により、ディスカバリの一般的な範囲を定める連邦民訴規則26条(b)(1)項に移された。そのため、2015年改正後の連邦民訴規則26条(b)(2)項(C)(iii)は、「ディスカバリが連邦民訴規則26条(b)(1)項により認められる範囲外である」ことを制限の要件とするにとどまる。

第3款　異議の放棄

当事者は、質問書への自発的な回答により、有効な異議を放棄できる(119)。

また、異議は質問書の送付から30日以内になされなければならず(連邦民訴規則33条(b)(2)項)、適時に述べられなかった異議事由は、質問書を送付された当事者が回答または異議のための期間の延長を求めていたり、十分な理由が証明されたために当事者の異議の懈怠が裁判所により免責されたりしない限り、放棄したものとされる(連邦民訴規則33条(b)(4)項)。時機に後れた異議は、通常は放棄したものとされる(120)。

---

(118) 7 *Moore's Federal Practice*, § 33.173[5]（Matthew Bender 3d ed.）.

(119) 7 *Moore's Federal Practice*, § 33.174[1]（Matthew Bender 3d ed.）; Skelton & Co. v. Goldsmith, 49 F.R.D. 128, 130, n.1（S.D.N.Y. 1969）（原告が異議を述べることなく既に質問に回答しているため、裁判所は質問で要求された情報を提供することが不当に負担の重いものであるか否かを考慮する必要はない旨を判示する）.

(120) 7 *Moore's Federal Practice*, § 33.174［2］（Matthew Bender 3d ed.）; Fed. R. Civ. P. 33(b) advisory committee's note（1993）.

◆ 第4章　アメリカ連邦民事訴訟規則における質問書

◆ 第9節 ◆ 保 護 命 令

　質問書をはじめ，ディスカバリを求められている者や当事者は，その者をディスカバリによる「煩わしさ，当惑，圧迫，あるいは不当な負担や費用（annoyance，embarrassment，oppression，or undue burden or expense）」から保護する命令，すなわち，保護命令（protective order）の発令を裁判所に申し立てることができる（連邦民訴規則26条(c)(1)項）。保護命令を申し立てる者は，ディスカバリに関する紛争を裁判所の関与なしに解決するために他の当事者と誠実に協議したこと，または協議を試みたことを申立ての際に確証しなければならない（同項）。裁判所は，十分な理由（good cause）が証明された場合，保護命令を発令し，その具体的内容として，

・ディスクロージャーまたはディスカバリの禁止
・時期・場所を含む，ディスクロージャーまたはディスカバリのための条件の指定
・ディスカバリを求める当事者が選択した方法以外のディスカバリの方法の指定
・特定の事項に関する調査の禁止，または特定の事項に関するディスクロージャーもしくはディスカバリの範囲の制限
・裁判所が指定した者のみの立ち会いの下でディスカバリを行うこと
・証言録取書を封印し，裁判所の命令によってのみ開封できる旨を命じること
・企業秘密またはその他の秘密の研究，開発，もしくは商事上の情報を開示しないこと，または指定された方法によってのみ開示すること
・当事者に，裁判所の指示に従って開封される封印された封筒に特定の文書または情報を入れ，同時に提出する旨を命じること

のうちの一つまたはそれ以上の内容を含む（連邦民訴規則26条(c)(1)項(A)-(H)）。

　保護命令の発令の要件たる「十分な理由」につき，連邦民訴規則では具体的に規定されておらず，その判断は裁判所の裁量に委ねられ，その際の具体的な判断要素として，情報の性質，情報が開示された場合の不利益，保護命令の対

象の範囲，より負担の少ない代替手段の有無等が挙げられる[121]。また，保護命令の対象となる情報の種類につき特に制限はなく，例えば，プライバシーに関する情報，特許やその開発プロセスに関する情報，企業秘密等がこれに該当する[122]。

　本章では連邦民訴規則33条所定の質問書の概略をみてきた。そして，既に記した通り，質問書を送付された当事者が回答を行わない等した場合，裁判所による回答の強制命令が発令される旨，および，これに違反した場合に各種の制裁が科され得る旨等が規定されている（連邦民訴規則37条）。第5章では，ディスカバリの強制命令とそのための手続，および，強制命令の違反があった際の制裁とそのための手続等を概観する。

---

[121]　連邦民訴規則上の保護命令の発令要件たる「十分な理由」につき論じる邦語文献として，例えば，竹部晴美「アメリカ民事訴訟におけるディスカバリー制度─保護命令（protective order）と正当事由（good cause）について─」法と政治59巻4号（2009年）1050-1054頁，土井＝田邊・前掲注(1)際商38巻4号498-499頁，土井＝田邊・前掲注(1)米国ディスカバリの法と実務48頁。

[122]　連邦民訴規則上の保護命令の対象となる情報に関して論じる邦語文献として，例えば，竹部・前掲(121)1061-1106頁，土井＝田邊・前掲注(1)際商38巻4号498頁，土井＝田邊・前掲注(1)米国ディスカバリの法と実務47-48頁。

◆ 第5章 ◆

質問書への回答の懈怠等に対する制裁

　質問書を含む，連邦民訴規則上の具体的なディスカバリの手続，および，連邦民訴規則 26 条(a)項の必要的ディスクロージャーに関しては，ディスカバリを求められた当事者・第三者が不適切な形で応答した場合，または当事者がディスクロージャーの義務を懈怠した場合，連邦民訴規則 37 条所定の手続により，各種の制裁が科される[1]。本章では，特に質問書を含むディスカバリに対する不適切な応答，または応答の完全な懈怠等に対する制裁に焦点を当て，連邦民訴規則 37 条における制裁の手続や具体的な制裁を概観する。

　なお，第1部は質問書を検討の素材とするが，前記の通り，連邦民訴規則 37 条の制裁の手続等に関する規定は，質問書に限らずディスカバリの手続一般での応答の義務の懈怠等，および，必要的ディスクロージャーの懈怠に対して，基本的には共通して適用される。そのため，以下の記述では，質問書に関してのみならず，必要な範囲で質問書以外のディスカバリの手続における応答の懈怠等，および，必要的ディスクロージャーの懈怠等に関しても言及すること，また，裁判例の引用の際にも，質問書への応答の懈怠等に関する裁判例のみならず，質問書以外のディスカバリの手続における応答の懈怠等，および，必要的ディスクロージャーの懈怠に関する裁判例も採り上げることをあらかじめお断りしたい。

---

(1)　連邦民訴規則 37 条でのディスカバリ・ディスクロージャーの義務違反に対する制裁の手続等に言及する邦語文献として，例えば，土井悦生＝田邊政裕『米国ディスカバリの法と実務』（発明推進協会，2013 年）133-146 頁，花村良一「民事裁判手続の実効性の確保としての制裁関連規定の現状—日米の制裁制度の比較の観点から—」田原睦夫先生古稀・最高裁判事退官記念論文集『現代民事法の実務と理論（下巻）』（金融財政事情研究会，2013 年）922-923 頁等。

◆第1部◆　　当事者主義的民事訴訟運営と当事者照会の実効化

◆第1節◆　強　制　命　令

第1款　概　要

　当事者が連邦民訴規則26条(a)項で要求される必要的ディスクロージャーを懈怠した場合，他の当事者はディスクロージャーの強制命令を裁判所に申し立てることができ，ディスカバリを求められた者が不適切な応答をした場合，ディスカバリを要求した当事者はディスカバリの強制命令を裁判所に申し立てることができる（連邦民訴規則37条(a)(1)項）。ディスカバリの強制命令の申立ては，当事者が応答を完全に懈怠した場合，または要求された情報を提供せずに異議を述べることによってのみ応答した場合のみならず，応答が少なくとも部分的に回避的，または不完全である場合にもなされる[2]。質問書に関しては，質問書を送付された当事者が質問の一部または全部に対して異議を送付した場合，もしくは，回避的あるいは不完全であると質問書を送付した当事者が考えるような回答を送付した場合，強制命令の申立ては適切である[3]。

　なお，ディスカバリの要求に対する応答に関しては，不完全な応答がなされた場合と応答が完全に懈怠された場合は区別される。すなわち，応答はなされたが，ディスカバリの要求をした当事者がその応答を不完全であると考えた場合，その当事者は適切な応答を強制する強制命令の申立てをしなければならない（連邦民訴規則37条(a)(3)項(B)・(a)(4)項）。裁判所が強制命令の申立てを認容した場合，ディスカバリに応答する側の当事者に対する制裁が認められるが，この場合の制裁は，弁護士費用を含む，申立てのために要した合理的な費用の申立当事者への償還に限られる（連邦民訴規則37条(a)(5)項(A)）。そして，ディスカバリに応答する側の当事者が強制命令を遵守しなかった場合，裁判所はこの当事者に対するさらなる制裁のための命令を発令することができ（連邦民訴規則37条(b)(2)項(A)），かつ，この命令に代えて，またはこれに加えて，裁判所は強制命令を遵守しなかった当事者，その当事者の代理人弁護士，また

---

(2)　7 *Moore's Federal Practice*，§ 37.02[2]（Matthew Bender 3d ed.）.

(3)　7 *Moore's Federal Practice*，§ 37.02[4]（Matthew Bender 3d ed.）.

◆第5章 質問書への回答の懈怠等に対する制裁

はその両者に，弁護士費用を含む，強制命令の不遵守により生じた合理的な費用の償還を命じなければならない（連邦民訴規則37条(b)(2)項(C)）。強制命令の申立てによりディスカバリを求める当事者は，応答が不完全・回避的・不適切であることについての証明責任を負う[4]。裁判所は，例えば，関連する情報が一般的にディスカバリの要求に対応しない大量の情報の中に隠されている場合，応答が単純に質問の中心面に取り組んでいない場合等，応答が不完全，または回避的であると結論付ける[5]。

これに対して，当事者による自身の証言録取への出頭の完全な懈怠，質問書や提出・調査要求（連邦民訴規則34条）への応答の完全な懈怠（回答，異議，その他の種類の応答を送付せず，保護命令の申立てもしない）がある場合，ディスカバリの要求をした当事者は，裁判所による強制命令の発令を経ることなく，広範な制裁の命令を直接得ることができる（連邦民訴規則37条(d)項。第4節で論じる）。

第2款　強制命令の申立てに関する手続的要件

1　一般

強制命令の申立ては，ディスカバリの要求が不成功に終わった後にのみ行うことができる[6]。また，ディスカバリは一般に当事者が連邦民訴規則26条に

---

[4]　7 *Moore's Federal Practice*, § 37.03 (Matthew Bender 3d ed.).

[5]　7 *Moore's Federal Practice*, § 37.03 (Matthew Bender 3d ed.); In re Tutu Wells Contamination Litig., 162 F.R.D. 46, 67-68 (D.V.I. 1995)（質問書に対する回答に代わる業務記録の提出の際に日付や場所を明らかにすることなく4巻もの生のデータを提出したことは回避的であり，質問書への回答の懈怠を構成する旨を判示する）; Chapman & Cole v. Itel Container Int'l, 116 F.R.D. 550, 558-559 (S.D. Tex. 1987), *aff'd*, 665 F. Supp. 1283 (S.D. Tex. 1987), *aff'd*, 865 F.2d 676 (5th Cir. 1989)（重要な情報の非開示は，質問書への不完全な回答を構成する旨を判示する）; Smith v. Logansport Community Sch. Corp., 139 F.R.D. 637, 650 (N.D. Ind. 1991)（質問書に対して証言録取書での証言を参照させることにより回答することは回避的であり，明らかに不十分である旨を判示する）.

[6]　7 *Moore's Federal Practice*, § 37.05[1] (Matthew Bender 3d ed.); United States v. Mottolo, 605 F. Supp. 898, 915 (D.N.H. 1985)（回答の強制を求められている質問が申立て前に提示されていない場合，強制命令の申立ては時期尚早である旨を判示する）;

◆第1部◆　当事者主義的民事訴訟運営と当事者照会の実効化

従い協議を行う前は求められないため，協議の前になされた強制命令の申立ては時期尚早であるとされる(7)。

2　申立ての期限

連邦民訴規則では，強制命令の申立てがなされるべき期間の制限は特に課されない(8)。ただし，強制命令の申立てに関する期間制限は，ローカル・ルール，裁判所審理規則（standing orders），個々の事件にて登録された命令により課され得る(9)。

強制命令の申立ての期限に関する一般的な制限がないことは，全ての事件・状況につき適切な期限を設定することの困難さを反映する(10)。ディスクロージャーやディスカバリへの応答の時期になった後の短期間のうちに強制命令の

Bermudez v. Duemas, 936 F.2d 1064, 1068（9th Cir. 1991）（本人訴訟の原告によりなされた文書提出の強制の申立てが，連邦民訴規則34条に基づく文書提出の要求を経ずになされたことを理由に，時期尚早であるとして却下された事案）.

(7)　7 Moore's Federal Practice, §37.05[1]（Matthew Bender 3d ed.）.

(8)　7 Moore's Federal Practice, §37.05[2]（Matthew Bender 3d ed.）; Gault v. Nabisco Biscuit Co., 184 F.R.D. 620, 622（D. Nev. 1999）（連邦民訴規則もその地区のローカル・ルールも特別な期間制限を設けていないので，裁判所は当事者が強制命令の申立てをなすための合理的な期間の設定を要求される旨を判示する）.

(9)　7 Moore's Federal Practice, §37.05[2]（Matthew Bender 3d ed.）；一部のローカル・ルールは，強制命令の申立てがなされるべき期限を規定する。See, e.g., N.D. Cal. Civ. R 26-5; D. Md. LR 37.1. 以下の四つの裁判所は，ディスカバリの締切の日付を，強制命令の申立てがなされるべき期間の起算点として用いる。N.D. Ohio LR 37.1（申立てはディスカバリの締切から10日以内になされる）; N.D. Cal. Civ. R 26-5（申立てはディスカバリの締切から10日以内になされる）; D. Minn. LR 37.1（申立てはディスカバリの締切の前になされる）; N.D.N.Y. LR 7.1(e)（申立てはディスカバリの締切後暦日で30日以内になされる）。また，強制命令の申立ての対象となるディスカバリの項目を，申立ての適時性の判断のための起算点として用いる裁判所もある。See N.D. Ga. LR 37.1（申立てはディスクロージャーまたはディスカバリへの応答の送付後10日以内になされる）; D. N.M. LR 26.6（申立てはディスカバリの送付から暦日で20日以内になされる）; D. S.C. LR 37.01（申立てはディスカバリの受領後20日以内になされる）; D. Md. LR 104.8（質問書または提出要求に関してのみ，申立ては回答または応答の受領後20日以内になされる）.

(10)　7 Moore's Federal Practice, §37.05[2]（Matthew Bender 3d ed.）.

◆第5章　質問書への回答の懈怠等に対する制裁

申立てをなすことを厳格に要求するのであれば、まず、強制命令の申立て前に申立当事者に相手方との協議、または協議の試みを要求すること（連邦民訴規則37条(a)(1)項。3で論じる）との抵触が問題となる[11]。申立当事者はディスクロージャーやディスカバリへの応答の時期がきた後、相手方と協議を行う、または協議を試みるための十分な期間を与えられなければならず、短期間のうちに強制命令の申立てをなすことを要求することは、ディスクロージャーやディスカバリに関する当事者間のコミュニケーションと協力を促進すること、裁判所が扱うべき申立ての数を減少させることという、協議や協議の試みの要求が達成しようとする二つの主要な目的と抵触する[12]。また、当事者は必要的ディスクロージャーやディスカバリへの応答の不十分な部分等を適時に補充・訂正する継続的な義務を負う（連邦民訴規則26条(e)項。第4章第7節第6款参照）。この補充・訂正の義務が履行されることにより、強制命令の申立ての必要性が未然に除去され、従って、ディスクロージャーやディスカバリへの応答の時期がきた後あまりにも短い時点に強制命令の申立ての期限を設けることは、補充・訂正の義務の目的を達成する余地を小さくしてしまうことにつながる[13]。

　他方、強制命令の申立てが可能な期間につき制限を課さないことで、訴訟の進行が妨げられたり、潜在的に重要な申立てに関する迅速な判断が妨げられたり、最終のプリトライアル・カンファレンスの目的の達成が危うくされたり、トライアルの延期や続行を強いられたりする可能性があり、このような危険を回避するため、裁判所は一般に、強制命令の申立てを含むディスカバリに関する活動が、当事者が実体的な申立てをなすための最終期限に先行する期限を過ぎて継続されることや、最終のプリトライアル・カンファレンスの間になされることを認めるべきでないとされる[14]。いくつかの裁判所は、裁判所により

---

(11)　Id.
(12)　Id.
(13)　Id.
(14)　7 *Moore's Federal Practice*, § 37.05[2]（Matthew Bender 3d ed.）; *see, e.g.*, N.D. Cal. Civ. R. 26-5（ディスカバリを強制する申立ては、ディスカバリの締切日の10日後以降になされてはならない）.

◆第1部◆　当事者主義的民事訴訟運営と当事者照会の実効化

設定されたディスカバリの期限後になされた強制命令の申立てを許容しない旨を判示する(15)。

　強制命令の申立権は，とりわけ申立てがトライアルの終結までになされなかった場合，不作為により放棄され得る(16)。ディスカバリの期限の日の前，またはそのすぐ後になされた強制命令の申立てでさえ，必然的に適時になされたとされる訳ではない(17)。むしろ，裁判所は強制命令の申立てが適時になされたか否かの判断の際に，かなりの裁量権を有する(18)。この判断をなす際に，裁判所は多数の要素，および，全ての関連する事件に特有の事情を考慮し得，

---

(15) 7 *Moore's Federal Practice*, § 37.05[2] (Matthew Bender 3d ed.); Jarvis v. Wal-Mart Stores, Inc., 161 F.R.D. 337, 338-339（ディスカバリの期限後のプリトライアル・カンファレンスでの強制命令の申立ては，相手方に損害を与える旨を判示する）; Gault v. Nabisco Biscuit Co., 184 F.R.D. 620, 622 (D. Nev. 1999)（ディスカバリの期間内になされた強制命令の申立ては時機に後れたものとはめったに考えられない旨を述べた上で，治安判事は，被告の最初のディスカバリへの応答から136日後，しかもディスカバリの終結後になされた強制命令の申立ては時機に後れたものである旨を判示する）; American Motorists Ins. Co. v. General Host Corp., 162 F.R.D. 646, 647-648 (D. Kan. 1995)（ディスカバリの期限の2年後の強制命令の申立ては相手方に損害を与える旨を判示する）．

(16) 7 *Moore's Federal Practice*, § 37.05[2] (Matthew Bender 3d ed.); Butler v. Pettigrew, 409 F.2d 1205, 1207 (7th Cir. 1969)（トライアルと本案判決の登録の終了までに質問書への回答を強制する命令を申し立てなかったことにより，原告は申立権を放棄した旨を判示する）; Mercy v. County of Suffolk, New York, 748 F.2d 52, 55-56 (2d Cir. 1984)（申立ては，トライアル前になされないならば，放棄されたものと考えられるべき旨を判示する）．

(17) 7 *Moore's Federal Practice*, § 37.05[2] (Matthew Bender 3d ed.)．

(18) 7 *Moore's Federal Practice*, § 37.05[2] (Matthew Bender 3d ed.); Public Loan Co. v. FDIC, 803 F.2d 82, 86 (3d Cir. 1986)（原告がディスカバリの完了の期限後90日近くまでディスカバリを開始する努力を怠り，かつ，相手方のディスカバリの要求に誠実に従うことを怠った場合，原告によるディスカバリ〔文書提出〕の強制の申立てを排斥することは，裁量権の濫用に当たらない旨を判示する）; Draper v. Coombs, 792 F.2d 915, 924 (9th Cir. 1986)（本人訴訟の原告が，ディスカバリの終結のために設定された期限よりもかなり後に被告に質問書を送付し，明らかに期間延長の申立てをなしておらず，かつ，質問書がローカル・ルールを遵守していなかった場合，原告による質問書への回答の強制の申立てを排斥したことは，裁量権の濫用に当たらない旨を判示する）．

その際に裁判所が考慮する可能性のある要素の一部として，以下のものがある[19]。
・申立てをなす際の遅延の長さ[20]
・申立ての遅延により他の当事者に損害が生じるか否か，または不当な負担が課されるか否か[21]
・遅延が申立当事者のコントロールの及ばない事態，または申立当事者が正当な理由により知らなかった事態によって引き起こされたか否か[22]
・遅延が戦術的に引き起こされたのか，過失によるのか，または交渉，他のディスカバリの手段，他の情報源により情報を得るための誠実な努力によって引き起こされたものなのか[23]
・申立てを許容することがプリトライアルのスケジュールと抵触するか[24]

3　協議または協議の試みに関する確証の要求

強制命令の申立ては，申立当事者が裁判所の介入なしに情報等の獲得を試みるために，ディスクロージャーまたはディスカバリが要求されている当事者と誠実に協議したこと，もしくは協議を試みたことに関する確証を包含しなけれ

---

[19] 7 *Moore's Federal Practice*, § 37.05[2]（Matthew Bender 3d ed.）.
[20] Byrnes v. Jetnet Corp., 111 F.R.D. 68, 71（M.D.N.C. 1986）（遅延は顕著なものではない旨を判示する）.
[21] Kendrick v. Heckler, 778 F.2d 253, 258（5th Cir. 1985）（損害が証明されていない旨を判示する）.
[22] *See* Petroleum Ins. Agency Inc. v. Hattford Accident & Indem. Co., 106 F.R.D. 59, 63（D. Mass. 1985）（文書提出を求める当事者が要求に対応する文書の存在に気付いていなかった場合，文書不提出に対する異議の放棄はないものとされる旨を判示する）.
[23] Riley v. United Air Lines, Inc., 32 F.R.D. 230, 232-233（S.D.N.Y. 1962）（質問書へのさらなる回答を強制する原告からの申立てが，証言録取書により情報を入手するための原告の試みにより遅延させられた場合，遅延は不合理なものではないとする）; Kendrick v. Heckler, 778 F.2d 253, 258（5th Cir. 1985）（強制命令の申立ては一部，自主的な開示のための交渉により遅延させられたとして，このことは原告が強制命令を得ることを妨げる理由にはならないとする）.
[24] *See* Kendrick v. Heckler, 778 F.2d 253, 258（5th Cir. 1985）（強制命令の申立てが，裁判所により設定されたディスカバリの期限内になされた事案）.

◆第1部◆　当事者主義的民事訴訟運営と当事者照会の実効化

ばならない（連邦民訴規則37条(a)(1)項）[25]。強制命令の申立てに先立ちディスクロージャーやディスカバリの義務の履行に関する紛争を非公式に解決する試みを要求する規定は，1993年の連邦民訴規則改正の際に採用され，これは以前から存在した同様のローカル・ルールの成功経験に基づく[26]。

強制命令の申立てをなす前に裁判所の介入なしにディスクロージャーまたはディスカバリに関する紛争を解決するために協議すること，または協議を試みることという要件を充足するためにどのようなことがなされなければならないのかという点につき，連邦民訴規則の文言自体も諮問委員会注解も具体的な定義を示していない[27]。しかし，一部の裁判例は，手紙の送付では不十分である旨を判示し[28]，一部のローカル・ルールも同様のことを明示的に規定す

---

[25]　See Kalis v. Colgate-Palmolive Co., 231 F.3d 1049, 1059 (7th Cir. 2000)（要求された資料を裁判所の介入なしに入手するための誠実な試みに関する確証を申立てが包含していない場合，連邦地方裁判所は原告からなされたディスカバリの強制命令の申立てを排斥する際に裁量権を濫用していない旨を判示する）．

[26]　7 Moore's Federal Practice, § 37.05[4] (Matthew Bender 3d ed.); see Fed. R. Civ. P. 37(a) advisory committee's note (1993); see also Beer Nuts, Inc. v. King Nut Co., 477 F.2d 326, 329-330 (6th Cir. 1973)（連邦民訴規則37条(a)(1)項が面会と協議の要求を含むよう改正される以前の，ローカル・ルールによる同様の要求を維持した）．多くの裁判所は，強制命令の申立て前に紛争当事者に解決の試みのための協議を要求するローカル・ルールを持ち続けている．See, e.g., E.D. La. LR 37.1; N.D. W. Va. LR 3.07; D. Wyo. LR 37.1; C.D. Ill. LR 37.3.

[27]　7 Moore's Federal Practice, § 37.05[4] (Matthew Bender 3d ed.).

[28]　7 Moore's Federal Practice, § 37.05[4] (Matthew Bender 3d ed.); see Naviant Mktg. Solutions, Inc. v. Larry Tucker, Inc., 339 F.3d 180, 186-187 (3d Cir. 2003)（代理人弁護士が質問書に対する応答のためのさらなる期間の要求を即座に断り，また，回答が到着した際に，回答中の不十分と主張される点の概略を述べ，不十分な点が3日以内に修正されないならば制裁の申立てをなすと威嚇する20頁の手紙をファクシミリで送付した場合，代理人弁護士は相手方当事者と協議することを「誠実に」試みていない旨を判示する）; Cannon v. Cherry Hill Toyota, Inc., 190 F.R.D. 147, 153 (D.N.J. 1999)（その中で質問書と自白要求に対する確証された応答を翌日の業務終了までに要求し，不遵守を理由とする強制命令の申立てをなすと威嚇する，相手方の代理人弁護士に対する代理人弁護士のファクシミリは，申立人が裁判所の介入に頼る前にその者からディスカバリが求められている当事者と協議する誠実な努力をしなければならないとの

◆第5章 質問書への回答の懈怠等に対する制裁

る(29)ところ,このような視点は考えや意見の生の交換を要求する(30)。

　協議または協議の試みに関する確証の要求につき,例えば,第9巡回区のある連邦地方裁判所は,「解決のための誠実な試みの確証」の要求は二つの要素を持つ旨を判示する(31)。第一は,現実の確証であり,これは裁判所に対し,とりわけ,(1)協議をした,または協議を試みた当事者の氏名,(2)彼らがコミュニケーションをした方法,(3)コミュニケーションの日時,(4)議論された,特定のディスカバリに関する紛争,(5)議論の結果,または有益な議論がなされなかった理由についての説明を伝達しなければならない。第二は,協議のための誠実な試みの履行であり,この規定の下での「誠実さ」は,ディスカバリに関する紛争を有益に議論する目的における誠実さ,詐欺にかける意図またはディスカバリを濫用する意図がないこと,および,裁判所の介入なしに情報等を入手する義務に対する忠実さを包含する。当事者は,争われている個々の

　　要求を遵守していない旨を判示する);Wilson v. Aargon Agency, Inc., 262 F.R.D. 561, 564 (D. Nev. 2010)(質問書に対する相手方当事者の応答が「完全に不適切である」旨を単に述べる2通の手紙は,ローカル・ルールにより求められている「裁判所の介入なしに問題を解決するための…個人的な協議と誠実な努力」の要求に合致しない旨を判示する);Soto v. City of Concord, 162 F.R.D. 603, 622-623 (N.D. Cal. 1995)(文書提出の要求に従うことを求める手紙は,協議の義務を充足しないとする);Hays v. Adam, 512 F. Supp. 2d 1330, 1334 (N.D. Ga. 2007)(1通の手紙は,裁判所外でディスカバリに関する争点を解決するための十分な努力を構成しない旨を判示する)。

(29)　7 *Moore's Federal Practice*,§37.05[4](Matthew Bender 3d ed.);*see* W.D. Mo. LR 37.1(a)(1)(「単に要求の手紙を書くことは不十分である」とする);N.D. Okla. Civ. R 37.2A.

(30)　7 *Moore's Federal Practice*,§37.05[4](Matthew Bender 3d ed.);*see* LaFleur v. Teen Help, 342 F.3d 1145, 1152 (10th Cir. 2003)(ディスカバリに関する紛争を知った後,双方の代理人弁護士が自身で面会し,翌日,被告の代理人弁護士が要求されているディスカバリの書面による説明を送付したが,それに対して原告が応答しなかった場合,被告は面会し協議することの要求を遵守している旨を判示する)。

(31)　7 *Moore's Federal Practice*,§37.05[4](Matthew Bender 3d ed.);Shuffle Master, Inc. v. Progressive Games, Inc., 170 F.R.D. 166, 170-173 (D. Nev. 1996)(ディスカバリの要求に従うことを求める,代理人弁護士により送付された一連のファクシミリは,当事者が誠実に協議を行うか協議を行うことを試みることという要求に合致しない旨を判示する)。

◆第1部◆　当事者主義的民事訴訟運営と当事者照会の実効化

ディスカバリに関する紛争を議論するために現実に面会や協議をするか，面会や協議を試みることを要求され，このことは本人による，または電話による個人的，かつ相互的なコミュニケーションを要求する(32)。一部のローカル・ルールは，面会または協議に関するある特定の事実と情報が確証中で提供されなければならない旨を要求する(33)。また，第10巡回区の連邦地方裁判所は当事者に，ディスカバリを要求している当事者が現実に求めていること，ディスカバリを提供する当事者が対応するどのような文書または情報を合理的に提出できるか，そして，どのような特定の真正な異議，またはその他の争点が裁判所の介入なしに解決できないのかを協議の場で正確に確定することを要求する(34)。

　代理人弁護士がディスクロージャーやディスカバリに関する紛争の解決のための協議を怠った場合，ローカル・ルールは強制命令の申立ての却下，または弁護士費用の償還を命じ得る(35)。多くの裁判所は活発にこの種のルールを執行する(36)が，一部の裁判所は，連邦地方裁判所の裁判官や治安判事は代理人

---

(32)　Id.

(33)　7 Moore's Federal Practice, § 37.05[4]（Matthew Bender 3d ed.）; see, e.g., N.D. Ind. LR 37.1（協議または協議の試みの時間と場所，参加者の氏名を詳しく述べることを要求する）; E.D. Wis. LR 6.02; D. Kan. LR 37.2（「争われている争点の解決のために全ての代理人弁護士によりとられた段階を述べ」なければならないとする）; W.D. Ky. LR 37.1; D.N.J. LR 37.1(b).

(34)　7 Moore's Federal Practice, § 37.05[4]（Matthew Bender 3d ed.）; see Manning v. General Motors, 247 F.R.D. 646, 650 (D. Kan. 2007)（連邦民訴規則37条(a)(1)項や同趣旨のローカル・ルールの目的は，当事者が裁判所の介入に頼る前に満足に紛争を解決することの促進である旨を判示する）; Cotracom Commodity Trading Co. v. Seaboard Corp., 189 F.R.D. 456, 459 (D. Kan. 1999)（協議の要求は，「ディスカバリの要求に従うことを頼むことまたは要求することによっては」満足されない旨を判示する）.

(35)　7 Moore's Federal Practice, § 37.05[4]（Matthew Bender 3d ed.）; see, e.g., N.D. Cal. Civ. R. 37-1(b); E.D. Cal. LR 37-251(b); W.D. Ky. LR 37.1; N.D. Okla. LR 37.1A; W.D. Tex. Civ. R 37(b).

(36)　7 Moore's Federal Practice, § 37.05[4]（Matthew Bender 3d ed.）; Doe v. National Hemophilia Found., 194 F.R.D. 516, 519 (D. Md. 2000)（当事者がディスカバリに関する紛争の解決を非公式に試みることと，それにつき満足していないディスカバリへの

◆第5章　質問書への回答の懈怠等に対する制裁

弁護士が不誠実に行動したかまたは故意に裁判所の命令もしくはローカル・ルールに従わなかったことの証明なしに，ローカル・ルールの違反を理由とする弁護士費用の償還の制裁を科す権能を有しない旨を判示する(37)。

　一部の裁判所は，申立人がディスクロージャーまたはディスカバリを求められている当事者との協議を試みることの要求の不遵守を免責する(38)。例えば，ある連邦地方裁判所は，申立てが事件の結果に影響を与え得る重要な争点を含む場合，紛争は手続上の根拠に基づいてよりも，本案に基づいて，よりよく判断される旨を述べる(39)。別の裁判所は，話し合いによる解決を奨励するとの

応答を受け取ってから 30 日以内に強制命令の申立てをなすことを要求するローカル・ルールを原告が遵守しなかったことを理由に，連邦地方裁判所が質問書と文書提出の要求へのさらなる応答の強制を求める原告の申立てを排斥した事案); but see Kidwiler v. Progressive Paloverde Ins. Co., 192 F.R.D. 193, 197 (N.D. W. Va. 2000) (代理人弁護士に「自分で，または電話で協議する」ことを要求するローカル・ルールが存在するにもかかわらず，裁判所が，被告の応答と異議に関する代理人弁護士の懸念を特に詳細に記し，かつ当事者が 15 日以内に争いを解決できなければ強制命令の申立てがなされる旨を警告する原告の 6 頁の手紙を，協議の要求のための誠実な努力を充足するのに十分であると判断した事案); Haselhorst v. Wall-Mart Stores, Inc., 163 F.R.D. 10, 11 (D. Kan. 1995) (原告の代理人弁護士が申立てをなす前に協議のための合理的な努力を怠ったことを理由に，原告による強制命令の申立てが排斥された事案); Ballou v. Univ. of Kansas Med. Ctr., 159 F.R.D. 558, 560 (D. Kan. 1994) (協議をしなかったことを理由に強制命令の申立てが却下され，裁判所はまた，申立ては実体面でも理由がない旨を判示した).

(37) 7 *Moore's Federal Practice*, § 37.05[4] (Matthew Bender 3d ed.); see Bailey v. Dart Container Corp., 980 F. Supp. 584, 591 (D. Mass. 1997) (裁判所が，申立ての際にカバー・シートに基づき関連する事件を列挙することを原告に要求するローカル・ルールの違反を理由に制裁を科した事案); Zambrano v. City of Tustin, 885 F.2d 1473, 1481-1482 (9th Cir. 1989) (ローカル・ルールに基づく自白を過失によりなさなかったことは，不誠実さ，未必の故意ないし認識ある過失，または故意の証明がなければ，制裁を正当化しないとする); Baldwin Hardware Corp. v. FrankSu Enter. Corp., 78 F.3d 550, 560 (Fed. Cir. 1996) (弁護士費用の償還を維持した).

(38) 7 *Moore's Federal Practice*, § 37.05[4] (Matthew Bender 3d ed.).

(39) 7 *Moore's Federal Practice*, § 37.05[4] (Matthew Bender 3d ed.); Fisher v. Nat'l R.R. Passenger Corp., 152 F.R.D. 145, 148-149 (S.D. Ind. 1993) (代理人弁護士の誤りは，過失またはその他の有責でない行為の結果である旨を判示する).

目的が達成されないと考えられる場合，解決のための誠実な試みの確証はディスカバリに関する申立てにつき裁判所が考慮するために先行する条件ではない旨を判示する[40]。しかし，別の裁判所は，代理人弁護士がディスカバリに関する紛争につき協議することの要求は，たとえ裁判所がそのような協議を無益であると信じていたとしても，必要的なものである旨を判示する[41]。さらに，様々な裁判所が，特定の者が申立当事者である場合に面会と協議の要求から免除するローカル・ルールを有し[42]，これらの裁判所の一部は本人訴訟の当事者，弁護士に代理されていない非当事者，またはその両方のカテゴリーの者を要求から免除し[43]，その理由は，これらの者があまり法的知識を有さず，また，裁判所の監督なしに自身の立場を適切に代弁する能力を有しないというものである[44]。

第3款　強制命令の申立てに対する判断
1　強制命令に関する判断の際に裁判所が考慮すべき要素
現行の連邦民訴規則上は，当事者は全ての当事者の請求または抗弁と関連す

---

(40)　7 *Moore's Federal Practice*，§ 37.05［4］（Matthew Bender 3d ed.）; Reidy v. Runton, 169 F.R.D. 486, 490-491（E.D.N.Y. 1997）（治安判事が，申立人の代理人弁護士がディスカバリに関する申立てに先立ち相手方の代理人弁護士と協議しなかったにもかかわらず，申立てを認容し制裁を科すに際して誤っていない旨を判示する）．

(41)　7 *Moore's Federal Practice*，§ 37.05［4］（Matthew Bender 3d ed.）; Burton v. R.J. Reynolds Tobacco Co., 203 F.R.D. 624, 626-627（D. Kan. 2001）（代理人弁護士が協議を「無益である」と信じている場合に協議を必要でないと論じる権能はない旨を判示する）．

(42)　7 *Moore's Federal Practice*，§ 37.05［4］（Matthew Bender 3d ed.）; *see, e.g.,* N.D. Okla. LR 37.1C; D. Utah LR 204-1; C.D. Ill. LR 37.3.

(43)　7 *Moore's Federal Practice*，§ 37.05［4］（Matthew Bender 3d ed.）; D. Idaho LR 37.1（両方のカテゴリーの者を免除する）; N.D. Okla. LR 37.1C（両方のカテゴリーの者を免除する）; W.D. Pa. LR 37.1（両方のカテゴリーの者を免除する）; D. Utah LR 204-1（両方のカテゴリーの者を免除する）; N.D. Iowa LR 37.1(a)（本人訴訟の当事者を免除する）; S.D. Iowa LR 37.1(a)（本人訴訟の当事者を免除する）; E.D. Okla. LR 37.1（本人訴訟の当事者を免除する）．

(44)　7 *Moore's Federal Practice*，§ 37.05［4］（Matthew Bender 3d ed.）．

◆第5章　質問書への回答の懈怠等に対する制裁

る, 秘匿特権の認められない事項につきディスカバリを要求することができ (連邦民訴規則26条(b)(1)項。なお, 2015年改正前の連邦民訴規則26条(b)(1)項における, 十分な理由がある場合, 裁判所は訴訟に含まれる係争事項に関連する全ての事項につきディスカバリを命じ得る旨の規定は, 2015年改正後の規定では削除された。第4章第5節第2款参照), かつ, ディスカバリの範囲に該当する情報は証拠能力があることを要しない。

　このように, ディスカバリが認められる事項・情報の範囲は広範であり, 裁判所は強制命令を認容するか否かを判断する際, ディスカバリが求められている事項・情報と当事者の請求や抗弁との関連性の有無を判断し, 関連性があると判断される場合, 強制命令が認容される。しかし, 強制命令の申立てに係るディスカバリがこの基準を充足していても, 要求されている事項・情報につき秘匿特権が認められる場合 (連邦民訴規則26条(b)(1)項), またはそれらの事項・情報がワーク・プロダクトの法理により保護される場合 (連邦民訴規則26条(b)(3)項), 強制命令の申立ては排斥される[45]。ディスカバリにより求められている事項・情報が秘匿特権を認められるものであること, またはワーク・プロダクトを構成するものであることを根拠として強制命令の発令を争う相手方当事者は, 秘匿特権が認められることやワーク・プロダクトへの該当性に関する証明責任を負う[46]。

　また, 強制命令の申立ては, たとえ要求されている事項・情報が関連性を有することを申立当事者が証明し, かつ, それらが秘匿特権やワーク・プロダクトの法理により保護されることを相手方当事者が証明できなかった場合でさえ, 認容されないことがある。まず, 強制命令の申立ては, ディスカバリを争う当事者が以下の事項につき裁判所を説得した場合, 排斥されなければならない

---

(45) 7 *Moore's Federal Practice*, §37.22[2][c] (Matthew Bender 3d ed.).

(46) 7 *Moore's Federal Practice*, §37.22[2][c] (Matthew Bender 3d ed.); *see, e.g.*, In re Horowitz, 482 F.2d 72, 82 (2d Cir. 1973) (弁護士－依頼者間の秘匿特権を主張する者は, その要素を立証する責任を負う旨を判示する); Davis v. Fendler, 650 F.2d 1154, 1160 (9th Cir. 1981) (合衆国憲法第5修正の秘匿特権につき判示する); Resolution Trust Corp. v. Dabney, 73 F.3d 262, 266 (10th Cir. 1995) (ワーク・プロダクトの保護を主張する当事者はその法理の適用可能性を証明しなければならない旨を判示する)。

◆第1部◆　当事者主義的民事訴訟運営と当事者照会の実効化

(連邦民訴規則 26 条(b)(2)項(C)(i)-(iii))。
- 要求されているディスカバリが不合理に累積的または重複的であること
- 要求されているディスカバリがより便利で，負担が少なく，かつ廉価な他の情報源から入手できること
- ディスカバリを要求する当事者が訴訟中のディスカバリにより情報を入手する十分な機会を有していたこと
- 事件での必要性，紛争の程度，当事者の資源，訴訟で問題となっている争点の重要性，争点の解決に際してのディスカバリの重要性，関連する情報への当事者の相対的なアクセスを考慮して，提案されているディスカバリの負担と費用が想定される利益を上回ること（連邦民訴規則 26 条(g)(1)項(B)(iii)も参照）

　また，強制命令の申立ては，ディスカバリを争う当事者が以下の事項につき裁判所を説得した場合，排斥されなければならない（連邦民訴規則 26 条(g)(1)項(B)(i)(ii)）。
- 要求されているディスカバリが現行法，または現行法の拡張・修正・破棄のための採るに値しないものではない議論により支持されていないこと
- ディスカバリが嫌がらせ，不必要な遅延の惹起，または訴訟費用の不必要な増大といった不当な目的のために要求されていること

　要求されているディスカバリがこれらの事由に該当することに関する証明責任は，ディスカバリにより求められている情報が関連性の要求を充足することにつき申立人が裁判所を確信させれば，ディスカバリの義務を争う当事者に課される[47]。これらの事由に該当するか否かが問題となるディスカバリの強制命令の申立てにつき判断する際，裁判所はしばしば競合する利益を比較衡量しなければならない。これらの分析は必然的に個々の事件ごとに固有のものになり，その分析の結果は，全事件に厳格に適用される単一の公式によってではなく，個々の事件で提示された状況の全体を注意深く吟味することにより提示される[48]。

---

(47) 7 *Moore's Federal Practice*, § 37.22[2][d] (Matthew Bender 3d ed.); Fisher v. Nat'l R.R. Passenger Corp., 152 F.R.D. 145, 148-149 (S.D. Ind. 1993).

(48) 7 *Moore's Federal Practice*, § 37.22[2][d] (Matthew Bender 3d ed.).

◆第5章　質問書への回答の懈怠等に対する制裁

　なお，必要的ディスクロージャーやディスカバリの強制命令の申立てが全部または一部排斥された場合，裁判所は連邦民訴規則26条(c)項に基づき認められる保護命令を発令することができる（連邦民訴規則37条(a)(5)項(B)(C)）。

2　費用償還の制裁

　強制命令の申立てに関する裁判の後，その手続内で自らの主張が認められなかった当事者（申立てが認容された場合の相手方，申立てが排斥された場合の申立人）には，費用償還の制裁が科される。この制裁の目的の一つは，裁判所による実質的な介入なしにトライアル前に証拠・情報等の共有を図るためのディスカバリ等のシステムを機能させることが当事者・代理人弁護士の責任であることを理解させることである[49]。

　具体的には，まず，強制命令の申立てが認容された場合（問題となったディスクロージャーまたはディスカバリが申立て後に提供された場合も含む），裁判所は申立てを余儀なくさせた（ディスカバリ等の義務を懈怠した）当事者，その代理人弁護士，またはその両者に，弁護士費用を含む，申立てのために申立人が負担を要した合理的な費用の償還を命じなければならない（連邦民訴規則37条(a)(5)項(A)）。ただし，申立人が裁判所の介入なしにディスクロージャー・ディスカバリを得るための誠実な努力（相手方との協議または協議の試み）を経ることなく強制命令を申し立てた場合（連邦民訴規則37条(a)(5)項(A)(i)），相手方による情報等の非開示，応答，異議が十分に正当化される場合（連邦民訴規則37条(a)(5)項(A)(ii)），その他の事情で費用償還が不当となる場合（連邦民訴規則37条(a)(5)項(A)(iii)），裁判所は費用償還の制裁を命じてはならない。

　反対に，強制命令の申立てが排斥された場合，裁判所は申立人，その代理人弁護士，またはその両者に，弁護士費用を含む，相手方（ディスカバリ等の義務を懈怠したと主張されていた者）が申立てを争うために負担を要した合理的な費用の償還を命じなければならないが，強制命令の申立てが十分に正当化される場合，またはその他の事情で費用償還が不当となる場合，裁判所は費用償還の制裁を命じてはならない（連邦民訴規則37条(a)(5)項(B)）。

　他方，強制命令の申立てが一部認容・一部排斥された場合，裁判所は申立て

---

[49]　7 *Moore's Federal Practice*，§ 37.23[1]（Matthew Bender 3d ed.）.

のための合理的な費用を両方の当事者側に分担して負担させる（連邦民訴規則37条(a)(5)項(C)）。

　このように，強制命令の申立てが全部認容された場合には相手方に，申立てが全部排斥された場合には申立人に，原則として費用償還の制裁が科されるところ，両方の場合に共通する免責事由として，その当事者が申立てに関する手続内で採った立場が十分に正当化される場合と，その他の事情で費用償還の制裁が不当となる場合がある。まず，「十分な正当化」という点につき，ある下級審裁判所は，適切な解決に関する真正の紛争が存在する場合，または，通常人がそれを正しいと考え得る場合に，法的な立場が「十分に正当化される」，すなわち，立場は，それが法的に，かつ事実に関しても合理的な根拠を有する場合，「十分に正当化される」旨を結論付ける[50]。そして，この「十分な正当化」の基準につき，ある裁判所は，起草者の意図と同様，問題に関する紛争が「真正のものであった」こと，すなわち，通常の弁護士が争われている立場の適切性につき同意しないことを当事者が証明した場合，この基準は充足される旨を判示する[51]。また，裁判所は，十分な正当化の基準は客観的なものであることを明らかにしているところ，その基準は客観的な合理性であるため，勝訴当事者は敗訴当事者が悪意で行動したことを証明することなく，費用償還の制裁を獲得することができ，また，自身が主観的には誠実に行動したとの敗訴当事者による証明は，制裁の要求を覆すためには不十分である[52]。もっとも，「十分な正当化」の基準は客観的であるとされるとはいえ，明快な表現はなされておらず，この基準の適用に関しては，必然的にかなりの裁量権が連邦地方

---

(50)　7 *Moore's Federal Practice*, § 37.23[2]（Matthew Bender 3d ed.）; Proa v. NRT Mid. Atlantic, Inc., 633 F. Supp. 2d 209, 213（D. Md. 2009）.

(51)　7 *Moore's Federal Practice*, § 37.23[2]（Matthew Bender 3d ed.）; *see* Fed. R. Civ. P. 37(a) advisory committee's note (1970); *see also* Maddow v. Proctor & Gamble Co., 107 F.3d 846, 853（11th Cir. 1997）.

(52)　7 *Moore's Federal Practice*, § 37.23[2]（Matthew Bender 3d ed.）; Bowne of New York City, Inc. v. AmBase Corp., 161 F.R.D. 258, 262-263（S.D.N.Y. 1995）; Eureka Fin. Corp. v. Hartford Accident & Indem. Co., 136 F.R.D. 179, 186（E.D. Cal. 1991）; DeVaney v. Continental Am. Ins. Co., 989 F.2d 1154, 1162（11th Cir. 1993）.

◆第5章　質問書への回答の懈怠等に対する制裁

裁判所の裁判官に認められる(53)。

　両方の場合に共通するもう一つの免責事由として、その他の事情で費用償還の制裁が不当となる場合があるが、どのような場合にこの免責事由が認められるかにつき論じる公刊裁判例はあまり存在しない(54)。この規定の起草者は、一つの場合として、費用償還の制裁を不当とする事情は「主張を認められた当事者もまた正当化されない形で行動した」場合に生じ得る旨を示唆する(55)。また、裁判所は、強制命令の申立てに関して敗訴した当事者が本人訴訟で訴訟を追行していて、法に関して精通しておらず、かつ、その立場がディスカバリまたは必要的ディスクロージャーのルールによる権利・義務の善意に基づく誤解によるものであると考えられる場合、費用償還の制裁を認めることが不当であると結論付けると考えられる(56)。さらに、費用償還の制裁を不当とする根拠として、当事者または代理人弁護士に費用償還の制裁を科すことの効果、敗訴当事者またはその代理人弁護士の精神状態、彼らの関連する知識・経験・専門性、過去の非行、萎縮効果の危険、勝訴当事者により被った不利益（例えば、訴訟の準備におけるもの）も考えられる(57)。

　前記の通り、費用償還の制裁は、裁判所が強制命令の申立てに対して判断する際に排斥した立場を採ったことにつき責任のある当事者または代理人弁護士に科され得るし、また、その両者に科され得る（連邦民訴規則37条(a)(5)項(A)(B)）。代理人弁護士は費用償還の制裁に関して、依頼者の背後に隠れることはできない(58)。故に、強制命令の申立てに関して採られた立場についての責任が代理人弁護士にのみある場合、裁判所は代理人弁護士にのみ費用償還の

---

(53)　7 *Moore's Federal Practice*, § 37.23[2]（Matthew Bender 3d ed.）.

(54)　7 *Moore's Federal Practice*, § 37.23[3]（Matthew Bender 3d ed.）.

(55)　7 *Moore's Federal Practice*, § 37.23[3]（Matthew Bender 3d ed.）; see Fed. R. Civ. P. 37(a) advisory committee's note（1970）.

(56)　7 *Moore's Federal Practice*, § 37.23[3]（Matthew Bender 3d ed.）.

(57)　*Id*.

(58)　7 *Moore's Federal Practice*, § 37.23[4][a]（Matthew Bender 3d ed.）; DeVaney v. Continental Am. Ins. Co., 989 F.2d 1154, 1162（11th Cir. 1993）（制裁は一部、依頼者に対する役務が裁判所、法、そして同輩の弁護士に対する責任とともに存在しなければならないことを代理人弁護士に想起させるために存在する旨を判示する）.

◆第1部◆　当事者主義的民事訴訟運営と当事者照会の実効化

制裁を命じ得る(59)。なお，責任が代理人弁護士と依頼者とに分配される場合，分配の性質は事実審裁判所の健全な裁量に委ねられる(60)。

　強制命令の申立てに関して敗訴した当事者に費用償還の制裁を科す前に，裁判所は制裁を科される者または当事者に審問の機会を与えなければならない（連邦民訴規則37条(a)(5)項(A)(B)）。裁判所は，適切な通知に基づく口頭での審問を開くことか，利害関係のある当事者からの書面の提出を考慮することのいずれかにより，この要求を遵守することになる(61)。

　強制命令の申立てに関して当事者または代理人弁護士に科される制裁は，弁護士費用を含む，申立てに関して負担された合理的な費用に限定される（連邦民訴規則37条(a)(5)項(A)(B)）(62)。ここでは，費用償還の制裁の要求を準備

---

(59)　7 *Moore's Federal Practice*, § 37.23[4][a]（Matthew Bender 3d ed.）; Frazier v. Southeastern Pennsylvania Transp. Auth., 161 F.R.D. 309, 316-317（E.D. Pa. 1995）（代理人弁護士は，それにより強制命令の申立てが必要となった，証言録取での冒涜的表現，頻繁な中断や異議につき排他的責任を負う旨を判示する）; Smith v. Logansport Community Sch. Corp., 139 F.R.D. 637, 651（N.D. Ind. 1991）（代理人弁護士が当事者に，理由なく証言録取の質問に回答しないこと，相手方当事者による後の強制命令の申立てに反対するために何も提出しないことを指示した事案に関する裁判例）; DeVaney v. Continental Am. Ins. Co., 989 F.2d 1154, 1163（11th Cir. 1993）（代理人弁護士が数多くのディスカバリの問題を解決しなかったことが，いずれの当事者にとっても利益にならない多くの，かつ不必要な訴訟費用の発生につながったとする）.

(60)　7 *Moore's Federal Practice*, § 37.23[4][a]（Matthew Bender 3d ed.）; Mugavero v. Arms. Acres, Inc., 680 F. Supp. 2d 544, 575（S.D.N.Y. 2010）（「ディスカバリの濫用を行う際の原告とその代理人弁護士の相互の有責性が明らかでない点に鑑み，原告とその代理人弁護士は最終的に科される弁護士費用の償還の制裁につき等しく責任を負うと判断される」旨を判示する）; Castillo v. St. Paul Fire & Marine Insurance Co., 938 F.2d 776, 779（7th Cir. 1991）（原告とその代理人弁護士がはなはだしい，かつ継続的なディスカバリの手続の濫用に関与していた場合，弁護士費用と訴訟費用は彼らの間で等しく分配されるとする）.

(61)　7 *Moore's Federal Practice*, § 37.23[5]（Matthew Bender 3d ed.）; *see* Fed. R. Civ. P. 37(a) advisory committee's note（1993）.

(62)　7 *Moore's Federal Practice*, § 37.23[6]（Matthew Bender 3d ed.）; *see* Cruz v. Meachum, 159 F.R.D. 366, 368（D. Conn. 1994）（強制命令の申立てを取り下げた当事者に，申立ての準備の際の費用の償還は認められなかった事案）; Foxley Cattle Co., v.

◆第5章　質問書への回答の懈怠等に対する制裁

するために負担された弁護士費用もまた償還され得る(63)し，同様に，費用償還の制裁への上訴に対し防御することの費用は，もともとの制裁で認められた費用償還に追加して償還され得る(64)。裁判官は，費用償還の制裁の要求に関して費やされた時間と請求された弁護士費用の合理性を評価するため，法実務に関する経験と同様に，事件と代理人弁護士に関する経験を用いる(65)。大部分の裁判所は，費用償還の制裁の一部となる弁護士費用の算定のために「指針（lodestar）」の公式を用いる(66)。この公式に従い，代理人弁護士により費やされた時間数に，当該地域での同種の技能の弁護士による同種の業務のために通常請求される1時間あたりの費用を乗じて，弁護士費用が算定され，償還を求める当事者は，費やされた時間と請求される一般的な費用についての証明責任を負う(67)。基準となる額は，包含される争点の複雑さ，代理人弁護士の認識されている技能や能率性を含む，様々な要素を考慮した結果，増加したり減少したりする(68)。

　　Grain Dealers Mut. Ins. Co., 142 F.R.D. 677, 681 (S.D. Iowa 1992)（基礎となるディスカバリの要求に関する様々なコミュニケーションのための費用の償還を，強制命令の申立てに先行するものであったことを理由に，認めなかった事案）; Protective Nat'l Ins. Co. of Omaha v. Commonwealth Ins. Co., 137 F.R.D. 267, 283 (D. Neb. 1989)（裁判所は費用償還を命令の獲得に関連するものに限定し，第二の証言録取のための費用の償還を認めなかった事案）.

(63)　7 Moore's Federal Practice, § 37.23[6] (Matthew Bender 3d ed.); Sure Safe Indus. Inc. v. C & R Pier Mfg., 152 F.R.D. 625, 627 (S.D. Cal. 1993).

(64)　7 Moore's Federal Practice, § 37.23[6] (Matthew Bender 3d ed.); Rickels v. City of South Bend, Indiana, 33 F.3d 785, 787 (7th Cir. 1994)（連邦民訴規則旧37条(a)(4)項〔現37条(a)(5)項〕は費用償還の規定であり，勝訴者は全ての費用を償還され得るとする）.

(65)　7 Moore's Federal Practice, § 37.23[8] (Matthew Bender 3d ed.).

(66)　Id.

(67)　Id.

(68)　7 Moore's Federal Practice, § 37.23[8] (Matthew Bender 3d ed.); Astro-Med, Inc. v. Plant, 250 F.R.D. 28, 30-31 (D.R.I. 2008)（「連邦民訴規則37条の違反を理由とする弁護士費用の償還のための適切な方法は，指針（lodestar）の方法であり」，合理性の判断のための関連する市場は，連邦地方裁判所が所在するコミュニティであるとする）; Am. Hanger, Inc. v. Basic Line, Inc., 105 F.R.D. 173, 178 (D. Mass. 1985)

◆第1部◆　当事者主義的民事訴訟運営と当事者照会の実効化

事実審裁判所は，強制命令の申立てに関する敗訴当事者が十分に正当化された立場を採っていたか否かを判断する際に，かなりの裁量権を与えられている。故に連邦控訴裁判所は，費用償還の制裁に関する事実審裁判所の判断を審査する際，謙抑的な「裁量権の濫用（abuse of discretion）」の基準を適用する[69]。

◆第2節◆　強制命令の不遵守を理由とする制裁

第1款　概　要

連邦民訴規則37条(a)項に基づきディスカバリの強制命令が発令されたにもかかわらず，ディスカバリを命じられた者がこれを遵守しなかった場合，さらなる制裁が科される（連邦民訴規則37条(b)項）。すなわち，当事者または法人たる当事者の役員・取締役・支配人がディスカバリの強制命令を遵守しなかった場合，裁判所は制裁のためのさらなる命令を発令することができる（連邦民

（代理人弁護士の時間数が13.5時間から4時間に減少させられた事案）; Boune of New York City, Inc. v. AmBase Corp., 161 F.R.D. 258, 267（S.D.N.Y. 1995）（基準額が，原告の申立ての一部の面に関して成功しなかったことの代償として，20％引き下げられた事案）; E.E.O.C. v. Accurate Mechanical Contractors, Inc., 863 F. Supp. 828, 834-835（E.D. Wis. 1994）（共同弁護士の援助や法的な争点の簡単な性質に基づき，代理人弁護士の時間数が22時間から5時間に減少させられた事案）; Gordon v. Castle Oldsmobile and Honda, Inc., 157 F.R.D. 438, 439（E.D. Ill. 1994）（裁判所が41時間分の弁護士費用の償還の要求を不合理であると判断し，それを8時間分に減少させた事案）; Brown v. State of Iowa, 152 F.R.D. 168, 174-175（S.D. Iowa 1993）（単純な強制命令の申立てのための「ひどく過大な」要求が減少させられた事案）。

(69)　7 *Moore's Federal Practice*, § 37.23 [10]（Matthew Bender 3d ed.）; United States v. One 1987 BMW 325, 985 F.2d 655, 657（1st Cir. 1993）; Petrucelli v. Bohringer and Ratzinger, 46 F.3d 1298, 1310-1311（3d Cir. 1995）; Bill Call Ford, Inc. v. Ford Motor Co., 48 F.3d 201, 209（6th Cir. 1995）; Haworth, Inc. v. Herman Miller, Inc., 162 F.R.D. 289, 297（W.D. Mich. 1995）; AHP Subsidiary Holding Co. v. Stuart Hale Co., 1 F.3d 611, 620（7th Cir. 1993）; Castillo v. St. Paul Fire & Marine Ins. Co., 938 F.2d 776, 780（7th Cir. 1991）; Reygo Pac. Corp. v. Johnson Pump Co., 680 F.2d 647, 649（9th Cir. 1982）; In re Akros Installations, Inc. v. Great National Bank, 834 F.2d 1526, 1530（9th Cir. 1987）; Eureka Fin. Corp. v. Hartford Accident & Indem. Co., 136 F.R.D. 179, 185（E.D. Cal. 1991）。

◆第5章　質問書への回答の懈怠等に対する制裁

訴規則37条(b)(2)項(A)。ここで認められる制裁の種類については，後に詳しく論じる）。また，裁判所はこの命令に代えて，またはこれに加えて，ディスカバリの強制命令を遵守しなかった当事者等，その代理人弁護士，またはその両者に対し，原則として，弁護士費用を含む，ディスカバリの強制命令の不遵守により生じた合理的な費用の償還を命じなければならない（連邦民訴規則37条(b)(2)項(C))。

連邦民訴規則37条(b)項に基づく制裁は，ディスカバリの強制命令の不遵守があった場合にのみ科され，ディスクロージャーの強制命令には適用されない。また，この規定による制裁の申立てに関しては，強制命令の申立ての場合と異なり，当事者が申立ての前にディスカバリにより求められている情報等を裁判所の介入なしに入手するために相手方との協議，または協議の試みを行わなければならないとの要件は存在せず，この点に関しては，裁判所が既にディスカバリの強制命令を発令していることにより，協議等の要求が不要になるとされる[70]。

連邦民訴規則37条(b)(2)項に基づく制裁の目的は，制裁が正当化されるような行為をした者を懲罰すること，そのような行為に関与するよう誘惑され得る者を抑止することである[71]。その他の目的として，当事者が強制命令の不遵守により利益を得ることができないことを保証すること[72]，手近な特定の命令の遵守を確保すること[73]，濫用的な行為により生じた追加の費用を裁判所や他の当事者に補償すること[74]が挙げられる[75]。裁判所は，どの種類の制

---

(70)　7 *Moore's Federal Practice*，§ 37.40（Matthew Bender 3d ed.）．

(71)　7 *Moore's Federal Practice*，§ 37.41（Matthew Bender 3d ed.）; Roadway Express, Inc. v. Piper, 447 U.S. 752, 763-764, 100 S. Ct. 2455, 65 L. Ed. 2d 488（1980）; Bass v. Jostens, Inc., 71 F.3d 237, 241（6th Cir. 1995）; Chilcutt v. United States, 4 F.3d 1313, 1324（5th Cir. 1993）; United States v. Sumitomo Marine & Fire Ins. Co., 617 F.2d 1365, 1369（9th Cir. 1980）; Wouters v. Martin County, Fla., 9 F.3d 924, 933（11th Cir. 1993）．

(72)　7 *Moore's Federal Practice*，§ 37.41（Matthew Bender 3d ed.）; United States v. Sumitomo Marine & Fire Ins. Co., 617 F.2d 1365, 1369（9th Cir. 1980）．

(73)　*Id*．

(74)　7 *Moore's Federal Practice*，§ 37.41（Matthew Bender 3d ed.）; Wouters v. Martin

◆第1部◆　当事者主義的民事訴訟運営と当事者照会の実効化

裁を科すか，また，制裁がどれほど厳しいものであるべきかを判断する際，これらの目的に留意すべきであり(76)，可能な範囲で制裁は強制命令の不遵守が起こった事情に適合するように調整されるべきである(77)。

第2款　制裁の申立てに関する手続的要件

　連邦民訴規則は，37条(b)項所定の制裁の申立てにつき特別な期間の制限を設けていないが，制裁の申立ては，基礎となる強制命令の違反が生じた後，発見された後，または合理的な注意を通じて発見されるべきであった後の合理的な期間内になされなければならない(78)。この合理的な期間は状況に応じて変化し，制裁の申立てが長期にわたり遅れたことにより，申立てが認容される可能性が著しく減少すると考えられる(79)。このことは一部分，申立ての長期の遅延により制裁の目的の達成が不可能になるとの理由で生じ，例えば，制裁が強制命令の違反等の発生後長期間が経過した後まで科されないならば，懲罰の抑止効果は相当に減殺されると考えられる(80)。

　反対のローカル・ルール，裁判所審理規則，または事件ごとの指名された裁判官による指示がない限り，当事者による強制命令の不遵守を理由とする制裁の申立ては申立書によらなければならず（連邦民訴規則7条(b)(1)項参照），審問の通知はその審問のために設定された日の少なくとも14日前に送達されなければならない（連邦民訴規則6条(c)(1)項）。ローカル・ルールはしばしば，申立書の様式と内容に関する付加的な要求を追加する(81)。違反を非難されて

County, Fla., 9 F.3d 924, 933 (11th Cir. 1993); Carlucci v. Piper Aircraft Corp., 775 F.2d 1440, 1453 (11th Cir. 1985).

(75)　7 *Moore's Federal Practice*, § 37.41 (Matthew Bender 3d ed.).

(76)　7 *Moore's Federal Practice*, § 37.41 (Matthew Bender 3d ed.); United States v. Sumitomo Marine & Fire Ins. Co., 617 F.2d 1365, 1369-1370 (9th Cir. 1980).

(77)　7 *Moore's Federal Practice*, § 37.41 (Matthew Bender 3d ed.).

(78)　7 *Moore's Federal Practice*, § 37.43[1] (Matthew Bender 3d ed.).

(79)　7 *Moore's Federal Practice*, § 37.43[1] (Matthew Bender 3d ed.); Brandt v. Vulcan, Inc., 30 F.3d 752, 756-757 (7th Cir. 1994) (紛争から5年後の陪審に対する説示の会議でなされた申立ては，時機に後れたものであった旨を判示する).

(80)　7 *Moore's Federal Practice*, § 37.43[1] (Matthew Bender 3d ed.).

◆第5章　質問書への回答の懈怠等に対する制裁

いる当事者が 14 日以内に申立てに対する適切な防御を準備することが実行不可能である場合，主張されている不遵守の状況と性質に鑑み，デュー・プロセス条項はさらなる通知を要求し得る[82]。

　強制命令の不遵守を理由とする制裁の申立てでは，命令の不遵守を主張されている当事者にディスカバリの義務を理解させ，防御のための公正な機会を与えるために，十分に明確な形で，主張されている強制命令の不遵守に関して表示しなければならない[83]。すなわち，制裁の申立てはデュー・プロセスの要求に適合しなければならず，そのデュー・プロセスの要求は現実の，合理的なものでなければならず，かつ，何らかの審問の機会を与えなければならない[84]。

　制裁の申立てにより弁護士費用を含む費用償還を求める場合（連邦民訴規則 37 条(b)(2)項(C)参照），求められている費用と主張されている強制命令の不遵守との因果関係を説明すべきであり，かつ，提供された役務の性質，費やされた代理人弁護士の時間数，それに従って時間当たりの費用が依頼者に請求される割合を詳細に述べるべきである[85]。

第3款　制裁の申立てに対する判断
1　制裁の目的の考慮
　懲罰と抑止という目的は，強制命令の不遵守を理由とする制裁を科すか否か

---

[81]　7 *Moore's Federal Practice*，§ 37.43[2]（Matthew Bender 3d ed.）; *see, e.g.*, N.D. Cal. Civ. R. 37-1(e)（連邦民訴規則 37 条による制裁の申立てが他の申立てと独立に少なくとも 35 日前の通知によりなされること，また，詳細な理由付けの表明を伴っていなければならないことを要求する）．

[82]　7 *Moore's Federal Practice*，§ 37.43[2]（Matthew Bender 3d ed.）; *see, e.g.*, Hathcock v. Navistar Int'l Transp. Corp., 53 F.3d 36, 42（4th Cir. 1995）（連邦民訴規則 37 条の罰金の制裁は事実上刑事裁判所侮辱の制裁であり，通知と審問の機会を要求する旨を判示する）．

[83]　7 *Moore's Federal Practice*，§ 37.43[3]（Matthew Bender 3d ed.）．

[84]　7 *Moore's Federal Practice*，§ 37.43[3]（Matthew Bender 3d ed.）; Hathcock v. Navistar Int'l Transp. Corp., 53 F.3d 36, 42（4th Cir. 1995）．

[85]　7 *Moore's Federal Practice*，§ 37.43[3]（Matthew Bender 3d ed.）．

を判断する際の正当かつ重要な考慮要素である[86]。争われている訴訟の秩序ある進行を促進するために裁判所が能力を保持しなければならない場合，裁判所は懲罰の手段を科すための権限を有しなければならない[87]。個々の制裁は意図した効果を有するよう十分強いものでなければならないが，それはまた必要な機能にのみ資するよう限定的に調整されなければならない[88]。

一般に，連邦民訴規則37条の制裁の主な目的は，違反されたと主張されている強制命令の遵守を確保しまたは奨励することである[89]。訴訟全体の却下，全ての請求についての懈怠判決（default judgment）の登録（これらの制裁は訴訟全体を終了させる効果を有する）を除く全ての制裁は，強制命令の遵守の確保・奨励という目的を促進するために利用される。命令の遵守を確保することの重要性に鑑み，ある裁判例は，裁判所はあるディスカバリの制裁を科すことにより，後により徹底的な制裁を科すことを妨げられない旨を強調する[90]。

制裁はまた，当事者が他の当事者による強制命令の不遵守の結果として被った，または被る可能性のある不利益の是正や補償のために用いられるところ，最も明白かつ重要な形態の不利益は，当事者が相手方の重大な争点，請求，抗弁を公正に正当化するために必要とする証拠へのアクセスを妨げた場合に生じる[91]。制裁はまた，当事者が強制命令に違反して新たな証拠の提出をトライ

---

(86)　7 *Moore's Federal Practice*，§ 37.50[1][a]（Matthew Bender 3d ed.）; National Hockey League v. Metropolitan Hockey Club, Inc., 427 U.S. 639, 643, 96 S. Ct. 2778, 49 L. Ed. 2d 747（1976）(per curiam)（制裁は非行に関与する誘惑に駆られる者を抑止する旨を判示する）.

(87)　7 *Moore's Federal Practice*，§ 37.50[1][a]（Matthew Bender 3d ed.）.

(88)　7 *Moore's Federal Practice*，§ 37.50[1][a]（Matthew Bender 3d ed.）; FDIC v. Conner, 20 F.3d 1376, 1383（5th Cir. 1994）（制裁は必要な機能に資するために限定的に調整されなければならない旨を判示する）.

(89)　7 *Moore's Federal Practice*，§ 37.50[1][a]（Matthew Bender 3d ed.）; *see* Fed. R. Civ. P. 37 advisory committee's note（1937）（最初に起草された連邦民訴規則37条は主に命令の遵守の確保を意図し，裁判所侮辱の形態の懲罰を科すことは意図していなかった旨を示唆する）.

(90)　*See, e.g.*, Marquis Theatre Corp. v. Condado Mini Cinema, 846 F.2d 86, 88（1st Cir. 1988）（被告の積極的抗弁を却下する最初の制裁が協力を引き出さなかった後に，被告の答弁書を却下する制裁が続いた事案に関する裁判例）.

◆第5章　質問書への回答の懈怠等に対する制裁

アルの直前まで待ち，相手方当事者の時間・費用の相当な浪費という結果を生じさせた場合にも適切である(92)。しかし，当事者の不利益は制裁を科すための本質的な前提条件ではなく，司法の運営のためには，たとえ違反が他の当事者の実体権に不利に影響したことが明らかでない場合であっても，強制命令の免責されない違反に対応することが裁判所にとって重要である(93)。

強制命令の不遵守を理由として科される全ての制裁は，状況に照らし合理的でなければならず(94)，かつ，制裁の性質と規模が強制命令の違反の性質と規模，および，その違反の有害な結果と釣り合う場合にのみ，制裁は合理的である(95)。

例えば，第4巡回区連邦控訴裁判所は，どのような制裁を科すかを判断する際に連邦地方裁判所が用いるための，四要素から成るテストを発展させてきたところ，そのテストの下で裁判所は，強制命令を遵守しなかった当事者が悪意で行動していたか否か，不遵守が相手方に引き起こした不利益の総額，特定の種類の不遵守を抑止する必要性，より徹底的でない制裁が有効であったか否かという要素を考慮する(96)。

---

(91) 7 *Moore's Federal Practice*, § 37.50[1][a]（Matthew Bender 3d ed.）.

(92) 7 *Moore's Federal Practice*, § 37.50[1][a]（Matthew Bender 3d ed.）; *see* Belk v. Charlotte-Mecklenburg Bd. of Educ., 269 F.3d 305, 348（4th Cir. 2001）; Bankatlantic v. Blythe Eastman Paine Webber, Inc., 12 F.3d 1045, 1052（11th Cir. 1994）.

(93) 7 *Moore's Federal Practice*, § 37.50[1][a]（Matthew Bender 3d ed.）.

(94) 7 *Moore's Federal Practice*, § 37.50[1][a]（Matthew Bender 3d ed.）; Carlucci v. Piper Aircraft Corp., 775 F.2d 1440, 1453-1454（11th Cir. 1985）（連邦地方裁判所にその採用した金額を正当化するのに適切な説明を求めるために，金銭的制裁を差し戻した事案に関する裁判例）.

(95) 7 *Moore's Federal Practice*, § 37.50[1][a]（Matthew Bender 3d ed.）; Crown Life Ins. Co. v. Craig, 995 F.2d 1376, 1383（7th Cir. 1993）（ディスカバリの命令の違反が故意または悪意による場合，釣り合いが推定される旨を判示する）.

(96) 7 *Moore's Federal Practice*, § 37.50[1][a]（Matthew Bender 3d ed.）; Belk v. Charlotte-Mecklenburg Bd. of Educ., 269 F.3d 305, 348（4th Cir. 2001）（要素の考慮により，制裁を科す際の連邦地方裁判所の裁量権の濫用がないことが明らかになったとする）.

◆第1部◆　当事者主義的民事訴訟運営と当事者照会の実効化

2　制裁の判断に際しての事実審裁判所の裁量

　事実審裁判所が個々の事件の全ての関連する状況を直接に知悉しているとの事実に鑑み，制裁を科すか否か，またどの特定の種類の制裁を科すかについての判断は，一般的には事実審裁判所の広範な裁量権に委ねられた問題である[97]。強制命令の違反を理由に制裁を科す判断を審査する際に大部分の連邦控訴裁判所が適用する基準は，謙抑的な「裁量権の濫用（abuse of diccretion）」の基準である[98]。この基準によれば，審査を行う裁判所が全ての関連する要素を衡量した後，事実審裁判所が達した結論において判断の明白な誤りを犯したとの明確かつ堅固な確信を抱いた場合にのみ，連邦地方裁判所の判断は破棄される[99]。裁量権の濫用の基準に基づき事実審裁判所の判断を審査する際，連邦控訴裁判所は，事実審裁判所が命令を維持し不当な遅延を防止する必要性，違反者の相手方への不利益，本案に関して訴訟を処分することに有利な方針を含む，多くの要素を衡量しなければならない[100]。

---

(97)　7 *Moore's Federal Practice*, § 37.50[1][b]（Matthew Bender 3d ed.）; *see, e.g.,* Malloy v. WM Specialty Mortg. LLC, 512 F.3d 23, 27（1st Cir. 2008）（より軽い制裁の適切性に関して，「われわれ（連邦控訴裁判所）の審査は，連邦地方裁判所の現場の判断に対して高度に謙抑的である」旨を判示する）; Pesaplastic, C.A. v. Cincinnati Milacron Co., 799 F.2d 1510, 1519（11th Cir. 1986）（連邦地方裁判所は金銭的制裁を科す際に非常に広範な裁量権を有する旨を判示する）.

(98)　7 *Moore's Federal Practice*, § 37.50[1][b]（Matthew Bender 3d ed.）.

(99)　7 *Moore's Federal Practice*, § 37.50[1][b]（Matthew Bender 3d ed.）; Friends of Animals, Inc. v. United States Surgical Corp., 131 F.3d 332, 334（2d Cir. 1997）（争われているディスカバリの活動に関係する多数の記載事項を記録が含み，原告によるディスカバリの濫用の組織的なパターンを証明する場合に，連邦地方裁判所は訴訟を却下する際に裁量権を濫用していなかった旨を判示する）; Harmon v. CSX Transp., Inc., 110 F.3d 364, 368-369（6th Cir. 1997）（連邦地方裁判所が訴訟の却下という最終的な制裁を科したことにつき，裁量権の濫用は認定されなかったとする）; Serra Chevrolet, Inc. v. General Motors Corp., 446 F.3d 1137, 1151-1153（11th Cir. 2006）（連邦地方裁判所がその適切な役割を誤解し，関連する証拠を無視または誤解し，かつ，事実上の根拠があまり存在しない考慮に基づき判断した場合，連邦地方裁判所は連邦民訴規則37条(b)項の制裁を科す際に裁量権を濫用したとする）; Bankatlantic v. Blythe Eastman Paine Webber, Inc., 12 F.3d 1045, 1053（11th Cir. 1994）（金銭的制裁を維持する）.

(100)　7 *Moore's Federal Practice*, § 37.50[1][b]（Matthew Bender 3d ed.）; Young v.

◆ 第5章　質問書への回答の懈怠等に対する制裁

　しかし，連邦控訴裁判所が事実審裁判所に認める裁量権の範囲は，一般的に，選択された制裁の厳しさに応じて変化し，事実審裁判所により科された制裁がより厳しければ厳しいほど，連邦控訴裁判所が認める可能性のある裁量権の範囲はより狭くなる[101]。例えば，制裁が本案に関して訴訟を終結させる場合，より厳しくない制裁が制裁の規定の目的を充足し得るか否かにつき，連邦控訴裁判所がより綿密な調査を行う可能性があるとする裁判例がある[102]。同様に，制裁の要求を判断する際に事実審裁判所が従事した手続に関する裁量権の範囲は，選択された制裁の規模に応じて狭まり，厳しい制裁を科すことにより発動されるデュー・プロセスの考慮は，より軽い制裁を科すことにより提示されるデュー・プロセスの考慮よりも大きくなる[103]。

3　訴訟の却下または懈怠判決の制裁を科す場合に考慮される要素

　強制命令の不遵守を理由として連邦民訴規則37条(b)(2)項に基づき科される制裁の種類につき，詳細は後に論じる。その中でも，訴訟の却下（連邦民訴規則37条(b)(2)項(A)(v)）と懈怠判決（連邦民訴規則37条(b)(2)項(A)(vi)）は，とりわけ訴訟の本案に大きな影響を及ぼす厳しい制裁であり，そのため，このような制裁を科す場合，他の種類の制裁を科す場合とは異なる要素の考慮が必要となる。

(1) 最終手段としての制裁

　訴訟の却下または懈怠判決の制裁は，適切な事件では連邦地方裁判所にとっ

　　　Gordon, 330 F.3d 76, 81 (1st Cir. 2003).
(101)　7 *Moore's Federal Practice*, §37.50[1][b] (Matthew Bender 3d ed.).
(102)　7 *Moore's Federal Practice*, §37.50[1][b] (Matthew Bender 3d ed.); Hathcock v. Navistar Int'l Transp. Corp., 53 F.3d 36, 40 (4th Cir. 1995)（裁判所が懈怠判決を登録する場合，裁量権の範囲は裁判所がより厳しくない制裁を科す場合より狭くなるとする）。
(103)　7 *Moore's Federal Practice*, §37.50[1][b] (Matthew Bender 3d ed.); Roadway Express, Inc. v. Piper, 447 U.S. 752, 767 n.14, 100 S. Ct. 2455, 65 L. Ed. 2d 488 (1990)（訴訟の却下は費用の評価よりもデュー・プロセスを保障するとする）; DeVaney v. Continental Am. Ins. Co., 989 F.2d 1154, 1159 (11th Cir. 1993)（訴訟費用と弁護士費用の評価はより軽い制裁であり，デュー・プロセスへのより少ない関心を示すとする）。

◆ 第 1 部 ◆　当事者主義的民事訴訟運営と当事者照会の実効化

て利用可能でなければならない(104)が，訴訟を本案に関して解決することへの強力な志向，または，デュー・プロセスに関する関心の規模が制裁の厳しさに応じて増大するとの理由から，裁判所は一様に，強制命令に違反したことを理由とする制裁としての，訴訟を却下する命令または懈怠判決を認容する命令は，一般的に最終手段としてのみ，またはより徹底的でない制裁が裁判所の命令の遵守を確保しないと考えられる場合にのみ，適切と考えられる旨を判示する(105)。そして，事実審裁判所がこれらの制裁を科すことを選択する場合，その裁量権の範囲はかなり狭くなる(106)。例えば，第 9 巡回区連邦控訴裁判所の

---

(104)　7 *Moore's Federal Practice*，§ 37.50[2][a]（Matthew Bender 3d ed.）; National Hockey League v. Metropolitan Hockey Club, Inc., 427 U.S. 639, 643, 96 S. Ct. 2778, 49 L. Ed. 2d 747（1976）(per curiam).

(105)　7 *Moore's Federal Practice*，§ 37.50[2][a]（Matthew Bender 3d ed.）; *see* Malloy v. WM Specialty Mortg. 512 F.3d 23, 26（1st Cir. 2008）（訴訟の却下が実体的効果をもつ場合，裁判所は様々な実体的・手続的要素を考慮しなければならないとする）; Marfia v. T.C. Ziraat Bankasi, 100 F.3d 243, 249（2d Cir. 1996）（本案に関して紛争を解決することについての強い方針を示し，連邦控訴裁判所が裁量権の濫用として懈怠判決の制裁を破棄した事案）; McMullen v. Bay Ship Management, 335 F.3d 215, 218-219（3d Cir. 2003）（手続中の停止は満足すべき形での代替手段として両当事者により提案されたため，訴訟の却下は，原告が合衆国憲法第 5 修正の異議を撤回しなかったこと，および，被告の質問書に回答しなかったことを理由としてはあまりにも過酷な制裁であったとする）; FDIC v. Conner, 20 F.3d 1376, 1381-1382（5th Cir. 1994）（裁量権の濫用として訴訟の却下の制裁を破棄する）; Profile Gear Corp. v. Foundry Allied Indus., Inc., 937 F.2d 351, 353-354（7th Cir. 1991）（連邦地方裁判所が以前に四つのより軽い制裁を科し，かつ，懈怠判決が差し迫っている旨を明白に警告していた場合に，懈怠判決の登録の命令が維持された事案）; Jones v. Thompson, 996 F.2d 261, 265-266（10th Cir. 1993）（訴訟の却下を維持する）; Wouters v. Martin County, Fla., 9 F.3d 924, 934（11th Cir. 1993）（弁護士費用の償還という形態の，より軽い制裁が利用可能であったため，訴訟の却下の制裁が破棄された事案に関する裁判例）; Malautea v. Suzuki Motor Co., 987 F.2d 1536, 1543（11th Cir. 1993）（懈怠判決を維持する）; U.S. v. BCCI Holdings（Luxembourg），S.A., 169 F.R.D. 220, 223（D.D.C. 1996）（訴訟の却下はより軽い制裁で十分である場合には適用され得ない過酷な制裁であるとはいえ，原告がディスカバリを提供することと証人を証言録取のために利用可能にすることを命じる命令に繰り返し従わなかったことにより，訴訟の却下が正当化されたとする）.

(106)　7 *Moore's Federal Practice*，§ 37.50[2][a]（Matthew Bender 3d ed.）; Hathcock

◆第5章　質問書への回答の懈怠等に対する制裁

裁判例は，連邦地方裁判所が訴訟の却下の制裁を科す際により軽い制裁を適切に考慮したか否かを判断する場合に，連邦地方裁判所が明白により軽い制裁という代替手段を議論し，なぜそれが不適切と考えられるかを説明したか否か，訴訟の却下を命じる前により軽い制裁を実行したか否か，違反をした当事者に訴訟の却下の可能性を警告したか否かを考慮する旨を判示する(107)。また，同じ第9巡回区連邦控訴裁判所の別の裁判例も，事実審裁判所による訴訟の却下の制裁を破棄し，通常の好ましいアプローチは累進的な規律を要求する旨を判示する(108)。そのアプローチによれば，事実審裁判所による最初の介入は謙抑的であるべきであり，かつ，違反した当事者が基礎となるディスカバリの命令に従わなかった場合のよりはなはだしい結果の警告を伴うべきであるとされ，より軽い制裁による強制命令の遵守を確保できなかったことが，累進的により過酷な制裁を正当化する(109)。

　もっとも，訴訟の却下と懈怠判決が最終手段たる制裁であると考えることが，連邦地方裁判所は最初により厳しくない制裁を科した後にのみそのような徹底的な制裁を科し得ることを意味する訳ではなく，多くの裁判所は，累進的な規律というアプローチが全ての状況に適合する訳ではないこと，より軽い制裁が明白に効果的でないと考えられることが明らかである場合には事実審裁判所はそのアプローチを採る必要はないことを認識する(110)。

---

　　 v. Navistar Int'l Transp. Corp., 53 F.3d 36, 40（4th Cir. 1995）．前注(102)も参照。
(107)　Computer Task Group, Inc. v. Brotby, 364 F.3d 1112, 1116（9th Cir. 2004）（下級審裁判所は代わりのより軽い制裁を適切に考慮し，排斥したとする）．
(108)　United States for use of Wiltec Guam v. Kahaluu Constr. Co., 857 F.2d 600, 604-605（9th Cir. 1988）（事実審裁判所はより厳しくない制裁を考慮せず，なぜ訴訟の却下に及ばない制裁が制裁の規定の目的を達成しないと考えられるのかを議論していなかったと思われるとする）．
(109)　7 *Moore's Federal Practice*，§ 37.50[2][a]（Matthew Bender 3d ed.）．
(110)　7 *Moore's Federal Practice*，§ 37.50[2][a]（Matthew Bender 3d ed.）; Malloy v. WM Specialty Mortg. LLC, 512 F.3d 23, 27（1st Cir. 2008）（たとえ連邦地方裁判所が明白に代替手段を考慮していなかったとしても，裁判所が原告に訴訟の却下が差し迫っている旨を警告した後でさえ，制裁の申立てがなされる前の3ヶ月間にディスカバリに対する応答がなされなかったため，より軽い制裁は効果的でなかったと考えられるとする）; Harmon v. CSX Transp., Inc., 110 F.3d 364, 368（6th Cir. 1997）（連邦地方裁判所

◆第1部◆　当事者主義的民事訴訟運営と当事者照会の実効化

(2) 不遵守当事者の故意，悪意，重過失

　一般に，制裁は単に強制命令の不遵守によって発動され得るのであり[111]，特定の精神状態または有責性の程度は，少なくとも科される制裁が厳しいものでない場合，前提条件ではない[112]。故に，故意または反抗的な行為の認定は，訴訟の却下または懈怠判決の登録よりも厳しくない制裁を支持するために必要ではない[113]。しかし，不遵守当事者の有責性は選択された制裁の厳しさに直接関係する[114]。連邦最高裁判所は，「(強制命令の) 不遵守が不可能性によるものであり，故意，悪意，または (不遵守当事者の) 過失によるものでないことが証明された場合，(当事者の) トライアル前の提出命令の不遵守を理由とする訴状の却下を認めるよう」連邦民訴規則37条が「解釈されるべきではない」旨を判示し[115]，この判旨は，訴訟の却下または懈怠判決の制裁が適切に

　　　は原告の代理人弁護士の懈怠にのみ基づいて，最初の，かつ唯一の制裁として訴状を却下する権限を有するとする); Poulos v. Naas Foods, Inc., 959 F.2d 69, 75 (7th Cir. 1992) (他の現実に可能な制裁があまり存在しない場合に，最初の制裁としての訴訟の却下を維持する); Jones v. Thompson, 996 F.2d 261, 265-266 (10th Cir. 1993) (原告がいくつかの裁判所の命令を繰り返し無視し，かつ訴訟の却下の威嚇にさえ従うことを拒絶している場合に，より軽い制裁は効果的でないと考えられるとする); Malautea v. Suzuki Motor Co., 987 F.2d 1536, 1544 (11th Cir. 1993) (被告が継続的，かつ故意にディスカバリに対して抵抗し，彼らが提出を命じられていたディスカバリ可能な情報を故意に使わせないようにさえし，また誤解させる回答を提供した場合，連邦地方裁判所の裁判官は適切に彼らの答弁書を却下し，彼らに対する懈怠判決を登録したとする).

(111)　*See* Societe Internationale Pour Participations Industrielles v. Rogers, 357 U.S. 197, 208, 78 S. Ct. 1087, 2 L. Ed. 2d 1255 (1958).

(112)　7 *Moore's Federal Practice*, § 37.50[2][b] (Matthew Bender 3d ed.).

(113)　7 *Moore's Federal Practice*, § 37.50[2][b] (Matthew Bender 3d ed.); *see, e.g.*, Martinelli v. Bridgeport Roman Catholic Diocesan Corp., 179 F.R.D. 77, 80-82 (D. Conn. 1998) (裁判所は主張されている「不注意による」ディスカバリの遅延を理由とする制裁として弁護士費用の償還の制裁を科し，故意または反抗的な行為の認定はこのより軽い制裁を科すことのためには必要ない旨を論じた).

(114)　7 *Moore's Federal Practice*, § 37.50[2][b] (Matthew Bender 3d ed.); Chilcutt v. United States, 4 F.3d 1313, 1324 & n.23 (5th Cir. 1993); Halas v. Consumer Servs., Inc., 16 F.3d 161, 164 (7th Cir. 1994); Tamari v. Bache & Co. (Lebanon)　S.A.L., 729 F.2d 469, 473 (7th Cir. 1984).

◆第5章　質問書への回答の懈怠等に対する制裁

科される前に悪意，故意，または重過失の証明を要求するために幅広く解釈されてきた(116)。

　当事者が意識的に，かつ意図的にディスカバリの命令を遵守しなかったと裁判所が結論付けた場合(117)，または裁判所が十分に不利益を生じさせる継続的な違反を認定した場合(118)，訴訟の却下または懈怠判決の制裁を支持するのに十分な故意が認定される(119)。故意または悪意が存在するか否かを判断する際，裁判所は不遵守当事者による非行の全ての事情を適切に考慮に入れることができる(120)。

---

(115) Societe Internationale Pour Participations Industrielles v. Rogers, 357 U.S. 197, 212, 78 S. Ct. 1087, 2 L. Ed. 2d 1255 (1958); National Hockey League v. Metropolitan Hockey Club, Inc., 427 U.S. 639, 640, 96 S. Ct. 2778, 49 L. Ed. 2d 747 (1976) (per curiam).

(116) 7 *Moore's Federal Practice*, § 37.50[2][b] (Matthew Bender 3d ed.); Agiwal v. Mid Island Mortgage Corp., 555 F.3d 298, 302 (2d Cir. 2009) (実体的効果を伴う却下〔dismissal with prejudice〕は，裁判所が不遵守当事者の故意・悪意・過失を認定した場合にのみ用いられる過酷な救済であるとする); Valentine v. Museum of Modern Art, 29 F.3d 47, 49-50 (2d Cir. 1994) (継続的に，かつ故意により譲歩しないことは，訴訟の却下の制裁を支持するとする); Philips Med. Sys. Int'l, B.V. v. Bruetman, 982 F.2d 211, 214 (7th Cir. 1992) (懈怠判決は，その行為が故意・悪意・重過失の結果である当事者に対して適切であるとする).

(117) 7 *Moore's Federal Practice*, § 37.50[2][b] (Matthew Bender 3d ed.); Bass v. Jostens, Inc., 71 F.3d 237, 241 (6th Cir. 1995) (訴訟の却下の制裁を維持する).

(118) 7 *Moore's Federal Practice*, § 37.50[2][b] (Matthew Bender 3d ed.); Marx v. Kelly, Hart & Hallman, P.C., 929 F.2d 8, 10-11 (1st Cir. 1991) (遅延と裁判所の手続の無視の意図的なパターンが，訴訟の却下を正当化したとする); Agiwal v. Mid Island Mortgage Corp., 555 F.3d 298, 302 (2d Cir. 2009) (6ヶ月以上もの間，原告がそのそれぞれにつき却下を含む制裁の可能性を警告されていた全てのディスカバリの命令を無視し，かつ，治安判事がより軽い制裁を科した後ですら不遵守が継続していた場合，連邦地方裁判所は本人訴訟の原告の訴状を却下する際に裁量権を濫用していなかったとする); McLeod, Alexander, Powel & Apffel v. Quarles, 894 F.2d 1482, 1486 (5th Cir. 1990) (不十分と認定された簡略な異議に基づく命令遵守の継続的な拒絶によって，懈怠判決が正当化されるとする).

(119) 7 *Moore's Federal Practice*, § 37.50[2][b] (Matthew Bender 3d ed.).

(120) 7 *Moore's Federal Practice*, § 37.50[2][b] (Matthew Bender 3d ed.); Adriana

◆第1部◆　当事者主義的民事訴訟運営と当事者照会の実効化

　一部の裁判所は,「代理人弁護士の違反を理由とする罰は依頼者に加えられるべきではない」旨を主張し,強制命令の違反が当事者の代理人弁護士にのみ起因する場合に,訴訟の却下を維持することに対する不本意さを表明する(121)が,連邦最高裁判所は,代理人弁護士の免責されない行為を理由とする原告の訴状の却下は依頼者に対する不当な罰を科す旨の概念を排斥する(122)。しかし,制裁として訴訟の却下を科すか否かを判断する際に裁判所により適用される要素は,代理人弁護士の行為が訴訟の却下の唯一の根拠である場合,より厳格に適用されるべきである(123)。

　また,一部の上訴裁判所は,制裁の根拠となる不遵守が単純な不注意または過失というよりはむしろ明白に重過失に起因するものであったことを条件に,故意または悪意に及ばない行為を理由とする訴訟の却下や懈怠判決の制裁を維持してきた(124)。連邦最高裁判所のある判例は,どの程度厳しい制裁を科すかを判断する際,当該事件での当事者による反復的な不遵守の抑止のみならず,「抑止がなければそのような行為への誘惑に駆られ得る『別の事件での他の当

　Int'l Corp. v. Thoeren, 913 F.2d 1406, 1411-1412 (9th Cir. 1990)(裁判所は後の申立てを評価する際に以前の非行を考慮し得るとする).

(121)　7 *Moore's Federal Practice*, §37.50[2][b] (Matthew Bender 3d ed.); *see, e.g.*, Coleman v. American Red Cross, 23 F.3d 1091, 1095 (6th Cir. 1994)(「われわれはますます,責任のない依頼者よりもむしろ義務不履行の代理人弁護士に直接に制裁を科すことを強調してきた」旨を判示する); Carter v. City of Memphis, 636 F.2d 159, 161 (6th Cir. 1980)(「懈怠が単に代理人弁護士の過失である場合に」,訴訟の却下は「たいてい不適切である」旨を述べる).

(122)　7 *Moore's Federal Practice*, §37.50[2][b] (Matthew Bender 3d ed.); Link v. Wabash Railroad Co., 370 U.S. 626, 633-634, 82 S. Ct. 1386, 8 L. Ed. 2d 734 (1962)(依頼者は自由に代理人弁護士を選択したし,かつ,弁護士たる代理人の行為により拘束される旨を判示する); *see* Malloy v. WM Specialty Mortg. LLC, 512 F.3d 23, 27 (1st Cir. 2008)(当裁判所は,「代理人弁護士の罪が依頼者に報いるべきではないとの弁解に対して一貫して耳を貸さなかっ」た旨を述べる).

(123)　7 *Moore's Federal Practice*, §37.50[2][b] (Matthew Bender 3d ed.); Harmon v. CSX Transp., Inc., 110 F.3d 364, 367-368 (6th Cir. 1997)(事実審裁判所が実体的効果を伴う却下という最終的な制裁を科したことにつき,裁量権の濫用を認定しなかった事案).

(124)　7 *Moore's Federal Practice*, §37.50[2][b] (Matthew Bender 3d ed.).

◆第5章　質問書への回答の懈怠等に対する制裁

事者』を抑止すること」の必要性をも考慮することが適切であり得る旨を述べる傍論の文脈で，不遵守当事者が重過失の責任を負い得る限り，連邦民訴規則37条の広範かつ一般的な抑止目的は最も厳しい制裁を正当化し得る旨を示唆する(125)。この根拠から，重過失による強制命令の不遵守が訴訟の却下や懈怠判決の制裁を正当化し得るとの視点を示すいくつかの裁判例がある(126)。

(3) 事前の警告の必要性

いくつかの連邦控訴裁判所は，ほとんどの状況で，連邦地方裁判所は当事者の強制命令の不遵守を理由とする訴訟の却下または懈怠判決の制裁に訴える前に，事前の警告を与えるべきである旨を判示してきた(127)。制裁を科される当事者が本人訴訟を追行している場合に，全ての上訴裁判所が事前の警告を要求することはほぼ確実である(128)。

---

(125) National Hockey League v. Metropolitan Hockey Club, Inc., 427 U.S. 639, 640-641, 96 S. Ct. 2778, 49 L. Ed. 2d 747 (1976) (per curiam).

(126) 7 *Moore's Federal Practice*, §37.50[2][b] (Matthew Bender 3d ed.); Penthouse Int'l, Ltd. v. Playboy Enters., Inc., 663 F.2d 371, 387-388 (2d Cir. 1981); Marrocco v. General Motors Corp., 966 F.2d 220, 224 (7th Cir. 1992); *see also* Hyde & Drath v. Baker, 24 F.3d 1162, 1167 (9th Cir. 1994).

(127) 7 *Moore's Federal Practice*, §37.50[2][d] (Matthew Bender 3d ed.); Almonte v. Coca-Cola Bottling Co. of New York, Inc., 169 F.R.D. 246, 248-249 (D. Conn. 1996) (事前の警告が発せられていなかったことを理由に，原告による多数のディスカバリの濫用にもかかわらず，連邦地方裁判所が実体的効果を伴う却下の制裁を科すことを拒絶した事案); Simmons v. Abruzzo, 49 F.3d 83, 88 (2d Cir. 1995) (ディスカバリの違反を理由とする棄却は，裁判所の命令の違反が訴訟の却下という結果につながり得る旨の通知を裁判所がした後にのみ科されるべきであるとする); Hathcock v. Navistar Int'l Transp. Corp., 53 F.3d 36, 40-41 (4th Cir. 1995) (被告がそのような厳しい制裁が科され得ることを適切に警告されておらず，相手方当事者に対する不利益が重大ではなく，かつ，より軽い制裁が十分なものであり得た場合に，事実審裁判所が懈怠判決の登録を認められなかった事案); Bass v. Jostens, Inc., 71 F.3d 237, 241-242 (6th Cir. 1995) (警告は，厳しい制裁の適切さを判断する際に考慮される要素のリストの中に含まれているとする).

(128) 7 *Moore's Federal Practice*, §37.50[2][d] (Matthew Bender 3d ed.); *see, e.g.*, Valentine v. Museum of Modern Art, 29 F.3d 47, 50 (2d Cir. 1994) (本人訴訟の原告が，命令の不遵守が却下の制裁につながり得る旨を警告されていた場合に，その原告に

◆第1部◆　当事者主義的民事訴訟運営と当事者照会の実効化

　もっとも，訴訟の却下または懈怠判決の制裁に関する事前の警告を支持する強い方針を選好する裁判所でさえ，警告が要求されない例外的な状況の存在を認識する。例えば，第9巡回区連邦控訴裁判所は，相手方当事者がより厳しい制裁を求める意図を明確に示していたため，制裁を科される当事者が制裁の厳しさによる不意打ちを受け得ない場合，および，制裁を生じさせる行為が実にはなはだしいものであり，かつ，訴訟引延しの戦略の継続的なパターンを反映する場合，警告は必要でない旨を判示した[129]。

第4款　具体的な制裁の種類

　当事者やその役員等が強制命令を遵守しなかった場合，訴訟が係属する裁判所は制裁のためのさらなる正当な命令を発令し得（連邦民訴規則37条(b)(2)項(A)），その命令が包含し得る制裁の種類は，連邦民訴規則37条(b)(2)項(A)(i)-(vii)に列挙されている。さらに，裁判所はこの制裁の命令に代えて，またはこれに加えて，不遵守当事者等，その代理人弁護士，またはその両者に，一定の免責事由がない限り，弁護士費用を含む，強制命令の不遵守により生じた相手方の合理的な費用の償還を命じなければならない（連邦民訴規則37条(b)(2)項(C)）。以下では，これらの個々の制裁につき論じる。

1　事実の証明の擬制

　当事者等が強制命令に違反した場合，事実審裁判所は命令により，その命令に包含される事項またはその他の指定された事実を，訴訟の目的との関連で，命令を得た当事者の主張する通りに証明されたと擬制する旨を命じ得る（連邦民訴規則37条(b)(2)項(A)(i)）。特定の事実が証明されたと擬制することの重要性は，個々の事件でのその特定の事実の役割に応じ，広範に変化する[130]。証明されたと擬制される事実の一部は，その訴訟でのより重要な請求との関係では末梢的であることが考えられる[131]。他方，証明されたと擬制される事実

　　　　科された訴訟の却下の制裁を維持する).

(129)　Commodity Futures Trading Comm'n v. Noble Metals Int'l Inc., 67 F.3d 766, 771-772 (9th Cir. 1995).

(130)　7 *Moore's Federal Practice*, § 37.51[2] (Matthew Bender 3d ed.).

(131)　*Id.*

◆第5章　質問書への回答の懈怠等に対する制裁

が訴訟にとって決定的なものである場合も考えられ，故に，そのような事実が証明されたと擬制することは，訴訟の却下または懈怠判決の登録と同等である(132)。この制裁から生じ得る結果の広範な範囲に鑑みると，その利用を正当化する状況もまた広範に変化することは当然であり，一般に，特定の事実が証明されたと擬制することから生じる結果が厳しければ厳しいほど，根拠となる非行はよりはなはだしいものでなければならない(133)。

　特定の事実が証明されたと擬制することが請求の処分と同等である場合，上訴裁判所は訴訟の却下または懈怠判決の制裁の場合と同じ正当化を要求する(134)。故に連邦地方裁判所は，強制命令の違反が故意・悪意・重過失によるものであったこと，違反が他の当事者に重大な不利益を生じさせたこと，より徹底的でない制裁が制裁の目的を達成するために十分でないことを認定しなければならない(135)。

　他方，反対側の極には，証明されたと擬制される事実が末梢的である，または重要でない請求もしくは二次的な抗弁にのみ関連するとの状況があり，この種の制裁は，明示的に認められる制裁の中で最も厳しさの緩いものの一つである(136)。事実が証明されたと擬制する結果が訴訟の却下や懈怠判決の場合ほど徹底的なものとならない場合，故意，悪意，その他の重過失の認定は一般に必要条件ではない(137)。

2　指定された請求・抗弁を支持することまたは争うことの禁止，指定された事項の証明の禁止

　当事者等が強制命令に違反した場合，事実審裁判所は，不遵守当事者が指定

---

(132)　*Id.*

(133)　*Id.*

(134)　*Id.*

(135)　7 *Moore's Federal Practice*, § 37.51 [2] (Matthew Bender 3d ed.); Commodity Futures Trading Comm'n v. Noble Metals Int'l, 67 F.3d 766, 770-772 (9th Cir. 1995).

(136)　7 *Moore's Federal Practice*, § 37.51 [2] (Matthew Bender 3d ed.); Chilcutt v. United States, 4 F.3d 1313, 1320 n.17 (5th Cir. 1993).

(137)　7 *Moore's Federal Practice*, § 37.51 [2] (Matthew Bender 3d ed.); *see, e.g.,* Chilcutt v. United States, 4 F.3d 1313, 1322 & n.23 (5th Cir. 1993)（故意は，制裁が訴訟の却下または懈怠判決と同等である場合にのみ要求されるとする）。

◆第1部◆　当事者主義的民事訴訟運営と当事者照会の実効化

された請求または抗弁を支持することまたは争うこと，指定された事項の証明を禁止する命令（排斥命令〔preclusion order〕）を登録し得る（連邦民訴規則37条(b)(2)項(A)(ii)）。特定の事実が証明されたと擬制する制裁と同様，個々の排斥命令の制裁の厳しさは，不遵守当事者が支持することを禁じられる特定の請求・抗弁の重要性，または提出を禁じられる証拠の重要性に応じて劇的に変化し，一般に，排斥命令の制裁の結果が厳しくなるほど，上訴裁判所はよりその利用に制約を課す(138)。

しかし，事実審裁判所が排斥命令の制裁を考慮する際に常に適用する可能性のある制約が存在し，特にデュー・プロセスの考慮は，遵守されなかった強制命令と不遵守当事者が証明することを禁じられる事項との間の十分な関係の存在を要求する(139)。

一部の状況では，排斥命令の制裁は相手方当事者に有利な判決と同等であり得，このような状況では，上訴裁判所は訴訟の却下または懈怠判決の制裁の場合と同じ正当化を要求する(140)。故に連邦地方裁判所は，強制命令の違反が故

---

(138)　7 *Moore's Federal Practice*，§ 37.51[3]（Matthew Bender 3d ed.）．

(139)　7 *Moore's Federal Practice*，§ 37.51[3]（Matthew Bender 3d ed.）; *see* Daval Steel Prods. v. M/V Fakredine, 951 F.2d 1357, 1362-1363, 1366（2d Cir. 1991）（被告が証言録取で証人と文書の提出を要求する裁判所の命令を遵守しなかった場合に，分身の理論〔alter ego doctrine〕での責任の争点に関する証拠の提出を禁じられた事案）; E.E.O.C. v. Kenosha Unified Sch. Dist. No. 1, 620 F.2d 1220, 1226（7th Cir. 1980）（政府が証人のレポートの提出を命じる命令を遵守しなかった場合に，政府によって申請された反証のための証人が証言を禁じられた事案）; United States for use of Wiltec Guam v. Kahaluu Constr. Co., 857 F.2d 600, 603 & n.5, 605（9th Cir. 1988）（被告が原告の請求に対して防御することを禁じる制裁を破棄する）; Jankins v. TDC Management Corp., Inc., 21 F.3d 436, 444（D.C. Cir. 1994）（被告が三つの独立した争点に関して裁判所が命じた文書を提出しなかった場合に，被告がそれらの争点に関する原告の証明を論駁するための証拠の提出を禁じられた事案）．

(140)　7 *Moore's Federal Practice*，§ 37.51[3]（Matthew Bender 3d ed.）; *see* Shine v. Owens-Illinois, Inc., 979 F.2d 93, 96, 98（7th Cir. 1992）（たとえ排斥が実際上訴訟の却下の効果をもつとしても，原告がアスベスト訴訟での製品の特定のための証人の開示を求める命令を遵守しなかったことを理由とする制裁として証人を排斥する際，裁量権の濫用はなかったとする）; United States for use of Wiltec Guam v. Kahaluu Constr. Co., 857 F.2d 600, 603 & n.5（9th Cir. 1988）（原告の主張が証明されたとみなし，かつその

◆第5章　質問書への回答の懈怠等に対する制裁

意，悪意，その他の重過失によるものであったことを認定するための十分な根拠を有しなければならない(141)。

　他方，排斥命令の制裁が訴訟の却下または懈怠判決の制裁と同等でない場合もしばしば存在し，このような状況では，上訴裁判所は一般に故意，悪意，その他の重過失を要求せず(142)，かつ，事実審裁判所は，排斥命令の制裁の範囲を定める際にかなりの裁量権を有し，そのような場合の排斥命令の例として，例えば，当事者が特定の証拠に関する質問書への応答を要求する命令を遵守しなかった場合に，その当事者に同じ証拠の提出を禁止する命令(143)や，両当事者にその請求・抗弁のための事実上の根拠の完全な開示を要求する命令を原告が遵守しなかった場合に，原告に特定の法理論に従った請求の主張を禁止する命令(144)等がある(145)。

　　根拠に基づく原告への判決を認める命令は，科され得る最も厳しい制裁を意味したとする）。
(141)　7 *Moore's Federal Practice*，§ 37.51[3]（Matthew Bender 3d ed.）; In re Paoli R.R. Yard PCB Litig., 35 F.3d 717, 791-792（3d Cir. 1994）（排斥命令がサマリ・ジャッジメントにつながる場合，単に原告による医学に関する専門家証人の提出の遅延のみを理由にその証人が医療上の監視プログラムにつき証言することを禁じる際に，連邦地方裁判所は裁量権を濫用した旨を判示する）; United States for use of Wiltec Guam v. Kahaluu Constr. Co., 857 F.2d 600, 603（9th Cir. 1988）（被告の行為は故意によるものではなかったとする）; United States v. Sumitomo Marine & Fire Ins. Co., 617 F.2d 1365, 1370（9th Cir. 1980）（訴訟の却下と同等の，損害賠償の争点に関する証拠の提出を原告に禁じる事実審裁判官の命令を維持する）; Jankins v. TDC Management Corp., Inc., 21 F.3d 436, 444-445（D.C. Cir. 1994）（被告による特定の争点に関する証拠の提出を禁じた命令を維持する）.
(142)　7 *Moore's Federal Practice*，§ 37.51[3]（Matthew Bender 3d ed.）; *see* Dillon v. Nissan Motor Co., 986 F.2d 263, 269（8th Cir. 1993）（悪意の認定は，製造物責任訴訟の原告が異なる専門家による証拠の吟味に関して虚偽の陳述をし，かつ証拠の破棄を許容した場合に，原告の専門家証人の証言を排斥する命令を支持するために必要ではなかったとする）.
(143)　Fashion House, Inc. v. K Mart Corp., 892 F.2d 1076, 1081（1st Cir. 1989）（被告が損害に関する証拠の提出を禁じられた事案）.
(144)　Nike Inc. v. Wolverine World Wide, Inc., 43 F.3d 644, 647-649（Fed. Cir. 1994）（靴製造業者が，完全な開示を要求する命令にもかかわらず，均等理論〔doctrine of

◆第1部◆　当事者主義的民事訴訟運営と当事者照会の実効化

3　プリーディングの却下

　当事者等が強制命令に違反した場合，事実審裁判所はプリーディングの全部または一部を却下する命令を登録し得る（連邦民訴規則37条(b)(2)項(A)(ⅲ)）。この制裁が連邦民訴規則37条(b)(2)項(A)の中の他の規定によっては付与されていない実体的な権限を追加しているか否かは必ずしも明らかではないが，例えば，プリーディングの全部を却下する命令の効果は，不遵守当事者が特定の請求・抗弁を支持することまたは争うことを禁じる排斥命令の効果と異なるところはないように考えられる(146)。

　制裁としてプリーディングの全部を却下する場合，上訴裁判所は訴訟の却下または懈怠判決の制裁の命令に課すのと同様の制約を課す可能性があると考えられ(147)，特に不遵守当事者の行為が悪意・故意・重過失によるものでなければならない(148)。プリーディングの全部を却下する制裁の命令は，事実審裁判所が最初により軽い制裁を科したがその効果がなかったことが判明した場合に，維持される可能性がより大きくなると考えられる(149)。

　他方，事実審裁判所は，プリーディングの一部のみを却下し，不遵守当事者

---

　　　equivalents〕を主張するための事実上の根拠を開示しなかった場合に，均等理論に従った特許権侵害の請求の主張を禁じられた事案）。

(145)　7 *Moore's Federal Practice*，§ 37.51[3]（Matthew Bender 3d ed.）。

(146)　7 *Moore's Federal Practice*，§ 37.51[4]（Matthew Bender 3d ed.）。

(147)　7 *Moore's Federal Practice*，§ 37.51[4]（Matthew Bender 3d ed.）; *see* Jaffe v. Grant, 793 F.2d 1182, 1189-1190 & n.5（11th Cir. 1986）（原告〔反訴被告〕が故意による非行に関与したとして，原告〔反訴被告〕のプリーディングを却下する判断を維持する）。

(148)　7 *Moore's Federal Practice*，§ 37.51[4]（Matthew Bender 3d ed.）; *see* Frame v. S-H, Inc., 967 F.2d 194, 203（5th Cir. 1992）（被告のプリーディングを却下し，かつ，被告に不利な判決を登録する事実審裁判所の命令を維持し，被告は故意に文書を改竄し破棄することを含む，反復的，かつ多種多様なディスカバリの濫用に関与した旨を述べた）。

(149)　7 *Moore's Federal Practice*，§ 37.51[4]（Matthew Bender 3d ed.）; Marquis Theatre Corp. v. Condado Mini Cinema, 846 F.2d 86, 88-89（1st Cir. 1988）（事実審裁判所が最初に被告の積極的抗弁を却下する制裁を科したが，被告が協力を拒み続けた場合に，裁判所が被告の答弁書の全部を却下した事案）。

◆ 第5章　質問書への回答の懈怠等に対する制裁

に訴訟を継続する現実の可能性を残す場合，かなり多くの裁量権を認められる(150)。命令がプリーディングの一部のみを却下する場合，上訴裁判所は故意または悪意の認定がある旨をあまり強調しないが，一般に，命令を生じさせた非行と当該の命令が却下するプリーディングの一部分との関連がなければならない(151)。

4　さらなる訴訟手続の停止

当事者等が強制命令に違反した場合，裁判所は命令が遵守されるまでさらなる訴訟手続を停止し得る（連邦民訴規則37条(b)(2)項(A)(iv)）。不遵守当事者が原告である場合，さらなる訴訟手続の停止は強制命令の遵守を確実にするための効果的な方法であると考えられる(152)。しかし，不遵守当事者が被告である場合，さらなる訴訟手続の停止は効果的な強制の道具でないことがあり，また，特に原告の訴訟の遅延に関して被告が利害関係を有する場合には，被告に有利な形で機能し得ると考えられる(153)。

5　訴訟の却下，懈怠判決

原告が強制命令に違反した場合，裁判所は訴訟の全部または一部を却下することができ（連邦民訴規則37条(b)(2)項(A)(v)）(154)，被告が強制命令に違反

---

(150)　7 *Moore's Federal Practice*, §37.51[4]（Matthew Bender 3d ed.）.

(151)　*Id*.

(152)　7 *Moore's Federal Practice*, §37.51[5]（Matthew Bender 3d ed.）; United States v. Richardson, 204 F.2d 552, 554-556（5th Cir. 1953）（政府がディスカバリに協力するまで，公用収用の訴訟が停止された事案に関する裁判例）; Zalatuka v. Metropolitan Life Ins. Co., 108 F.2d 405, 405-406（7th Cir. 1939）（裁判所が不法死亡訴訟で，原告が故人の遺体の発掘に合意するまで訴訟手続を停止した事案に関する裁判例）.

(153)　7 *Moore's Federal Practice*, §37.51[5]（Matthew Bender 3d ed.）; *see, e.g.*, Bell v. United States, 31 F.R.D. 32, 36（D. Kan. 1962）（連邦地方裁判所が，被告による記録の提出を命じる命令の不遵守に基づく原告からの訴訟手続の停止の申立てを排斥し，停止は当該事件の状況では何の目的にも資することがない旨を述べる）.

(154)　7 *Moore's Federal Practice*, §37.51[6]（Matthew Bender 3d ed.）; *see* Serra-Lugo v. Consortium-Las Marias, 271 F.3d 5, 6（1st Cir. 2001）（原告が時機に後れて質問書に回答したこと，裁判所により設定された時間枠の中で証言録取を完了しなかったこと，共同の地位に関する報告を提出しなかったこと，適時に要求された文書を提出しなかったこと，スケジューリング・カンファレンスの欠席を含む，裁判所のディスカバリの命

◆第1部◆　当事者主義的民事訴訟運営と当事者照会の実効化

した場合，裁判所は被告に不利に懈怠判決を登録し得る（連邦民訴規則37条(b)(2)項(A)(vi)）(155)。さらに，連邦地方裁判所は，相手方当事者による訴訟の却下または懈怠判決の登録のための特別な要求なしに，自らの職権でそのような制裁を科し得る(156)。

　訴訟の却下または懈怠判決の制裁が訴訟の本案に大きな影響を及ぼす厳しいものであることに鑑み，一般に上訴裁判所は事実審裁判官に，そのような制裁が当事者の不遵守行為への適切な対応であるか否かを判断する際に特定の要素を考慮することを要求する（第3款3参照）(157)。実際，一部の連邦控訴裁判所は，この場合に事実審裁判所が衡量しなければならない詳細な要素を明らかにする特定のテストを採用しており，以下に挙げられる要素はそのようなテストのほとんどに含まれる(158)。

令に対する反復的な違反の後に，かつ，裁判所が原告に不遵守の結果を警告した後に連邦地方裁判所が訴訟を却下する際に，裁量権を濫用していなかったとする）; Oguezuonu v. Genesis Health Ventures, Inc., 415 F. Supp. 2d 577, 589-590 (D. Md. 2005) （医療記録の提出を命じる命令を含む多数のディスカバリの命令の遵守を原告が拒絶し，継続的な遅延または拒絶が訴訟の却下という結果につながり得る旨を裁判所が原告に警告し，かつ，原告の代理人弁護士も原告自身が単独で不遵守についての責任を負う旨を示唆した後の，実体的効果を伴う却下は適切であるとする）; Payne v. Exxon Corp., 121 F.3d 503, 509-510 (9th Cir. 1997) （連邦地方裁判所は，たとえ強制命令がそれに基づいているディスカバリの要求が共同被告の1人のみによりなされたものであったとしても，ディスカバリを強制する命令を原告が遵守しなかったことに基づき，原告の被告両名に対する請求を却下する際に，裁量権を濫用していなかったとする〔原告による強制命令の不遵守は被告両名に不利益を被らせる可能性があったことを理由とする〕）.

(155) 7 *Moore's Federal Practice*, § 37.51[6] (Matthew Bender 3d ed.); *see generally* Rose v. Franchetti, 979 F.2d 81, 86 (7th Cir. 1992) （被告に不利な懈怠判決の事案）.
(156) 7 *Moore's Federal Practice*, § 37.51[6] (Matthew Bender 3d ed.); Serra-Lugo v. Consortium-Las Marias, 271 F.3d 5, 6 (1st Cir. 2001) （裁判所はその命令の遵守を確実にすることにつき自身の利害関係を有するとする）.
(157) 7 *Moore's Federal Practice*, § 37.51[6] (Matthew Bender 3d ed.); *see* P&G v. Haugen, 427 F.3d 727, 738-739 (10th Cir. 2005) （連邦地方裁判所が訴訟の却下の登録に先立ち，考慮される要素の記録に関する詳細な評価を提供していないことは，実質上「裁量権の濫用」に等しいとする）.
(158) 7 *Moore's Federal Practice*, § 37.51[6] (Matthew Bender 3d ed.).

◆第5章　質問書への回答の懈怠等に対する制裁

・ディスカバリに関する非行が，公正な結果が達成され得るとの裁判所の信頼を十分に傷つけたか否か[159]
・違反が故意，悪意，その他の重過失によるものであったか否か
・違反が他の当事者に不利益を被らせたか否か，また，もしそうであれば，その重大さ，および，その不利益が他の何らかの行為により救済できるか否か
・違反が訴訟手続の遅延を引き起こしたか否か，また，もしそうであれば，その程度
・不遵守当事者が前もって，違反がこの種の徹底的な制裁という結果につながり得る旨を警告されていたか否か
・不遵守が単発的な出来事であったか，非行のパターンの一部であったか
・より軽い制裁が以前に不遵守当事者に科されたが，それが効果がなかったか否か
・事実審裁判官が，最初に代わりの，より軽い手段を考慮したが，明確な理由により，より徹底的でない制裁では制裁規定の正当な目的を達成できないと結論付けたか否か

訴訟の却下または懈怠判決の制裁を科すか否かを判断する際に考慮される最も重要な要素は，違反が故意，悪意，その他の重過失によるものであったか否か，および，違反が他の当事者に引き起こした不利益の程度であると考えられる[160]。

6　裁判所侮辱

当事者が，身体・精神検査（連邦民訴規則35条）に応じることを命じる命令を除く，ディスカバリの強制命令に違反した場合，裁判所は違反を裁判所侮辱（contempt of court）[161]として扱う命令を登録し得る（連邦民訴規則37条(b)(2)

---

(159) Connecticut General Life Ins. Co., v. New Images of Beverly Hills, 482 F.3d 1091, 1097（9th Cir. 2007）.
(160) 7 *Moore's Federal Practice*, § 37.51[6]（Matthew Bender 3d ed.）.
(161) 裁判所侮辱一般につき言及する邦語文献として，例えば，花村良一「米国民事事件における裁判所侮辱の実情(1)-(5・完)」NBL711号（2001年）24頁，712号（2001年）56頁，713号（2001年）42頁，714号（2001年）65頁，715号（2001年）42頁，同・前掲注(1)916-919頁等。

◆第1部◆　当事者主義的民事訴訟運営と当事者照会の実効化

項(A)(vii))。裁判所侮辱の制裁は，事実の証明を擬制する命令，排斥命令，プリーディングを却下する命令，訴訟手続の停止，訴訟の却下または懈怠判決に加えて，またはそれらに代えて，利用が可能である(162)。

　ここでの裁判所侮辱の制裁は，ディスカバリに関与するためにその法域にとどまることを命じる命令(163)，文書の提出や質問書への応答を命じる命令(164)，ディスカバリが可能な会社の資産の移転をやめることを命じる命令(165)等を含む，様々な裁判所の命令を故意に遵守しなかったことを理由として科されてきた(166)。

　裁判所は，デュー・プロセス条項に起源をもつ手続的要求を最初に充足することなく，裁判所侮辱の制裁を科し得ない(167)。手続的な要求は，主張されている反抗的な行為の性質，行為が裁判官の面前で起こったか否か，制裁が民事的裁判所侮辱（civil contempt）を構成するか刑事的裁判所侮辱（criminal contempt）を構成するかを含む，様々な要素に依存する(168)。全ての種類の裁判所侮辱の手続では，主張に対する抗弁を提出するための適切な機会と同様に，主張されている不遵守に係る明確な通知が事前に与えられるべきである(169)。

---

(162)　7 *Moore's Federal Practice*，§ 37.51[7][a]（Matthew Bender 3d ed.）．
(163)　Philips Med. Sys. Int'l, B.V. v. Bruetman, 982 F.2d 211, 214-215（7th Cir. 1992）．
(164)　United States v. Conces, 507 F.3d 1028, 1041（6th Cir. 2007）（連邦地方裁判所は被告に対し，脱税スキームの促進を禁じるための訴訟での政府の判決後の質問書と文書の要求に応答しなかったことを理由に，裁判所侮辱の判決を下す権限を有する旨を判示する）; Pesaplastic, C.A. v. Cincinnati Milacron Co., 799 F.2d 1510, 1519-1522（11th Cir. 1986）（被告が裁判所に命じられた文書の提出を拒絶したこととディスカバリの手続の一貫した妨害を理由に，裁判所侮辱の判決を下された事案）．
(165)　Citronelle-Mobile Gathering, Inc., v. Watkins, 943 F.2d 1297, 1304-1306（11th Cir. 1991）．
(166)　7 *Moore's Federal Practice*，§ 37.51[7][a]（Matthew Bender 3d ed.）．
(167)　Id．
(168)　Id．
(169)　7 *Moore's Federal Practice*，§ 37.51[7][a]（Matthew Bender 3d ed.）; Schoenberg v. Shapolsky Publishers, Inc., 971 F.2d 926, 936（2d Cir. 1992）; United States v. City of Yonkers, 856 F.2d 444, 452（2d Cir. 1988），*rev'd on other grounds*, 493 U.S.

◆ 第5章　質問書への回答の懈怠等に対する制裁

(1) 民事的裁判所侮辱

　一般に，裁判所侮辱が民事的と考えられるか刑事的と考えられるかは，その主な目的と効果に依存する[170]。民事的裁判所侮辱の目的は，たいてい裁判所の命令の遵守の強制であり，強制的な民事的裁判所侮辱の制裁は継続的な不遵守を要件とし得る[171]。例えば，第11巡回区連邦控訴裁判所のある裁判例は，判決債務者が裁判所の以前の命令を遵守するまで取立訴訟での防御を認めることを拒絶した民事的裁判所侮辱の制裁を維持する旨の判断をした[172]。民事的裁判所侮辱はまた，不遵守行為により損害を被った当事者に対して不遵守により生じた損害につき合理的な賠償を支払うことを，不遵守当事者に要求し得る[173]。

　裁判所は，記録が明白かつ説得力のある証拠により，(a)侮辱者が裁判所の

---

　　　265 (1990); Citronelle-Mobile Gathering, Inc., v. Watkins, 943 F.2d 1297, 1304 (11th Cir. 1991).
[170]　7 *Moore's Federal Practice*, § 37.51 [7] [b] (Matthew Bender 3d ed.); In re Kave, 760 F.2d 343, 351 (1st Cir. 1985)
[171]　7 *Moore's Federal Practice*, § 37.51 [7] [b] (Matthew Bender 3d ed.); Sunbeam Corp. v. Black & Decker (U.S.), Inc., 151 F.R.D. 11, 15 (D.R.I. 1993) (民事的裁判所侮辱は，現在または将来の裁判所の命令の遵守を強制するために用いられるとする); United States v. Conces, 507 F.3d 1028, 1043 (6th Cir. 2007) (連邦地方裁判所は適切に制裁を民事的裁判所侮辱として分類したとする〔被告は裁判所の命令を遵守してディスカバリへの応答を提供することにより，いつでも「裁判所侮辱の疑いを晴らして解放を勝ち取ること」ができたことを理由とする〕); Philips Med. Sys. Int'l, B.V. v. Bruetman, 982 F.2d 211, 216-217 (7th Cir. 1992) (裁判所が，被告が30日以内に裁判所侮辱の疑いを晴らすことによりその反訴の復活を被告に認めるとの教示とともに，裁判所侮辱と懈怠判決の制裁を科した事案); Richmark Corp. v. Timber Falling Consultants, 959 F.2d 1468, 1479-1481 (9th Cir. 1992) (裁判所侮辱の制裁を維持する); Britton v. Co-op Banking Group, 916 F.2d 1405, 1411 (9th Cir. 1990) (侮辱者の行為が後に正当化された場合，民事的裁判所侮辱の命令は取り消さなければならないとする).
[172]　Citronelle-Mobile Gathering, Inc., v. Watkins, 943 F.2d 1297, 1304-1306 (11th Cir. 1991).
[173]　7 *Moore's Federal Practice*, § 37.51 [7] [b] (Matthew Bender 3d ed.); Sunbeam Corp. v. Black & Decker (U.S.), Inc., 151 F.R.D. 11, 15 (D.R.I. 1993).

命令に違反したこと[174]，(b)不遵守が技術的なものまたは些事以上のものであったこと[175]，および，(c)侮辱者の行為が善意または違反された命令の合理的な解釈によるものではなかったこと[176]を証明する場合にのみ，民事的裁判所侮辱の制裁を科し得る[177]。故に，故意・悪意・重過失の認定は民事的裁判所侮辱の認定の必要条件ではない[178]。これらの要求が個々の事件で充足されているか否かに関する疑いは，民事的裁判所侮辱で訴えられている当事者に有利に解決されなければならない[179]。

これらの要素が含意するように，命令違反を非難されている当事者が命令を遵守するための全ての合理的な段階を踏んだが，自身の責任によらずして裁判所の要求の充足が不可能であった場合，民事的裁判所侮辱は認定され得ない[180]が，状況が制御できないものであったこと，および，ディスカバリの強制命令を遵守するために誠実に全ての合理的な段階を踏んだことについての証明責任は不遵守当事者に課される[181]。

---

[174] United States v. Conces, 507 F.3d 1028, 1041-1042 (6th Cir. 2007)（申立当事者は，明白かつ説得力のある証拠により，裁判所侮辱の判決を下される当事者が裁判所の命令に違反したことを証明しなければならないとする）。

[175] GoVideo, Inc. v. The Motion Picture Ass'n of Am., 10 F.3d 693, 695-696 (9th Cir. 1993); General Signal Corp. v. Donallco, Inc., 787 F.2d 1376, 1379 (9th Cir. 1986).

[176] GoVideo, Inc. v. The Motion Picture Ass'n of Am., 10 F.3d 693, 695 (9th Cir. 1993); Vertex Distrib., Inc. v. Falcon Foam Plastics, Inc., 689 F.2d 885, 889 (9th Cir. 1982).

[177] 7 *Moore's Federal Practice*, § 37.51[7][b] (Matthew Bender 3d ed.).

[178] 7 *Moore's Federal Practice*, § 37.51[7][b] (Matthew Bender 3d ed.); GoVideo, Inc. v. The Motion Picture Ass'n of Am., 10 F.3d 693, 695 (9th Cir. 1993).

[179] 7 *Moore's Federal Practice*, § 37.51[7][b] (Matthew Bender 3d ed.); Monroe v. Ridley, 135 F.R.D. 1, 8 (D.D.C. 1990)（裁判所は，裁判所侮辱の制裁を正当化するための行為者の個人的責任に関する十分な情報を有しなかったとする）。

[180] 7 *Moore's Federal Practice*, § 37.51[7][b] (Matthew Bender 3d ed.); Richmark Corp. v. Timber Falling Consultants, 959 F.2d 1468, 1479 (9th Cir. 1992)（裁判所侮辱の制裁を維持し，当事者は遵守のための誠実な努力をしていなかったとする）。

[181] 7 *Moore's Federal Practice*, § 37.51[7][b] (Matthew Bender 3d ed.); United States v. Conces, 507 F.3d 1028, 1043 (6th Cir. 2007)（テストは，当事者が遵守に際し「誠実な努力」をしたか否かではなく，むしろ裁判所の命令を遵守するための「全て

◆第5章　質問書への回答の懈怠等に対する制裁

(2) 刑事的裁判所侮辱

　裁判所侮辱の制裁は，その主な目的または明白に主要な効果が過去の裁判所の命令の違反を理由とする当事者の懲罰である場合，民事的というよりは刑事的であると考えられる。そのため，不遵守当事者によるディスカバリの強制命令の不遵守により生じた損害の賠償のために必要な額を明白に超過する金銭的制裁を科す裁判所侮辱の命令は，その性質上，主に懲罰的なものと考えられ，故に民事的というよりはむしろ刑事的であると考えられる(182)。

　刑事的裁判所侮辱は，不遵守が故意または悪意によるものでない限り，ディスカバリの強制命令の不遵守を理由とする制裁としては科され得ない(183)。

　刑事的裁判所侮辱の制裁に直面する当事者は，民事的裁判所侮辱の制裁に直面する当事者よりもかなり手厚い手続上の権利と保護を認められる。全ての種類の裁判所侮辱の手続は，主張に対する抗弁を提出する適切な機会と同様，主張されている不遵守の明白な通知が先行するべきであり，刑事的裁判所侮辱に直面する当事者は，制裁が科される可能性がある旨のみならず，制裁が刑事的裁判所侮辱であり得る旨も警告される資格が認められる(184)。加えて，刑事的裁判所侮辱の制裁に直面する当事者は，裁判所侮辱の手続で代理人弁護士の援助を受ける資格を認められ，かつ，陪審によるトライアルを受ける権利を有し得る(185)。さらに，刑事的裁判所侮辱の手続では，有罪の判断を支持するため

　　の合理的な段階を踏んだ」か否かであるとする); Citronelle-Mobile Gathering, Inc., v. Watkins, 943 F.2d 1297, 1301 (11th Cir. 1991) (裁判所侮辱の制裁を維持する).
(182) 7 *Moore's Federal Practice*, §37.51[7][c] (Matthew Bender 3d ed.); *see* In re Kave, 760 F.2d 343, 351-352 (1st Cir. 1985) (金銭的な評価が補償的なものではなく，または将来の裁判所の命令の違反を要件とするのではない場合，懲罰的な罰金と推定されるとする).
(183) 7 *Moore's Federal Practice*, §37.51[7][c] (Matthew Bender 3d ed.); *see, e.g.*, United States v. Asay, 614 F.2d 655, 660 (9th Cir. 1980) (「命令の遵守不可能性は通常，裁判所侮辱の非難に対する完全な抗弁である」旨を判示する).
(184) 7 *Moore's Federal Practice*, §37.51[7][c] (Matthew Bender 3d ed.); Lamar Fin. Corp. v. Adams, 918 F.2d 564, 567 (5th Cir. 1990) (審問が刑事的裁判所侮辱の手続である旨の特別な通知を被告が受けていなかったことを理由に，制裁を認める判決の懲罰的な側面を取り消す事案).
(185) 7 *Moore's Federal Practice*, §37.51[7][c] (Matthew Bender 3d ed.); In re Kave,

に必要な事実は，合理的な疑いを超えて証明されなければならない(186)。

7　金銭的制裁
(1) 概　要

当事者等が強制命令を遵守しなかった場合，連邦地方裁判所は原則として，不遵守当事者，その当事者等に助言する代理人弁護士，またはその両者に，弁護士費用を含む，懈怠により生じた合理的な費用の償還を要求しなければならず，裁判所は他の制裁に代えて，またはそれに加えて，この金銭的制裁を科す（連邦民訴規則37条(b)(2)項(C)）。

この金銭的制裁は，強制命令の不遵守が十分に正当化されるか，他の事情で費用償還が不当になるかしない限り，科されなければならない（連邦民訴規則37条(b)(2)項(C)）。不遵守当事者は，その懈怠が十分に正当化されること，または他の何らかの理由で金銭的制裁を科すことが不当になることにつき証明責任を負う(187)。裁判所は既に，抵抗する当事者がディスカバリの強制命令に違反したことを認定しているため，正当化の責任を制裁に抵抗する当事者に課すことは適切である(188)。

連邦地方裁判所は，当事者が強制命令を遵守しなかったことにつき十分に正当化されるか否かを判断する際，かなりの裁量権を有する(189)。これらの判断

---

　　760 F.2d 343, 351（1st Cir. 1985）（陪審によるトライアルの権利は付帯しうるとする）．
(186) 7 *Moore's Federal Practice*, § 37.51[7][c]（Matthew Bender 3d ed.）; In re Kave, 760 F.2d 343, 351（1st Cir. 1985）（事実は合理的な疑いを超えて証明されなければならないとする）．
(187) 7 *Moore's Federal Practice*, § 37.51[9][a]（Matthew Bender 3d ed.）; *see* Fed. R. Civ. P. 37(b)(2) advisory committee's note（1970）; Poliquin v. Garden Way, Inc., 154 F.R.D. 29, 31（D. Me. 1994）（一度違反が証明されたら，不遵守当事者は懈怠が十分に正当化されること，または他の事情により費用償還が不当になることを証明しなければならないとする）．
(188) 7 *Moore's Federal Practice*, § 37.51[9][a]（Matthew Bender 3d ed.）; Fed. R. Civ. P. 37(b)(2) advisory committee's note（1970）．
(189) 7 *Moore's Federal Practice*, § 37.51[9][a]（Matthew Bender 3d ed.）; Fonar Corp. v. Magnetic Resonance Plus, Inc., 162 F.R.D. 276, 279（S.D.N.Y. 1995）（連邦地方裁判所は，非行を抑止するための十分な厳しさをもった制裁を科す権限を，広範な裁量とともに認められるとする）; Bankatlantic v. Blythe Eastman Paine Webber, Inc.,

◆第5章　質問書への回答の懈怠等に対する制裁

が事件ごとに固有のものであるという事実に鑑み，全ての関連する考慮のカタログの作成は不可能であるが，当事者による強制命令の不遵守が，(a)命令による義務の善意による，かつ合理的な誤解に基づいている[190]，(b)単に技術的なもの，または命令の周縁部でのものである[191]，または，(c)当事者のコントロールを超えた力または状況に完全に起因する[192]といった要件を充たす場合，当事者は十分な正当化事由の証明責任を充足したと考えられる[193]。他方，当事者は単に強制命令の不遵守が故意または悪意によるものではない旨を証明しただけでは，十分な正当化の証明責任を尽くしたことにはならないことは明らかであり[194]，過失による強制命令の不遵守は，金銭的制裁のための十分な根拠となる[195]。

たとえ強制命令の不遵守が十分に正当化されることを不遵守当事者が証明しなかったとしても，その他の事情で費用償還が不当となる場合，連邦地方裁判所は金銭的制裁を科さないことを選択し得る（連邦民訴規則37条(b)(2)項(C)）。裁判所が十分な正当化事由のない当事者の不遵守につき，金銭的制裁を科すことが不当と判断するという状況はあまり存在しないが，そのような「その他の

---

　　12 F.3d 1045, 1048（11th Cir. 1994）（当事者が裁判所の命令の不遵守に関する十分な正当化事由を証明しなかった場合に，金銭的制裁を維持する事案）.
(190)　*See, e.g.*, Pierce v. Underwood, 487 U.S. 552, 565, 108 S. Ct. 2541, 101 L. Ed. 2d 490（1988）（個人のディスカバリの行為が「真正の紛争」に対する応答である場合，または「通常人が争われている行為に関して意見を異にし得る場合」，個人のディスカバリに関する行為は十分に正当化されると認定されるべきであるとする）; Hyde & Drath v. Baker, 24 F.3d 1162, 1171（9th Cir. 1994）（善意の紛争は，制裁を破棄するための「十分な正当化」を構成し得るとする）.
(191)　7 *Moore's Federal Practice*, §37.51[9][a]（Matthew Bender 3d ed.）.
(192)　*Id.*
(193)　*Id.*
(194)　7 *Moore's Federal Practice*, §37.51[9][a]（Matthew Bender 3d ed.）; *see, e.g.*, Hyde & Drath v. Baker, 24 F.3d 1162, 1171（9th Cir. 1994）（代理人弁護士が悪意で行動したという必要はないとする）.
(195)　7 *Moore's Federal Practice*, §37.51[9][a]（Matthew Bender 3d ed.）; Marquis v. Chrysler Corp., 577 F.2d 624, 642（9th Cir. 1978）（過失による懈怠でさえ，罰せられ得るとする）.

◆ 第 1 部 ◆　当事者主義的民事訴訟運営と当事者照会の実効化

事情」は，当事者が本人訴訟で訴訟追行をしており，代理されている当事者と同じ基準で判断されない場合，または不遵守当事者が無資力である場合に，最も生じる可能性があると考えられる(196)。

(2) 審問の機会

デュー・プロセス条項の制約により，連邦地方裁判所は，最初に不遵守当事者に通知，および，説明・正当化事由・抗弁を提出するための適切な機会を提供しない限り，金銭的制裁を科し得ない(197)。裁判所はまた，影響を受ける他の当事者が関連する情報を提供するための適切な機会をもつことを保障しなければならない(198)。制裁の判断が依拠する情報が，覚書，権利義務設定文書（declaration），宣誓供述書（affidavit）を含む，文書の提出により適切に提示され得るとの条件で，生の審問は要求されない(199)。生の審問は，(a)争点が文書の提出のみに基づき公正に判断されるにはあまりにも複雑である場合，または，(b)問題の公正な処理のため生の証言をとることが求められる場合に要求される。このように，審問の機会は要求されるが，費用の額と範囲を確定するための独立の手続は要求されない(200)。

(3) 制裁を科される者

金銭的制裁は，不遵守当事者，その当事者に助言する代理人弁護士，または当事者と代理人弁護士の両者に科され得る(201)。故に代理人弁護士には，弁護士費用を含む，強制命令の不遵守により生じた合理的な費用につき個人的に責

---

(196) 7 *Moore's Federal Practice*, § 37.51[9][a]（Matthew Bender 3d ed.）.
(197) 7 *Moore's Federal Practice*, § 37.51[9][b]（Matthew Bender 3d ed.）.
(198) Id.
(199) Id.
(200) 7 *Moore's Federal Practice*, § 37.51[9][b]（Matthew Bender 3d ed.）; Pesaplastic, C.A. v. Cincinnati Milacron Co., 799 F.2d 1510, 1522（11th Cir. 1986）（当事者が議論の提示と宣誓供述書の提出の機会を有し，かつ，制裁を科される当事者が宣誓供述書を争う申立てをなす機会を有していた場合，デュー・プロセスは充足されているとする）.
(201) 7 *Moore's Federal Practice*, § 37.51[9][c]（Matthew Bender 3d ed.）; *see, e.g.,* Roadway Express, Inc. v. Piper, 447 U.S. 752, 763-764, 100 S. Ct. 2455, 65 L. Ed. 2d 488（1980）.

◆ 第5章　質問書への回答の懈怠等に対する制裁

任を負わねばならない可能性がある[202]。制裁を科されるために代理人弁護士が悪意で行動していた必要はないとはいえ，悪意は代理人弁護士に対する制裁が不当であるか否かを判断する際の考慮要素となり得る[203]。

(4) 制裁として認められる費用

金銭的制裁の対象となるのは，強制命令の不遵守により生じた，弁護士費用を含む，合理的な費用に限定される（連邦民訴規則37条(b)(2)項(C)）。しかし，この限定を前提としても，強制命令の不遵守を理由として認められる金銭的制裁は，強制命令の申立てに関連する金銭的制裁（申立てをなすかそれを争うために負担された合理的な費用に限定される。連邦民訴規則37条(a)(5)項(A)(B)）よりも広範な損害を補償し得る。

当事者による強制命令の不遵守を理由とする金銭的制裁は，以下の費用等を補償するために科されてきた[204]。

・訴訟手続の採るに値しない（frivolous）引延しに関連する費用[205]

---

[202] 7 Moore's Federal Practice, §37.51[9][c]（Matthew Bender 3d ed.）; Hathcock v. Navistar Int'l Transp. Corp., 53 F.3d 36, 41-42（4th Cir. 1995）（代理人弁護士が適切に通知をされておらず，かつ，故意を示すものがない場合，個人的な金銭的制裁は不適切であるとする）; FDIC v. Conner, 20 F.3d 1376, 1382-1383（5th Cir. 1994）（裁判所が，ディスカバリの違反における代理人弁護士の行為が意識的，意図的，かつ故意によるものであると認定した事案）; Hyde & Drath v. Baker, 24 F.3d 1162, 1171（9th Cir. 1994）（代理人弁護士が悪意で行動したという必要はないとする）; United States v. Sumitomo Marine & Fire Ins. Co., 617 F.2d 1365, 1370-1371（9th Cir. 1980）（政府の代理人弁護士に対して個人的に科された500ドルの制裁を維持する）; Stuart I. Levin & Assoc., P.A. v. Rogers, 156 F.3d 1135, 1141（11th Cir. 1998）（代理人弁護士がディスカバリの期間に依頼者を代理して出頭し，全ての期間で依頼者のために記録上代理人弁護士であり，かつ，当該事件での依頼者のプリーディングの多くに署名していた場合，事件に関する責任をアソシエイトに引き継いでいたとの代理人弁護士の主張にもかかわらず，その弁護士はディスカバリを強制する命令の不遵守を理由として彼に制裁を科す目的のために「助言する代理人弁護士」であったとして，代理人弁護士に科された金銭的制裁を維持する）.

[203] 7 Moore's Federal Practice, §37.51[9][c]（Matthew Bender 3d ed.）; Hyde & Drath v. Baker, 24 F.3d 1162, 1171-1172（9th Cir. 1994）.

[204] 7 Moore's Federal Practice, §37.51[9][d]（Matthew Bender 3d ed.）.

[205] Fonar Corp. v. Magnetic Resonance Plus, Inc., 162 F.R.D. 276, 279-280

◆第1部◆　当事者主義的民事訴訟運営と当事者照会の実効化

・様々な関連する文書の不提出の際の当事者の詐欺的な非行の発見のために必要な費用(206)
・相手方当事者のディスカバリの規定の不遵守の結果として負担された，証言録取を行うための成功しなかった試みに関連する費用(207)
・相手方当事者が命令されたように返却しなかった文書を探索する費用(208)
・強制命令の遵守を強制することを求める申立てをなす際に負担された弁護士費用と訴訟費用(209)
・金銭的制裁を認める判決に対して，制裁を科された当事者が提起した上訴に関する成功した防御に関連して負担された弁護士費用と訴訟費用(210)

　上訴裁判所は，当事者によるディスカバリの強制命令の不遵守を理由とする金銭的制裁の適切な額に関する連邦地方裁判所の判決を簡単に変更しないとはいえ(211)，連邦地方裁判所の裁判官の裁量権は無限定ではない(212)。むしろ，連邦地方裁判所は，制裁の額は強制命令の違反に合理的に起因する費用を超過してはならないとの基礎的な前提を尊重しなければならず(213)，それ故，当事

　　(S.D.N.Y. 1995).
(206)　Monaghan v. SZS 33 Assocs., 154 F.R.D. 78, 81-83.
(207)　Tamari v. Bache & Co. (Lebanon) S.A.L., 729 F.2d 469, 474 (7th Cir. 1984).
(208)　Falstaff Brewing Corp. v. Miller Brewing Co., 702 F.2d 770, 784 (9th Cir. 1983).
(209)　Devaney v. Continental Am. Ins. Co., 989 F.2d 1154, 1163 (11th Cir. 1993).
(210)　Tamari v. Bache & Co. (Lebanon) S.A.L., 729 F.2d 469, 475 (7th Cir. 1984).
(211)　7 *Moore's Federal Practice*, §37.51[9][d] (Matthew Bender 3d ed.); Fonar Corp. v. Magnetic Resonance Plus, Inc., 162 F.R.D. 276, 279 (S.D.N.Y. 1995)（連邦地方裁判所は非行を抑止するために適切な厳しさの制裁を科す広範な裁量権を与えられているとする）; Tamari v. Bache & Co. (Lebanon) S.A.L., 729 F.2d 469, 472 (7th Cir. 1984)（金銭的制裁に関する代理人弁護士と当事者の共同責任との判断を維持する）; General Signal Corp. v. Dorallco, Inc., 787 F.2d 1376, 1380-1381 (9th Cir. 1986)（弁護士費用の額が裁量権の濫用を理由に審査され，要求された費用の適切さのより詳細な吟味のために差し戻された事案）; Bankatlantic v. Blythe Eastman Paine Webber, Inc., 12 F.3d 1045, 1048 (11th Cir. 1994)（当事者が裁判所の命令の不遵守に関する十分な正当化事由を証明しなかった場合に，金銭的制裁を維持する）.
(212)　7 *Moore's Federal Practice*, §37.51[9][d] (Matthew Bender 3d ed.).
(213)　7 *Moore's Federal Practice*, §37.51[9][d] (Matthew Bender 3d ed.); Martin v. Brown, 63 F.3d 1252, 1263-1264, 1263 n.15 (3d Cir. 1995)（裁判所侮辱がなければ，

◆第5章　質問書への回答の懈怠等に対する制裁

者による強制命令の不遵守の結果として認められる金銭的制裁は，その特定の強制命令の不遵守に十分に関連していなければならない(214)。明らかに過大と考えられる制裁は破棄される(215)。

連邦地方裁判所は制裁の額の根拠を明確に表現しなければならず，この要求を厳守しなかった場合，差戻しという結果につながり得る(216)。

8　その他の正当な制裁

連邦民訴規則37条(b)(2)項(A)(i)-(vii)で列挙されている個々の制裁は，限定列挙というよりはむしろ例示的なものであり，裁判所は制裁のためのその他の正当な命令を形成して，強制命令の違反に対応し得る。

制裁が「正当」である限り，強制命令の違反に対する対応と救済を形成する際の裁判所の創造性に事実上制限はない(217)。例えば，ある裁判所は，裁判所

　　認められる唯一の金銭的制裁は「合理的な費用」であるとする); Carlucci v. Piper Aircraft Corp., 775 F.2d 1440, 1453 (11th Cir. 1985) (制裁は状況に照らし合理的なものでなければならないとして，額の説明がないことを理由に金銭的制裁の判断が差し戻された事案).

(214)　7 *Moore's Federal Practice*, § 37.51[9][d] (Matthew Bender 3d ed.); Tamari v. Bache & Co. (Lebanon) S.A.L., 729 F.2d 469, 473-474 (7th Cir. 1984).

(215)　7 *Moore's Federal Practice*, § 37.51[9][d] (Matthew Bender 3d ed.); *see, e.g.,* Baston v. Neal Spelce Assocs., 765 F.2d 511, 516 (5th Cir. 1985) (ディスカバリと無関係の作業を理由とする30,000ドルの弁護士費用を認める判決は，その額に関して不合理であると考えられるとする); Toth v. Trans World Airlines, Inc., 862 F.2d 1381, 1385-1386 (9th Cir. 1988) (認められた判決は，当事者の不遵守と無関係の要素を考慮に入れていたとする); Turnbull v. Wilcken, 893 F.2d 256, 259 (10th Cir. 1990) (違反と費用との関係の明細がないとする).

(216)　7 *Moore's Federal Practice*, § 37.51[9][d] (Matthew Bender 3d ed.); Martin v. Brown, 63 F.3d 1252, 1263-1264 (3d Cir. 1995) (制裁の根拠を代理人弁護士の行為と関連付けなかったことは，差戻しを必要とする旨を判示する); Carlucci v. Piper Aircraft Corp., 775 F.2d 1440 (11th Cir. 1985) (10,000ドルの制裁を差し戻す).

(217)　7 *Moore's Federal Practice*, § 37.51[10] (Matthew Bender 3d ed.); Jaen v. Coca-Cola Co., 157 F.R.D. 146, 149-150 (D.P.R. 1994) (連邦民訴規則37条(b)(2)項が裁判所に支払われる両当事者に対する金銭的制裁に言及していないとの事実は，この規定がそのような制裁を禁じていることを意味しないとする); United States v. $1,322,242.58, 938 F.2d 433, 439-441 (3d Cir. 1991) (財産没収の訴訟でのディスカ

◆第1部◆　当事者主義的民事訴訟運営と当事者照会の実効化

が多数のディスカバリの問題のためのレフェリーとして極めて多くの時間と資源を費やし，かつ，代理人弁護士が裁判所の命令に従わず，適切な方法で振る舞わなかった場合に，裁判所に支払われる金銭的制裁を両当事者に命じることを認めた[218]。裁判所が当事者に対し，金銭的制裁を互いに支払い合うことを命じた場合，各当事者に対して正味の効果はなく，懲戒手段としての目的が挫折しかねないため，その裁判所は両当事者が制裁の効果を現実に感じることを確実にすることを望んだと考えられる[219]。

◆第3節◆　ディスカバリに対する以前の応答等の補充・訂正の懈怠を理由とする制裁

　連邦民訴規則26条(a)項に基づく必要的ディスクロージャーをした当事者や，質問書，提出・調査要求（連邦民訴規則34条），または自白要求（連邦民訴規則36条）に対して応答した当事者は，一定の場合にはディスクロージャーや応答の補充または訂正をする義務を負う（連邦民訴規則26条(e)(1)項）。具体的には，当事者がしたディスクロージャーや応答がなんらかの重要な点につき不完全または不正確であることを知った場合で，かつ，追加の，または正確な情報を他の当事者に対してディスカバリの手続内で，または書面により知らせることができない場合（連邦民訴規則26条(e)(1)項(A)），もしくは裁判所が命令した場合（連邦民訴規則26条(e)(1)項(B)）に，この補充・訂正の義務が課される。

　そして，連邦民訴規則37条(c)(1)項は，当事者がディスクロージャーやディスカバリに対する以前の応答の補充・訂正の義務を懈怠した場合，懈怠が十分に正当化されるか無害なものであるかしない限り，当事者は開示されなかった情報や証人を，申立てに関して，審問で，またはトライアルで，証拠と

　　　バリの不遵守を理由とする制裁としての，政府により没収された金銭のための請求を却下した事案に関する裁判例）; Grimes v. City & County of San Francisco, 951 F.2d 236, 239-241 (9th Cir. 1991)（ディスカバリの命令の遵守を確実にするために必要な場合，将来に関する制裁が連邦民訴規則37条により科され得るとする）．

(218)　Jaen v. Coca-Cola Co., 157 F.R.D. 146, 149-150 (D.P.R. 1994).

(219)　7 *Moore's Federal Practice*, §37.51 [10] (Matthew Bender 3d ed.).

◆第5章　質問書への回答の懈怠等に対する制裁

して利用することを禁止される旨を規定する。また，この場合裁判所は，情報や証人の排斥に加えて，またはこれに代えて，申立てにより，審問の機会を経た上で，他の制裁を科し得る（連邦民訴規則37条(c)(1)項(A)-(C)）。

　この制裁の目的は，当事者が訴訟過程で用いようと意図する立場を支持する全ての重要な証拠を適時に開示する誘因を当事者に提供し，故に一部の当事者が自身の立場にとって有利な証拠をトライアルで初めて明らかにすることによりそこでの戦術的な優位を得ようと試みる誘惑を攻撃することである[220]。

　この自動的な情報等の排斥の制裁を発動させるために，当事者はトライアルで，または申立てに関連して，開示を怠った証拠の利用を求めなければならず，当事者が証拠の利用を求めなかった場合，たとえ開示されなかった証拠が相手方当事者にとって有用であることが明らかではないとしても，他の制裁が利用可能であるとはいえ，自動的な排斥の制裁を援用する機会はない[221]。

　応答等の補充・訂正の義務の懈怠があり，かつ，この懈怠が十分に正当化されるか無害なものであるかしない場合，情報等の排斥の制裁に加えて，裁判所はその他の適切な制裁を科し得る（連邦民訴規則37条(c)(1)項(A)-(C)）。この規定が証拠・情報の排斥の規定に追加された主な理由は，相手方当事者にとって有用と考えられる証拠を開示しないような誘惑に駆られる当事者を懲戒する効果的な手段を裁判所に提供することであった[222]。証拠・情報の排斥は，相手方当事者にとって有用と考えられる情報の開示を強制する効果的な誘因ではない[223]。しかし，裁判所はしばしばこの区別を無視し，開示されなかった証拠が非開示当事者にとってのみ有用である場合でさえ，その他の適切な制裁を科してきた[224]。

---

[220] 7 *Moore's Federal Practice*, § 37.60[1] (Matthew Bender 3d ed.); Fed. R. Civ. P. 37(c) advisory committee's note (1993).

[221] 7 *Moore's Federal Practice*, § 37.60[1] (Matthew Bender 3d ed.); *see* Esposito v. Home Depot, U.S.A., Inc., 590 F.3d 72, 77 (1st Cir. 2009); Resolution Trust Corp. v. Hidden Ponds Phase Ⅳ Dev. Assocs., 873 F. Supp. 799, 807 (E.D.N.Y. 1995).

[222] 7 *Moore's Federal Practice*, § 37.61 (Matthew Bender 3d ed.).

[223] 7 *Moore's Federal Practice*, § 37.61 (Matthew Bender 3d ed.); Fed. R. Civ. P. 37(c) advisory committee's note (1993).

[224] 7 *Moore's Federal Practice*, § 37.61 (Matthew Bender 3d ed.).

◆第1部◆　当事者主義的民事訴訟運営と当事者照会の実効化

　証拠・情報の排斥の制裁に加えて，またはそれに代えて認められる制裁として，まず，弁護士費用を含む，ディスクロージャーや応答の補充・訂正の懈怠により生じた合理的な費用の償還を要求する命令（連邦民訴規則 37 条(c)(1)項(A)）[225]，補充・訂正の懈怠の陪審への告知（連邦民訴規則 37 条(c)(1)項(B)）が挙げられる。また，この場合裁判所は，連邦民訴規則 37 条(b)(2)項(i)-(vi)に列挙された制裁を含む，その他の適切な制裁を科すことができ（連邦民訴規則 37 条(c)(1)項(C)），それ故，以下の命令も補充・訂正義務の懈怠に対する制裁としてなされ得る。

・ディスクロージャーや応答の補充・訂正がなされなかった事項，またはその他の指定された事実を，相手方当事者の請求に従い訴訟の目的のために証明されたと擬制する旨を指示する命令
・不遵守当事者が指定された請求または抗弁を支持することまたは争うこと，もしくは指定された事項の証明を禁じる命令
・プリーディングの全部または一部を却下する命令
・命令が遵守されるまでさらなる訴訟手続を停止する命令
・訴訟または訴訟手続の全部または一部を却下する命令
・不遵守当事者に不利に懈怠判決をなす命令[226]

　連邦民訴規則 37 条(c)(1)項(C)による同条(b)(2)項(A)(i)-(vi)の準用により，補充・訂正の義務の懈怠を理由とする制裁が科される場合，事実審裁判所は強制命令の不遵守を理由として制裁を科す場合と同様の分析を行うべきであり，例えば，制裁として懈怠判決の登録を検討する場合，故意または悪意の認定が必要になる[227]。

---

(225) 7 *Moore's Federal Practice*, § 37.61（Matthew Bender 3d ed.）; *see* McNerney v. Archer Daniels Midland Co., 164 F.R.D. 584, 587（W.D.N.Y. 1995）（被告による排斥の申立てが却下され，被告が原告の専門家の証言録取を行うことと，合理的な費用と弁護士費用の償還を裁判所に申し立てる許可を与えられた事案）; Arthur v. Atkinson Freight Lines Corp., 164 F.R.D. 19, 19-22（S.D.N.Y. 1995）（裁判所が，適時の開示の懈怠により生じた費用の償還の申立てを認容した事案）; Bonin v. Chadron Community Hosp., 163 F.R.D. 565, 566-567（D. Neb. 1995）（非開示によりトライアルが継続された場合の，2回のトライアルの準備のための補償が認められた事案）。

(226) 7 *Moore's Federal Practice*, § 37.61（Matthew Bender 3d ed.）。

◆第4節◆ ディスカバリに対する応答の完全な懈怠を理由とする制裁

第1款 概　要

　当事者または当事者の役員・取締役・支配人等が証言録取に出頭しなかった場合，当事者が質問書に対する回答または異議を送付しなかった場合，提出・調査要求（連邦民訴規則34条）に対する書面による応答を送付しなかった場合，連邦民訴規則37条(a)項所定の強制命令を経ることなく，直接に制裁が科される（連邦民訴規則37条(d)項）。

　連邦民訴規則37条(d)項の役割と同条の他の項（(a)項・(b)項）との関係を完全に理解するには，連邦民訴規則の起草者の最初の予想は，ディスカバリのシステムは大部分自力執行的なものになるというものであったことを理解することが必要であると考えられる[228]。この視点から，連邦民訴規則37条の構造は，大部分の場合に当事者はディスカバリの要求に対する適時の応答または異議をなすということ，また，ディスカバリのダイナミクスから生じる最も一般的な問題は，相手方のディスカバリへの応答が要求された情報の全てではなく一部のみを含み，あるいは何らかの誤った異議を伴うことを仮定する[229]。それ故，連邦民訴規則37条(a)項は，当事者のディスカバリへの応答の完全な懈怠ではなく，不適切な応答または疑問のある異議のみを扱い，ディスカバリへの応答または異議に対して不満を持つ当事者が最初に十分な回答を得ることを試みるために協議，または協議の試みをした後に，強制命令の申立てを認める。当事者が申立てを認容された場合，裁判所は相手方当事者に追加の情報の提供を命じる強制命令を発令し，申立当事者は原則として費用償還の制裁を認められるが，その他の制裁はこの際には利用できない。強制命令の発令の際には謙抑的な費用償還の制裁のみが利用可能であるとの事実は，大部分の場合ディスカバリのシステムは裁判所の介入なしに十分に機能し，また，裁判所の

---

[227] Id.

[228] 7 *Moore's Federal Practice*, § 37.90 (Matthew Bender 3d ed.).

[229] Id.

◆第 1 部◆　当事者主義的民事訴訟運営と当事者照会の実効化

介入が要求される事件で必要とされることは，限定され焦点を合わせられた申立てと明確な命令の発令であるという仮定を反映する(230)。そして，より威嚇的な制裁は，当事者が特定のディスカバリを強制する裁判所の命令に違反した場合にのみ発動される（連邦民訴規則 37 条(b)項）ところ，起草者は，裁判所は連邦民訴規則 37 条(b)項に基づく，より厳しい制裁に頼ることはあまり必要ではないと予期していたと考えられる(231)。

すなわち，連邦民訴規則 37 条(a)項・(b)項は，漸進的な規律のシステムを企図する(232)。ここではまず，ディスカバリへの応答での不十分な点は，応答する側の当事者により採られた立場が十分に正当化される場合は制裁を全く発動させないか，またはディスカバリの要求をした当事者が申立てをなす際に負担した費用に限定される控えめな金銭的制裁のみを発動させる。そして，より厳しい制裁は，最初の限定的な裁判所の介入が応答する側の当事者へのディスカバリの義務の履行の動機付けに失敗した場合にのみ利用可能である。

連邦民訴規則 37 条(d)項の機能は，この背景に対して明らかになる。起草者は，(d)項による制裁を発動させるような類型の非行は相対的にあまり起こらないと予期していたと考えられる(233)。(d)項が向けられる非行は，出頭，回答，異議，保護命令の申立てをなさないことという，当事者のディスカバリの要求への応答の完全な懈怠から成る。そのような完全な懈怠はディスカバリのシステムのまさに根幹を揺るがし(234)，大部分の場合にディスカバリのシステムは自力執行的であるという，ディスカバリの機構全体の設計の基礎とされる根本的な仮定を脅かす(235)。応答の完全な懈怠はディスカバリを要求する当事者に証拠や情報を全く提供せず，異議の根拠を理解するための基礎を提供せ

---

(230)　Id.
(231)　Id.
(232)　Id.
(233)　Id.
(234)　7 *Moore's Federal Practice*，§ 37.90 （Matthew Bender 3d ed.）; *see* Fed. R. Civ. P. 37(d) advisory committee's note （1970）（「連邦民訴規則 37 条(d)項が関係する完全な不遵守は，ディスカバリを要求する当事者への厳しい不便または困難を課し得るし，また，ディスカバリの手続を大いに遅延させ得る」と述べる）．
(235)　7 *Moore's Federal Practice*，§ 37.90 （Matthew Bender 3d ed.）．

◆第 5 章　質問書への回答の懈怠等に対する制裁

ず，かつ，それ故に，ディスカバリの手続を洗練し前に進めさせる対話の基礎も提供しない(236)。このように，ディスカバリへの応答の完全な懈怠は訴訟の進行過程をその場で完全に停止させ，かつ，ディスカバリのシステムの基盤を脅かすが故に，連邦民訴規則 37 条(d)項は，連邦地方裁判所がこの種の非行への対応のため，(a)項・(b)項で確立された漸進的な規律のシステムを省略し，第一に広範な制裁を科すことを認める。この点で連邦民訴規則 37 条(d)項は，ディスカバリを要求された当事者は何らかの形で応答する無条件の義務を負う旨，および，訴訟が係属する裁判所は潜在的に厳しい制裁を科すことでこの義務を強制できる旨を明らかにする(237)。そして，連邦民訴規則 37 条(d)項の目的は，裁判所が最もはなはだしい形態のディスカバリの不遵守を直接に罰すること，および，将来の同様の行為を抑止することである(238)。

第 2 款　主観的要件

　1970 年改正以前の連邦民訴規則 37 条(d)項では，当事者による証言録取への出頭，または質問書もしくは提出・調査要求に対する応答の懈怠を理由とする制裁は，懈怠が故意によるものである場合にのみ利用可能であり，かつ，この場合には三種類の厳しい制裁（プリーディングの全部または一部の却下，訴訟または訴訟手続の却下，懈怠判決の登録）のみが認められていた。しかし，多くの裁判所は，より厳しくない制裁を含む，より広範な懲戒の手段を科すための裁量権を保持している旨を結論付けていた(239)。起草者は，裁判所によるこの行為が，当事者による応答の完全な懈怠を理由とする適切な制裁を選択する際のより広範な柔軟性の必要を証明していると結論付けた(240)。従って，連邦民訴規則 37 条(d)項の 1970 年改正規定は，裁判所が改正前から認められていた三種類の制裁のみならず，「正当な」その他の手段をも科すことを明白に認め

---

(236)　Id.
(237)　Id.
(238)　7 Moore's Federal Practice, § 37.90 (Matthew Bender 3d ed.); Minnesota Mining & Mfg. Co. v. Eco Chem, Inc., 757 F.2d 1256, 1260-1261 (Fed. Cir. 1985).
(239)　7 Moore's Federal Practice, § 37.93 (Matthew Bender 3d ed.).
(240)　Id.

◆第1部◆　当事者主義的民事訴訟運営と当事者照会の実効化

た。裁判所がより重大でない違反に対してより厳しくない制裁を科すことを可能とするこのような裁量権を公式に含むことにより，連邦民訴規則 37 条により制裁を科すための必要条件として故意または悪意の認定を要求するために存在していた必要性が除去された。

　したがって，連邦民訴規則 37 条(d)項の制裁は，懈怠が故意または悪意によるものでなくても，当事者による証言録取への出頭，または質問書もしくは提出・調査要求への応答の懈怠を罰するために科され得る(241)。もっとも，当事者等の故意は，その他の様々な要素とともに，科される制裁の種類と厳しさを決定する際に役割を演じ続け(242)，この点は当事者等による強制命令の不遵守を理由とする連邦民訴規則 37 条(b)項の制裁の際に採られるアプローチと一致する(243)。

---

(241)　7 *Moore's Federal Practice*，§ 37.93（Matthew Bender 3d ed.）; Fed. R. Civ. P. 37(d) advisory committee's note（1970）; Burnett v. Venturi, 903 F. Supp. 304, 308（N.D.N.Y. 1995）（連邦民訴規則 37 条(d)項の制裁は，故意のレベルに達しない事件においてさえ適用されるとする）; Coane v. Ferrara Pan Candy Co., 898 F.2d 1030, 1031-1032（5th Cir. 1990）（不正確なバージョンの文書を意図的にではなく提出したことを理由とする弁護士費用の償還を維持する）; E.E.O.C. v. Sears, Roebuck & Co., 114 F.R.D. 615, 626（N.D. Ill. 1987）（ディスカバリの要求の不遵守が一度証明されたら，それが単に不注意または過失によるものであっても，制裁は適切であるとする）; Fautek v. Montgomery Ward & Co., 96 F.R.D. 141, 145-147（N.D. Ill. 1982）（被告の代理人が意図的に，無頓着に，または過失によりディスカバリに対し正確に応答しなかった点に鑑み，弁護士費用と費用の償還を維持する）。

(242)　7 *Moore's Federal Practice*，§ 37.93（Matthew Bender 3d ed.）; Fed. R. Civ. P. 37(d) advisory committee's note（1970）; Burnett v. Venturi, 903 F. Supp. 304, 308（N.D.N.Y. 1995）（故意の有無は制裁の選択に関して関連性を有し続けるが，裁判所は違反の理由に関係なく，制裁を科すための裁量権を有するとする）; E.E.O.C. v. Sears, Roebuck & Co., 114 F.R.D. 615, 626-627（N.D. Ill. 1987）, *vacated in part on other grounds*, 138 F.R.D. 523（N.D. Ill. 1991）（有責性の程度は単に，制裁の厳しさを決定する際の裁判所の考慮のための要素であるとする）; Fautek v. Montgomery Ward & Co., 96 F.R.D. 141, 145（N.D. Ill. 1982）（有責性の程度は，適用され得る制裁の厳しさを決定する際の一つの要素に過ぎないとする）。

(243)　7 *Moore's Federal Practice*，§ 37.93（Matthew Bender 3d ed.）。

◆第5章　質問書への回答の懈怠等に対する制裁

第3款　保護命令の申立てによる免責

　当事者による証言録取への出頭，または質問書もしくは提出・調査要求に対する応答の懈怠は，懈怠当事者が連邦民訴規則26条(c)項で規定される係属中の保護命令の申立てを抱えているのでない限り，要求されているディスカバリが異議を述べられ得るとの理由によっては免責されない（連邦民訴規則37条(d)(2)項）。この規定の目的は，「当事者が証言録取を行うための告知または質問書もしくは提出・調査要求が不適切かつ異議を述べられ得ると考える場合であっても，適切に完全な沈黙を保つことはできない。当事者が出頭しないことまたは応答しないことを望むのであれば，その者は保護命令を申し立てなければならないということを明らかにする」ことである[244]。

　もっとも，当事者が適時にディスカバリに対する異議を述べている場合，当事者は保護命令の申立てをなす必要はない。しかし，完全な沈黙はディスカバリを要求した当事者に何も提供せず，また，その当事者が「重大な不便または困難」を被ること[245]，および，重大なプリトライアル手続の遅延という結果につながり得るため，明らかに異議を申し立てられ得るディスカバリの要求に対する応答で何もしないことを意図する当事者にとって利用可能な唯一の安全な行動は，ディスカバリに対する応答の期限となる日の前に保護命令の申立てをなすことである[246]。保護命令の申立てが係属中であることは，ディスカバリの試みに対して応答しないことについての弁明として主張され得るとはいえ，この弁明の原因は一度申立てが排斥されれば消滅する[247]。

第4款　申立て前の協議または協議の試み

　当事者による質問書に対する回答または異議もしくは提出・調査要求に対する書面による応答の送付の懈怠を理由とする制裁の申立ては，申立当事者が裁

---

[244]　7 *Moore's Federal Practice*, § 37.94 (Matthew Bender 3d ed.); Fed. R. Civ. P. 37(d) advisory committee's note (1970).
[245]　*Id.*
[246]　7 *Moore's Federal Practice*, § 37.94 (Matthew Bender 3d ed.).
[247]　7 *Moore's Federal Practice*, § 37.94 (Matthew Bender 3d ed.); Fed. R. Civ. P. 37(d) advisory committee's note (1993).

◆第1部◆　当事者主義的民事訴訟運営と当事者照会の実効化

判所の介入なしに回答または応答を得るための努力のために懈怠当事者と誠実に協議したか協議を試みたことの確証を含まなければならない（連邦民訴規則37条(d)(1)項(B)）。裁判所は，申立当事者が要求された確証を含ませることを怠ったとの理由で，連邦民訴規則37条(d)項の申立ての考慮を拒絶してきた[248]。

第5款　制裁の種類
1　非金銭的制裁に関する事実審裁判所の裁量

連邦地方裁判所は，当事者が十分な正当化事由なしに証言録取への出頭，または質問書に対する回答もしくは異議，あるいは提出・調査要求に対する書面による応答の送付を懈怠したことを認定した後でさえ，連邦民訴規則37条(d)項の非金銭的な制裁を科すか否かを決定する際の広範な裁量権を有する。同様に，一度連邦地方裁判所が非金銭的な制裁が適切である旨を判断したら，裁判所は科される制裁の種類を決定する際の広範な裁量権を有する[249]。これらの原則は，上訴裁判所が連邦民訴規則37条(d)項の制裁の判断を審査する際に「裁量権の濫用」の基準を適用するとの事実に反映される[250]。それは一

---

(248)　7 *Moore's Federal Practice*，§ 37.95（Matthew Bender 3d ed.）; Blue Grass Steel, Inc. v. Miller Bldg. Corp., 162 F.R.D. 493, 495（E.D. Pa. 1995）（原告が被告からの文書等の提出要求に対して適時に応答しなかったことに対する，被告からの連邦民訴規則37条(d)項に基づく制裁の申立てで，裁判所に頼る前にディスカバリに関する紛争を解決するための誠実な努力の確証が付けられていなかったため，原告によるディスカバリの懈怠を考慮しないとしたが，他方，原告は応答の期限の延長を求めることを試みず，制裁の申立てがなされた後に応答したため，適時に応答しなかったことに対する弁明は不適切であるとした）; Speidel v. Blyan, 164 F.R.D. 241, 244（D. Or. 1996）（解決のための誠実な試みが申立前になされた旨の陳述を要求するローカル・ルールを被告が遵守しなかった場合に，原告による質問書への回答の拒絶を理由とする制裁が認められなかった事案に関する裁判例）．

(249)　7 *Moore's Federal Practice*，§ 37.96[1]（Matthew Bender 3d ed.）; Marx v. Kelly, Hart & Hallman, P.C., 929 F.2d 8, 10（1st Cir. 1991）（制裁の選択は，事実審裁判所の健全な裁量権の範囲内にあるとする）; Charter House Ins. Brokers v. New Hampshire Ins. Co., 667 F.2d 600, 605-606（7th Cir. 1981）（制裁の選択の際に裁量権の濫用はなかったとして，却下を維持する）．

◆第5章　質問書への回答の懈怠等に対する制裁

部分，個々の連邦民訴規則37条(d)項違反に最も適切に応答する制裁の種類を決定することは，事実審裁判所がおそらく最も適任であるような，特定の事実に依存する調査であるとの理由に基づく(251)。

　ここでの非金銭的制裁には，連邦民訴規則37条(b)(2)項(A)(i)-(vi)に含まれる様々な制裁がある（連邦民訴規則37条(d)(3)項）。これらの個々の制裁は訴訟の本案に影響を与える可能性があり得るとの事実を考慮して，事実審裁判所・上訴裁判所がこれらを適用することや維持することにつき慎重であることが考えられる。一般に，これらの手段のどれが当事者による証言録取への出頭，または質問書に対する回答もしくは異議，あるいは提出・調査要求に対する書面による応答の送付の懈怠に応じて適切であるかを決定する際，裁判所はこれらの手段のどれが当事者による強制命令の不遵守に応じて適切であるかを決定するために行うのと同様の分析を行う(252)。例えば，連邦民訴規則37条(d)項の懈怠が故意，悪意，その他の重過失によるものであり，かつ，懈怠が相手方当事者に重大な，かつ他の方法では回復不可能な不利益を生じさせた場合のような極端な状況を除き，裁判所は訴訟の却下や懈怠判決という最も過酷な制裁を適用しそうにないと考えられる(253)。

---

(250)　7 *Moore's Federal Practice*, §37.96[1]（Matthew Bender 3d ed.）; Beil v. Lakewood Eng'g & Mfg. Co., 15 F.3d 546, 551-552（6th Cir. 1994）（訴訟の却下の制裁を破棄する）; Archibeque v. Atchison, Topeca & Santa Fe Ry. Co., 70 F.3d 1172, 1174-1175（10th Cir. 1995）（訴訟の却下の制裁を維持する）.

(251)　7 *Moore's Federal Practice*, §37.96[1]（Matthew Bender 3d ed.）; Oklahoma Federated Gold & Numismatics, Inc. v. Blodgett, 24 F.3d 136, 139-140（10th Cir. 1994）（証拠の排斥の制裁を維持する）.

(252)　7 *Moore's Federal Practice*, §37.96[1]（Matthew Bender 3d ed.）.

(253)　7 *Moore's Federal Practice*, §37.96[1]（Matthew Bender 3d ed.）; Woodstock Ventures LC v. Perry, 164 F.R.D. 321, 322-323（N.D.N.Y. 1996）（懈怠判決の申立てを排斥する）; Beil v. Lakewood Eng'g & Mfg. Co., 15 F.3d 546, 552（6th Cir. 1994）（訴訟の却下の制裁を破棄する）; Collins v. Illinois, 554 F.3d 693, 696（7th Cir. 2009）（連邦民訴規則37条(d)項に基づき訴訟を却下するために，裁判所は当事者の行為が故意，悪意，または過失を示していることのみを認定しなければならないとする）; Hyde & Drath v. Baker, 24 F.3d 1162, 1166-1167（9th Cir. 1994）（証言録取への出頭の懈怠を理由とする訴状の却下の制裁を維持する）; Henry v. Gill Indus., Inc., 983 F.2d 943, 948

◆第1部◆　当事者主義的民事訴訟運営と当事者照会の実効化

2　事実の証明の擬制，指定された請求・抗弁を支持することまたは争うこと，もしくは指定された事項の証明の禁止

　当事者によるディスカバリへの応答の完全な懈怠に対して認められる非金銭的な制裁の一つとして，ディスカバリの懈怠に関連する特定の事実またはその他の事項がディスカバリを要求する当事者の請求に従い証明されたとみなされる旨の裁判所の命令，懈怠当事者が指定された請求または抗弁を支持することまたは争うことを禁止する，もしくはその当事者が指定された事項を証明することを禁止する裁判所の命令がある。これらの制裁の意義は，個々の訴訟での特定の事実・事項・請求・抗弁の役割に応じて広範に変化する[254]。これらの制裁から生じ得る結果の広範さに鑑み，これらの制裁の利用を正当化する状況もまた広範に変化し，一般に，制裁の結果が厳しければ厳しいほど，根拠となるディスカバリの懈怠もよりはなはだしいものでなければならない[255]。

　大部分の状況で，当事者が証拠を提出する可能性，または請求もしくは抗弁を十分に争う可能性に影響を与える制裁を事実審裁判所が科す場合，制裁はディスカバリが関連する請求・抗弁に限定されるべきである[256]。この一般的なルールに対する最も明白な例外は，おそらくは当事者のディスカバリの懈怠が故意および悪意によるものであり，かつ，その当事者がディスカバリの義務を愚弄し続ける意思を明らかにする場合の訴訟のように，限定された制裁が抑止として役に立たないことが明らかな場合に生じると考えられる[257]。

3　プリーディングの却下，さらなる訴訟手続の停止

　当事者によるディスカバリへの応答の完全な懈怠に対して認められる非金銭的な制裁の一つとして，プリーディングの全部または一部を却下する命令，またはディスカバリの義務が履行されるまでさらなる訴訟手続を停止する命令が

　　　(9th Cir. 1993)（訴訟の却下の制裁を維持する）; Archibeque v. Atchison, Topeca & Santa Fe Ry. Co., 70 F.3d 1172, 1174-1175（10th Cir. 1995）（訴訟の却下の制裁を維持する）．
(254)　7 *Moore's Federal Practice*, § 37.96[2]（Matthew Bender 3d ed.）．
(255)　*Id*．
(256)　*Id*．
(257)　*Id*．

◆第5章　質問書への回答の懈怠等に対する制裁

ある。

　制裁の命令がプリーディングの全部を却下する場合，上訴裁判所は訴訟の却下または懈怠判決の制裁の命令に対して課すのと同様の制約を課すと考えられる(258)。すなわち，(a)故意，悪意，その他の重過失，(b)ディスカバリを申し立てた当事者に対する，他の方法では回復できない重大な不利益を要求する(259)。

4　訴訟の却下，懈怠判決の登録

　当事者によるディスカバリへの応答の完全な懈怠に対して認められる非金銭的な制裁の一つとして，訴訟の全部または一部を却下する命令，または不遵守当事者に不利に懈怠判決をなす命令がある(260)。

　訴訟の却下または懈怠判決の制裁の厳しさを考慮し，上訴裁判所は一般に，制裁が当事者のディスカバリの懈怠に対する適切な応答であるか否かを判断する際に特定の要素の考慮を事実審裁判官に要求し，ほとんどの裁判所は以下の要素を考慮する(261)。

---

(258)　7 *Moore's Federal Practice*，§ 37.96[3]（Matthew Bender 3d ed.）．

(259)　*Id*．

(260)　7 *Moore's Federal Practice*，§ 37.96[4]（Matthew Bender 3d ed.）; *see, e.g.*, Hoxworth v. Blinder, Robinson & Co., 980 F.2d 912, 919-922 (3d Cir. 1992)（数ある懈怠の中でも，ディスカバリの要求に対する被告による応答の懈怠を理由とする懈怠判決を維持する）; Collins v. Illinois, 554 F.3d 693, 696-697 (7th Cir. 2009)（原告による証言録取の拒絶と，証言録取からの退席の前に彼女の異議を扱うために治安判事が接触され得るまで待つことの拒絶に鑑み，連邦地方裁判所による訴状の却下の選択は合理的であったとする〔特に，裁判所の記録が，質問書への回答や文書の提出の懈怠を含むディスカバリのルールの無視のパターンを明らかにしたことを理由とする〕); Lindstedt v. City of Grandy, 238 F.3d 933, 937 (8th Cir. 2000)（連邦地方裁判所は，質問書への回答を拒絶し，かつ，別の訴訟での「被告の」代理人弁護士による「以前の不公正なディスカバリの戦略」への応答としてディスカバリの期限の最終日までディスカバリに応答しない旨を述べた本人訴訟の原告の訴状を却下する際に，裁量権を濫用しなかったとする); Panaderia la Diana, Inc. v. Salt Lake City Corp., 342 F. Supp. 2d 1013, 1030-1031 (D. Utah 2004)（裁判所が証言録取への出頭を懈怠した原告の請求を却下した事案〔原告が出頭の懈怠に関して何も理由を示さず，ディスカバリと処分の申立ての両方の期限が経過し，訴訟は5年以上も係属中であり，かつ，2週間のトライアルが1ヶ月以内に設定されていたことを理由とする〕).

◆第 1 部◆　当事者主義的民事訴訟運営と当事者照会の実効化

・懈怠が故意，悪意，その他の重過失によるものであったか否か(262)
・懈怠が単発的な出来事であったか，パターンとなった，または反復的なプリトライアルの義務の違反であったか(263)
・当事者によるディスカバリの懈怠がそのコントロールを超えた事情に起因し得るものであったか否か（または，どの程度そうであったか）(264)

---

(261)　7 *Moore's Federal Practice*，§ 37.96[4]（Matthew Bender 3d ed.）.
(262)　See, e.g., Bobal v. Rensselaer Polytechnic Inst., 916 F.2d 759, 763-766（2d Cir. 1990）（訴訟の却下を維持し，連邦地方裁判所は最も徹底的な制裁を科す裁量権を有する旨結論付ける〔本人訴訟の原告が故意，悪意，またはその他の過失により行為を行った旨の認定が支持されることを理由とする〕）; Burnett v. Venturi, 903 F. Supp. 304, 309（N.D.N.Y. 1995）（故意の証拠がないことにより，訴状の却下の制裁を破棄する）; El-Yafi v. 360 East 72nd Owners Corp., 164 F.R.D. 12, 16-18（S.D.N.Y. 1995）（原告の行為がディスカバリを本質的に停止させた後に治安判事が特定の日までに証言録取が完了されることを命じ，かつ証言録取への出頭を懈怠した際の原告の意図的な行為が故意によるものであった場合，訴状の却下は適切であったとする）; Charter House Ins. Brokers v. New Hampshire Ins. Co., 667 F.2d 600, 605-606（7th Cir. 1981）（原告が故意にディスカバリの要求に応答せず，かつ自ら招いた誤解により異議も述べず保護命令も求めなかった場合に，訴状の却下を維持する）; Fox v. Studebaker-Worthington, Inc., 516 F.2d 989, 993（8th Cir. 1975）（不注意または健康上の理由による後れての質問書の送付があった場合，訴訟の却下の制裁はあまりにも過酷であるとする）; Henry v. Gill Indus., Inc., 983 F.2d 943, 948-949（9th Cir. 1993）（たとえ被告側が要求した全てのディスカバリを時機に後れて受領したとしても，原告の故意および悪意に基づく訴訟の却下を維持する）; Continental Ins. Co., v. McGraw, 110 F.R.D. 679, 682-683（D. Colo. 1986）（故意は誤った意図には依存しないが，偶然によるものまたは非自発的なものではなく，意識的または意図的なものでなければならないとする〔質問書に対する回答の完全な懈怠を理由とする訴訟の却下に関する事案〕）.
(263)　See, e.g., United States v. Aldeco, 917 F.2d 689, 690（2d Cir. 1990）（質問書への適時の回答の単純な懈怠に基づく，没収の訴訟での懈怠判決を破棄する）; Minnesota Mining & Mfg. Co. v. Eco Chem, Inc., 757 F.2d 1256, 1261（Fed. Cir. 1985）（被告が訴訟の初めから訴訟引延しの戦略に関与していた場合に，懈怠判決を裁判所の裁量権の範囲内であるとして維持する）.
(264)　Beil v. Lakewood Eng'g & Mfg. Co., 15 F.3d 546, 552（6th Cir. 1994）（原告が要求された証拠を提出する資格を有しなかったことを理由に，訴訟の却下の制裁を破棄する）.

◆第5章　質問書への回答の懈怠等に対する制裁

・ディスカバリの懈怠がディスカバリを申し立てた当事者に不利益を生じさせたか否か[265]
・提出されなかった証拠が他の情報源から発見され得るか否か[266]
・特定の当事者に有利に，または不利に判決を登録することが，これらの当事者と共同当事者となっていたがそのコントロールに従っていなかった当事者に不当な不利益を生じさせるか否か[267]
・裁判所がディスカバリのルールに違反した当事者に，訴訟の却下または懈怠判決の制裁の可能性がある旨を警告していたか否か[268]

---

[265] *See, e.g.*, Pope v. Lexington Ins. Co., 149 F.R.D. 586, 587-588（E.D. Wis. 1993）（少なくとも一部分，本人訴訟の第三者原告による完全な非協力がディスカバリを不可能にしたことを理由に，当該当事者の訴訟を却下する）; Hyde & Drath v. Baker, 24 F.3d 1162, 1166-1167（9th Cir. 1994）（証言録取への不出頭を理由とする訴状の却下の制裁を維持し，被告は不利益を被った旨を述べる）; Henry v. Gill Indus., Inc., 983 F.2d 943, 948（9th Cir. 1993）（たとえ被告側が要求した全てのディスカバリを時機に後れて受領したとしても，原告の非行が被告側に回復できない不利益を生じさせた場合に，訴訟の却下の制裁を維持する）; Archibeque v. Atchison, Topeca & Santa Fe Ry. Co., 70 F.3d 1172, 1175（10th Cir. 1995）（原告による誤った，かつ誤導的な回答が抗弁の準備に関して被告に回復できない形で不利益を被らせる場合に，訴訟の却下の制裁を維持する）.

[266] *See, e.g.*, El-Yafi v. 360 East 72nd Owners Corp., 164 F.R.D. 12, 17-18（S.D.N.Y. 1995）（要求された情報が被告側にとって重要で，かつ，原告によるその争点に関する証言録取への出頭または質問書に対する応答の懈怠がディスカバリを不可能にしたとする）; Fox v. Studebaker-Worthington, Inc., 516 F.2d 989, 992-993（8th Cir. 1975）（音声テープの存在に関する決して協力的でない原告の陳述に基づく訴状の却下の制裁を維持する）.

[267] *See, e.g.*, Acme Printing Ink Co. v. Menard, Inc., 812 F. Supp. 1498, 1521（E.D. Wis. 1992）（判決の登録が他の被告に不利な影響を与え得るとの懸念から，裁判所は一部の被告に不利な判決を登録するよりもむしろ，質問書に回答するための2回目の機会を与えたという事案に関する裁判例）.

[268] *See, e.g.*, Bobal v. Rensselaer Polytechnic Inst., 916 F.2d 759, 763-766（2d Cir. 1990）（却下の可能性を警告されていた本人訴訟の原告に対する訴訟の却下の制裁を維持する）; *but see* Archibeque v. Atchison, Topeca & Santa Fe Ry. Co., 70 F.3d 1172, 1175（10th Cir. 1995）（たとえ原告が却下の可能性を警告されていなかったとしても，原告の故意に基づく訴訟の却下の制裁を維持する）.

・より厳しくない手段が制裁のルールの目的を適切に達成し得るか否か[269]
・司法過程に対する妨害の程度[270]

5　費用償還の制裁

　当事者によるディスカバリへの応答の完全な懈怠に対して認められる非金銭的な制裁の命令に代えて，またはそれに加えて，裁判所は懈怠した当事者に，懈怠が十分に正当化されるか，その他の事情で費用償還が不当となるかしない限り，弁護士費用を含む，懈怠により生じた合理的な費用の償還を要求しなければならない（連邦民訴規則37条(d)(3)項）。

　連邦民訴規則37条(d)項は，金銭的制裁（費用償還）と非金銭的制裁をかなり異なる形で扱い，まず，同項は連邦地方裁判所に，非金銭的制裁を科すか否か，および，どの種類の非金銭的制裁が科されるべきかを判断する際の広範な裁量権を与える。対照的に，費用償還の制裁は，制裁を科される当事者が免責事由を証明し得ない限り，必要的である[271]。

　費用償還の制裁は明白に，「弁護士費用を含む，（ディスカバリの）懈怠により生じた合理的な費用」に限定される。

　費用償還の制裁に関する免責事由の一つは，懈怠が「十分に正当化されること」である。十分な正当化事由の証明責任は，ディスカバリへの応答を完全に懈怠した当事者に課される[272]。十分な正当化事由の調査の焦点は，ディスカ

---

[269]　See, e.g., Hyde & Drath v. Baker, 24 F.3d 1162, 1167（9th Cir. 1994）（裁判所が以前に弁護士費用の償還の制裁を科していた場合に，証言録取への不出頭を理由とする訴状の却下の制裁を維持する）．

[270]　Panaderia la Diana, Inc. v. Salt Lake City Corp., 342 F. Supp. 2d 1013, 1030-1031（D. Utah 2004）（証言録取への不出頭を理由に原告の請求を却下する際に，連邦地方裁判所は以下の要素を適用した：(1)被告に対する現実の不利益の程度；(2)司法過程に対する妨害の程度；(3)当事者の有責性；(4)裁判所が前もって，訴訟の却下が不遵守を理由とする，可能性のある制裁である旨を警告していたか否か；(5)より軽い制裁の効果）．

[271]　7 Moore's Federal Practice, §37.97[1]（Matthew Bender 3d ed.）; Lockette v. American Broad. Cos., Inc., 118 F.R.D. 88, 90-91（N.D. Ill. 1987）（懈怠が十分に正当化されたことを理由に，連邦民訴規則37条(d)項の金銭的制裁を認めることを拒絶する）．

[272]　7 Moore's Federal Practice, §37.97[2]（Matthew Bender 3d ed.）; Telluride Management Solutions, Inc. v. Telluride Inv. Group, 55 F.3d 463, 466（9th Cir.

◆第5章　質問書への回答の懈怠等に対する制裁

バリの要求に対するもともとの応答の懈怠に当てられ，制裁の申立てに対する防御または却下の回避のための当事者またはその代理人弁護士による後の努力には当てられない(273)。裁判例は，十分な正当化事由につき判断するための概念上整序されたテストを開示していない(274)。この点の判断は，事件ごとの根拠に基づきなされる(275)。しかし，裁判所は少なくとも，当事者が命令された期間内にディスカバリの義務を遵守できないことを相手方に誠実に警告するよう努めた場合に，証言録取への出頭，または質問書に対する回答もしくは異議，あるいは提出・調査要求に対する書面による応答の送付の懈怠が完全に当事者のコントロールを超えた要素に起因することを当事者が証明するならば，十分な正当化事由の要求は充足されるという点については一致すると考えられる(276)。例えば，ある裁判所は，重病のために証言録取への出頭義務を負わない旨を善意で信じていた当事者は，不出頭につき十分に正当化され得る旨を示唆した(277)。

1995)（十分な正当化事由が証明されていないとして，証言録取への不出頭を理由とする金銭的制裁を維持する); Hyde & Drath v. Baker, 24 F.3d 1162, 1171（9th Cir. 1994)（十分な正当化事由または費用償還を不当とするその他の事情の証明責任は，金銭的制裁を科される当事者に課されるとする).

(273)　7 *Moore's Federal Practice*, § 37.97[2]（Matthew Bender 3d ed.); Hyde & Drath v. Baker, 24 F.3d 1162, 1171（9th Cir. 1994)（訴状の却下の申立てに対して依頼者を防御するための代理人弁護士による正当化は，ディスカバリの制裁に関する代理人弁護士の責任とは無関係であるとする).

(274)　7 *Moore's Federal Practice*, § 37.97[2]（Matthew Bender 3d ed.).

(275)　7 *Moore's Federal Practice*, § 37.97[2]（Matthew Bender 3d ed.); *see, e.g.,* Lockette v. American Broad. Cos., Inc., 118 F.R.D. 88, 90-91（N.D. Ill. 1987)（原告とその代理人弁護士の両者が合理的に，テープの開示が原告を盗聴に関する制定法による刑事訴追にさらし得ると信じていた場合，原告による秘密裏に録音された電話での会話の提出の懈怠は十分に正当化されたとする); Speidel v. Bryan, 164 F.R.D. 241, 244（D. Or. 1996)（被告が前もって原告に，証言録取の行われる地への旅行に関する重大な不都合と費用のために出頭が不可能である旨を告知していた場合に，被告による不出頭は十分に正当化されたとする).

(276)　7 *Moore's Federal Practice*, § 37.97[2]（Matthew Bender 3d ed.); *see, e.g.,* Speidel v. Bryan, 164 F.R.D. 241, 244（D. Or. 1996).

(277)　Hyde & Drath v. Baker, 24 F.3d 1162, 1171-1172（9th Cir. 1994).

◆第1部◆　当事者主義的民事訴訟運営と当事者照会の実効化

　また，費用償還の制裁に関するもう一つの免責事由として，その他の事情で費用償還が不当となることが挙げられる。その他の事情の証明責任は，ディスカバリの要求に対する応答を懈怠した当事者に課される[278]。当事者による不遵守に十分な正当化事由がないと裁判所が認定したにもかかわらず，金銭的制裁を科すことが不当と判断するという状況はあまりないと考えられるが，例えば裁判所は，金銭的制裁の財務的な影響を考慮し，かつ，おそらく単なる過失によるディスカバリの懈怠を理由に財務上破滅的な制裁を科すことについて不本意であり得ると考えられる[279]。同様に裁判所は，申立てにつき敗訴した当事者が本人訴訟を行っており，法律に関する素養を有さず，かつ，その立場がディスカバリのルールによる権利・義務に関する善意に基づく誤解によるものであると考えられる場合に，費用償還の制裁が不当である旨結論付け得ると考えられる[280]。

第6款　申立ての時期

　連邦民訴規則は，ディスカバリへの応答の完全な懈怠に基づく制裁の申立てをなさなければならない期間の制限につき何も規定していない[281]。もちろん，最も望ましいのは，ディスカバリの懈怠および問題解決のための当事者による努力の不奏功の後，迅速に救済を求めることである[282]。その時点では，当事者の記憶も新鮮であり，書証も少なくとも失われたり破棄されたりしていないと考えられ，かつ，裁判所による介入がディスカバリの懈怠の有害な影響を限定し得ると考えられる[283]。少なくとも一つの裁判所は，連邦民訴規則37条の制裁の申立ては不合理な遅延なくなされなければならない旨述べる[284]。

---

(278)　7 *Moore's Federal Practice*，§ 37.97[3]（Matthew Bender 3d ed.）; Hyde & Drath v. Baker, 24 F.3d 1162, 1171（9th Cir. 1994）.
(279)　7 *Moore's Federal Practice*，§ 37.97[3]（Matthew Bender 3d ed.）.
(280)　*Id*.
(281)　7 *Moore's Federal Practice*，§ 37.99（Matthew Bender 3d ed.）; *see also* Lancaster v. Independent School Dist. No. 5, 149 F.3d 1228, 1237（10th Cir. 1998）（連邦民訴規則37条の文言自体は期間の制限を含んでいないとする）.
(282)　7 *Moore's Federal Practice*，§ 37.99（Matthew Bender 3d ed.）.
(283)　*Id*.

◆第5章　質問書への回答の懈怠等に対する制裁

　連邦民訴規則 37 条(d)項の制裁の申立ての時期に影響を与え得る別の考慮は，求められている制裁の性質である[285]。例えば，求められている制裁が訴訟の本案を争うことに影響を与え得る場合，申立ては明らかに本案に到達する前になされなければならず，従って，事実の証明を擬制する命令，他の当事者が請求や抗弁を支持することまたは否定することを禁止する命令，もしくはプリーディングを却下する命令を申立当事者が求める場合，申立てはそれらの事項に関する審問またはトライアルの前になされなければならない[286]。

　当事者が連邦民訴規則 37 条(d)項の費用償還の制裁を求めなければならない期間制限は，より明らかでない[287]。非行が生じた十分な後まで費用償還の制裁の申立てを待つ当事者は明らかに，裁判所が以下のように行動し得ることを含む，一連の危険に直面する[288]。

・申立てを迅速になされた申立てと同様に重大なものとして扱わない
・申立てを解決するために必要な証拠の発見・分析が不可能である，または不当に負担が重いものであるとの理由に基づき，申立てについての審問を拒絶する
・申立ての遅延により，あるいは何らかのバージョンの消滅時効の法理に従い，救済を求める権利が放棄されたものとみなす
・裁判所がもはや訴訟または申立てをなされた当事者につき管轄権を有しない旨結論付ける

　以上，本章では，質問書を含むディスカバリ一般に適用される，ディスカバリの義務の懈怠等に対して科される制裁の手続，および，具体的な制裁につき概観した。第 6 章では，特に本章での検討を踏まえ，わが国の民事訴訟手続に

---

(284) Lancaster v. Independent School Dist. No. 5, 149 F.3d 1228, 1237 (10th Cir. 1998)（裁判所が原告による証言録取への出頭の懈怠に基づく弁護士費用の申立てを考慮する旨を述べてから 4 ヶ月以内に被告が申立てをした場合，遅延は不合理なものではなかったとする）.
(285) 7 *Moore's Federal Practice*, § 37.99 (Matthew Bender 3d ed.).
(286) Id.
(287) Id.
(288) Id.

◆第1部◆　当事者主義的民事訴訟運営と当事者照会の実効化

おける当事者主義的訴訟運営の実現のための基盤の一つとして当事者照会の実効化を図るために制裁を新設すること，すなわち当事者照会の制裁型スキーム化に関する試論を提示したい。

◆ 第6章 ◆

当事者照会の制裁型スキーム化の方向性

　本章では，第4章・第5章で概観した連邦民訴規則上の質問書，ディスカバリの義務の懈怠に対する制裁やそのための手続，また，第3章で概観したわが国の当事者照会に関する改正提案を踏まえ，当事者照会の制裁型スキーム化の方向性を示したい[1]。

　なお，本章での検討の際，第1節・第2節では訴え提起後の当事者照会（法163条）に対象を限定し，訴え提起前の照会（法132条の2・132条の3）については，暫定的な結論にとどまるが，第3節で論じたい。

◆ 第1節 ◆ 制裁の手続

第1款　制裁に至るまでの段階

　まず，回答義務の懈怠に対する制裁に至るまでの手続をどう設計するか，言い換えると，最終的に制裁が科されるまでにいかなる段階を踏むべきであるかを検討する。当事者照会での相手方の回答義務[2]の懈怠に制裁を科す場合，

---

[1]　筆者は，第1部の内容につき，第84回日本民事訴訟法学会大会（2014年5月17日開催。於：九州大学）で個別報告を行い，その要旨を学会誌で公表する機会を得た。しかし，その際，本章で論じるわが国の当事者照会の制裁型スキーム化に関する提案については，暫定的な議論の提示にとどまり，また，提案した事項についての論拠を十分に提示できていない部分もあった（酒井博行「当事者主義的民事訴訟運営と当事者照会の制裁型スキーム化に関する一考察」民事訴訟雑誌61号〔2015年〕153-156頁）。本章では，はなはだ未熟なものとなるが，前記の個別報告等の後に検討した事項も加え，かつ，十分に論じないままになっていた，提案に係る論拠も提示し，わが国の当事者照会の制裁型スキーム化に係る提案につき論じたい。

[2]　当事者照会での相手方の回答義務につき，現行法では明文規定は存在しないが，現行法の立案担当者，および，ほとんどの学説が回答義務を肯定することは，第3章第4節第1款で概観した通りである。そして，当事者照会に対する不当な回答拒絶等に対す

◆ 第1部 ◆　当事者主義的民事訴訟運営と当事者照会の実効化

当然のことながら，裁判所が相手方の回答義務の懈怠を認定することが必要となるところ(3)，回答義務の懈怠の認定後に裁判所が直ちに制裁を科し得るという制度設計をするのか，回答義務の懈怠の認定から制裁を科すまでの間に何らかの段階を挟むのかが問題になると考えられる。

　まず，連邦民訴規則37条によるディスカバリの制裁は，基本的にはまず裁判所に対し，ディスカバリの義務を懈怠した当事者等を相手方とする強制命令の申立てをし，強制命令が認容された場合，併せて申立てに係る費用償還の制裁が科され（連邦民訴規則37条(a)項），強制命令の発令後もなおディスカバリの義務が履行されない場合，相手方に対するさらなる制裁が科される（連邦民

　　　る制裁を設ける際には，相手方の回答義務を明文で規定することが必要不可欠と考えられ，日弁連の改正提案，民事訴訟法改正研究会の改正提案のいずれもこの点を明文で規定する。第1部では，当事者照会での回答義務懈怠に対する制裁，および，制裁に至るまでの手続をどのようにするかに焦点を当て，当事者照会の要件面（回答除外事由をどのように規定するか等）については検討の対象としないため，具体的な条文案は提示しないが，筆者も，（回答除外事由に該当しない場合の）相手方の回答義務の明文化は当然の前提であると考える。
(3)　ここでは，当事者照会の相手方の回答義務違反の有無を判断し最終的に制裁を科す主体として，裁判所（受訴裁判所）を想定する。
　　　もっとも，相手方の回答義務違反の有無を判断する主体として，裁判所以外の機関も考えられる。例えば，小山稔（司会）ほか「（座談会）民事弁護実務は変わるか―民事訴訟改善運動と新民事訴訟法―」判例タイムズ923号（1997年）26頁［那須弘平発言］は，当事者照会をめぐるトラブルの解決のために弁護士会の仲裁センターの利用も考えられる旨を論じる。この見解は，回答義務懈怠に対する制裁がない現行の当事者照会を前提とする限り，一つの選択肢として考えられる。しかし，第1部で検討する当事者照会の制裁型スキーム化は，回答義務を懈怠した当事者に最終的には訴訟手続上の，また，場合によっては実体上の不利益を課すことを想定するものであり，このような措置の基礎となる判断は，国家機関たる裁判所によるものでなければならないのではないかと考えられる。この点につき，三木浩一＝山本和彦編『民事訴訟法の改正課題（ジュリスト増刊）』（有斐閣，2012年）103頁。
　　　なお，回答義務違反等の判断主体として，受訴裁判所以外の裁判所，裁判所類似の司法機関も考えられ，三木＝山本和彦編・前掲103頁は，受訴裁判所以外の裁判所，受訴裁判所の裁判長，受命裁判官または受託裁判官，「裁定裁判所（あるいは裁定所）」（弁護士会が推薦する弁護士を裁定官に充てる）といった選択肢も考えられる旨を論じる。この点の検討は今後の課題としたい。

◆第6章　当事者照会の制裁型スキーム化の方向性

訴規則 37 条(b)項）という，漸進的なシステムを採用する。ただし，ディスカバリを求められた相手方当事者等が応答を完全に懈怠した場合，強制命令を経ることなく制裁が相手方に科される（連邦民訴規則 37 条(d)項）。

　このように，連邦民訴規則でのディスカバリの制裁が，基本的にはまず裁判所による強制命令を経て，強制命令の不遵守があった場合に初めてさらなる制裁が科されるシステムとなっている背景として，ディスカバリは基本的に当事者により自主的に行われるものであるということがあり，ディスカバリの義務の懈怠が問題となる場合でも，裁判所による介入はまずは強制命令の発令という限定的な形にとどめ，強制命令による相手方へのディスカバリの義務の履行の動機付けに失敗した，すなわち，強制命令の不遵守があった場合に，初めてより厳格な制裁という形での介入を認める制度となっている[4]。そして，ディスカバリの制裁が基本的に手続での当事者の自主性を重視したシステムとなっている点は，わが国でのあるべき当事者主義的訴訟運営において当事者・代理人弁護士による，裁判所に依存しない主体的な訴訟活動が求められること，および，当事者照会が当事者主導型の制度として立案されたことから考えると，当事者主義的訴訟運営の基盤としての当事者照会の制裁型スキーム化に当たっても参考とすべきではないかと考えられる。

　このような連邦民訴規則上のディスカバリの制裁メカニズムの趣旨を踏まえ，改めて，わが国で近年提唱されている当事者照会の制裁型スキーム化に関する提案を概観すると，日弁連の改正提案では，照会を受けた当事者が正当な理由なく回答を拒絶した場合，または一定期間内に回答をしない場合，まず照会者の申立てにより裁判所からの回答の促しがなされ，相手方がなお回答に応じない場合，照会者の申立てにより裁判所による回答命令がなされ，相手方が回答命令に従わない場合，照会者の申立てに基づき制裁が科されるとのシステムになっている。この提案での制裁のシステムは，裁判所による回答命令が出された後，（相手方がなお回答義務を履行しない場合の）制裁が控えている点については，連邦民訴規則上のディスカバリの制裁手続と共通するが，回答命令に至る前の最初の段階で裁判所による回答の促しがある点が大きく異なる。そして，

---

(4)　7 *Moore's Federal Practice*, § 37.90 (Matthew Bender 3d ed.).

◆第1部◆　当事者主義的民事訴訟運営と当事者照会の実効化

この提案では，制裁が科されるまでに三段階を経るシステムが想定されているといえる。

　なお，日弁連の改正提案が回答の促し・回答命令・制裁という手続構造を採る点につき，日弁連により改正提案に付された提言の理由では，このような仕組みを導入することで，当事者間の自主的な情報・証拠の開示という枠組みを大きく損なうことなく，裁判所による回答等の催促，ひいては当事者照会の実効性を担保するものとなることを期した旨が述べられており[5]，当事者主導型の情報等の収集・共有のための手続であるという当事者照会の趣旨に適った提案として評価できる。ただ，2008年の日弁連の第3回民事裁判シンポジウムで出された改正提言の段階では，裁判所による相手方への回答の促し，および，回答拒絶に正当な理由がない場合の（訴訟費用負担の）制裁という手続構造が提案されていたところ，日弁連中間試案・日弁連要綱試案では，裁判所による相手方への回答の促しと（過料の）制裁の間に回答命令という段階が加えられたが，このような変更の理由は，日弁連により公表されている資料の限りでは明らかではない[6]。また，日弁連の改正提案では，前記のシンポジウム

---

[5]　日弁連要綱試案の提言の理由では，第3章注(149)で紹介した，日弁連のウェブサイトより入手可能なPDFファイルの23頁で言及されている。なお，この点については，日弁連中間試案の時点から同趣旨が述べられている（日弁連中間試案PDFファイル18-19頁）。

[6]　日弁連が2008年のシンポジウムで公表した当事者照会制度の改正提言（日本弁護士連合会第3回民事裁判シンポジウム「パネルディスカッションⅠ　文書提出命令，当事者照会」NBL902号〔2009年〕67頁）では，回答拒絶がなされた場合に，裁判所が相当と認めるときは相手方に回答を促すことができること，回答拒絶に正当な理由がない場合に裁判所が相手方に制裁（訴訟費用の負担）を科すことができることが規定されているが，裁判所による回答の促しと制裁との関係（回答の促しがなされた後直ちに制裁が科されるのか，相手方が回答を促されたにもかかわらずなお回答を拒絶する場合に初めて制裁が科されるのか）は，改正提言自体からは明確ではなく，提言の理由要旨やシンポジウムでの討論でもこの点は議論されていない（同67頁，71-73頁）。そして，日弁連中間試案・日弁連要綱試案では，裁判所による回答の促し・回答命令・制裁という三段階の手続を経るようにされているが，その理由につき，日弁連より公表されている両試案の提言の理由では明確な説明はなされておらず，日弁連中間試案での当事者照会制度の改正提案につき論じる，奥宮京子「文書提出命令及び当事者照会制度改正に関する

◆ 第 6 章　当事者照会の制裁型スキーム化の方向性

での改正提言から日弁連中間試案・日弁連要綱試案に至るまで一貫して，制裁の手続の第一段階として裁判所による相手方への回答の促しが置かれているが，このような制度設計がなされる理由は，日弁連により公表されている資料の限りでは明らかではない。ただ，前記のシンポジウムの後，日弁連中間試案の公表に至るまでの過程で，日弁連の民事裁判手続に関する委員会が当事者照会制度（および，文書提出命令制度）に関する立法提言につき，各弁護士会・関連委員会等への意見照会を行っており[7]，この意見照会に対する回答に言及する文献で，裁判所による回答の促しについては争点整理，釈明権の行使の延長線上にあるものとして，それほど問題はないと思われる旨の記述がある[8]。この点から，日弁連の改正提案では，直接の制裁につながる手続の前段階として，訴訟指揮権または釈明権の行使の延長線上で捉えられる，裁判所が関与するが直接の制裁にはつながらない手続を設けることで，当事者照会に対し相手方の回答拒絶があった場合の最初の段階での裁判所の関与を謙抑的なものとし，また，代理人弁護士の観点からドラスティックに思われる手続を避けることを意図しているのではないかと推測される。

　他方，民事訴訟法改正研究会の改正提案では，照会の相手方による回答の全部または一部の拒絶があった場合，照会者または相手方が裁判所に対し，回答拒絶事由の有無に関する裁定を申し立てることができ，ここでの裁定を端緒として，回答拒絶に対する制裁を科すとのシステムとなっている。この改正提案で，回答拒絶事由がない旨の裁判所による裁定の後，直ちに回答拒絶に対する制裁が科されるのか否かについては，提案自体をみる限りでは若干不明瞭な点がある[9]。しかし，改正提案に付されている提案の理由では，裁判所の裁定により回答拒絶に正当な理由がないとされた場合には相手方は速やかに回答をしなければならなくなり，それにもかかわらずお回答をしない場合には制裁を科されることになるであろうと論じられている[10]。そうすると，この提案

　　民事訴訟法改正要綱中間試案について」自由と正義 62 巻 1 号（2011 年）22-23 頁でも，明確な説明はなされていない。
(7)　奥宮・前掲注(6)20 頁。
(8)　奥宮・前掲注(6)22 頁。
(9)　三木＝山本和彦編・前掲注(3)99 頁。

◆ 第1部 ◆　当事者主義的民事訴訟運営と当事者照会の実効化

では，裁判所が回答拒絶事由がない旨の裁定をした後直ちに相手方に制裁を科すことは想定されておらず，裁定がなされてもなお相手方が回答を拒絶する場合に初めて制裁が科されるという二段階のシステムが想定されていると考えられる。

　民事訴訟法改正研究会の改正提案がこのような二段階のシステムを採る点は，連邦民訴規則上のディスカバリの制裁のメカニズムが基本的には裁判所による強制命令，および，強制命令が出された後もなおディスカバリの義務の懈怠があった場合の制裁という二段階のシステムとなっている点と共通する。しかし，同研究会の改正提案が連邦民訴規則上のディスカバリの制裁，および，日弁連の改正提案と異なる点は，回答義務を履行しない相手方に対して裁判所から制裁を科される前段階の手続が，裁判所による回答命令ではなく，回答拒絶事由の有無の裁定となっている点である。この裁定と制裁の関係については，改正提案それ自体や改正理由を見る限りでは若干不明瞭な点があり，研究会メンバーが参加した座談会でも，この点を指摘した上で，正当な回答拒絶事由がないのであれば相手方には法律上の回答義務があることになるため，より直截に，裁判所が相手方に回答を命じることができるとの規定にした方がいいのではないかとの指摘がなされている[11]。この指摘に対して研究会メンバーからは，当事者照会に裁判所が一切関与しないという形は望ましくないが，他方で，回答命令のような制度を設けることは裁判所の過度な関与につながり得るため，いわば折衷的に，回答拒絶事由の有無についてのみ裁判所が裁定するという制度としているとの回答がなされている[12]。

　以上の点を踏まえ検討すると，まず，そもそも当事者照会については，事件に関する情報を当事者間で自主的に収集・共有することを可能にすることで，審理の促進や充実を図ることを目的とした当事者主導型の手続として立法がなされている。また，当事者照会の立法の際のモデルとなった連邦民訴規則上の質問書（をはじめとするディスカバリ）での制裁のための手続も，ディスカバリが基本的に当事者の自主性を重視しているが故に，基本的にはディスカバリの

---

(10)　三木＝山本和彦編・前掲注(3)103頁。
(11)　三木＝山本和彦編・前掲注(3)222頁［森脇純夫発言］。
(12)　三木＝山本和彦編・前掲注(3)223-224頁［三木発言］。

◆ 第6章　当事者照会の制裁型スキーム化の方向性

義務懈怠に対して裁判所が直ちに制裁を科すのではなく，裁判所による介入はまずは強制命令という限定的なものにとどめられている。これらの点から考えると，筆者は，もともと当事者主導型の手続として立法がなされた当事者照会を実効化するために制裁という形での裁判所の手続関与を組み込むとしても，そこでの裁判所の関与については，回答義務を懈怠した相手方に直ちに制裁を科すというところまで求めるのではなく，まずは回答義務を懈怠する相手方に義務履行の動機付けを与えるという形として，手続の最初の段階での裁判所の関与はできるだけ謙抑的なものとすることが望ましいのではないかと考える[13]。この点から筆者は，わが国の当事者照会の改正提案が両者ともに回答義務の懈怠と制裁を直接には結び付けず，最終的な制裁に至るまでに段階を踏む制度設計をしている点については賛成する。

次に，裁判所が当事者照会での回答義務の懈怠を理由とする相手方への制裁を科す前段階の手続として，具体的にどのような手続を設けるべきであるかを検討する。この点につき，日弁連の改正提案では，連邦民訴規則上のディスカ

---

(13)　なお，理論上，当事者照会の実効化のための制度改革として，回答義務懈怠に対する裁判所の制裁を導入するのみならず，そもそも照会自体を裁判所を通して行う制度とすることも考えられ，民事訴訟法改正研究会の改正提案では，「他の考えうる制度との比較」として，この考え方が提示されている（三木＝山本和彦編・前掲注(3)102頁）。同研究会の検討では，このような考え方につき，裁判所を通して照会を行うことを原則としてよいかがまず問われるべきであろうと論じられる（三木＝山本和彦・前掲注(3)102頁）。この点につき，当事者照会がそもそも当事者主導での情報の収集・共有のために設けられており，かつ，第1部での検討の趣旨は，当事者主導での争点整理手続の実現を支える制度を構築するため，当事者照会の制裁型スキーム化を目指すことである点に鑑みると，照会の段階から裁判所の関与がある制度とすることは，当事者照会のそもそもの制度趣旨や筆者の考える制度改革の趣旨に反し，また，現行法下での求釈明とどの程度異なるのかとの疑問も考えられ，なによりも，当事者照会を完全に裁判所主導型・裁判所依存型の手続としてしまうことから，筆者としては支持し難い（また，実際上の問題として，このような制度設計を行えば，照会に関する裁判所の負担も極めて大きくなるであろう）。故に筆者は，当事者照会の実効化のため，回答義務の懈怠につき当事者間に紛争が生じた後の段階での裁判所の関与を求めるが，最初の段階はあくまでも裁判所を介さずに当事者間での照会・回答を行うという，限定的な形での裁判所の関与を求める制度設計を支持する。

バリでの制裁の前段階に強制命令の手続が置かれているのと同様に，裁判所が相手方に対し回答を命じる回答命令の制度が設けられる。これに対し，民事訴訟法改正研究会の改正提案では，回答義務を懈怠した相手方に対する制裁の前段階の手続として，裁判所による回答拒絶事由の有無に関する裁定の制度が設けられる。

このように，現在わが国で公表されている当事者照会の改正提案では，裁判所による制裁に至る前段階の手続につき二種類の考え方が提示されている。そして，裁判所による制裁という強力な形での介入の前提となる手続の制度設計の可能性は，これらの改正提案のように，裁判所が回答拒絶事由の有無を判断することに加え，回答拒絶事由がない場合に相手方に回答を命じる制度とするか，回答拒絶事由の有無についてのみ判断をする制度とするかというところに落ち着くのではないかと考えられる。また，筆者も現在のところ，この段階の手続の制度設計の可能性として，これらの考え方のいずれかをベースとすべきではないかと考える。

その上で，いずれの考え方をベースとする制度設計をすべきかを検討すると，民事訴訟法改正研究会の改正提案での回答拒絶事由の有無の裁定の制度については，回答命令までかけることになると裁判所の過度な関与につながり得るため，なるべく裁判所の関与を少なくするとの趣旨で提案されている[14]。これに対して，回答拒絶事由がないのであれば相手方には回答義務があるため，より直截に回答を命じる形にした方がいいのではないかとの指摘がなされており[15]，研究会メンバーの側からも，この提案について，よく言えば（当事者照会を裁判所の関与のない制度として維持することによる制度の機能不全を防ぐことと，裁判所の過度の関与を求めることによる負担増を防ぐことという）両方の要請に目配りしているが，悪く言えば中途半端な提案になっている点は認めざるを得ない旨が論じられている[16]。この点に関して，回答拒絶事由の有無につき判断することと，それに加えて回答拒絶事由がない場合に相手方に回答を命じることを比較して，後者の場合に判断の際の裁判所の負担が特段重くなるとは

---

(14) 三木＝山本和彦編・前掲注(3)223-224頁［三木発言］。
(15) 三木＝山本和彦編・前掲注(3)222頁［森脇発言］。
(16) 三木＝山本和彦編・前掲注(3)224頁［三木発言］。

◆第 6 章　当事者照会の制裁型スキーム化の方向性

考えられない（特に，回答拒絶事由がない場合の回答命令を必要的とする場合）。また，相手方に回答拒絶事由がないこと（回答義務が存在すること）についてのみ判断を下すのではなく，この場合に相手方に回答を命じる判断を示す方が，裁判所による判断とその後もなお相手方が回答義務を懈怠する場合の制裁の関係が明確になるのではないかと考えられる。故に筆者は，民事訴訟法改正研究会の改正提案のような，裁判所による回答拒絶事由の有無の裁定という制度ではなく，連邦民訴規則上のディスカバリ，および，日弁連の改正提案に準じ，当事者照会での回答義務の懈怠があった場合，まずは裁判所が照会者の申立てにより回答拒絶事由の有無を判断し，これがない場合に相手方に回答を命じるという回答命令の制度を導入すべきであると考える。

そして，回答命令については，相手方に回答拒絶事由がない場合に必ず回答命令が発令されるものとするか，回答命令が発令されるか否かは裁判所の裁量に委ねられるものとするかが問題となる。この問題につき，連邦民訴規則上のディスカバリの強制命令は，相手方にディスカバリの義務の懈怠があるとされる場合には必要的に発令される。これに対し，日弁連の改正提案での回答命令の発令については，裁判所による回答の促しの後もなお相手方が回答を「正当な理由なく」拒絶する場合との要件に加えて，裁判所が「相当と認めるとき」との要件が課されており，相手方の回答義務が認められる場合でも裁判所の裁量により回答命令が発令されない場合もあるように読み得る。

この点については，当事者照会の要件や回答拒絶事由をどう構成するかという点からの考慮も必要であるが，基本的には，回答命令の発令の可否についての裁判所の判断過程をできるだけ明確化するとの観点から，相手方に回答拒絶事由が認められない場合には必要的に回答命令が発令されるとの制度設計を行うものと考えたい。

なお，回答命令の制度については，手続保障の観点から，回答命令を発令するか否かの判断の際に相手方を審尋しなければならないとし，また，両当事者の不服申立権の保障のため，回答命令，および，回答命令を認めない旨の裁判に対する即時抗告を認めるものとする。この点は，日弁連の改正提案に準じる[17]。

◆第 1 部◆　当事者主義的民事訴訟運営と当事者照会の実効化

第 2 款　回答命令申立て前の手続

　裁判所が制裁を科す前の段階の手続として，回答義務を懈怠した相手方に対する回答命令の制度を導入するとしても，照会者による回答命令申立てのさらに前の段階に何らかの手続を導入すべきか否か，また，導入するとすればいかなる手続を導入すべきかが問題となる。この点につき，日弁連の改正提案は，回答命令の申立ての前段階として，照会者の申立てにより，回答義務を懈怠した当事者に対する裁判所からの回答の促しがなされるとの手続構造を採る。また，民事訴訟法改正研究会の改正提案が裁判所による回答拒絶事由の有無に関する裁定の申立ての前段階で特に手続を設けないのと同様に，回答命令の申立ての前段階で特に手続を設けず，相手方の回答拒絶等があった場合，照会者は直ちに裁判所に回答命令の申立てをなし得るとの手続構造も考えられる。

　この点に関して筆者は，連邦民訴規則上のディスカバリの強制命令につき同規則 37 条(a)(1)項が強制命令の申立て前に裁判所の介入なしに情報等を獲得するための当事者間での誠実な協議または協議の試みを要求する点を参考とすべきではないかと考える。この制度は 1993 年の連邦民訴規則改正の際に新たに導入されており，その趣旨につき諮問委員会注解は，改正以前から存在した同種のローカル・ルールの成功を踏まえている旨を述べる[18]。この諮問委員会注解の記述だけでは，協議または協議の試みが要求される趣旨は必ずしも明らかではない。しかし，例えば，1993 年の連邦民訴規則改正当時存在した，強制命令の申立て前の当事者間での協議または協議の試みを要求するイリノイ州北地区連邦地方裁判所のローカル・ルールでは，規定の冒頭で，その趣旨を説明するため，「司法の運営における不当な遅延や費用を縮減するために」との文言が置かれていた[19]。この点から，連邦民訴規則における強制命令申立て前の協議または協議の試みの要求は，裁判所の負担軽減という観点から設け

---

(17)　日弁連中間試案 PDF ファイル 18 頁，日弁連要綱試案 PDF ファイル 23 頁。

(18)　7 *Moore's Federal Practice*，§ 37.05[4]（Matthew Bender 3d ed.）; Wright, Miller & Marcus, Federal Practice and Procedure: Civil 3d § 2285; *see* Fed. R. Civ. P. 37(a) advisory committee's note（1993）.

(19)　なお，イリノイ州北地区連邦地方裁判所のローカル・ルールでは，現在でも全く同じ規定が置かれている。*See* U.S.Dist.Ct.Rules N.D.Ill., LR 37.2.

◆ 第6章　当事者照会の制裁型スキーム化の方向性

られていると考えられる。また，連邦民訴規則に関する体系書では，この協議または協議の試みの要求につき，ディスカバリに関する当事者間のコミュニケーションと協力を促進することという目的も有する旨が論じられている（第5章注(12)，および，その本文参照）。

　これらの点を踏まえ，筆者はわが国の当事者照会の制裁型スキーム化に際し，回答命令の申立て前に回答に関する当事者間での自主的・自律的な交渉を促進するとの観点から，同種の規定を導入することを提案したい。すなわち，当事者主義的訴訟運営で当事者・代理人弁護士による主体的な訴訟活動が求められる点，および，当事者照会が当事者主導による情報の収集・共有を目的とする手続である点に鑑みると，当事者照会の回答義務に関する紛争が生じた場合に，最終的に回答命令，および，回答命令違反を理由とする制裁という形で裁判所が介入するとしても，まずは当事者間での自主的な解決がなされることが望ましいと考えられる。それ故筆者は，回答義務の有無に関する紛争が生じた場合に，裁判所による回答命令の手続に入るさらに前段階で，裁判所が介入しない形での当事者間の交渉による当該紛争の解決を可能とするような場を法規により設定し，当該紛争を当事者間で自主的に解決することの支援・促進を目的として，このような協議または協議の試みを回答命令の申立ての要件とすることを提案したい。

　なお，この点に関する筆者の提案は，回答命令の申立てのさらに前段階に照会者が相手方から回答を得るためのより緩やかな手続を設ける点では，日弁連の改正提案と共通する。しかし，日弁連の改正提案はこの段階の手続として，裁判所が介入する形での回答の促しの制度を設けるのに対し，筆者の提案は，回答命令の申立て前の照会者・相手方間での回答義務に関する紛争解決のための場を法規により設定し，自主的・自律的な紛争解決を支援・促進するために，回答命令申立て前の協議または協議の試みを義務付けるものであり，そこでは裁判所の介入はなく，両当事者は後の裁判所による回答命令等の可能性という形での間接的な影響を受けつつも，法規による支援を得て，回答義務に関する紛争の自主的・自律的な解決を試みることになる。

　この提案について筆者は，わが国の民法学における契約法分野で，契約当事者間の「私的自治の再生」を図ることを目的として，問題解決のための当事者

215

◆第1部◆　当事者主義的民事訴訟運営と当事者照会の実効化

間の自主的な交渉関係を成立させ，それを適切な形で進行するように規律することを目的とする「交渉促進規範」として契約法規範を再構成することを提唱する山本顯治教授の「交渉促進規範論」[20]，および，契約締結後の事情変更等により法的な契約改訂課題が存在する場合に，その契約改訂課題の解決のための契約当事者間の再交渉プロセスを整備し様々な解決オプションの発見を多元主義的に促進することにより，契約当事者が自律的意思決定をなすための基盤を整備し，かつ，これを支援することを目的とする，「自律支援規範」としてのプロセス関連的な規範（再交渉の結果を直接に規律するのではなく，再交渉プロセスの構造化のみを実現する規範）たる再交渉義務を構想する石川博康教授の見解[21]より多大の示唆を得ている。

　まず，山本顯治教授は，ドイツの「法化」（Verrechtlichung）論を参照し，もともと私的自治を保障する手段であった法が，現代の社会的福祉国家では個人の自律的生活領域への介入法に転化し，契約法の分野でも，契約に対する国家による規制の増大，すなわち法規範の拡張と濃密化が当事者の自律性との緊張関係を生み出しているとの認識の下，この「法化と私的自治の緊張関係」に関する問題の解決策として，法の役割を問題そのものの解決，すなわち社会生活領域の直接的具体的統御ではなく，当事者間での「法の影響下での交渉」を規律・促進し，問題そのものの解決については当事者間の交渉に委ねるという間接的抽象的統御という課題を果たすことであるとする，「法の手続化」ないし「法のプロセス化」と呼ばれる方策を採ることにより，私的自治の再生を図

---

(20)　山本顯治教授の交渉促進規範論に関する主な論稿として，山本顯治「契約交渉関係の法的構造についての一考察―私的自治の再生に向けて―(1)-(3・完)」民商法雑誌100巻2号（1989年）198頁，100巻3号（1989年）387頁，100巻5号（1989年）808頁，同「契約規範の獲得とその正当化」『谷口知平先生追悼論文集第2巻（契約法）』（信山社，1993年）69頁，同「契約と交渉」田中成明編『現代理論法学入門』（法律文化社，1993年）48頁等。

(21)　石川博康「『再交渉義務』論の構造とその理論的基礎」同『再交渉義務の理論』（有斐閣，2011年）3頁（初出2001年）。なお，わが国の民法学では，石川教授のみならず，既に前記の山本顯治教授や内田貴教授をはじめ，多くの論者により再交渉義務論に関する議論が積み重ねられている。わが国における再交渉義務論の展開につき，同3-22頁が概観する。

◆ 第6章　当事者照会の制裁型スキーム化の方向性

ろうとする(22)。そして，山本顯治教授は，契約法規範は当事者間の契約関係の終局的な規律を担うものとしてではなく，当事者間の交渉関係の適切な規律を第一に担う「交渉促進規範」として理解されることになる旨を論じる(23)。この交渉促進規範論の観点からは，契約法上の義務が当事者間の交渉関係の中で果たす役割の一つとして，交渉関係それ自体を成立させ，また，その適切な進行を保障するための法的な「枠組み」を創設するとの役割が挙げられる(24)。その前提として，山本顯治教授は，ドイツの社会哲学者 J・ハーバーマス (Jurgen Habermas) の「コミュニケーション的行為の理論」を参考にして契約交渉関係の構造を分析し，契約交渉関係は自己中心的な成果を志向した戦略的行為ではなく，相互の了解を志向した当事者間の相互行為たるコミュニケーション的行為として位置付けられるべきであるとし，そこでの契約義務の機能の一つとして，一方当事者による「妥当要求」(言明の中で掲げられる相手方に対する主張) に対して相手方から異議が提起された場合にこの妥当要求をテーマとして当事者間でなされる討議における合意の正当性を担保する手続的条件である，機会均等的な平等性を保障する「理想的発話状況」を近似的に実現することを挙げ，このような義務は，両当事者の自主的な交渉を行うための枠組みを提供し，自律的な交渉を促進するためのものであるとする(25)。そして，山本顯治教授は，このような契約交渉関係という法的枠組み自体を成立させる義務として，契約締結後の事情変動に伴う契約調整の問題につき両当事者に継続的に協議を行う義務を課す，ドイツにおけるN・ホルン (Norbert Horn) の「再交渉義務論」の検討を行う(26)。その上で，ホルンが志向する，契約交渉関

---

(22) 山本顯治・前掲注(20)谷口追悼 73-87 頁，同・前掲注(20)現代理論法学入門 62-63 頁。なお，法化，および，「法の手続化」，「法のプロセス化」につき，グンター・トイプナー (樫沢秀木訳)「法化─概念・特徴・限界・回避策─」九大法学 59 号 (1990 年) 235 頁。
(23) 山本顯治・前掲注(20)谷口追悼 84-85 頁，同・前掲注(20)現代理論法学入門 64 頁。
(24) 山本顯治・前掲注(20)民商 100 巻 2 号 201 頁。
(25) 山本顯治・前掲注(20)民商 100 巻 2 号 205-222 頁。
(26) 山本顯治・前掲注(20)民商 100 巻 5 号 809-818 頁。なお，山本顯治「再交渉義務論について─交渉理論と契約法理論の交錯─(1)」法政研究 63 巻 1 号 (1996 年) 13 頁以下では，ホルンの再交渉義務論につき，より詳細な検討がなされる。

◆第 1 部◆　当事者主義的民事訴訟運営と当事者照会の実効化

係を促進するための制度的枠組みを契約義務（再交渉義務）をもって形成することで両当事者間の私的自治を保障しようとする方策の対象範囲をさらに拡張し，契約締結後の契約調整問題に限らず，また，時的範囲も契約締結後に限らず，契約締結前から履行終了後に至るまで契約交渉関係を成立させ，または活性化することを目的とする契約義務たる「継続的交渉義務」を構想する[27]。

　他方，石川教授は，山本顯治教授のように契約法規範全体につき「法の手続化」，「法のプロセス化」を図り一般的にプロセス的規範の重要性を説くのではなく，契約締結後に複雑な契約改訂課題が存在するという特殊な問題状況の下ではプロセス的規範による当事者の自律性に対する支援が必要になるという視点[28]から，契約締結後の再交渉義務に関する議論を展開する。石川教授は，ホルンの再交渉義務論，および，ホルン以降のドイツでの再交渉義務論に関する学説等を詳細に検討し[29]，特にホルンの議論，および，再交渉義務に関するホルン以降の最も重要な業績を著したA・ネレ（Andreas Nelle）による，交渉理論等の学際的知見をも用いた議論に依拠し，わが国での再交渉義務に関する解釈論を提示する。石川教授の見解は，まず，再交渉義務の正当化根拠として，契約関係が複雑化し，かつ長期的な関係維持が強く期待・要請される場合の複雑な契約改訂課題は，将来的な協働関係の再構築という視点から，再交渉での当事者の主体的な協働およびかかわり合いを通じてのみ解決可能であり，その際，当事者を再交渉に誘うとともに，協働関係を促進する形でその再交渉プロセスを整備することが契約改訂のための合目的的手段となる旨を論じる[30]。そして，この合目的性の観点から再交渉プロセスの制度設計を試みる際には，再交渉での当事者の創発的関与により様々な解決オプションが発見され得るような制度設計がなされるべきであり，特定の再交渉結果への承諾を義務付けることは当事者の創発的契機の阻害要因ともなり得るため，これを再交渉義務の内容とはできず，再交渉義務の本質は，契約改訂等の結果を直接に実現する結果関連的要素を含まないプロセス関連的規範に純化した形で理解され

---

(27)　山本顯治・前掲注(20)民商 100 巻 5 号 823-824 頁。
(28)　石川・前掲注(21) 235 頁注(30)。
(29)　石川・前掲注(21) 27-206 頁。
(30)　石川・前掲注(21) 230 頁。

◆ 第 6 章　当事者照会の制裁型スキーム化の方向性

なければならないとされる(31)。このような再交渉の目的実現のために当事者の協働を促進する際には、ネレが交渉理論に基づき引き出した、再交渉の積極的機能を極大化させると同時に、またむしろより重大な課題として、機会主義的再分配等の再交渉の消極的機能を極小化させることの考慮が必要となる旨が論じられる(32)。次に、石川教授は、契約改訂規範における再交渉義務の位置付けにつき、当事者の明示的な合意の枠を超えて信義則等によりもたらされるという意味では他律的な規範であるが、承諾義務という当事者の自律性を否定する契機から切り離されたプロセス関連的規範たる再交渉義務は、契約改訂課題の解決の際の当事者の創発的モメントと自律的契機を拡充するとともに、再交渉プロセスを整備し様々な解決オプションの発見を多元主義的に促進することで、自律的意思決定をなすための基盤を整備しそのような意思決定を促進することを目的とした「自律支援規範」であるとする(33)。契約締結後の再交渉の場面でこのような自律支援規範が要請される根拠として、複雑な契約改訂課題の解決のためには当事者の自律的なかかわり合いが決定的に重要であるところ、「再交渉のディレンマ」の問題（交渉理論において、ゲーム理論での「囚人のディレンマ」を基礎として構築された「交渉のディレンマ」モデルを、ネレが契約締結後の再交渉の場面に応用し、この場面の特殊性を踏まえ明らかにした問題であり、当事者の任意の再交渉では、非協調的な戦略が当初の契約で創造・分配されているはずの価値についての機会主義的な再分配要求として現れるため、再交渉の場面での価値創造による契約の良化が困難になるという問題）等があることから、契約改訂課題の解決を当事者の自律的な関係形成のみに委ねることはできないため、再交渉義務を通じての当事者の自律的意思決定の積極的な支援が強く要請されることが挙げられる(34)。その上で石川教授は、再交渉義務の具体的な内容につき、動的システム（bewegliches System）論(35)を用いて要件・効果等を

---

(31)　石川・前掲注(21)232頁。
(32)　石川・前掲注(21)232頁。
(33)　石川・前掲注(21)233-234頁。
(34)　石川・前掲注(21)234-235頁。
(35)　動的システム論は、近時のドイツ・オーストリアで有力な潮流をなす法解釈方法論であり、その提唱者たるオーストリアの法学者W・ヴィルブルク（Walter Wilburg）に

◆第1部◆　当事者主義的民事訴訟運営と当事者照会の実効化

検討するネレの見解に基本的に依拠し検討を行い，まず，再交渉義務の具体的内容として，①契約改訂提案の申出および検討に関する義務（再交渉の申出，改訂提案の提示および根拠付け，改訂提案の検討，反対提案の提示等に関する義務等），②交渉プロセスを形成する義務（再交渉の期間や場所を定める義務，交渉の遅延を回避する義務，情報提供を行う義務，再交渉に第三者を関与させる義務等），③誠実に交渉を行う義務（詐欺・強迫まがいの行為の禁止，既成事実の作出により再交渉の挫折や解決オプションの創造阻害を誘発することの禁止といった，不誠実な交渉態度の禁止一般）を挙げ，①－③のそれぞれにつき，様々な強度の義務が想定されるとする[36]。次に，再交渉義務の成立要件については，固定的要件として「法的な契約改訂課題の存在」が挙げられ，加えて，義務の成立を基礎付ける積極的要件として「契約改訂課題の複雑性」，義務の成立を阻害する消極的要件として「再交渉を期待困難にする事情の存在」が挙げられる[37]。また，再交渉義務違反に対するサンクションについては，過度のサンクションは再交渉での当事者の創発的契機を奪うことになるため，契約改訂権限（あるいは解約権限）の制限または変更という間接的なサンクションが最も重視されるべきであるとされ，そのようなサンクションが適さないような場合は，損害賠償請求権（再交渉のために費やされた費用や，契約改訂が遅延したことによる損

よれば，一定の法領域ではたらき得る諸「要素」を特定し，それらの「要素の数と強さに応じた協同作用」から法規範あるいは法律効果を説明ないし正当化するとの基本構想をもった考え方とされる。わが国で動的システム論の包括的な検討を行う論稿として，山本敬三「民法における動的システム論の検討―法的評価の構造と方法に関する序論的考察―」法学論叢138巻1・2・3号（1995年）208頁があり，藤原正則「法ドグマーティクの伝統と発展―ドイツ法学方法論覚え書き―」瀬川信久編『私法学の再構築』（北海道大学図書刊行会，1999年）53-59頁でも，動的システム論の検討がなされる。

なお，山本和彦教授が民事訴訟審理における裁判所の裁量統制の方法として提唱する「要因規範論」も，この動的システム論に示唆を得ている。山本和彦「基本的な考え方―研究者の視点―」大江忠ほか編『手続裁量とその規律―理論と実務の架橋をめざして―』（有斐閣，2005年）18-19頁，同「民事訴訟における裁判所の行為統制―『要因規範』による手続裁量の規制に向けて―」同『民事訴訟法の現代的課題』（有斐閣，2016年）225頁（初出2001年）。

(36)　石川・前掲注(21)235-237頁。
(37)　石川・前掲注(21)237-240頁。

◆第6章　当事者照会の制裁型スキーム化の方向性

害が対象となる）のサンクションが活用されるべきことになるとされる[38]。

　ここまで，山本顯治教授の交渉促進規範論，および，再交渉義務に関する石川教授の見解を概観した。そして，山本顯治教授の交渉促進規範論は，法化社会における個人の自律的生活領域への介入法の増大という状況の中で私的自治を再生するため，契約法規範全体を手続・プロセス志向の交渉促進規範として再構成し，両当事者の自主的な交渉関係を成立させ，その適切な進行を保障し，自律的な交渉を促進するための法的枠組みを創設することを契約法規範の役割・機能の一つとする。それに対し，石川教授の再交渉義務論は，複雑，かつ長期的な契約において複雑な契約改訂課題が存在する場合，プロセス関連的な再交渉義務により両当事者を再交渉プロセスに誘い，協働関係を促進することが契約改訂のための合目的的手段であるとして，契約改訂課題の解決の際の当事者の創発的モメントと自律的契機を拡充し，再交渉プロセスを整備し様々な解決オプションの発見を多元主義的に促進することにより，自律的意思決定をなすための基盤を整備しそのような意思決定を促進することを目的とする自律支援規範としての再交渉義務を構想するという点で，山本顯治教授の見解との違いがある。しかし，山本顯治教授が私的自治の再生という観点から契約法規範全体を交渉促進規範として再構成することを構想し，他方で石川教授は複雑な契約改訂課題の解決のための合目的的手段を探求するという観点から，契約締結後の再交渉の場面に限定して，当事者間の交渉による自律的意思決定を促進する自律支援規範としての再交渉義務を構想するという違いがあるとはいえ，両教授の見解は，契約当事者間での自主的・自律的な交渉の場を設定し，交渉による紛争解決を支援・促進する機能をもつ法規範を構想する点で共通すると考えられる。

　そして，筆者はこのような考え方を，もともと当事者主導型の制度として構想された当事者照会の制裁型スキーム化に際して応用し，回答義務に関する紛争が生じた場合に第一次的には当事者間の交渉による自律的な紛争解決を支援・促進することを目的として，連邦民訴規則37条(a)(1)項が規定する強制命令申立て前の当事者間での誠実な協議または協議の試みの要求を部分的に換

---

(38)　石川・前掲注(21)240-242頁。

◆第 1 部◆　当事者主義的民事訴訟運営と当事者照会の実効化

骨奪胎する形で，当事者照会での回答命令の申立てにつき，申立て前に裁判所の介入なしに回答義務に関する紛争を解決するための当事者間での誠実な協議を行ったこと，または誠実に協議を試みたことを要件とすることを提案したい。その上で，この協議または協議の試みの義務についてより具体化すると，まず，相手方から回答拒絶等がなされた照会者の側には，相手方に対し回答についての協議を誠実に申し入れる義務があり，これに対して，相手方の側には，照会者からの協議の申し出を承諾し，誠実に協議に応じる義務があると解したい。そして，回答命令の申立ての際には，照会者の側に，回答を得るために申立て前に相手方と誠実に協議を行ったこと，または誠実に協議を試みたが（相手方が協議に応じない，協議には応じたが不誠実な対応に終始した等の理由で）協議が十分にできなかったことについての疎明を要求するものとしたい。なお，この協議については，連邦民訴規則 37 条(a)(1)項による協議または協議の試みの要求につき，裁判例やローカル・ルールが当事者間での生の形での考えや意見の交換を求めている点に倣い，当事者または代理人弁護士同士が直接面会して行うか，電話により行うものとしたい[39]。誠実な協議または協議の試みを行ったことについての疎明がない場合の措置は，連邦民訴規則 37 条(a)(1)項に関するローカル・ルールに倣い，回答命令の申立てが却下されるものとする[40]。この申立ての却下は，照会者に対する間接的なサンクションとして機能し，具体的には，照会者は回答命令の申立てを却下される（従って，回答を得るための裁判所の介入という段階に進めない）ことを回避するため，相手方に対して誠実に協議の申し入れを行うよう促されることになる。なお，当然のことながら，誠実な協議または協議の試みについての疎明がないとして回答命令の申立てが却下された場合でも，照会者は改めて相手方との誠実な協議または協議の試みをした上で，再度回答命令の申立てができるものとする。

　このように筆者は，連邦民訴規則 37 条(a)(1)項が規定する強制命令申立て前の当事者間での誠実な協議または協議の試みの要求，民法の契約法分野における契約当事者間の交渉の支援・促進のための規範を構想する見解から示唆を

---

(39)　第 5 章第 1 節第 2 款 3 参照。
(40)　第 5 章第 1 節第 2 款 3 参照。

◆ 第6章　当事者照会の制裁型スキーム化の方向性

得て，当事者照会での回答命令の申立てにつき，照会者・相手方間で申立て前の誠実な協議または協議の試みを行うことを要件とすることを提案する。しかし，このような考え方に対しては批判も考えられる。例えば，筆者は当事者照会での回答義務に関する紛争を両当事者が自主的・自律的に解決することを支援・促進するために，回答命令の申立て前の誠実な協議または協議の試みの義務を設定することを提案する。そして，筆者がこの提案を行う際に参考とした見解の一つである石川教授の見解は，契約締結後の契約改訂課題に関する紛争の解決の際に交渉ないし協議を行う義務を当事者に課し，当事者間での自律的な交渉ないし協議を支援・促進することにより様々な解決オプションの発見を促進することを再交渉義務の目的とするところ，当事者照会での回答義務に関する紛争につき，これとパラレルに考えることが妥当か否かという問題が考えられる。すなわち，契約締結後の契約改訂では，再交渉後の契約改訂の内容は強行法規に反しない限り極めて多様なものが考えられ，それ故，私的自治という理念的な根拠のみならず，様々な解決オプションの発見を促進するという根拠からも再交渉義務を正当化できるのに対して，当事者照会での回答義務に関する紛争につき同様のことが当てはまるか，また，再交渉義務の場合と同様に当事者照会での回答命令申立て前の誠実な協議または協議の試みの義務を正当化できるかが問題となると考えられる。確かに，当事者照会での回答義務に関する紛争につき照会者・相手方間で協議をした場合に結論として考えられる選択肢は，契約改訂の場合と比較して限定されることが予想される。しかし，それでもこの協議の結論として，①相手方が照会事項につき回答する，②照会事項につき回答しないというものだけでなく，③回答除外事由に該当する照会事項につき相手方が回答する，④回答除外事由に該当しない照会事項につき照会者が回答を求めないというものも考えられ[41]，裁判所による回答命令と比較

---

(41)　第1部では紙幅の都合や筆者の能力の故に，当事者照会の要件面は検討していないが，現行の法163条各号の回答除外事由を前提に考えると，例えば，証言拒絶権が認められる事項についての照会（法163条6号）には，憲法上の自己負罪供述強要禁止（憲法38条1項）や守秘義務との関係上，回答はなされ得ない。また，「相手方を侮辱し，又は困惑させる照会」（法163条2号）にも，回答がなされることはあり得ない。しかし，それ以外の回答除外事由については，それに該当する場合でも必ずしも回答が得ら

◆第1部◆　当事者主義的民事訴訟運営と当事者照会の実効化

すると多様かつ柔軟な解決が可能と考えられる。そして，この点から筆者は，当事者照会での回答義務に関する紛争の解決につき回答命令の申立て前に誠実な協議または協議の試みの義務を課すことは，両当事者による自主的・自律的な紛争解決を支援・促進するという理念的な面からのみならず，回答義務に関する紛争の解決のための多様な選択肢の発見を促進するという面からも正当化が可能ではないかと考える。

◆第2節◆　具体的な制裁の種類

　次に，回答命令がなされた後もなお回答を行わない相手方に対して科される裁判所の制裁につき，具体的にどのような種類のものを設けるかを検討する。

　まず，連邦民訴規則におけるディスカバリでは，連邦民訴規則37条(a)項に基づく強制命令の発令後，当事者または法人たる当事者の役員・取締役・支配人が強制命令を遵守しなかった場合，裁判所は制裁のためのさらなる命令を発令することができ（連邦民訴規則37条(b)(2)項(A)），ここで認められる制裁として，事実の証明の擬制，指定された請求・抗弁を支持することまたは争うことの禁止や指定された事項の証明の禁止，プリーディングの却下，さらなる訴訟手続の停止，訴訟の全部または一部の却下や懈怠判決，裁判所侮辱が挙げられ（連邦民訴規則37条(b)(2)項(A)(ⅰ)-(ⅶ)），それ以外の制裁もあり得る。また，裁判所はこれらの制裁の命令に代えて，またはこれに加えて，強制命令を遵守しなかった当事者等，その代理人弁護士，またはその両者に対し，原則として，弁護士費用を含む，強制命令の不遵守により生じた合理的な費用の償還を命じなければならない（連邦民訴規則37条(b)(2)項(C)）。

　次に，わが国で近年提唱されている当事者照会の制裁型スキーム化に関する提案で具体的な制裁として挙げられているものを確認すると，日弁連の改正提案では，裁判所による回答命令を受けた相手方がなお回答拒絶等をする場合，

　れない訳ではないとも考えられ，例えば，相手方が回答のために不相当な費用を要する事項についての照会（法163条5号）がなされた場合，照会者の側が回答のための費用を負担することを条件に相手方が回答に応じるとの選択肢もあり得る。この点につき，第3章注(72)の本文も参照。

◆第 6 章　当事者照会の制裁型スキーム化の方向性

照会者の申立てにより，決定で 20 万円以下の過料が科される。

　他方，民事訴訟法改正研究会の改正提案では，回答拒絶事由の有無に関する裁判所の裁定を経た上で，回答義務に違反した相手方への制裁が科される。ここでの制裁につき，改正提案自体の中では，具体的な制裁の種類については特に提示されていないが[42]，提案の理由の方では，種々の制裁を用意する必要があるとされている。そして，そこで例示される制裁として，裁判所侮辱に対する過料，弁護士費用の全部・一部の負担といった制裁から，真実擬制，審理の現状に基づく請求の認容・棄却または訴えの却下といった伝家の宝刀として用意すべき制裁まである[43]。

　ここまでで確認してきた結果をまとめると，連邦民訴規則上のディスカバリの強制命令不遵守に対する制裁では，具体的な制裁として，大まかには，当事者の実体権に影響を及ぼさない金銭的制裁（費用償還）と，当事者の実体権に影響を及ぼし得る制裁（証明擬制，主張・抗弁の支持や争うことの禁止や一定の事項の証明の禁止，プリーディングの却下，訴訟の却下，懈怠判決）の両方が設けられている。他方，わが国の当事者照会の改正提案では，日弁連の改正提案が回答命令不遵守に対する制裁として，当事者の実体権に影響を及ぼさない金銭的制裁（過料）のみを設けるのに対し，民事訴訟法改正研究会の改正提案では，金銭的制裁（過料，弁護士費用の負担）と，当事者の実体権に影響を及ぼし得る制裁（真実擬制，審理の現状に基づく判決）を設けるという違いがある。

　そして，これらの点を踏まえて検討すると，回答命令不遵守を理由とする制裁については，理論的には多様なものを想定でき，かつ，類型として，金銭的制裁のように当事者の実体権に影響を及ぼさない制裁と当事者の実体権に影響を及ぼし得る制裁が考えられるため，制度設計に困難な点もある。しかし筆者は，制裁の目的として，回答義務を懈怠した相手方への懲罰，照会者への補償，回答義務の懈怠の抑止等，様々な事項を想定し得ること[44]，回答命令不遵守

---

(42)　三木＝山本和彦編・前掲注(3)99 頁。
(43)　三木＝山本和彦編・前掲注(3)103-104 頁。
(44)　第 5 章第 2 節第 1 款で紹介したように，連邦民訴規則上のディスカバリの強制命令不遵守を理由とする制裁の目的につき，様々な事項が論じられており，筆者は，わが国の当事者照会で回答義務の懈怠を理由として制裁を科す目的についても，同様の事項が

◆第1部◆　当事者主義的民事訴訟運営と当事者照会の実効化

が生じた具体的状況に適切に対処する必要があること，制裁の実効性を確保する必要があること，手続的正義を実体的正義より重視すべき場合もあり得ることから，基本的には連邦民訴規則上のディスカバリの強制命令不遵守に対する制裁や民事訴訟法改正研究会の提案のように，実体権に影響を及ぼさない金銭的制裁と実体権に影響を及ぼし得る制裁の両方を含む多様な制裁を用意する方向性に賛成する。

　ただ，この方向性を採る場合，当事者の実体権に影響を及ぼさない金銭的制裁と当事者の実体権に影響を及ぼし得る制裁のいずれが優先するかという問題を検討する必要がある。この問題につき，連邦民訴規則上のディスカバリの強制命令不遵守に対する制裁では，金銭的制裁（弁護士費用を含む，強制命令の不遵守によって生じた合理的な費用の償還）は原則として必要的に科され（連邦民訴規則37条(b)(2)項(C)），他方，当事者の実体権に影響を及ぼし得る制裁（証明擬制，主張・抗弁の支持や争うことの禁止や一定の事項の証明の禁止，プリーディングの却下，訴訟の却下，懈怠判決）が科されるか否かは裁判所の裁量に委ねられており（連邦民訴規則37条(b)(2)項(A)），当事者の実体権に影響を及ぼし得る制裁に金銭的制裁が優先するものと評価できる。これに対して，民事訴訟法改正研究会の改正提案では，金銭的制裁（過料，弁護士費用の負担）と，当事者の実体権に影響を及ぼし得る制裁（真実擬制，審理の現状に基づく判決）のいずれが優先するかについては特に言及されていない[45]。

　この点につき筆者は，当事者の実体権に影響を及ぼし得る制裁は，当事者照会の回答義務という手続法上の義務の懈怠を理由に相手方の実体法上の権利を失わせる，または義務を生じさせることにつながり得るものであり，過大な制裁となる恐れがあり得ること，および，回答義務の懈怠の一事をもって相手方の実体権に影響を及ぼすことが望ましくない場合もあり得ることから，基本的に，当事者の実体権に影響を及ぼさない金銭的制裁（過料や費用負担）を本則として優先させるべきではないかと考える。

　ただ，金銭的制裁に関しては，まず費用負担は，仮にその対象として訴訟費

　　当てはまるのではないかと考える。
(45)　三木＝山本和彦編・前掲注(3)103-104頁。

◆ 第6章　当事者照会の制裁型スキーム化の方向性

用を想定すると，訴額が高額な事件では訴訟費用も高額となるため，金額の認定次第では制裁の実効性を確保し得ると考えられるが，訴額が低額な事件では訴訟費用も低額となるため，制裁の実効性確保が困難になり得る[46]。また，相手方の回答命令違反により照会者に生じた費用等の補償を重視すれば，費用

---

(46) 金銭的制裁の中でも，費用負担につき，その対象として訴訟費用を含めることについては，現行民訴法上も既に不必要な行為があった場合や訴訟を遅滞させた場合における当事者の訴訟費用負担の規定が存在するため（法62条・63条），特に問題はないと考えられ，日弁連の改正提案でも，2008年の第3回民事裁判シンポジウムで出された改正提言の段階では，制裁として訴訟費用の負担が挙げられていた。しかし，これに対し，シンポジウム内のパネルディスカッションにおいて，わが国では弁護士費用が訴訟費用とされていないため，訴訟費用の負担といっても実際にはほとんど名目的なものにならざるを得ないとすれば，制裁として十分機能するとはいえないのではないかと指摘されている（日弁連第3回民事裁判シンポジウム・前掲注(6)71頁［山本和彦発言］）。また，日弁連中間試案・日弁連要綱試案のそれぞれの提言理由でも，訴訟費用の負担につき，民事訴訟費用法上のものを意味するのであれば，その算出が実務上難しいこと，金額的に大した額にならないこと，照会者が全面勝訴した場合訴訟費用は相手方の全額負担となることが多いので，実質的に制裁にならないことを根拠に，実効性に問題があるとの指摘が多くなされた旨が述べられており（日弁連中間試案PDFファイル19頁，日弁連要綱試案PDFファイル23-24頁），それ故，両試案では制裁は訴訟費用の負担ではなく過料とされている。

他方，民事訴訟法改正研究会の改正提案では，弁護士費用の負担が具体的な制裁の一つとして例示されており（なお，同研究会の提案の理由で提示される具体的な制裁は例として挙げられるものであるため，訴訟費用の負担が制裁の内容として排除されるか否かは明らかでない），わが国では弁護士費用は訴訟費用とされていないとはいえ，実際は訴訟に関する費用の大きな割合を占める点に鑑みると，訴訟費用の負担と比較して，制裁としての実効性を確保できると考えられる。しかし，弁護士費用の負担については，まず，日弁連中間試案・日弁連要綱試案のそれぞれの提言理由で，当事者照会のみに係る弁護士費用を切り分けて算出することが実務上難しいと指摘されている（日弁連中間試案PDFファイル19頁，日弁連要綱試案PDFファイル24頁）。さらに，そもそもわが国の現行制度上弁護士費用は原則として民訴費用法上の訴訟費用とされていないにもかかわらず，当事者照会での回答義務懈怠の制裁として弁護士費用の負担を規定することが可能かとの問題も考えられる。

これらの点から筆者は，費用負担の制裁の対象として訴訟費用を含めることについて問題はないと考えるが，制裁の実効性を考慮し弁護士費用も対象とするか否かについては，現時点では見解を示すことを留保し，引き続き検討したい。

◆第1部◆　当事者主義的民事訴訟運営と当事者照会の実効化

負担を科す方向に傾くが，他方，費用負担では制裁の実効性を確保できない可能性も考えられる。例えば，両当事者が互いにそれぞれに対する回答命令に違反する場合，両者に費用負担を科しても，互いに相殺し合うことになりかねない(47)。すると，照会者への補償より相手方への懲罰を重視すべき場合には，過料を科すべきことになると考えられる（両方の目的を重視すべき場合には，費用負担・過料をともに科すことも考えられよう）。他方，過料については，民訴法上の他の過料の規定とのバランスから，制裁の実効性確保のための金額設定に困難が生じるとも考えられる(48)。

　また，当事者の実体権に影響を及ぼし得る制裁は，回答義務という訴訟法上の義務の懈怠による相手方の実体権への不利益を認め得るものであり，当事者の実体権に影響を及ぼさない金銭的制裁によっては，経済的合理性から考えて

---

(47)　第5章第2節第4款8で紹介したように，連邦民訴規則上のディスカバリの強制命令不遵守に対する制裁では，当事者の双方が強制命令を遵守しなかった場合に，費用を互いに支払い合うのでは各当事者に対する制裁の効果がないとして，裁判所に対して支払われる金銭的制裁を命じた事例がある。7 *Moore's Federal Practice*, § 37.51 [10] (Matthew Bender 3d ed.)；Jaen v. Coca-Cola Co., 157 F.R.D. 146, 149-150 (D.P.R. 1994).

(48)　日弁連の改正提案での回答命令違反の場合の過料の金額は，20万円以下とされる。ここで，改めて現行民訴法上の過料の制裁につき金額を確認すると，正当な理由のない証人の不出頭の場合（法192条1項。証言拒絶を理由がないとする裁判の確定後の証人の証言拒絶の場合〔法200条〕，宣誓拒絶を理由がないとする裁判の確定後の証人の宣誓拒絶の場合〔法201条5項〕，正当な理由のない鑑定人の不出頭等の場合〔法216条〕にも準用），当事者尋問で宣誓した当事者が虚偽の陳述をした場合（法209条1項），第三者が文書の成立の真否の証明に必要な筆跡等の対照用文書その他の物件の提出命令に従わない場合（法229条5項），当事者・代理人が故意または重過失により真実に反して文書の成立の真正を争った場合（法230条1項），少額訴訟の提起の際，同一の年に少額訴訟を利用した回数につき虚偽の届出をした場合（法381条1項）は10万円以下，第三者が文書提出命令に従わない場合（法225条1項），第三者が正当な理由なく検証物提示命令に従わない場合（法232条2項）は20万円以下である。従って，日弁連の改正提案での過料の金額が現行民訴法上の他の過料の規定と比較して特段にバランスを欠くとは思われない。しかし，当事者照会での回答命令不遵守を理由とする過料の制裁につき，実効性確保の観点から前記の各規定の場合よりも高額の過料を規定するとすれば，まさに他の各規定とのバランスが問題になると考えられる。

◆ 第6章　当事者照会の制裁型スキーム化の方向性

回答拒絶等を続ける方が相手方の利益となる場合には制裁の実効性が確保できない点に鑑みると，制裁の実効性確保の観点からは整備が認められるべきと考えられる。しかし，詳細についてはさらなる検討も必要である。例えば，真実擬制は，一方で具体的な状況に応じて柔軟に制裁の内容形成が可能であると考えられるが，他方で当事者照会では主張・立証の準備に必要な事項が広く照会事項となるため，照会事項自体の真実擬制をしても制裁の実効性が乏しい，またはそもそも照会事項が真実擬制になじまないことも考えられる[49]。すると，照会者が照会で得られた情報を手がかりとして利用可能となる証拠で証明しようとする事実の真実擬制が考えられる。しかし，回答命令不遵守と制裁のバランスを考慮すると，このような事実についての真実擬制は，例えば，相手方の回答命令不遵守のために照会者の立証の可能性が著しく狭められたような場合等に限定されるのではないかと考えられる。この点につき，当事者が文書提出命令に従わない場合に，相手方の証明すべき事実（法221条1項4号）についての真実擬制を認める法224条3項がその要件の一つとして，相手方が他の証拠により当該証明主題を証明することが著しく困難であることを挙げる点が参考になると考えられる[50]。なお，ここでの真実擬制は，法224条に基づく真実擬制と同様に，証明妨害の法理を明文で認める一例として位置付けられる[51][52]。

---

(49) 東京弁護士会民事訴訟問題等特別委員会編著『当事者照会の理論と実務』（青林書院，2000年）67-130頁では，具体的な事件類型での照会事項の例が列挙されるところ，例えば，医療過誤訴訟での「被害者の診療に関与した当直医・看護師の員数および氏名・住所」という照会事項は，そもそも真実擬制自体が不可能である。

(50) ただし，このような証明主題の中には，価値判断たる性質上真実として擬制することに親しまないものや，真実擬制をする訳にはいかないもの等のように，真実擬制を拒否されても致し方のないようなものもあり得ることにつき，十分注意すべきであろう。法224条3項の真実擬制につきこの点を論じる論稿として，坂田宏「文書提出命令違反の効果」松本博之＝宮崎公男編『講座新民事訴訟法Ⅱ』（弘文堂，1999年）114-115頁。

(51) 法224条による真実擬制につき，例えば，秋山幹男ほか『コンメンタール民事訴訟法Ⅳ』（日本評論社，2010年）477頁，兼子一原著『条解民事訴訟法（第2版）』（弘文堂，2011年）1250頁［松浦馨＝加藤新太郎］，賀集唱ほか編『基本法コンメンタール民事訴訟法2（第3版追補版）』（日本評論社，2012年）245頁［髙田昌宏］，笠井正俊＝越山和広編『新・コンメンタール民事訴訟法（第2版）』（日本評論社，2013年）860頁

229

◆ 第1部 ◆　当事者主義的民事訴訟運営と当事者照会の実効化

　さらに，審理の現状に基づく判決は，特に本案判決である場合，相手方の実体権に重大な不利益（権利の喪失，義務の発生）をもたらすため，どのような場合にこの制裁を科すことを認めるかにつき，慎重な検討が必要である。この問題については，連邦民訴規則上のディスカバリの強制命令不遵守に対する制裁で，訴訟の全部の却下や懈怠判決という制裁につき多くの裁判例が，より軽微な制裁では強制命令を遵守させることが不可能な場合の最終手段としてのみ認める点や，不遵守当事者の故意・重過失を要求する点が参考となるのではないかと考えられる(53)。

　なお，前記のように筆者は，当事者の実体権に影響を及ぼし得る制裁（真実擬制，審理の現状に基づく判決）については，金銭的制裁よりも限定された形で認められるべきであると考えている。そして，仮に筆者の提案のような形での法改正が実現するとしても，真実擬制ないし審理の現状に基づく判決がなされるための要件はある程度抽象的なものとならざるを得ず，それ故，具体的にどのような場合にこれらの制裁が科されるかについては裁判例や学説の積み重ねにより明らかにしていく必要があると考えられる(54)。ただ，このような制裁は，回答命令に従わない相手方の実体権に不利益を与えることが直接の効果であるとはいえ，それよりも，後に第3節でも論じるように，このような厳しい制裁が控えていることによって，この制裁の可能性を回避しようと考える相手方による，照会に対する自発的な回答を促進することが重要な目的であると考えられる。それ故筆者は，回答命令不遵守の態様と制裁のバランスや，回答命令不遵守の際の相手方の悪質性等の考慮が必要不可欠であるとはいえ，真実擬制や審理の現状に基づく判決といった，当事者の実体権に影響を及ぼし得る制

　　　［山田文］等。
(52)　松本博之＝上野泰男『民事訴訟法（第8版）』（弘文堂，2015年）384頁［松本］は，証拠に関する情報を求める場合のように，相手方が情報提供の訴訟上の協力義務を負っている場合，照会への不協力は証明妨害と評価し得る旨を論じる。真実擬制に係る本文での筆者の提案は，当事者照会での回答義務懈怠が照会者に対する証明妨害に該当すると評価する可能性をより一般的に認めるものといえるのではないかと考えられる。
(53)　第5章第2節第3款3参照。
(54)　この点を，法224条3項の真実擬制が許される証明主題につき論じる論稿として，坂田・前掲注(50)115頁。

◆第6章　当事者照会の制裁型スキーム化の方向性

裁については，前記の諸要素を考慮した上でその間口はできるだけ広く確保し，そのことを通じて照会に対する相手方の自発的な回答の動機付けを高めていく方向性を採るべきではないかと考える(55)。

　また，相手方の回答命令不遵守を理由とする制裁につき，必要的とするか，制裁が科されるか否かは裁判所の裁量に委ねられるかが問題となる。この点につき，連邦民訴規則上のディスカバリの強制命令不遵守を理由とする制裁では，金銭的制裁は原則として必要的に科されるが（連邦民訴規則37条(b)(2)項(C)），それ以外の制裁が科されるか否かは裁判所の裁量に委ねられる（連邦民訴規則37条(b)(2)項(A)）。また，日弁連の改正提案では，回答命令不遵守を理由とする過料の制裁が科されるためには，裁判所が「相当と認めるとき」との要件が課されており，制裁が科されるか否かは裁判所の裁量に委ねられるようにも読み得る。他方，民事訴訟法改正研究会の改正提案では，回答拒絶理由がないとの裁定を受けた相手方に制裁が科されるか否かについては，義務的制裁ではなく，裁判所の裁量に委ねられる。

　この点については，回答命令が発令されている以上，相手方には回答義務が認められ，その後もなお相手方が回答拒絶等を続ける場合に制裁を科すか否かにつきさらに考慮を行う必要性は基本的に小さいと考えられること，および，制裁を科すこと自体に関する裁判所の判断過程をできるだけ明確化するとの観点から，制裁を科すこと自体につき裁判所の裁量の余地は基本的にないものと考えたい。そして，筆者は金銭的制裁（過料や費用負担）を本則として優先すべき制裁と考え，当事者の実体権に影響を及ぼし得る制裁（真実擬制，審理の現状に基づく判決）が科される場合については限定的に考えるとの立場を採るため，具体的な制裁の選択の際，金銭的制裁については原則として必要的に科されると考える。他方，当事者の実体権に影響を及ぼし得る制裁が科される場合については，その要件を規定するとしてもある程度抽象的なものとならざるを得ないため，結果的には，これらの制裁を科すか否かにつき裁判所の裁量に委ねるのと同様の結果にもなり得る。この点に関しては，仮に筆者の提案が実

---

(55) 法224条3項の真実擬制につき，このような考え方を論じる論稿として，坂田・前掲注(50)115-116頁。

現するとすれば，裁判例や学説により，これらの制裁を科す際の考慮要素等が明らかにされる必要があると考えられる。

　最後に，回答命令不遵守を理由とする制裁に関する裁判は照会者の申立てによるものとし，手続保障の観点から，判断に際し相手方の審尋を要するものとする。また，制裁に関する裁判に対しては，両当事者の不服申立権の保障のため，即時抗告を認めるものとする。この点は，日弁連の改正提案に準じる。

◆第3節◆ そ の 他

　ここまで，不十分ながら，当事者照会の実効化のための制裁型スキーム化に係る筆者の見解を提示した。本節では，この制裁型スキーム化に関連するいくつかの問題を論じる。

　第一に，当事者照会の実効化のために回答拒絶等に対する制裁の手続を設けることの目的・機能につき論じる。確かに，実際に相手方による回答拒絶等がなされた場合に制裁の形で何らかの不利益を相手方に課すことも重要である。しかし，筆者は，当事者照会の実効化のための制裁型スキーム化との関係で重要なのは，実際に生じた回答義務懈怠に対して制裁を科すことのみならず，回答義務懈怠に対する制裁やそのための手続を整備し，回答拒絶等がなされた場合には相手方に制裁が科される可能性が控えていることを通じて，すなわち，制裁の可能性による威嚇を通じて，照会を受けた相手方が自発的に回答義務を履行する動機付けを高め，もって，当事者照会による両当事者間での事件に関する情報の収集・共有の円滑化を図ることであり，むしろ後者の目的・機能を重要視すべきではないかと考える[56]。このような制度の機能は，既に現行民

---

(56) 第73回日本民事訴訟法学会大会（2003年6月1日開催。於：中央大学）の国際シンポジウムでの討論の際，千葉勝美判事（当時。その後，最高裁判所判事を経て，現在は弁護士）が，（おそらく当事者の主張の場面を念頭に置き）制裁型スキームは制裁を発動することよりも，制裁の威嚇力により本来出すべき主張を早めに出してもらうという効果を発揮するものとして機能する面があるのではないかとの質問をしたのに対し，三木浩一教授は，（おそらく制裁型スキーム一般を念頭に置き）制裁型スキームを採るか非制裁型スキームを採るかはあくまでも制度論であり，運用論とは自覚的に切り離す必要がある旨を述べた上で，わが国の現行の民事訴訟制度には，そもそも裁判所が適切

◆ 第 6 章　当事者照会の制裁型スキーム化の方向性

訴法の文書提出命令について論じられており，文書提出義務の一般義務化（法220 条 4 号）により文書提出命令発令の可能性が高まったことから，実際には文書提出命令発令の段階にいくまでもなく，文書の所持者から任意の提出がなされる旨の指摘がある(57)。そして，回答義務懈怠に対する制裁を当事者照会に設ける制度設計を行う場合も，文書提出命令の場合と同様に，後に裁判所による強制的な措置が控えていることで当事者からの自発的な回答が促進されることは十分考えられる。

　このような考え方を採る際，筆者は，法哲学・法理学の分野で法システムの機能の捉え方につき，市民の行動に対する義務付け・規制を行う強制的命令システムとしての機能よりも，私人相互間の自主的活動を促進する活動促進機能を第一次的なものとして捉えるべき旨を論じる田中成明教授の見解より多大の示唆を得ている(58)。田中教授は，法システムの理解につき，従来，国家権力

　　な場面に適切な形で必要な権限を行使したくてもこれを担保する制度的な基盤が欠けており，制裁型スキームを制度論として整備していくことは当然だが，制裁を制度として設けたらむやみやたらと行使すべきという訳ではなく，必要な時に必要な限度で行使するということは当然である旨を回答する（河野正憲〔司会〕ほか「〔国際シンポジウム〕現代の民事訴訟における裁判官および弁護士の多重的な役割とその相互関係」民事訴訟雑誌 50 号〔2004 年〕199-200 頁〔千葉発言〕，201 頁〔三木発言〕）。森脇純夫弁護士も，当事者照会に裁判所が関与する回答命令や制裁が設けられたからといって，直ちに実際に回答命令等の申立てが裁判所に多数され，裁判所が煩に耐えないことになるとは限らず，このような強制的なシステムが用意されていること自体で，当事者間の任意の回答が促進されることは大いにある旨を論じる（三木＝山本和彦編・前掲注(3)225 頁〔森脇発言〕）。筆者も，前記の各発言で論じられているのと同様に，当事者照会の回答義務懈怠に対する制裁の制度を設けることと，これを実際にどのように運用するかということは別問題であり，本文で述べたように，回答義務懈怠に対する制裁の可能性という威嚇による，照会を受けた相手方の自発的な回答の促進という面をより重視すべきであり，かつ，このような形で回答が促進されることで，実際に制裁が発動される場面まで進む事案はあまり生じなくなることが予想されるのではないかと考える。

(57)　三木＝山本和彦編・前掲注(3)225 頁〔森脇発言〕，山本和彦「民事訴訟法 10 年―その成果と課題―」同・前掲注(35)民事訴訟法の現代的課題 60 頁（初出 2008 年）等。
(58)　なお，民法学における契約法分野で，田中教授の見解を援用し，「過程志向的法システム」としての再交渉義務に関する議論を展開する論稿として，松井和彦「過程志向的法システムと再交渉義務」一橋論叢 115 巻 1 号（1996 年）250 頁がある。

◆第1部◆　当事者主義的民事訴訟運営と当事者照会の実効化

が強制的サンクションを用いて人々の行動を義務付け規制する，社会統制機能を果たす命令システムとして捉える見方が一般的であったところ[59]，法が違法行為に対して強制的サンクションを規定する場合でも，その本来のねらいは，サンクションが規定されていることだけで法が自発的に遵守され違法行為が抑止され，市民が安心して日常生活を営める平和な状態を維持することであり，強制権力の行使自体が法の目的ではなく，サンクションとしての強制権力が現実に行使されるのは，この第一次的な抑止が功を奏さなかった場合に限られ，例外的で第二次的なものである旨を論じる[60]。その上で田中教授は，法が強制的サンクションを規定して市民に一定の行動を義務付ける場合も，市民の自由な活動の制限だけを目指しているのではなく，市民が各人各様の目標の実現のために自主的に準拠すべき指針と枠組みを提供し，市民相互の自主的活動を予測可能で安全確実なものとし，各人の選択した目標の実効的な実現を促進し支援するという機能も果たすとした上で，法システムが円滑に作動している状況では，権力や強制と結び付いた規制的な社会統制機能よりも，様々な法的観念を用いた私人相互間の自主的な行動規律・利害調整等を促進する機能が重要な役割を果たし，法がこのような活動促進機能を果たす場合，国家権力による強制的サンクションの規定や実行というハードな面は背後に退き，私人間の自主的な交渉や理性的な議論による合意の形成と実現を間接的に促進し外面的に保障するという，不可欠ではあるが補助的な役割を果たすとする[61]。これらの点を踏まえ田中教授は，国家権力の行使と直接結び付かない社会レベルでの私人相互の水平関係での活動促進機能を法システム全体の活動の基軸として据えることが不可欠である旨を論じる[62]。

このように，田中教授は法システムの機能につき，私人相互間の自主的な行動規律・利害調整等を間接的に促進・保障する活動促進機能を第一次的なもの

---

(59) 田中成明「法をどうみるか―法動態への相互主体的視座の確立をめざして―」同『法的空間―強制と合意の狭間で―』（東京大学出版会，1993年）3頁，同『現代法理学』（有斐閣，2011年）48頁。
(60) 田中・前掲注(59)法的空間13頁，同・前掲注(59)現代法理学49-50頁。
(61) 田中・前掲注(59)現代法理学73-74頁。
(62) 田中・前掲注(59)現代法理学74頁。

◆第6章　当事者照会の制裁型スキーム化の方向性

として捉えるべき旨を論じる。そして，筆者も田中教授の見解に従い，当事者照会での制裁の機能として第一次的に重要なのは，回答義務懈怠に対する裁判所の制裁の可能性という威嚇を通じて，両当事者間での事件に関する情報の自主的な収集・共有を支援・促進し，ひいては両当事者による，裁判所に依存しない形での主体的な弁論権行使を支援・促進することであると考えたい。

　第二に，ディスカバリの義務懈怠に対する制裁を規定する連邦民訴規則37条の制度のうち，(a)ディスカバリに対する以前の応答等が重要な点で不完全または不正確であった場合の，応答等の補充・訂正の義務の懈怠を理由とする制裁（連邦民訴規則37条(c)(1)項。第5章第3節参照），(b)ディスカバリに対する応答の完全な懈怠を理由とする，強制命令を経ない形の制裁（連邦民訴規則37条(d)項。第5章第4節参照）につき，わが国での当事者照会の制裁型スキーム化の際に同様の制度を導入すべきか否かが問題となる。この点に関して，まず，(a)の制度に倣い，当事者照会に対して既になされた回答が重要な点で不完全または不正確であった場合に，相手方に回答の補充・訂正の義務を課し，この義務の懈怠があった場合に制裁を科す制度を設けるべきか否かについては，(a)の制度の目的として，当事者に対して適時にディスカバリに対する情報や証拠の開示を行うインセンティブを提供し，自身にとって有利な証拠等の戦略的な後出しを防止することが挙げられる点[63]に鑑みると，当事者照会に対して相手方が適時に完全・正確な回答を行うよう動機付けるとの観点から，このような制度の導入も検討に値すると筆者は考える。しかし，この場合の義務懈怠に対する制裁をどうするか（例えば，相手方の実体権に影響を及ぼし得る制裁まで認めるか否か等）につき，現時点で筆者は定見を持っておらず，この点は今後の検討課題としたい。また，(b)の制度に倣い，当事者照会での無反応に対し，回答命令を経ない形での制裁を設けるか否かにつき，筆者は当事者照会の制裁型スキーム化に際し，裁判所の関与を最初の段階ではできるだけ謙抑的なものとして，当事者の自主性を重視するシステムとすることが望ましいと考えることから，このような制度は設けない方向性を採りたい。

---

　(63) 7 *Moore's Federal Practice*, § 37.60[1]（Matthew Bender 3d ed.）; Fed. R. Civ. P. 37(c) advisory committee's note（1993）.

◆第1部◆　当事者主義的民事訴訟運営と当事者照会の実効化

　第三に，本章ではここまで訴え提起後の当事者照会（法163条）につき制裁型スキーム化を検討してきたところ，訴え提起前の照会（法132条の2・132条の3）についても制裁型スキーム化を図るべきか否かが問題となる。この点に関する前提を確認すると，訴え提起前の照会での回答義務の根拠として，提訴予告通知等を前提として当事者間に訴訟係属に準じる関係（準訴訟法律関係ないし準訴訟係属）が発生することが挙げられるものの，立案過程でこのような関係を根拠として制裁を伴うような強力な効果は認め難いとされていた[64]。この前提を踏まえると，筆者は，訴え提起前の照会については訴訟係属を前提とする訴え提起後の当事者照会と異なり，制裁の根拠付けが極めて困難と考えられるため，制裁型スキーム化はできないのではないかと考える。そうすると，次の課題として，三木浩一教授が論じるように訴え提起前の照会を廃止し訴え提起後の当事者照会に一本化すべきか[65]，非制裁型スキームを採る訴え提起前の照会にも何らかの存在意義を認め存続させるべきかが問題となる。しかし，この点につき，現時点で筆者は定見を持っておらず，今後の検討課題としたい。

---

[64]　秋山幹男ほか『コンメンタール民事訴訟法Ⅱ（第2版）』（日本評論社，2006年）587頁等。

[65]　賀集唱ほか編『基本法コンメンタール民事訴訟法Ⅰ（第3版追補版）』（日本評論社，2012年）326頁，331頁［三木浩一］。

◆ 第7章 ◆

おわりに

　第1部では，当事者が裁判所のパターナリズムに依存することなく主体的に弁論権を行使する当事者主義的訴訟運営への移行の条件の一つとしての当事者照会の制裁型スキーム化につき，連邦民訴規則上のディスカバリを参考として，また，わが国で近年公表された当事者照会の制裁型スキーム化に関する改正提案を踏まえ，そのあるべき姿を検討した。ここでは，当事者主義的訴訟運営への移行の必要性やこの点に関連する問題，および，当事者主義的訴訟運営の基盤整備としての当事者照会の制裁型スキーム化に関する検討の結果をまとめる。

　(1) 当事者主義的訴訟運営への移行の必要性，および，関連する問題について

　民事訴訟審理の実体面では本来当事者主義が妥当するところ，近年，争点整理手続で事実主張や証拠提出等の場面での釈明等による後見的関与に伴う裁判所の負担が増大する一方で，当事者・代理人弁護士が裁判所に依存しているのではないかとの指摘がある。この現状に対し，筆者は，当事者主義の理念の望ましさ，当事者の責任の強調という点を重視して，争点整理手続における当事者主義的訴訟運営への移行を目指すべきであると考える。すなわち，争点整理手続では弁論主義により，訴訟資料等の不十分さによる適正でない裁判についての不利益に係る当事者の責任が強調されるところ，弁論権を保障せずにこの不利益を当事者に帰せしめることは正当でない。故に，弁論権の保障と当事者の責任は表裏一体であるが，現在の争点整理手続では，主体的になされるべき弁論権行使に裁判所が釈明により後見的に介入し，当事者の責任を肩代わりしている。そして，本来の理念に適った当事者主義の実現のため，当事者が主体的に弁論権を行使する，当事者の責任の伴う争点整理手続への移行を目指すべきであり，そのために裁判所の釈明の後退を視野に入れ，当事者の主体的な弁論権行使を促進する条件の整備が必要と考えられる。

　当事者主義的な争点整理手続では，裁判所の後見的な釈明を後退させるが，争点整理に協力しない当事者への制裁（時機に後れた攻撃防御方法の却下等）は

必要であり，そこでは裁判所の権限・責任は強化される。また，当事者が裁判所の釈明に依存せずに弁論権を行使できるようにするため，主張や証拠の探索に必要な情報，立証に必要な証拠を相手方当事者等から入手するための証拠・情報の収集手続の実効化が求められ，そこでは制裁等の形での介入が必要となり，裁判所の権限・責任の強化が望まれる。そして，当事者主義的な争点整理手続に関する当事者・代理人弁護士と裁判所のそれぞれの権限の関係が問題となり，ここではまず，当事者・代理人弁護士の高度の自治的権限が認められ，また，争点整理や証拠・情報の収集手続の実効化のため，裁判所の権限強化も認められる。ただ，証拠・情報の収集手続での裁判所の制裁権限の強化は，収集手続自体との関係では当事者自治に介入する管理的権限の強化と捉えられるが，訴訟手続全体との関係も考えると，この制裁権限は当事者・代理人弁護士が必要な証拠・情報を相手方当事者等から入手する機会を保障し，当事者の弁論権行使を間接的に支援するものと捉え得る。そして，筆者は，ここでの当事者・代理人弁護士と裁判所のそれぞれの権限の関係を，〈当事者・代理人弁護士の高度の自治的権限〉＋〈裁判所の高度の管理的権限〉＋〈裁判所の高度の当事者自立支援的権限〉とのモデルとして捉えるべきではないかと考える。

　また，裁判所の管理的権限と当事者自立支援的権限の関係も問題となる。現在の争点整理手続での裁判所の釈明による主張・証拠の補充は，後見的な管理的権限の行使による弁論権保障と考えられる。これに対し，当事者主義的な争点整理手続では釈明を後退させるが，これに代えて，裁判所の制裁権限による証拠・情報の収集手続の実効化を通じての当事者の主体的な弁論権行使の支援・促進という，より間接的な形での弁論権保障へのシフトを考えることになる。

　当事者主義的な争点整理手続では，裁判所の後見的な釈明を後退させ，また，時機に後れた攻撃防御方法の却下を強化するが故に，釈明により主張・証拠が補充されない，ないし，判決の実体的な結論に影響を及ぼし得る攻撃防御方法が却下されるということになる。そして，裁判所の釈明の後退，および，時機に後れた攻撃防御方法の却下の強化に対しては，手続的正義を優先する反面で実体的正義を後退させるとの批判も考えられる。しかし，現在の争点整理手続で釈明による主張・証拠の補充が必要となること，および，主張・証拠の提出

が時機に後れることの要因の一つとして，当事者・代理人弁護士が主張・立証に必要な情報・証拠を入手する可能性が限られ，そのため，主張・立証の必要性を認識できないことが考えられる。そして，ここでは，実体的な観点から必要な主張・証拠が，当事者が手続上の責任を果たさない形で提出されるため，実体的正義と手続的正義の対立という見かけが生じると考えられる。故に筆者は，実体的な観点から必要な主張・証拠が当事者から手続上の責任を果たす形で提出されるようにするため，証拠・情報の収集手続を実効化すべきであると考える。また，筆者は，当事者が主張・立証に必要な情報や証拠を相手方当事者等から入手することを現実に可能とし，主体的な主張・立証を可能とし促進するための手続・制度を整備し，その実効的な運用を図るという実質的手続保障の観点からも，このような制度設計がなされるべきではないかと考える。

(2) 当事者主義的訴訟運営の基盤整備としての当事者照会の実効化

第1部では，当事者主義的訴訟運営の基盤整備の一つとして，当事者照会・訴え提起前の照会の実効化のための制裁型スキーム化につき，現行の制度の状況や既存の改正提案，連邦民訴規則上の質問書，および，ディスカバリでの証拠・情報の不開示等に対する制裁手続を踏まえ，試論を提示した。

当事者照会での相手方の回答義務の懈怠に制裁を科す場合，回答義務の懈怠の認定後に裁判所が直ちに制裁を科し得るとするのか，回答義務の懈怠の認定から制裁を科すまでの間に何らかの段階を挟むのかが問題となる。そして，筆者は，当事者主導型の手続である当事者照会の実効化のために制裁を組み込むとしても，そこでの裁判所の関与については，回答義務を懈怠した相手方に直ちに制裁を科すのではなく，まずは相手方に義務履行の動機付けを与え，手続の最初の段階での裁判所の関与はできるだけ謙抑的なものとすることが望ましいと考える。また，筆者は，相手方に回答拒絶事由がないこと（回答義務があること）についてのみ裁判所が判断を下すのではなく，この場合に相手方に回答を命じる旨の判断を示す方が，裁判所の判断とその後もなお相手方が回答義務を懈怠する場合の制裁の関係が明確になると考える。そのため筆者は，当事者照会での回答義務の懈怠があった場合，まずは裁判所が照会者の申立てにより回答拒絶事由の有無を判断し，これがない場合に相手方に回答を命じるという回答命令の制度を導入すべきであると考える。回答命令は，相手方に回答拒

◆第1部◆　当事者主義的民事訴訟運営と当事者照会の実効化

絶事由が認められない場合，必要的に発令されるものとする。そして，手続保障の観点から，回答命令の発令の可否を判断する際に相手方を審尋しなければならないとし，また，両当事者の不服申立権の保障のため，回答命令，および，回答命令を認めない旨の裁判に対する即時抗告を認めるものとする

　次に，照会者による回答命令申立ての前段階に何らかの手続を導入すべきか否か，導入するとすればいかなる手続を導入すべきかという点については，連邦民訴規則37条(a)(1)項を参考として，当事者照会での回答命令の申立てにつき，申立て前に裁判所の介入なしに回答義務に関する紛争を解決するための当事者間での誠実な協議を行ったこと，または誠実に協議を試みたことを要件とすることにしたい。そして，回答命令の申立ての際には，照会者の側に，回答を得るために申立て前に相手方と誠実に協議を行ったこと，または誠実に協議を試みたが協議が十分にできなかったことについての疎明を要求するものとし（協議は，当事者または代理人弁護士同士が直接面会して行うか，電話により行うものとする），これらの点の疎明がない場合，回答命令の申立てが却下されるものとする（回答命令の申立てが却下されても，照会者は改めて相手方との誠実な協議または協議の試みをした上で，再度申立てができるものとする）。

　また，回答命令が発令された後もなお回答を行わない相手方に科される裁判所の制裁につき，どのような種類のものを設けるかという点については，筆者は，制裁の目的として様々な事項（相手方への懲罰，照会者への補償，回答義務の懈怠の抑止等）を想定し得ること，回答命令不遵守が生じた具体的状況に適切に対処する必要があること，制裁の実効性を確保する必要があること，手続的正義を実体的正義より重視すべき場合もあり得ることから，当事者の実体権に影響を及ぼさない金銭的制裁（過料，費用負担）と，実体権に影響を及ぼし得る制裁（真実擬制，審理の現状に基づく判決）の両方を含む，多様な制裁を用意する方向性を採る。そして，当事者の実体権に影響を及ぼし得る制裁は，当事者照会の回答義務という手続法上の義務の懈怠を理由に相手方の実体法上の権利を失わせる，または義務を生じさせることにつながり，過大な制裁となる恐れがあり得ること，および，回答義務の懈怠の一事をもって相手方の実体権に影響を及ぼすことが望ましくない場合もあり得ることから，基本的に金銭的制裁を本則として優先させるべきである。また，相手方の回答命令不遵守に対

◆ 第7章　おわりに

する制裁を必要的とするか，裁判所の裁量に委ねられるとするかという点については，制裁を科すこと自体について裁判所の裁量の余地は基本的にないものと考える。そして，筆者は金銭的制裁を本則として優先すべき制裁と考え，当事者の実体権に影響を及ぼし得る制裁が科される場合については限定的に考えるため，具体的な制裁の選択の際，金銭的制裁は原則として必要的に科されると考える。他方，当事者の実体権に影響を及ぼし得る制裁が科される場合については，その要件を規定するとしてもある程度抽象的にならざるを得ないため，結果的に，これらの制裁を科すか否かにつき裁判所の裁量に委ねるのと同様の結果にもなり得る。なお，回答命令不遵守を理由とする制裁に関する裁判は照会者の申立てによるものとし，手続保障の観点から，判断に際し相手方の審尋を要するものとし，制裁に関する裁判に対しては，両当事者の不服申立権の保障のため，即時抗告を認めるものとする。

　そして，当事者照会の制裁型スキーム化に関連する問題につき，まず，回答拒絶等に対する制裁の手続を当事者照会に設けることの目的・機能については，実際に生じた相手方の回答義務懈怠に制裁の形での不利益を課すことも重要であるが，むしろ，回答義務懈怠に対する制裁の手続を整備し，回答拒絶等がなされた場合に相手方に制裁が科される可能性が控えていること（制裁の可能性による威嚇）を通じて，照会を受けた相手方が自発的に回答義務を履行する動機付けを高め，もって，当事者照会による両当事者間での事件に関する情報の収集・共有の円滑化を図ることを重要視すべきである。次に，連邦民訴規則37条(c)(1)項に倣い，当事者照会に対して既になされた回答が重要な点で不完全または不正確であった場合に，相手方に回答の補充・訂正の義務を課し，この義務の懈怠があった場合に制裁を科す制度を設けるべきか否かについては，当事者照会に対して相手方が適時に完全・正確な回答を行うよう動機付けるとの観点から，このような制度の導入も検討に値すると考えるが，義務懈怠に対する制裁をどうするかについては今後の検討課題としたい。また，連邦民訴規則37条(d)項に倣い，当事者照会での無反応に対し，回答命令を経ない形での制裁を設けるか否かについては，当事者照会の制裁型スキームでは裁判所の関与を最初の段階ではできるだけ謙抑的なものとし，当事者の自主性を重視するシステムとすることが望ましいため，このような制度は設けない方向性を採る。

◆第 1 部◆　当事者主義的民事訴訟運営と当事者照会の実効化

　最後に，訴え提起前の照会については，訴訟係属を前提とする訴え提起後の当事者照会と異なり，制裁の根拠付けが極めて困難であるため，制裁型スキーム化はできないのではないかと考え，その上で，訴え提起前の照会を廃止し訴え提起後の当事者照会に一本化すべきか，非制裁型スキームを採る訴え提起前の照会を存続させるべきかという点については今後の検討課題としたい。

　以上が第 1 部での検討のまとめであるが，当然のことながら，残された問題も多々ある。その一部については第 6 章での検討の中でも言及したが，それ以外にも，例えば，回答命令の不遵守の態様と科すべき制裁の種類との関係をどう規範化するかが重大な問題になると考えられる[1]。また，照会の要件面や照会除外事由についても，日弁連・民事訴訟法改正研究会のそれぞれによる当事者照会の改正提案等も踏まえ，さらなる検討が必要と考えられる。

　このように，第 1 部での検討には不十分な点が多々あるが，今後さらに検討を深めていくに当たり，多くの方々からのご教示・ご批判を仰ぐことができることを願い，第 1 部を閉じることとしたい。

---

(1)　第 6 章第 2 節で論じたように，どのような場合にどのような制裁を科すかを規範化するとしても，この点の要件化はある程度抽象的な形にならざるを得ず，裁判所の裁量に委ねることにもなり得，その際，裁判所の裁量をどうコントロールするかが大きな問題になると考えられる。民事訴訟審理における規範による裁判所の裁量統制につき，主要な業績として，山本和彦教授による「要因規範論」がある（山本和彦「基本的な考え方─研究者の視点─」大江忠ほか編『手続裁量とその規律─理論と実務の架橋をめざして─』〔有斐閣，2005 年〕15 頁，同「民事訴訟における裁判所の行為統制─『要因規範』による手続裁量の規制に向けて─」同『民事訴訟法の現代的課題』〔有斐閣，2016 年〕209 頁〔初出 2001 年〕）。また，民事訴訟手続における裁判官の裁量につき，ドイツ法の議論を参照し基礎的研究を行う近時の論稿として，石橋英典「民事裁判官の裁量に関する基礎的考察─ドイツにおける裁量をめぐる議論をてがかりとして─」同志社法学 65 巻 6 号（2014 年）35 頁がある。

第2部
弁護士会照会に対する報告拒絶と民事訴訟による対処

◆ 第1章 ◆

問題の所在

　弁護士法23条の2は，弁護士の受任事件につき認められる情報収集手続たる「弁護士会照会」[1]を規定する。弁護士は所属弁護士会に対し，自らの受任事件に関して必要な事項につき公務所または公私の団体に報告を求めることを申し出ることができ（弁護士法23条の2第1項。ただし，弁護士会は申出が適当でないと認める場合，これを拒絶することができる），申出が適当である場合，弁護士会は前記の事項につき公務所・公私の団体に照会し報告を求める（同条第2項）。この制度により，弁護士は自らの受任事件につき，当該事件との関係では第三者である公務所・公私の団体から必要な情報を入手できる。弁護士会照会の申出の要件となる受任事件は民事・刑事・家事・行政等の別を問わず，また，訴訟になっている事件に限られないため[2]，弁護士会照会は弁護士の受任事件につき一般的に利用可能な第三者からの情報収集手続として位置付けられる。弁護士会照会は，民事手続との関係では，民事訴訟での主張・立証の準備等に用いる情報の入手[3]，訴え提起に必要な情報（訴状の当事者欄の記載

---

[1]　この制度は，「弁護士照会」，「23条照会」等とも呼ばれる。本書では以下，第2章・第3部第2章で紹介する裁判例の中でこれらの呼称が用いられている場合は，紹介の際にそのまま記すが，それ以外の部分では「弁護士会照会」の呼称で統一して記述する。

[2]　日本弁護士連合会調査室編著『条解弁護士法（第4版）』（弘文堂，2007年）162頁，髙中正彦『弁護士法概説（第4版）』（三省堂，2012年）116頁。

[3]　筆者は，本来当事者主義が妥当する民事訴訟審理の実体面につき，現状は裁判所が主導する職権主義的運用となっているのではないかとの問題意識から，当事者が主導的な役割を担う本来の当事者主義を実現すべきであると考える。そして，そのための条件として，当事者・代理人弁護士が主張・立証に必要な証拠・情報を早期に相手方当事者・第三者から入手するための証拠・情報の収集手続の拡充が必要となる（この点につき，第1部第2章も参照）。弁護士会照会は，主張・立証に必要な情報を第三者たる公務所・公私の団体から入手する手段として，本来の当事者主義の実現に資する制度であると考えられる。

◆第2部◆　弁護士会照会に対する報告拒絶と民事訴訟による対処

で被告を特定するための住所等）の入手[4]，強制執行段階で債務者の責任財産を

(4)　原告が訴えを提起する際の被告の特定は，訴状の必要的記載事項たる当事者の記載（民事訴訟法133条2項1号。通常は氏名および住所）によりなされる。しかし，被告が振り込め詐欺に使用された口座の名義人であり，住所・漢字氏名が不明である場合，被告が会社ぐるみの詐欺事件における従業員であり，氏名は伝えられているが本名であるか否かが不明であり，住所も不明である場合等に，被告の特定のための情報の収集が問題となり，被告の住所等に関する情報を有する公務所・公私の団体に対する弁護士会照会の活用が考えられる。例えば，振り込め詐欺等，犯罪が絡む案件での預金口座名義人に関する情報（特に住所・氏名）についての弁護士会照会に対する金融機関側の対応につき，佐藤三郎＝長谷川卓（司会）ほか「（座談会）弁護士法23条の2の照会に対する金融機関の対応」金融法務事情1991号（2014年）20頁［木村健太郎発言］は，犯罪事案に絡む照会であることを照会文書に明示し，金融機関側も対象口座の取引履歴から不正（犯罪）利用口座であることの蓋然性が高いことを確認できる場合には，回答に応じることも十分考えられる旨を述べ，佐藤三郎（司会）ほか「（座談会）地域金融機関における弁護士会照会制度の現状と課題」金融法務事情2040号（2016年）22頁［浦滝琢己発言］も，事案についての照会文書での詳細な記載，および，金融機関側で照会文書記載の通りの取引の動きを確認できることを前提に，回答の可能性を示唆する。

　ただ，訴状による被告の特定については，振り込め詐欺に利用された銀行口座の名義人に対する被害者からの損害賠償請求で，原告が振込明細票記載の片仮名の氏名を被告の氏名として訴状に記載して訴えを提起し，口座名義人の住所・漢字氏名につき銀行に対する調査嘱託（民事訴訟法186条）を行うよう申し立てた事案につき，調査嘱託をすることなく直ちに訴状を却下することは許されないとして第一審の訴状却下命令（民事訴訟法137条2項）を取り消した名古屋高金沢支決平成16年12月28日（判例集未登載。この裁判例を紹介する文献として，堀裕＝髙木いづみ「『振り込め詐欺』事件等と金融機関の資金移動取引」金融法務事情1741号〔2005年〕8-9頁）がある。また，会社ぐるみの詐欺事件における従業員に対する被害者からの損害賠償請求の事案で，（取引時に伝えられた）氏名と（旧）就業場所の訴状への記載により被告の特定に欠けるところはないとして，被告の特定を欠くとして訴えを却下した第一審判決を取り消した東京高判平成21年12月25日（判タ1329号263頁。評釈として，上田竹志「判批」法学セミナー673号〔2011年〕118頁，酒井博行「判批」私法判例リマークス43号〔2011年〕106頁）がある。これらの事案で採られた措置によれば，被告の特定が問題となり得る事案でも，少なくとも公示送達による訴訟手続の開始・進行を経て，判決を得る段階までは進み得る。しかし，判決を債務名義とする強制執行の段階における執行対象財産の探索等も視野に入れると，弁護士会照会の利用により訴え提起前にあらかじめ被告の特定に係る情報を入手しておく必要性は高いと考えられる。

◆ 第 1 章　問題の所在

探索するための情報の入手⑸等のために活用が考えられる。

　　なお，特定電気通信役務提供者の損害賠償責任の制限及び発信者情報の開示に関する法律（プロバイダ責任制限法）4 条の発信者情報の開示請求権とイングランド法の証拠開示を手掛かりに，被告とすべき者を特定するための情報の開示を求める暫定的実体権，および，その仮処分による実現の可能性を検討する論稿として，長谷部由起子「提訴に必要な情報を得るための仮処分―暫定的実体権再論―」同『民事手続原則の限界』（有斐閣，2016 年）268 頁（初出 2002 年）がある。

⑸　金銭執行に必要な，債務者の財産状況に関する情報を債権者に取得させるため，債務者に自らの財産を開示させる財産開示手続（民事執行法 196 条以下）があるが，対象となる債務名義が限られること，虚偽陳述等に対する制裁が過料にとどまること等から，実効性に疑問がある。また，現行民執法には債務者の財産情報を第三者に照会する制度がなく，加えて，預金債権の差押命令申立ての際に支店等を明確に特定しない申立てを最高裁が不適法としたため（最〔三小〕決平成 23 年 9 月 20 日〔民集 65 巻 6 号 2710頁〕，最〔一小〕決平成 25 年 1 月 17 日〔判時 2176 号 29 頁，判タ 1386 号 182 頁〕），特に債権執行の対象たる債務者名義の預金口座の存否等を弁護士会照会により金融機関に照会する必要性は高い。現行法での金銭執行の問題点やそれらを踏まえた立法提案（特に財産開示手続の実効化，第三者照会制度の新設）につき，三木浩一（司会）ほか「（座談会）債務名義の実効性強化に向けた展望」同編『金銭執行の実務と課題』（青林書院，2013 年）299 頁，執行法制研究会「民事執行制度の機能強化に向けた立法提案」三木編・前掲 353 頁。

　　なお，2016 年より，法制審議会民事執行法部会で民事執行法の改正に向けた検討作業が行われ，同部会第 23 回会議（2018 年 8 月 31 日開催）において，「民事執行法制の見直しに関する要綱案」が決定された。そして，同要綱案は，法制審議会第 182 回会議（2018 年 10 月 4 日開催）において原案どおり採択され，直ちに法務大臣に答申することとされた（法務省のウェブサイト〔http://www.moj.go.jp/shingi1/shingi03500032.html〕参照〔2018 年 10 月 19 日閲覧〕）。同要綱案（法制審議会第 182 回会議の「配布資料 1」）は，法務省のウェブサイトで公開されている（http://www.moj.go.jp/content/001271596.pdf）（2018 年 10 月 19 日閲覧）。同要綱案では，債務者財産の開示制度の実効性の向上に係る事項として，現行の財産開示手続の見直し〔手続の実施要件の見直し〔対象となる債務名義を，金銭執行の申立てに必要とされる全ての種類の債務名義に拡大〕，手続違背に対する罰則の見直し），第三者から債務者財産に関する情報を取得する制度（登記所から債務者の不動産に係る情報を取得する制度，市町村〔特別区を含む〕や厚生年金保険の実施機関から債務者の給与債権に係る情報を取得する制度〔民執法 151 条の 2 第 1 項各号所定の義務に係る請求権，または人の生命・身体の侵害による損害賠償請求権について債務名義を有する債権者の申立てによる場合に限る〕，金融機関・

◆第2部◆　弁護士会照会に対する報告拒絶と民事訴訟による対処

　弁護士会照会の照会先たる公務所・公私の団体の報告義務につき明文規定はないが，学説はほぼ一致して報告義務を肯定し[6]，判例・裁判例も報告義務を肯定する（第2章で紹介する裁判例には，報告義務につき明示の判断をしていないものもあるが，これらの裁判例は，報告に係る原告の権利・法的利益の侵害がないこと，ないし，報告義務違反につき照会先の故意・過失が認められないことを理由に，報告義務につき判断せず，報告義務に係る確認の訴えの却下，または損害賠償請求棄却の結論を導いており，報告義務を積極的に否定する意図はないと考えられる）。すなわち，弁護士会照会に対する照会先の一般的・抽象的な意味での報告義務は承認されており，弁護士会に対する公的な義務，ないし，公法上の義務とされる。

　しかし，これらの学説・判例・裁判例はおおむね，照会先は報告を拒絶する正当な理由がない限り報告義務を負うとする。そして，具体的な事案で弁護士会照会を受けた照会先が常に報告を行うとは限らず，報告を求められている情報につき守秘義務等を負うこと等を理由に，報告を拒絶することがある。この

振替機関等から債務者の預貯金債権・振替社債等に係る情報を取得する制度）の新設が提案されている。これらの法改正（特に，第三者からの情報取得制度の新設）が実現すれば，債務者財産に関する情報の取得のための弁護士会照会への影響も考えられ，また，どちらの制度がより利用しやすいかという点も問題となり得る。民事執行法改正で第三者からの情報取得制度を新設するに際しての論点については，垣内秀介「財産開示手続の改正をめぐる論点―第三者からの情報取得制度の創設を中心として―」金融法務事情2054号（2016年）6頁，伊藤眞「執行債務者の金融資産に係る情報を第三者から取得する制度設計の在り方―権道と正道（ius track）―」金融法務事情2074号（2017年）18頁，青木哲「金銭執行における預金債権に関する情報の取得について」高橋宏志先生古稀祝賀論文集『民事訴訟法の理論』（有斐閣，2018年）1121頁。金融機関関係者の視点からみた，民事執行法改正における第三者からの情報取得制度と弁護士会照会との比較については，須田隆文「民事執行法に基づく新たな照会制度と弁護士会照会の比較」金融法務事情2081号（2018年）20頁。
(6)　飯畑正男『照会制度の実証的研究』（日本評論社，1984年）196頁，福原忠男『増補弁護士法』（第一法規，1990年）128頁，新堂幸司『新民事訴訟法（第5版）』（弘文堂，2011年）389頁，髙中・前掲注(2)118頁，川嶋四郎『民事訴訟法』（日本評論社，2013年）495頁，梅本吉彦『民事訴訟法（第4版補正第3刷）』（信山社，2013年）181頁，高橋宏志『重点講義民事訴訟法（下）（第2版補訂版）』（有斐閣，2014年）87頁，三木浩一ほか『民事訴訟法（第2版）』（有斐閣，2015年）199頁[三木]等。

◆ 第 1 章　問題の所在

場合，照会先が報告を拒絶する「正当な理由」の有無，すなわち，具体的な事案との関係での照会先の報告義務の存否が問題となる。しかし，弁護士法上は，具体的な事件での照会先の報告義務の存否を判断する手続や，照会先が正当な理由なく報告を拒絶した場合の制裁等の手続は存在しないため[7]，別の方法で照会先の報告拒絶に対処し，ひいては弁護士会照会の実効性を担保する必要があり，そのような方法の一つとして民事訴訟の利用が考えられる。この点につき，弁護士会照会では個々の弁護士には照会先に対する照会権は認められず[8]，弁護士会への照会申出権のみが認められ，依頼者にも照会権は認められないため，申出弁護士・依頼者が照会先に対し，照会事項につき自身または弁護士会への報告を求める訴訟を提起することは認められない[9]。

そこで，別の形の訴訟により，具体的な事件での照会事項に係る照会先の報告義務の存否につき判断を得て，弁護士会への報告を求め，ひいては弁護士会

---

[7] なお，日本弁護士連合会では弁護士法 23 条の 2 の改正案が策定され，2002 年 11 月 22 日の理事会にて「司法制度改革における証拠収集手続の拡充のための弁護士法第 23 条の 2 の改正に関する意見書」が採択されており（この意見書は見直しが行われた上で，2008 年 2 月 29 日の理事会にて「司法制度改革における証拠収集手続拡充のための弁護士法第 23 条の 2 の改正に関する意見書」が再度採択されている），この改正案では日弁連が報告拒絶者に対し勧告することができることが明文化されている。改正案の概要等につき，石丸鐵太郎＝上杉一美「弁護士会照会制度の改正運動などについて」自由と正義 62 巻 13 号（2011 年）32-33 頁，髙橋金一「弁護士法第 23 条の 2 の改正について―弁護士法第 23 条の 2 の照会制度の実効性確保に向けて―」自由と正義 66 巻 1 号（2015 年）44 頁。

[8] 飯畑・前掲注(6) 24-25 頁，福原・前掲注(6) 128 頁，日弁連調査室編著・前掲注(2) 159 頁，160 頁，髙中・前掲注(2) 115 頁，愛知県弁護士会編『事件類型別弁護士会照会』（日本評論社，2014 年）3-4 頁，東京弁護士会調査室編『弁護士会照会制度（第 5 版）』（商事法務，2016 年）4 頁。

[9] 大阪地判昭和 62 年 7 月 20 日（判時 1289 号 94 頁，判タ 678 号 200 頁。第 2 章で紹介する裁判例②）は，弁護士および依頼者が弁護士会に代位して照会先に対し弁護士会に回答することを求めた事案につき，弁護士法 23 条の 2 は照会先に照会事項の回答を請求する権能を弁護士会に専属させ，一般私人はもとより弁護士も直接に照会先に特定の事項につき回答を請求するいかなる権利も有せず，一般私人も弁護士も弁護士会に代位して照会先に対し弁護士会宛に回答を請求することも許されないとして，弁護士・依頼者の当事者適格を否定し訴えを却下する。

◆第2部◆　弁護士会照会に対する報告拒絶と民事訴訟による対処

照会の実効性を確保していく途が探求される。そのような手段として，照会を申し出た弁護士，その依頼者，照会を行った弁護士会が照会先を相手取り，報告義務の確認の訴えや，報告拒絶が不法行為に当たるとして損害賠償を請求する訴えを提起することが考えられ，特に2000年代以降，そのような訴訟に関する判例・裁判例が多く公刊されている。

第2部では，弁護士会照会がその制度の内部に，具体的な事件での照会先の報告義務の存否につき判断する手続や，照会先が報告義務を負うにもかかわらず報告を拒絶する場合の制裁等の手続を有しない現状の下で，報告拒絶に対処し，ひいては制度の実効化を図ることを目指すとの観点から，照会先の報告拒絶を理由とする報告義務の確認の訴えや損害賠償請求の訴えの可能性を検討する(10)。

第2章では，照会先の報告拒絶を理由とする報告義務の確認の訴え，損害賠償請求の訴えに関する従来の公刊判例・裁判例を概観する。その上で，まず，第3章では，報告義務の確認の訴えの適法性に関する問題につき，特に確認の利益に焦点を当て検討する。そして，第4章では，照会先が具体的な事件で報告義務を負うにもかかわらず報告を拒絶することが不法行為法の要件を充足するか否かにつき，特に権利・法的利益の侵害の有無，報告義務違反に係る照会先の故意・過失の有無に焦点を当て検討する。また，照会先の報告拒絶を理由とする損害賠償請求は，報告拒絶により損害賠償責任を追及される可能性があるとの威嚇により照会先の報告を促す側面はあるものの，基本的には報告拒絶により依頼者，弁護士，または弁護士会が被った損害の事後的な填補が主な目的となる。それに対し，照会先が具体的な照会事項につき弁護士会に対する報

---

(10) 第2部では，現行の制度を前提として，弁護士会照会に対する報告拒絶への対処，および，制度の実効化のための手段としての，訴訟手続たる報告義務の確認の訴えや損害賠償請求の訴えに関する解釈論を提示する。

これに対し，星野豊「弁護士会照会と情報の保護」情報ネットワーク・ローレビュー16巻（2018年）13頁は，立法論として，(1)弁護士会照会に対する報告を行うことにつき照会先が異議を述べた場合に，照会先が開示すべき情報の範囲を裁判所が判断し，開示を行わせる非訟手続，および，(2)照会先が報告による情報開示につき免責を求めた場合に，照会された情報の必要性・有用性を裁判所が判断し，当該情報に係る本人との関係での免責を条件として，照会先に報告を命じる非訟手続を新設すべき旨を論じる。

◆第1章　問題の所在

告義務を負うことの確認の訴えが認められれば，具体的な事件での照会先の報告義務につき，判決主文中での，また，それ故に既判力のある判断を得られる。そして，特に弁護士会照会の実効化を図るための手段として，報告義務の確認訴訟と損害賠償請求訴訟のいずれがより望ましいかが問題となり得，第5章ではこの点につき検討する。

　なお，ここでは，具体的な事件で照会先が報告義務を負うのはいかなる場合かという，弁護士会照会の要件面に関する問題は検討対象としないことをお断りしたい。

第 2 章

報告拒絶を理由とする報告義務の確認の訴え・損害賠償請求の訴えに関する従来の最高裁判例・下級審裁判例

　2018年10月中旬現在，弁護士会照会に対する報告拒絶を理由として照会先の報告義務の確認の訴えが提起された事案については，下級審裁判例が9件，照会先に対する損害賠償請求がなされた事案については，最高裁判例が1件，下級審裁判例が22件公刊されている。報告義務の確認の訴えに関する裁判例では，1件（後掲の裁判例㉔）を除き，報告義務の確認請求と報告拒絶を理由とする損害賠償請求等が併合されているか，報告拒絶を理由とする損害賠償請求訴訟内で報告義務の中間確認の訴えが提起されている（裁判例㉔は，上告審まで争われた事案についての差戻審〔第2次控訴審〕判決であり，第1次控訴審で損害賠償請求訴訟に報告義務の確認請求が追加的・予備的に併合されたものの，第1次控訴審判決〔後掲の裁判例㉑〕では確認請求については判断されておらず，上告審判決〔後掲の判例㉓〕で損害賠償請求が棄却され，報告義務確認請求のみが第2次控訴審に差し戻されている。この理由から，裁判例㉑・判例㉓は報告義務の確認の訴えに関するものとして数えていない）。原告として，照会を申し出た弁護士，その依頼者，照会を行った弁護士会が考えられるところ，報告義務の確認請求，損害賠償請求のいずれについても，弁護士・依頼者・弁護士会の全てにつき公刊判例ないし裁判例がある。本章では，報告義務の確認請求と損害賠償請求に関する全ての公刊判例・裁判例の事案の概要と判旨ないし判決要旨を紹介する（判旨・判決要旨中の見出しは筆者による）。

　なお，本章で判例・裁判例を紹介する際には，現在では弁護士会照会に対する一般的・抽象的な報告義務は判例・裁判例で問題なく承認されていることに鑑み，この点に関する判示は基本的には紹介を割愛し，また，照会先の報告義務の確認の訴えの適法性，および，照会先の報告義務違反が不法行為となるか否かに焦点を当て検討するという第2部の目的に鑑み，報告拒絶が具体的な事

◆第2部◆　弁護士会照会に対する報告拒絶と民事訴訟による対処

件との関係で報告義務違反となるか否かに関する判示も詳細を割愛することをお断りしたい（第3部第3章第1節第2款で，この点に関する判示につき概略を紹介する）。

① **岐阜地判昭和46年12月20日**（判時664号75頁，判タ283号284頁）[1]

【事案の概要】

X弁護士（原告）は，Aより受任した，B株式会社ほか4名に対する不動産強制競売申立事件につき，債務者財産の調査のため，岐阜弁護士会に対し，Bらの所有不動産の表示（所在，地番等）につき岐阜市役所への照会を申し出，同弁護士会による照会がなされた。岐阜市役所が前記照会を受けた後，同市の税務部長が（旧）自治省（現，総務省）の市町村税課自治事務官に対し，前記照会に対する回答の当否についての見解を求めたところ，同事務官は照会に応ずると秘密漏えいの恐れがある旨の見解を示した。そして，岐阜市長は前記照会に対し，税務行政執行上支障があるので回答できない旨を報告した。

Xは，自治省事務官の岐阜市税務部長に対する違法な指示があったため，前記照会への回答を得ることができなかったとして，Y（国。被告）に対し，国家賠償法4条，民法715条に基づき，照会申出に要した書類タイプ代につき損害賠償を請求した[2]。

【判　旨】

岐阜地裁は，次のように判示し，請求を棄却した。

弁護士法23条の2「の趣旨は，基本的人権を擁護し，社会正義を実現することを使命とする（弁護士法第1条）弁護士の職務の公的性格の特殊性に鑑み，弁護士の右使命の遂行を容易ならしめることを目的としたものであって，照会

---

(1) この判決に関する論稿として，星野恒司「弁護士法第23条の2にもとづき特定人名義の不動産につき照会を発する弁護士会に対し公務所は回答の義務を負うか」自由と正義23巻8号（1972年）34頁，同「弁護士法第23条の2にもとづき特定人名義の不動産につき照会を発する弁護士会に対し公務所は回答の義務を負うか」判例時報671号（1972年）17頁。

(2) 本件でXが岐阜市を被告としなかったのは，X自身が同市の行政委員であった関係によるとのことである。飯畑正男『照会制度の実証的研究』（日本評論社，1984年）252頁注(1)。

を受けた公務所又は公私の団体は自己の職務の執行に支障なき限り弁護士会に対して協力し，原則としてその照会の趣旨に応じた報告をなす義務を負うと解すべきである。しかしながら，右報告義務は右の目的のための協力義務に基づくものであって弁護士または依頼者個人の利益を擁護するためのものではなく，報告義務者が報告を拒否した結果弁護士の職務活動が阻害されることがあるにしても，そのために生じた損害を賠償する義務まで負うものとはとうてい解せられない。」

「…仮に第三者の行為により右報告義務が履行されなかったとしても，本件における弁護士法第23条の2により認められる利益は，前述のとおり私人の利益を擁護する目的で認められたものではないから，報告義務者において損害賠償義務を負わないのと同様右第三者につき損害賠償義務が生ずるいわれはないものと言うべく，これを本件についてみるに」，自治省「事務官らの行為がXの主張するような指示に当り，右指示の内容に誤りがあるとしても，これがためYに損害賠償義務があるものとは言えない。」

② **大阪地判昭和62年7月20日**（判時1289号94頁，判タ678号200頁）

【事案の概要】

亡Aの子Xら（原告）からAの死亡に関する事件処理を受任したZ弁護士（参加人）は，労災死亡認定申請の判断資料とするため，Y医療法人（被告）に対するAの診療経過等に関する照会を大阪弁護士会に申し出，照会がなされたが，Yは回答を拒絶した。Xらは大阪弁護士会に代位してYに対し照会事項につき同弁護士会に回答することを請求し，また，損害賠償を請求した。この訴訟にZが独立当事者参加をし，ZとXら・Yとの間で照会事項につき同弁護士会に代位して同弁護士会に回答することを求める権利を有することの確認，および，同弁護士会に代位してYに対し照会事項につき同弁護士会に回答することを請求した。

【判　旨】

大阪地裁は，弁護士法23条の2は照会先に照会事項の回答を請求する権能を弁護士会に専属させ，一般私人はもとより弁護士も直接に照会先に特定の事項につき回答を請求するいかなる権利も有さず，一般私人も弁護士も弁護士会

に代位して照会先に対し弁護士会宛に回答を請求することも許されないとして，XらのYに対する回答請求に係る訴えとZの参加に係る全ての訴えを却下し，Xらのその余の請求を棄却した。Zの確認請求，および，Xらの損害賠償請求に関する判示は次の通りである。

(1) 弁護士に係る報告義務の確認の利益

「…ZのXら及びYに対する右回答請求権の確認請求にかかる訴えの部分は，ZがYに対して直接または大阪弁護士会に代位して右回答請求をする権利を有することがなく，かつ，Yが大阪弁護士会に右照会に対する回答をしないことによって，かりに弁護士であるZが受任した事件の処理に支障を生じてなんらかの具体的損害（権利侵害）を被むるといったことがあって，それがYの責に帰すべきものであるとしても，その場合にはZはYに対して端的に損害賠償請求をするなどの方法によって救済を求めるべきものであり，それによらずにYが大阪弁護士会に対して右回答義務を負うことをZとXら及びYとの間で確認しておくべき法的利益がZにあるとは本件における全資料を総合しても到底認められないから，確認の利益を欠いた不適法な訴えというべきである。」

(2) 依頼者による損害賠償請求の成否

「照会先が」弁護士法「23条の2の照会に対して正当な理由がないにもかかわらずこれを拒否したことによって，弁護士に事件処理を依頼した者に何らかの具体的損害が生じた場合には，照会先に右損害発生が予見可能であったことを要件として，依頼者から照会先に対して不法行為による損害賠償請求を行うことが考えられなくはないが，本件では，…認定した各事実を総合考慮しても，Yの回答拒否から当然にXらに金銭賠償によって慰謝されるべき精神的損害が発生するとは到底いいがたく，他に被告の回答拒否によって原告らに具体的損害が発生した事実は本件全証拠を総合してもこれを認めるに足りない。」

③ **大阪地判平成18年2月22日**（判タ1218号253頁，金判1238号37頁，消費者法ニュース67号76頁，判時1962号85頁参照）[3]

【事案の概要】

---

(3) この判決に関する論稿として，中原利明「弁護士法23条の2に基づく照会」金融法務事情1769号（2006年）4頁，鈴木秋夫「弁護士法に基づく照会と金融機関の秘密保

◆ 第 2 章　報告拒絶を理由とする報告義務の確認の訴え・損害賠償請求の訴えに関する従来の最高裁判例・下級審裁判例

　X_1（原告）は，従業員の携帯電話番号とY_1銀行（被告）に開設された預金口座（本件預金口座①）のみを明らかにする貸金業者Aから金員を借り入れた。X_1の代理人たるB弁護士は，X_1の自己破産申立てに際し裁判所に債権者一覧表を提出し，また，貸金業の規制等に関する法律（貸金業規制法）に基づく取立規制を生じさせるに際し，Aの名称・所在が判明しないとして，Y_1に対する，本件預金口座①を有する者の名称・所在地の報告を求める照会を大阪弁護士会に申し出，同弁護士会による照会（本件23条照会①）がなされた。Y_1はAの承諾が得られないことを理由として報告を拒絶し，その後，大阪弁護士会による「申入書」の送付等を経て，Y_1は本件預金口座①の開設者の氏名・住所を報告した。なお，その間にX_1はAの従業員から脅迫的な取立てを受けた。

　X_2株式会社（原告）は，金融業者C企画から金員を借り入れ，Cの指示に従い，借入金弁済のための小切手（本件小切手）を振り出した。その後，X_2はD弁護士に債務整理等を委任した。Dは，債務不存在確認訴訟等の提起の準備に際し，本件小切手をY_2銀行（被告）に持ち込んだ者を特定するため，Y_2に開設された，本件小切手の裏面に名称の記載のあったE名義の預金口座（本件預金口座②）につき，開設者の住所・電話番号の報告を求める照会を大阪弁護士会に申し出，同弁護士会による照会（本件23条照会②）がなされたが，Y_2は顧客の了解が得られないとして報告を拒絶した（なお，X_2がEを相手取り提起した訴訟でも，Y_2に対し，Eの住所・電話番号に係る調査嘱託〔民事訴訟法186条〕がなされたが，Y_2は報告を拒絶した。以下，調査嘱託については割愛する）。

　X_1は，Y_1による本件23条照会①に対する報告拒絶が違法であるとして，Y_1に対し，不法行為に基づく損害賠償を請求した。また，X_2・X_3（X_2の代表取締

持義務―大阪地判平 18・2・22 の紹介―」金融法務事情 1769 号（2006 年）26 頁，升田純「弁護士法 23 条の 2 所定の照会，民事訴訟法 186 条所定の調査嘱託に対する報告義務違反と不法行為の成否」金融法務事情 1772 号（2006 年）21 頁，同「現代社会における情報をめぐる裁判例（20）」Law & Technology 32 号（2006 年）142 頁，髙木いづみ＝野村周央「弁護士会照会および調査嘱託に対する報告と銀行の守秘義務」金融法務事情 1795 号（2007 年）10 頁。評釈として，谷本誠司「判批」銀行法務 21 660 号（2006 年）40 頁，升田純「判批」Lexis 判例速報 9 号（2006 年）85 頁，吉井隆平「判批」平成 18 年度主要民事判例解説（判例タイムズ 1245 号）（2007 年）74 頁，本多正樹「判批」ジュリスト 1373 号（2009 年）131 頁。

役）は，Y₂による本件23条照会②等に対する報告拒絶が違法であるとして，Y₂に対し，不法行為に基づく損害賠償を請求した。

【判決要旨】

大阪地裁は，Y₁は本件23条照会①に対する報告義務を負い，Y₂は本件23条照会②の照会事項のうち本件預金口座②の開設者の住所につき報告義務を負うとしたが，次のように判示し，Xらの請求を棄却した。

(1) 依頼者の権利・法的利益の侵害の存否

23条照会に対する報告義務は，弁護士会に対する法的義務であるから，報告義務違反が直ちに報告により利益を受ける者（依頼者）に対する不法行為を構成するものではないが，照会を受けた者が故意・過失により報告義務に違反し，依頼者の権利・法的利益を違法に侵害し損害を与えたと評価できる事実関係が認められる場合，照会を受けた者は不法行為に基づく損害賠償責任を負うことがある。

(2) 報告拒絶に係るYらの過失の存否

銀行がいかなる要件で顧客の特定に資する情報につき報告義務を負うかについての解釈が確立しておらず，当時の銀行実務で一定の運用基準が確立していたとも認められず，顧客の同意なき限り報告をしてはならないとの考え方も有力であった。加えて，銀行が顧客の特定に資する情報を不当に報告した場合，顧客から法的責任の追及を受ける立場にあり，当該情報が開示されると顧客の法的利益が回復不可能なまでに侵害されること等を総合考慮すれば，Y₁・Y₂の報告拒絶につき，少なくとも過失がなかったというべきである。

④ **京都地判平成19年1月24日**（判タ1238号325頁）[4]

【事案の概要】

AはY司法書士（被告）を遺言執行者に指定し，その遺産をBらに遺贈する旨の遺言をし，その後死亡した。

戸籍上亡Aの子として記載されているX（原告）から各受遺者に対する遺留分減殺請求手続の委任を受けたC弁護士は，Yに対するAの遺言執行状況につ

---

[4] この判決の評釈のうち，弁護士会照会への報告拒絶に言及するものとして，齋藤憲次「判批」平成19年度主要民事判例解説（別冊判例タイムズ22号）（2008年）122頁。

いての照会を京都弁護士会に申し出，同弁護士会による照会がなされた。Yは，X・A間に実質的な親子関係はなかったのではないかと推測される等の理由を述べ，報告を拒否した。その後，京都弁護士会はYに再度報告を求める文書を送付した。これに対しYは，受遺者の承諾なく報告すれば受遺者より損害賠償請求を受ける恐れがあるため，現時点では照会に応じられない旨回答し，その後，同意が得られた受遺者に係る遺言執行状況についてのみ報告をした。

また，CはYに対し，民法1011条1項に基づく相続財産の目録の作成および交付の請求を行ったが，Yは何ら回答しなかった。

Xは，Yの報告義務違反・回答拒否が不法行為に当たるとして，慰謝料を請求した。

【判　旨】

京都地裁は，Yには弁護士会照会に対する報告義務違反，民法1011条に基づく財産目録交付義務違反があるとした上で，次のように判示し，請求を一部認容（15万円）した。

(1) Yの報告拒否に係る過失の存否

「…Yが本件23条照会を拒否したことについて，正当な事由があるとは認められないから，その報告拒否は違法の評価を免れない。かつ，少なくとも，司法書士として，また遺言執行者として当然有すべきYの法的知見」等「に照らせば，Yが…報告拒否の判断をしたことについては，少なくとも過失があるといえる。」

(2) 依頼者の権利・法的利益の侵害の存否

「…法が23条照会の主体を弁護士会としたのは，…その適正かつ慎重な運用を担保する趣旨であり，23条照会の情報を得ることにより自己の権利の実現ないし法的利益の享受を求めている実質的な主体は，申出をした弁護士であり，ひいてはその依頼者であることからすれば，相手方の違法な報告拒否が，かかる依頼者の権利ないし法的利益を侵害する場合には，依頼者に対する損害賠償義務が生じ得…。」

◆第2部◆　弁護士会照会に対する報告拒絶と民事訴訟による対処

⑤ **大阪高判平成 19 年 1 月 30 日**（判時 1962 号 78 頁，金判 1263 号 25 頁，金法 1799 号 56 頁，消費者法ニュース 71 号 109 頁）[5]

【事案の概要】

裁判例③の控訴審判決である（Xらが控訴）。

【判決要旨】

大阪高裁は，Y_1 が本件 23 条照会①に対して一旦回答を拒否したこと，Y_2 が本件 23 条照会②に対して回答しなかったことは，大阪弁護士会に対する公的義務に違反するとしたが，依頼者の権利・法的利益の侵害の存否につき次のように判示し，Xらの控訴を棄却した（調査嘱託については割愛する）。

弁護士法 23 条の 2 所定の照会に対する回答義務は，弁護士会に対する公的な義務であり，個々の弁護士や依頼者個人に対する関係での義務ではなく，同時に，個々の弁護士や依頼者がYらに対し，回答を求める権利を有するものでもない。一般的には，照会に対する回答の結果は，最終的にその弁護士側に必ず有利になるとも限らない。また，Xらが直接にYらに対し，本件 23 条照会①②に回答を求める実定法上の権利を有するとの根拠規定もなく，Yらの回答拒否によりXらの裁判を受ける権利が直ちに侵害されるともいえない。ゆえに，Yらの回答拒否は，原則的には，Xらの個々の権利を侵害せず，また，Xらの

---

[5] この判決に関する論稿として，岡本雅弘「弁護士法 23 条の 2 に基づく照会および裁判所による調査嘱託に対する回答義務」金融法務事情 1795 号（2007 年）4 頁，中原利明「振込取引における受取人情報の開示の可否」金融法務事情 1799 号（2007 年）4 頁，宮川不可止「弁護士法 23 条の 2 の照会制度—守秘義務と報告義務の関係を中心に—」金融法務事情 1801 号（2007 年）48 頁，小田垣亨「弁護士法 23 条の 2 に基づく照会，裁判所の調査嘱託への対応」銀行法務 21 676 号（2007 年）1 頁，亀井洋一「調査嘱託・弁護士法 23 条照会に対する銀行の回答義務—大阪高判平成 19・1・30—」NBL868 号（2007 年）6 頁，浅井弘章「金融機関における守秘義務と情報提供義務」銀行法務 21 737 号（2011 年）4 頁，特に 9 頁，11 頁。評釈として，中原利明「判批」金融法務事情 1812 号（2007 年）63 頁，石毛和夫「判批」銀行法務 21 674 号（2007 年）50 頁，近衞大「判批」金融・商事判例 1267 号（2007 年）11 頁，前田陽一「判批」判例タイムズ 1249 号（2007 年）51 頁，小野寺健太「判批」早稲田法学 83 巻 2 号（2008 年）121 頁，平城恭子「判批」平成 19 年度主要民事判例解説（別冊判例タイムズ 22 号）（2008 年）120 頁，本多・前掲注(3)131 頁，岩藤美智子「判批」金融・商事判例 1336 号（2010 年）32 頁。

◆ 第2章　報告拒絶を理由とする報告義務の確認の訴え・損害賠償請求の訴えに関する従来の最高裁判例・下級審裁判例

法的に保護された利益を侵害するものとはいえない。

⑥ **東京地判平成21年7月27日**（判タ1323号207頁）
【事案の概要】
　別件訴訟でX（原告）の訴訟代理人であったA弁護士は，Bに対する請求認容判決を債務名義とする動産執行の準備に際し，Bの居住地を調査する必要があるとして，Y株式会社（〔旧〕郵便事業株式会社〔現，日本郵便株式会社〕。被告）に対する，B宛の郵便物の転送届の有無，転送届の転送先等についての照会を東京弁護士会に申し出，同弁護士会による照会がなされた。Yは，郵便業務に係る信書の秘密，および，これを侵した者に対する罰則を規定する郵便法8条・80条，ならびに，照会事項が個人情報に該当することを根拠に報告を拒絶した。
　Xは，Yの報告拒絶がXとの関係で不法行為になるとして，損害賠償を請求した。

【判　旨】
　東京地裁は，Yの報告拒絶には正当な理由があるとした上で，依頼者の権利・法的利益の侵害の存否につき次のように判示し，請求を棄却した。
「…23条照会に対して報告すべき義務は，…弁護士会に対する公的義務であり，必ずしもそれを利用する個々の弁護士やその依頼者個人に対する関係での義務ではなく，個々の弁護士や依頼者がその権利として，Yに対し，報告を求める権利を有するものではない。そうであるとすれば，Yの本件照会に対する報告拒否行為は，原則としては，Xの権利を侵害するものではないし，Xの法的に保護された利益を侵害するものであるということもできない。また，…本件の事実関係に照らしても，前記報告拒否行為が，Xの権利又は法的に保護された利益を害すべき事由を見出すことはできない。」

⑦ **東京地判平成22年9月16日**（金法1924号119頁）
【事案の概要】
　Y銀行（被告）との間で総合口座取引等を行っていた亡Aを相続したX（原告）は，Yに対し，第二東京弁護士会を通じ，A名義の取引経過等を照会したが，Yは回答を拒絶した。その後，Xの代理人弁護士はYに直接回答を求めた

◆第2部◆　弁護士会照会に対する報告拒絶と民事訴訟による対処

が，Yは回答を拒絶した。

XはYを相手取り，Aの取引経過開示請求権を相続したとして，Yにおける A名義の全ての取引関係についての取引開始以後の取引経過の記録の開示等を請求し，併せて，Yが弁護士会照会や直接の開示請求に対して回答を拒否したことにつき，債務不履行または不法行為に基づき，損害賠償を請求した。

【判決要旨】

東京地裁は，預金等契約解約後5年の限度で取引経過開示義務は存続するとしたが，本件では口頭弁論終結前に解約から5年が経過したとして，取引経過開示請求を棄却した。損害賠償請求については，照会当時，Yの取引経過開示義務が存在したことを前提として，弁護士会照会に対する報告拒絶も報告義務違反に当たるとした上で，依頼者の権利・法的利益の侵害の存否につき次のように判示し，請求を一部認容（弁護士会照会費用のうち照会手数料・照会郵券代，精神的損害の一部，弁護士報酬の一部。計6万円余）した。

照会の主体が弁護士会とされるのは，制度の適正かつ慎重な運用を担保する趣旨によるものであり，同制度が受任事件についての事実の調査・証拠の収集を容易にし弁護士が職務を円滑に遂行しうるようにすることを目的とする以上，照会への回答に実質的な利害関係を有するのは，申立てをした弁護士，ひいてはその依頼者である。ゆえに，回答拒否が依頼者の権利・法的利益を侵害する場合，依頼者に対する不法行為責任を生じうる。

⑧ **東京高判平成22年9月29日**（判時2105号11頁，判タ1356号227頁，金法1936号106頁）[6]

【事案の概要】

裁判例⑥の控訴審判決である（Xが控訴）。

【判決要旨】

東京高裁は，Yは照会事項のうち転送届の有無，提出年月日，転送先につき報告義務を負うとしたが，依頼者の権利・法的利益の侵害の存否につき次のように判示し，控訴を棄却した。

本件で，Yの報告拒絶により，東京弁護士会がその権限の適正な行使を阻害

---

[6] この判決の評釈として，丸山昌一「判批」NBL957号（2011年）126頁。

◆ 第2章　報告拒絶を理由とする報告義務の確認の訴え・損害賠償請求の訴えに関する従来の最高裁判例・下級審裁判例

されている。しかし，23条照会の権利・利益の主体は，弁護士法23条の2の構造上，弁護士会に属し，個々の弁護士およびその依頼者は，その反射的利益としてこれを享受することがあるというべきである。以上によれば，Yが本件照会事項①ないし③の報告を拒絶したことは，報告義務違反に当たり，過失があるが，Xに対する不法行為を構成しない。

⑨ **岐阜地判平成23年2月10日**（金法1988号145頁参照）

【事案の概要】

X_1（原告）の妻Aは，帝王切開手術中に高次医療機関への救急搬送を要する状態となり，岐阜中消防署（東南分署）の救急車がAを搬送し，B大学医学部付属病院に到着したが，Aはその1時間余後に死亡した。

X_1の委任を受けたX_2弁護士（原告）は，医療過誤訴訟提起の際の方針を判断するため，C（岐阜中消防署長）に対する，亡Aの搬送に係る救急活動内容に関する照会を愛知県弁護士会に申し出，照会がなされた。Cは照会事項の一部につき回答したが，その余の事項につき個人に関する情報であることを理由に回答を拒否した。なお，同じ頃，CはX_1に対し，岐阜市個人情報保護条例に基づく情報開示制度の存在を教示した。その後，愛知県弁護士会長はCに対し，本件照会の必要性・相当性等につき説明し，不回答とされた事項につき回答を求める通知書を送付したが，Cは同事項につき再度不回答とした。

XらはY市（岐阜市。被告）に対し，Cの回答拒否が違法であることの確認（行政事件訴訟法4条・39条），Cに対する回答の義務付け（同3条6項2号・37条の3），および，国家賠償法1条1項に基づく損害賠償を求めた。

【判決要旨】

岐阜地裁は，回答拒否の違法確認の訴え，回答の義務付けの訴えを不適法であるとして却下したが，Cによる回答拒否には正当な理由はないとした上で，次のように判示し，Xらの損害賠償請求を全部認容した。回答拒否の違法確認の訴え，および，損害賠償請求に関する判示は次の通りである。

(1) 回答拒否の違法確認の訴えの適法性

「…弁護士照会制度は，弁護士会が，所属弁護士による申出に基づき，公務所又は公私の団体に照会して必要な事項の報告を求めることができる制度として

◆第2部◆　弁護士会照会に対する報告拒絶と民事訴訟による対処

規定されており…，公務所ないし公的団体のみならず，私的団体をも照会の相手方とすることができるものであるから，公務所ないし公的団体に対して弁護士照会がされた場合であっても，照会者（又は照会申出者）と被照会者とが公法上の法律関係に立つと認めることはできない。したがって，照会者（又は照会申出者）と被照会者との関係は」，行政事件訴訟「法4条にいう『公法上の法律関係』」には該当しないから，本件回答拒否が違法であることの確認の訴えは，不適法である。

なお，念のため，本件回答拒否…が違法であることの確認の訴えが民事訴訟として適法であるかどうか検討するに，このような訴えによることは，本件回答拒否が違法であることを理由とする国家賠償法1条1項に基づく損害賠償請求によること以上に，紛争解決にとって有効ないし適切であるということはできないから，同確認の訴えは，民事訴訟としても確認の利益がなく，不適法である。」

(2) 弁護士・依頼者の権利・法的利益の侵害の存否

弁護士法23条の2がその照会の主体を弁護士会としたのは，所属弁護士による照会の必要性，相当性の判断を，弁護士会の自律的判断に委ねることで，弁護士照会制度の適正・慎重な運用を担保する趣旨であり，同制度で情報を得ることにより自己の権利の実現ないし法的利益を享受する実質的な主体は，申出をした弁護士およびその依頼者である。

ゆえに，弁護士照会の被照会者が回答・報告を正当な理由なく怠り，申出弁護士の業務遂行の利益や，依頼者の裁判を受ける権利ないし司法手続により紛争を解決する利益が侵害されたと評価しうる場合，被照会者はこれにつき損害賠償責任を負うことがありうる。

(3) 因果関係，Xらの法的利益の侵害，Cの過失

Xらが，照会事項に係る情報を取得することができなかったことと，本件回答拒否との間には，因果関係がある。

Xらが取得しようとした情報は，Aの死亡原因につき損害賠償責任を追及する民事訴訟の提起に際し，適切な相手方の選別，選別した相手方の責任原因の特定のため不可欠であるほか，本件照会以外の方法により取得することが困難であった。ゆえに，本件回答拒否により，X1の司法制度による紛争解決を適

◆ 第2章　報告拒絶を理由とする報告義務の確認の訴え・損害賠償請求の訴えに関する従来の最高裁判例・下級審裁判例

切に実現する利益ないしX₂の依頼者のために事務処理を円滑に遂行する利益が妨げられている。

　以上を総合すれば，本件回答拒否は，公権力の行使によって「違法に他人に損害を加えた」（国家賠償法1条1項）場合にあたる。また，Cの公的機関としての位置付け，愛知県弁護士会長が再度の回答依頼の通知書により本件拒否回答の不当性を説明したこと等からすれば，Cには，本件回答拒否がXらの法律上保護される利益を侵害することにつき，少なくとも認識可能性があったと認めるのが相当であり，過失がある。

⑩　**名古屋高判平成23年7月8日**（金法1988号135頁）
【事案の概要】
　裁判例⑨の控訴審判決である（Xらが控訴，Yが附帯控訴）。
【判決要旨】
　名古屋高裁は，原判決のうち回答拒否の違法確認の訴えを却下した部分に対するXらの控訴につき，原判決をほぼ引用し控訴を棄却した。また，回答の義務付けの訴えを却下した部分に対するXらの控訴も棄却されたが，Xらの損害賠償請求を認容した部分に対するYの附帯控訴については，X₂の損害賠償請求につき，主張されている損害が回答拒否に係る損害と認めることができないとして，X₂の請求を全部認容した原判決を取り消し，これを棄却すべきものとした（X₁に対する附帯控訴は棄却）。

⑪　**東京高判平成23年8月3日**（金法1935号118頁）[7]
【事案の概要】
　裁判例⑦の控訴審判決である（X・Y双方が控訴）。
【判　旨】
　東京高裁は，仮に銀行が信義則上，預金契約終了後，契約期間中の取引経過の開示に応じるべき義務を負う場合があるとしても，Xによる開示請求は権利の濫用に当たるとして，この点に係るXの控訴を棄却した。他方，損害賠償請

---

(7) この判決に関する論稿・評釈のうち，弁護士会照会に対する報告拒絶につき言及するものとして，黒田直行「判批」JA金融法務490号（2012年）48頁，亀井洋一「金融取引の相続に関する最近の判例動向」銀行法務21 773号（2014年）17頁，特に20頁。

◆第 2 部◆　弁護士会照会に対する報告拒絶と民事訴訟による対処

求については，次のように判示し，Yの控訴を容れ，Xの請求を一部認容した原判決を取り消し，請求を棄却した。

「…弁護士会照会制度は，その照会を受けた相手方が，正当な理由がない限り，報告を行う義務を負うことを，その内容に含む制度というべきである。

しかし，相手方が負う義務は，飽くまで…公的な制度上の義務であり，照会を受けた相手方が，当該照会に係る事件当事者に対する関係で，私法上，報告を行うべき義務を負うものではない。そして，私法上の観点からは，Xが，Yに対し，亡Aに係る取引経過の開示を求める権利を有するとは認められない…。

そうすると，本件開示拒否は，債務不履行には当たらず，それが，Xの権利又は法律上保護された利益を侵害したということもできず，不法行為にも当たらない…。」

⑫　**東京地判平成 24 年 11 月 26 日**（判タ 1388 号 122 頁，金判 1414 号 31 頁，金法 1964 号 108 頁）(8)

【事案の概要】

X（原告）はA株式会社に対する債務名義（執行証書）に基づき，Y銀行（被告）とC銀行のAの預金に対する債権差押えをしたが，Yには預金残高がなく，Cの預金残高も 1 万円余であった。

また，XはBに対する債務名義（AのBに対する貸付債権のうち差し押さえた部分についての取立訴訟の仮執行宣言付判決）に基づき，Y，D銀行，E銀行のBの預金に対する債権差押えをしたが，いずれも預金がなかったため，申立てを取り下げた。

Xから受任したF弁護士は，強制執行・詐害行為取消訴訟等の措置を講ずるため，Yに対する照会を東京弁護士会に申し出た。同弁護士会はYに対し，B名義の預金口座の有無，口座がある場合の支店，口座番号，各口座毎の預金残

---

(8)　この判決に関する論稿として，渡邉迅＝三崎拓生「弁護士会照会の報告拒否に対する法的救済措置―東京地判平成 24・11・26 を題材として―」NBL996 号（2013 年）36 頁，伊藤眞「民事訴訟の目的再考―完結したミクロ・コスモスにならないために―」新堂幸司監修／高橋宏志＝加藤新太郎編『実務民事訴訟講座（第 3 期）第 1 巻』（日本評論社，2014 年）50-56 頁。評釈として，黒田直行「判批」JA 金融法務 506 号（2013 年）48 頁。

高等についての照会（本件照会1），A名義の預金口座の有無，口座がある場合の支店，口座番号，各口座毎の預金残高等，各口座から第三者に対する送金の有無および送金先等についての照会（本件照会2）をしたが，Yは顧客の同意が確認できないこと等を理由に報告を拒絶した。

XはYに対し，Yが本件各照会につき東京弁護士会に対し報告する義務があることの確認を求め，併せて，Yの報告拒絶が不法行為に当たるとして，慰謝料を請求した。

【判決要旨】

東京地裁は，Yの本件各照会に対する報告義務を認めた上で，次のように判示し，報告義務の確認の利益を認め確認請求を認容したが，慰謝料請求は棄却した。

(1) 報告義務の確認の利益

「Yは，本件各照会の照会事項につき，公法上の義務として東京弁護士会に対し，照会事項の報告義務を負っている。そして，Yがこの義務に反して報告しないことの直接の結果として，XはA及びBに対する強制執行による権利の実現が妨げられている。したがって，Xは，Yが公法上の義務を履行しないことによって債務名義による債務者に対する権利の実現が妨げられているのであるから，Yによる権利実現の妨害を排除して権利救済を受けるため，Yに対し，照会事項につき東京弁護士会に対する報告義務が存することの確認を求めることができると解するのが相当である。

本件各照会に対する報告がないためXが強制執行のために必要な情報を得ることができないことは，国民の権利救済の観点から見過ごすことができないXに対する重大な権利侵害につながるものであると評価することができ，照会事項の報告を受けることは，Xの実効的な権利救済の実現のために不可欠である。弁護士会照会の照会事項の報告が，国民の実効的な権利救済の実現のために不可欠であり，照会を受けた者が報告をしないことに正当な理由がなく，弁護士会に対する報告義務を負うと解される場合においては，照会を受けた者が照会事項について報告しないときは，弁護士会に照会を申し出た弁護士に対して当該照会事項に係る法律事務の委任をしていた当事者は，弁護士会照会制度によって保護されるべき権利の救済を求めるため，公法上の法律関係に関する確

◆第2部◆　弁護士会照会に対する報告拒絶と民事訴訟による対処

認の訴え（行政事件訴訟法4条）として，照会を受けた者を被告として，弁護士会に対する報告義務の確認を求めることができると解される。

　国民の実効的な権利救済を図るべき司法制度の機能からみて，このような場合に報告義務の存否について判決をもって法律関係を確定することが，その法律関係に関する法律上の紛争を解決し，当事者の法律上の地位の不安，危険を除去するために必要かつ適切である場合であることは明らかであり，確認の利益が認められることは当然である。」

(2)　Yの報告拒絶に係る過失の存否

①金融機関が弁護士会照会に対し報告義務を負うか等の弁護士会照会と金融機関の秘密保持義務との関係につき直接判断した最高裁判例はなく，確立した銀行実務上の運用基準も存在しないこと，②銀行が顧客の同意なき限り報告してはならないとの考え方もあること，③銀行が顧客に関する情報を不当に報告した場合，顧客から法的責任の追及を受ける立場にあり，情報が開示されると顧客の法的利益が回復不可能なまでに侵害されることなどの事情を勘案すれば，Yの対応が報告義務に違反し違法であると評価できても，違法性を認識できなかったYの判断に故意・過失があるとまではいえない。

⑬　名古屋地判平成25年2月8日（金法1975号117頁，金判1430号29頁参照）

【事案の概要】

　A株式会社は「Aカントリークラブ」（本件クラブ）のゴルフ場を経営していた。BはX弁護士（原告）を訴訟代理人として，Aに対し資格保証金（本件保証金）の返還を求める訴訟を提起し，請求を全部認容する仮執行宣言付判決（別件判決）がなされた。

　Xは，Bから債権差押命令申立事件の委任を受けた弁護士として，グループ会社とともに「Cカード」という名称（ブランド）のクレジットカードを発行するY株式会社（被告）に対する弁護士会照会を愛知県弁護士会に申し出，同弁護士会はYに対する照会をした（本件照会）。本件照会を求める理由は，BのAに対する別件判決に基づく請求権の回収のため，Aがクレジット会社と締結した加盟店契約に基づきクレジット会社に対して有する請求権につき債権執

行をする際に，Aが加盟店契約を締結しているクレジット会社を特定するためであった。本件照会の照会事項は，（ア）本件クラブと加盟店契約をしているのは，YかあるいはCカードグループの会社か，Cカードグループの会社であれば，その会社の商号と所在地，（イ）本件クラブと加盟店契約を，YまたはCカードグループとしている，相手方当事者たる法人の商号と所在地，また，上記加盟店契約の契約締結日が分かるのであれば，契約締結日であった（本件照会事項）。本件照会に対し，Yは顧客との守秘義務を根拠に報告を拒否し，Xが「警告書」により再考を求めても回答を拒否した。

その後Xは，探偵業を営むD株式会社に，「Aシージー」の加盟法人名，加盟契約しているクレジット会社の解明を依頼したところ，DはXに対し，AはCカードの取扱につきE株式会社と加盟店契約をしている模様であること，Aのゴルフ会員権につき，グループ会社であるF株式会社が窓口の模様であること等を報告した。なお，本件はその後，BのA・Fに対する詐害行為取消訴訟の提起等を経て，AがBに対し解決金850万円の支払義務を認め，その支払いに代え同額の小切手を交付した等の内容の訴訟上の和解で終了した。

XはYを相手取り，本件照会に対するYの報告拒絶が不法行為に当たるとして，損害賠償を請求した。これに対し，Yは，Fとの間の加盟店契約に基づく守秘義務を負うため，報告拒絶には正当な事由がある旨等を主張した。

【判決要旨】

名古屋地裁は，Yが守秘義務を理由に報告義務を免れることはできないとしたが，次のように判示し，請求を棄却した。

（1）Xの被侵害利益の存否

弁護士会照会の制度では，個々の弁護士は照会申出権があるにとどまり，照会は，弁護士会が弁護士からの申出を適当と認めた場合に限り行われる。ゆえに，弁護士法23条の2が，個々の弁護士に対し情報収集権を付与したものとはいえない。

しかし，弁護士業務が基本的人権の擁護と社会正義の実現という公共的性格を有し，法律事務を取り扱うことができる法律専門家であること（弁護士法3条1項，72条），弁護士が受任事件の処理に必要な業務を適正に遂行するため，事実の調査，証拠の収集等が重要であることに照らせば，弁護士は受任事件の

処理に必要な調査等を行う利益を有し，これを「営業権」というかはともかく，少なくとも法律上保護される利益に当たる。

(2) Ｙの報告拒絶に係る不法行為法上の違法性

弁護士会照会の報告義務は，照会を申し出た弁護士やその依頼者に対する義務ではなく，弁護士会に対する公的な義務である。そうすると，報告義務違反が直ちに不法行為法上違法であるとは評価されない。しかし，弁護士会照会は依頼者から事件を受任した弁護士の申出により行われ，弁護士の営業上の利益に関係する点に鑑みると，被侵害利益の要保護性，被侵害利益の侵害の程度やその態様，Ｙの負担や報告により予想される不利益の程度等の事情の如何によっては，被照会者が不法行為法上も報告義務を負い，報告拒否が権利や法律上保護される利益を侵害するものとして違法と評価される場合もある。

本件の事情を検討すると，まず，弁護士が受任事件の処理に必要な調査等を行う利益は不法行為法上保護される利益であるが，Ｘの法的利益の要保護性が他の権利，法律上保護されるべき利益に比して特に高いとはいえない。

次に，本件照会はＢの債権回収にとり唯一の方法とは認められない。また，ＹやＥと加盟店契約を締結していたのはＦであったため，Ｘとしては，本件照会に対する報告を受けたとしてもさらなる調査は避けられなかった。ゆえに，Ｙの報告拒絶によりＸやＢが大きな不利益を受けたとはいえない。

また，Ｙが報告拒絶によりＢの債権回収やＸの営業に支障が生じることを認識し，または認識しえたとはいえない。

他方，本件照会に対する報告によりＹに生じる負担や不利益が大きいとはいえない。

以上の事情を総合すると，Ｙが本件照会事項につき不法行為法上も報告義務を負い，報告拒絶がＸの法律上保護される利益を侵害したとはいえない。

⑭ **福岡地判平成 25 年 4 月 9 日**（判時 2258 号 61 頁参照，金判 1440 号 47 頁参照，金法 1995 号 118 頁参照）

【事案の概要】

X_1（原告）は，X_2 弁護士（原告）を訴訟代理人として，夫Ａに対し離婚および慰謝料の支払いを求める訴えを福岡家庭裁判所に提起した（本件訴訟）。X_2

は福岡県弁護士会（本件弁護士会）に対し，訴状の送達先の調査のため，Aを現在使用している船舶所有者の住所・氏名等の事項（本件事項）につき，Y協会（全国健康保険協会。被告）船員保険部を照会先とする弁護士会照会を申し出，同弁護士会は本件事項につきYに照会した（第一次照会。なお，その前に福岡家裁が本件事項につきYに調査を嘱託したところ，Yが回答を拒絶しているが，以下，調査嘱託については割愛する）。これに対しYは，本人の同意書がない限り提供を行っていない旨を回答し，本人の同意がない場合でも，他に当該調査を行う方法がないこと等の要件を満たしていれば，個人情報の保護に関する法律（個人情報保護法）23条1項4号により本人の同意を要しないとして，上記条件に該当することが分かる証拠書の提出を求めた。本件訴訟ではその後，Xらと偶然帰郷していたAが出頭し，X_1とAとの間に，両者が離婚すること，AがX_1に対し解決金の支払義務があることを認め，これを毎月末日限りで分割して支払うこと等を内容とする裁判上の和解が成立した。

　その後，AはX_1に対する解決金の支払いを怠ったため，X_2は本件弁護士会に対し，Aの給与債権の差押命令の申立てに当たりAの就業先を把握するため，本件事項につきY船員保険部を照会先とする弁護士会照会を申し出，同弁護士会はYに対し本件事項につき照会した（第二次照会。第一次照会と併せて「本件各照会」という）。これに対しYは，第一次照会に対するのとほぼ同様の理由を挙げ，照会に応じられない旨を回答した。

　X_1は，Yの報告拒絶等により，裁判を受ける権利，照会等により回答を得る利益が侵害されたとして，不法行為に基づく損害賠償を請求した。X_2は，弁護士法23条の2に基づき個々の弁護士が弁護士会に対して有する情報収集権が侵害されたとして，不法行為に基づく損害賠償を請求し，予備的に，Yは本件弁護士会の報告請求権を侵害したため，本件弁護士会との関係で不法行為が成立し，弁護士会照会の実効性確保等のため，X_2は本件弁護士会に対する情報収集権を被保全権利として，本件弁護士会がYに対して有する損害賠償請求権を代位行使できるとして，本件弁護士会に代位して損害賠償を請求した。

【判決要旨】

　福岡地裁は，Yは本件各照会に応じる公法上の義務に違反したものといわざるを得ないとして，次のように判示し，X_1の請求を一部認容（慰謝料1万円，

弁護士費用2000円）したが，X2の請求を棄却した（X2の代位請求については，原告適格を欠くとして訴えが却下されているが，この点に係る判示は割愛する）。

(1) 依頼者の権利・法的利益の侵害の存否

弁護士法23条の2第2項は，23条照会をする権限を弁護士会に与え，照会申出をした弁護士の依頼者（当事者）は照会を受けた者に対し，報告を求める権利・利益を有しない。そうすると，当事者は報告による反射的利益を享受できるにすぎず，当事者が回答を得る利益が法律上保護されるとはいえない。ゆえに，Yの行為がX_1の照会により回答を得る利益を侵害するものとして違法であるとはいえない。

また，23条照会を受けた者の報告義務違反により，訴訟事件での当事者の主張立証や審理に支障が生じても，直ちに裁判所の判断を求めることができなくなるものではないうえ，本件訴訟ではAが出頭し，X_1とAとの間に裁判上の和解が成立したから，Yの第一次照会に対する報告拒絶により，X_1が裁判を受ける権利を侵害されたとはいえない。

しかし，Yの第二次照会に対する報告拒絶により，X_1はAの就業先を把握できず，事実上，Aの給与債権の差押命令の申立てをできない状態となっている。そうすると，債務名義により行われる強制執行で自己の権利を実現する利益は法律上保護されるものというべきであり，Yの報告拒絶により，X_1の法律上保護される利益が侵害されている。

また，Yが個人情報保護法の誤った解釈により報告を拒絶したこと，X_1の債務名義上の権利が実現されなければ債務名義を取得した意味が失われることも考慮すると，Yの上記行為は違法である。

(2) Yの報告拒絶に係る過失の存否

Yは，23条照会への報告は個人情報保護法23条1項1号所定の「法令に基づく場合」に当たる旨をX_2から教示されたこと，第二次照会の申出書には，Aの就業先に対する給与債権の差押えのために照会を申し出る旨が明記され，Yの報告拒絶によりX_1の権利を実現できないことを容易に予見できたといえることから，Yに過失が認められる。

(3) 弁護士の権利・法的利益の侵害の存否

弁護士法23条の2第2項は，23条照会をする権限を弁護士会に与え，弁護

士は所属弁護士会の権限の発動を促すことができるにとどまり（同法 23 条の 2 第 1 項），同法が弁護士の所属弁護士会に対する情報収集権を保障するとは解されない。そうすると，弁護士は当事者の訴訟代理人として，報告による反射的利益を享受できるにすぎず，弁護士が照会により回答を得る利益および弁護士の所属弁護士会に対する情報収集権が法律上保護されるとはいえない。ゆえに，Yの行為がX2の照会により回答を得る利益，本件弁護士会に対する情報収集権を侵害するものとして違法であるとはいえない。

⑮ **東京高判平成 25 年 4 月 11 日**（金判 1416 号 26 頁，金法 1988 号 114 頁）[9]
【事案の概要】
裁判例⑫の控訴審判決である（Yが控訴，Xが附帯控訴）。
【判決要旨】
東京高裁は，次のように判示し，原判決のうち報告義務の確認請求を認容した部分に対するYの控訴を容れ，確認の利益を否定し原判決を取り消して訴えを却下し，また，慰謝料請求を棄却した部分に対するXの附帯控訴を棄却した。なお，この判決では，Yの本件各照会に対する報告義務の存否は判断されていない。
（1）報告義務の確認の利益
「…23 条照会制度は，…照会をする主体は弁護士会であり，その相手方は公務所又は公私の団体であるから，これに基づく法律関係は弁護士会とその相手方の団体との間に係るものであり，したがって，本件においてYが本件各照会に対して回答すべき義務を負うとしても，当該義務はYが東京弁護士会に対して負う一般公法上の義務にすぎず，Xに対して直接義務を負うものではない。そ

---

[9] この判決に関する論稿として，伊藤眞ほか「（座談会）民事訴訟手続における裁判実務の動向と検討（第 5 回）」判例タイムズ 1397 号（2014 年）45-46 頁［松下淳一発言］，49-51 頁［伊藤ほか発言］，伊藤・前掲注(8)50-56 頁，田原洋介「弁護士会照会への対応と法的責任」銀行法務 21 782 号（2015 年）25 頁。評釈として，石毛和夫「判批」銀行法務 21 760 号（2013 年）56 頁，藤田広美「判批」事業再生と債権管理 142 号（2013 年）121 頁，黒田直行「判批」JA 金融法務 524 号（2014 年）44 頁，今津綾子「判批」私法判例リマークス 50 号（2015 年）122 頁，村上正子「判批」新・判例解説 Watch17 号（2015 年）173 頁。

◆第2部◆　弁護士会照会に対する報告拒絶と民事訴訟による対処

うすると，本件各照会に対してＹが回答することによる利益は，Ｘにとっては反射的利益にすぎないのであるから，Ｙが回答をしないことについて，Ｘの権利又は法律関係について危険や不安が現に存在するとはいえない。

…Ｘは，本件各照会に実質的な利害関係を有するのは申出をした弁護士，ひいてはその依頼者であると主張するけれども，そもそも法律関係の当事者でなく，事実上の利害関係にすぎない者が他人間の法律関係について即時確定を求める利益を有するということはできない。また，仮に，ＸにおいてＹが本件各照会に回答しなかったことにより自己の権利等について危険又は不安が生じたというのであれば，その除去のためには，本件確認の訴えによるよりも，本件回答拒否が違法であることを理由とする民法709条に基づく損害賠償請求等による方がより有効かつ適切である。

以上によれば，本件各照会に対する回答義務の確認を求める訴えは，確認の利益がなく不適法というべきである。

なお，本件確認の訴えは，私人であるＸが私人であるＹに対して回答義務を負うことの確認を求めるものであり，かつ，Ｙが本件各照会に対して回答をしなかった行為を公権力の行使に当たる行為とすることはできないから，行政事件訴訟法4条にいう『公法上の法律関係に関する確認の訴え』とみる余地はない。」

(2) 依頼者の権利・法的利益の侵害の存否

23条照会の「制度の趣旨及び照会手続の構造に徴し，かつ，先に2項において判示した諸点（※筆者注：報告義務の確認の利益に関する点）をも併せ考慮すると，23条照会の権限は，あくまで弁護士会にのみあるのであって，弁護士及びその依頼者は，個々の照会先に対し，回答を求める権利を有しないことはもとより，回答を求めることにつき法律上の利益を有していると認めることはできない。

そうすると，仮にＹが23条照会に対して回答すべき義務を負うとしても，その義務はあくまで弁護士の職務の公共性に鑑み認められた弁護士会に対する公的義務であるから，Ｙが上記義務に違反して本件各照会に対して回答を拒否したとしても，Ｘの個別具体的な権利を侵害するものとは認められず，また，Ｘの法律上の利益を侵害するものともいえないので，民法709条の不法行為の

要件である違法な行為が認められない。」

(3) Yの報告拒否に係る故意・過失の存否

　金融機関が23条照会に対して法的な報告義務を負うかについて金融機関の秘密保持義務との関係から直接判断した最高裁判例はなく，確立した銀行実務上の運用基準も存在しないこと，顧客の同意が得られない限り報告してはならないとする見解もあり，これを一概に不合理なものとして排斥できないこと，銀行が顧客に関する情報を不当に報告した場合，秘密保持義務違反を理由に顧客から法的責任の追及を受ける立場にある上，これによって当該情報に係る顧客の法的利益が回復不可能なまでに侵害されることなどの事情を総合考慮すれば，本件各照会に対して報告できない旨の回答をし，その後現在に至るまで報告を拒否していることにつき，Yに故意又は過失があるとはいえない。

⑯ **名古屋高判平成25年7月19日**（金判1430号25頁）[10]

【事案の概要】

　裁判例⑬の控訴審判決である（Xが控訴）。

【判決要旨】

　名古屋高裁は，原判決を引用しYの報告義務を認めたが，次のように判示し，控訴を棄却した。

　弁護士法23条の2に基づく情報収集権の存在は認められないとする点につき原判決を引用するが，弁護士が受任事件の処理に必要な事実の調査，証拠の収集を行うことは，法律専門職である弁護士としての職責に属するから，それを弁護士の「営業権」に基づくものと呼ぶか否かはともかく，法的に保護された利益に当たり，それが違法に侵害され損害を被った場合，不法行為法上の救済の対象となるというべきであるとする。しかし，Yの報告拒否に係る不法行為法上の違法性につき次のように述べ，Yの報告拒否はXに対する不法行為を構成しないとする。

　弁護士照会制度における当事者は，弁護士会と照会を受けた公務所または公

---

(10) この判決に関する論稿として，中川秀宣＝今枝丈宣「弁護士会照会に対する報告の拒絶と不法行為の成否」金融法務事情1992号（2014年）56頁，田原・前掲注(9)25-27頁。評釈として，石毛和夫・銀行法務21 769号（2014年）69頁。

私の団体（照会先団体）であり，照会先団体が報告義務を負うのは弁護士会に対してであり，当該照会申出をした弁護士は，照会先団体が弁護士会に報告をした場合に弁護士会にその内容の開示を請求できるにすぎない。

このような弁護士照会制度の構造から，照会申出をした弁護士は同制度の運用による反射的な利益を享受する立場にあるにすぎず，照会先団体に対し報告を請求できる法的な権利を有しないし，照会先団体が照会申出をした弁護士に対し報告義務を負うこともない。

そうすると，照会先団体が，正当な理由がなく報告義務を不履行にしても，そのことは，当該照会申出をした弁護士との関係で，当該弁護士が有する受任事件の処理に必要な事実の調査，証拠の収集を行う法的利益を違法に侵害することにはならない。ゆえに，本件照会に対し，Yが正当な理由なく報告義務を不履行にしたことをもって，Xが弁護士として有する事実調査，証拠収集を行う法的利益を違法に侵害したものとはいえない。

⑰ **福岡高判平成25年9月10日**（判時2258号58頁，金判1440号39頁，金法1995号114頁）[11]

【事案の概要】

裁判例⑭の控訴審判決である（Yが控訴，X₁が附帯控訴）。

【判　旨】

福岡高裁は，原判決をおおむね引用しYの報告義務を認めたが，次のように判示し，原判決中X₁の損害賠償請求を認容した部分に対するYの控訴を容れ，原判決を取り消し，請求を棄却し，また，X₁の附帯控訴を棄却した。

「…弁護士法23条の2第2項は，23条照会をする権限を弁護士会に与えており，…23条照会の申出をした弁護士の依頼者」（当事者）「が…23条照会を受けた者に対して…報告を求める権利又は利益を有すると解すべき法律上の根拠はない。」

「…23条照会は，…正確な事実に基づく適切妥当な法律事務がなされることを

---

[11] この判決の評釈として，村上・前掲注(9)173頁，本多知成「判批」金融法務事情2031号（2015年）40頁，渡辺森児「判批」法学研究（慶應義塾大学）90巻2号（2017年）107頁。

目的とする公的な制度であり，当事者がこれ…により情報を得ることによる利益は，上記目的に収れんされ，あるいは上記目的が履行されることにより得られる反射的利益であり，当事者固有の利益ではないと解するのが相当である。

すると，…23条照会を受けた者がこれに応じる公法上の義務に違反したために当事者が上記反射的利益を享受することができなかったとしても，当事者の権利又は法律上保護される利益が侵害されたものということはできない。」

⑱ **名古屋地判平成25年10月25日**（金判1443号46頁，金法1995号127頁，判時2256号23頁参照）[12]

【事案の概要】

X_1（原告）は，Aらを被告とする損害賠償請求訴訟（別件訴訟）を提起し，X_1とAとの間で裁判上の和解が成立したが，Aは前記和解における損害賠償債務の支払期限までにその支払をしなかった。

別件訴訟でX_1の訴訟代理人であったB弁護士は，前記和解に基づく動産執行等の強制執行手続をとるに当たり，Aが住民票上の住所に居住しておらず，Aの住居所が判明していることが必要となるとして，Y株式会社〔〔旧〕郵便事業株式会社〔現，日本郵便株式会社〕。被告）に対する，A宛の郵便物についての「転居届」の提出の有無（照会事項（ア）），「転居届」の届出年月日（照会事項（イ）），「転居届」記載の新住所（居所）（照会事項（ウ）），「転居届」記載の新住所（居所）の電話番号（照会事項（エ））についての弁護士会照会をX_2弁護士会（愛知県弁護士会。原告）に申し出，X_2はYに対する照会をした（本件照会）。これに対しYは，本件照会には応じかねる旨の回答をした。

X_2は，Yの回答に対する協議をし，本件照会に対する回答拒否には正当な理由はない旨，他に代替手段もなく，本件照会が必要不可欠である旨等を記載した通知書（本件通知書）をYに送付し，本件照会への回答を求めた。これに対しYは，本件照会には応じかねる旨を回答した。

---

(12) この判決に関する論稿として，田原・前掲注(9)27-28頁，小野浩奈ほか「個人情報保護をめぐる最近の判例」専門実務研究（横浜弁護士会）9号（2015年）48-51頁〔小野〕。評釈として，山口斉昭「判批」現代民事判例研究会編『民事判例Ⅹ―2014年後期―』（日本評論社，2015年）102頁。

◆第2部◆　弁護士会照会に対する報告拒絶と民事訴訟による対処

　XらはYを相手取り，報告拒絶がXらに対する不法行為を構成するとして，損害賠償を請求した。
【判決要旨】
　名古屋地裁は，本件照会事項(ア)-(エ)の全てにつき，Yの報告拒絶は正当な理由を欠くとしたが，Yの報告拒絶に係る過失の存否につき次のように判示し，Xらの請求を棄却した。
　Yは「信書の秘密」（郵便法8条1項），「郵便物に関して知り得た他人の秘密」（郵便法8条2項）につき守秘義務を負い，「信書の秘密」を侵した場合，罰則が科される。そして，本件照会事項についての報告が「信書の秘密」に関わるものか否かは，報告拒絶の正当な理由の判断に影響するが，「信書の秘密」の対象範囲を直接に判断した最高裁判例は存しない。加えて，「郵便物に関して知り得た他人の秘密」を侵したにすぎない場合でも，Yは守秘義務違反を理由に利用者から法的責任の追及を受ける立場にある。
　Yの守秘義務と報告義務のいずれが優越するかについての判断は，弁護士法や郵便法等の関連諸規定の趣旨を踏まえた解釈を前提とし，各照会事項ごとに情報の秘匿性の程度や報告を受ける必要性の程度等を踏まえた利益衡量に基づく微妙な判断となるから，その判断が事後的に誤りとされたからといって，直ちに過失があるとすることは相当でない。
　Yが本件照会事項あるいは転居届の情報に関する23条照会に対して報告を拒絶することに正当な理由が認められるかにつき，Yの守秘義務との関係から判断した最高裁判例はなく，かえって，漫然と23条照会に応じた相手方の損害賠償責任を認めた昭和56年判例（最〔三小〕判昭和56年4月14日〔民集35巻3号620頁。第3部第2章で紹介する判例③〕）がある。同判例の事案での照会事項は前科・犯罪経歴であり，本件と事情が異なるが，上記事案の照会事項に比して本件照会事項がどの程度の秘匿性を有するのかにつき判断した最高裁判例もない。
　Xらは，東京高裁判決（東京高判平成22年9月29日〔本章の裁判例⑧〕）の判決理由中の説示を援用し，Yの過失の根拠とするが，同判決は上告審の判断を経ていないこと等に照らしても，Yが同判決の説示に従わないときに直ちに過失が認められるとまではいえない。

本件の事実関係を見ても、Yに送付された本件申出書・本件照会書・本件通知書は、本件の個別具体的な事情を明らかにするものではなかった。

以上の事情を総合勘案すれば、本件でYが本件照会に対して報告できない旨の回答をしたことには相応の事情があり、Yに過失があるとまではいえない。

⑲ 東京地判平成26年7月22日（金判1452号50頁①事件）
⑳ 東京地判平成26年8月7日（金判1452号50頁②事件）
【事案の概要】
（※両裁判例の事案は、照会申出弁護士・照会先〔被告〕が共通し、事案の概要もおおむね共通するため、まとめて記す）

X₁（裁判例⑲原告）は、A弁護士を訴訟代理人として、Bほか2名を被告とする損害賠償請求訴訟（別件訴訟）で請求を認容する判決を得て、同判決は確定した。しかし、Bらは前記請求に係る支払をしなかった。

X₂（裁判例⑳原告）は、Aを訴訟代理人として、C・D（別件訴訟相手方ら）に対し損害賠償請求訴訟を提起し、別件訴訟相手方らに対する請求認容判決を得て、同判決は確定した。しかし、別件訴訟相手方らはX₂に対する損害賠償金の支払をしなかった。

Aは、Bら・別件訴訟相手方らの勤務先を把握して給与等の差押えを行い、また、ローン等の利用状況からBら・別件訴訟相手方らの生活状況を把握し、利用ローン会社に対し引き落とし口座等を照会して預金等の差押えを行うための情報を得るために、Y（一般社団法人全国銀行協会。裁判例⑲⑳被告）が設置・運営する信用情報機関である全国銀行個人信用情報センター（センター）に対する、Bら・別件訴訟相手方らそれぞれについての登録情報（本人による登録情報開示申込があった場合に回答する全ての事項。以下、裁判例⑳との関係における別件訴訟相手方らの登録情報を「本件照会事項」とする）についての弁護士会照会を東京弁護士会に申し出（以下、裁判例⑲との関係での照会申出を「本件申出」とする）、同弁護士会はセンターに対する照会をした（以下、裁判例⑲との関係では、Bらの登録情報に関する照会を「本件照会」とし、裁判例⑳との関係では、別件訴訟相手方らの登録情報に関する照会を「本件照会」とする）。これに対し、いずれの照会についてもYは、情報保護義務を負っていることを理由とし、

◆第2部◆ 弁護士会照会に対する報告拒絶と民事訴訟による対処

現状においてYによる情報提供は、本人または本人の代理人による本人開示手続および本人の同意を得ている会員（提携他情報機関の会員を含む）の与信判断等に利用する場合のほかは、刑事訴訟法による差押えの場合に限定しているとして、回答はできない旨を報告した。

X_1はYを相手取り、Yによる報告拒絶が不法行為を構成するとして損害賠償を請求し、また、中間確認の訴えとして、Yが本件照会につき東京弁護士会に対して報告する義務がある、またはあったことの確認を求めた（裁判例⑲）。

X_2はYを相手取り、Yによる報告拒絶が不法行為に当たるとして損害賠償を請求し、また、中間確認の訴えとして、Yが本件照会につき東京弁護士会に対して報告する義務がある、またはあったことの確認を求めた（裁判例⑳）。

【裁判例⑲判旨】

東京地裁は、次のように判示し、損害賠償請求を棄却し、報告義務の中間確認の訴えを却下した。なお、この判決では、Yの本件照会に対する報告義務の存否は判断されていない。

(1) 依頼者の権利・法的利益の侵害の存否

「…弁護士法23条の2の規定の趣旨や、同条の規定において照会をする主体が弁護士会となっていることなどからすると、同条の照会に係る権限は飽くまで弁護士会のみにあると解されるのであって、申出をした個々の弁護士及びその依頼者は、照会先に対し、報告を求める権利を有しないことはもとより、報告を求めることにつき法律上の利益を有していると認めることもできない。

したがって、本件申出をしたAの依頼者であるX_1は、法律上保護された利益として照会請求に対する報告・回答を享受する利益を有するものとはいえない。

そうすると、仮に本件照会に対してYに回答義務がある場合であっても、Yは東京弁護士会に対して同義務を負うものにすぎず、その回答拒否をもってX_1の法律上の利益を侵害するものとはいえない…。」

(2) 報告義務の中間確認の訴えの適法性

「…Yが本件照会に対して報告を拒否したとしても、X_1の法律上保護された利益を侵害するものとは認められないものであって、このことは、Yが東京弁護士会からの本件照会に対して義務を負うか否かに左右されるものではない。

◆ 第2章　報告拒絶を理由とする報告義務の確認の訴え・損害賠償請求の訴えに関する従来の最高裁判例・下級審裁判例

したがって、Yの東京弁護士会に対する報告義務の有無は、X_1のYに対する不法行為に基づく損害賠償請求権の存否の先決関係に立つ法律関係に当たるものと解することができないから、本件中間確認の訴えは、いずれも不適法として却下すべきものである。」

【裁判例⑳判旨】
東京地裁は、次のように判示し、報告義務の中間確認の訴えを却下した。
「弁護士会照会制度は、…照会の主体を弁護士会、その相手方を公務所又は公私の団体とするものであり、その法律関係は弁護士会と公務所又は公私の団体との間の公法上の権利義務関係である。

X_2は、本件照会の実質的な主体は申出をした弁護士及び依頼者であると主張するが、Yが本件照会事項について報告義務を負う場合であっても、当該義務はYが東京弁護士会に対して負う公法上の義務であり、X_2に対する義務ではないから、Yが本件照会事項について報告することによるX_2の利益は、法律上の利益とはいえない。

よって、仮に、Yに本件照会事項について東京弁護士会に対する報告義務違反が認められても、それによりX_2に対する不法行為上の義務違反が認められるわけではない。他方、Yに上記義務違反が認められないとしても、そのことによってX_2の個別具体的な権利の侵害がおよそ認められなくなるとまではいえない。そうすると、Yが本件照会事項について弁護士会に対して報告すべき公法上の義務を負うか否かの判断は、Yが本件照会事項について報告を拒否した行為がX_2に対する不法行為を構成するかどうかの判断との関係で、先決関係にあるとはいえない。

したがって、本件中間確認の訴えについては、いずれも訴えの利益が認められないというべきであるから、…不適法として却下を免れない。」

また、東京地裁は、Yの報告拒絶には正当な理由があるとして、損害賠償請求を棄却した。

㉑ **名古屋高判平成27年2月26日**（判時2256号11頁、金判1470号14頁、金法2019号94頁）[13]
【事案の概要】

◆第 2 部◆ 弁護士会照会に対する報告拒絶と民事訴訟による対処

　裁判例⑱の控訴審判決である（Xらが控訴。X₂は控訴審で，予備的請求として，Yが本件照会につきX₂に対し報告する義務があることの確認請求を追加した）。

【判決要旨】
　名古屋高裁は，本件照会事項(ア)-(ウ)につき，Yの報告拒絶は正当な理由を欠くとした。その上で，次のように判示し，X₁の控訴を棄却したが，原判決中X₂の請求を棄却した部分に対するX₂の控訴を容れ，X₂の請求を一部認容（無形損害につき1万円）した（確認請求については，損害賠償請求が全部棄却された場合の予備的請求であることが明らかであるとして，判断されなかった）。

　(1)　Yの報告拒絶に係る過失の存否
　Yは，東京高裁判決を受けて検討した結果，転居届に係る23条照会につき一律に報告しないとの方針を決定し，同方針に基づき，本件照会事項についても報告を拒絶した。そうすると，Yについては，報告による不利益と報告拒絶により犠牲となる権利実現の利益との比較衡量をしなかった以上，通常尽くすべき注意義務を尽くさず，漫然と本件拒絶をしたと評価しうる。

　予見可能性がない旨のYの主張に対しては，昭和56年判例は前科・犯罪経歴に係る23条照会が問題となった事案についての事例判例というべきであること，東京高裁判決では本件と類似の事案につき判断が示されていること，東京高裁判決がされた当時，転居届に係る情報につき，郵便法8条1項の「信書の秘密」に該当するとの見解が一般的であった等とはうかがわれないことを理由に，Yにおいて，転居届に係る23条照会を受けた場合，照会事項や照会の目的等につき検討せずに一律に報告を拒絶すれば違法と判断されうることについては予見可能であったとする。

　また，結果回避義務を尽くした旨のYの主張に対しては，東京高裁判決の内

---

(13)　この判決に関する論稿として，木村健太郎「弁護士会照会を受けた照会先の不法行為責任を認めた事例の検討―名古屋高判平27・2・26と大阪高判平26・8・28―」金融法務事情2022号（2015年）6頁，山口斉昭「弁護士会照会に対する照会先の不法行為責任について―二つの高裁判決を契機に―」早稲田法学91巻3号（2016年）181頁。評釈として，石毛和夫「判批」銀行法務21 789号（2015年）68頁，椙村寛道「判批」NBL1058号（2015年）68頁，山本周平「判批」判例評論685号（2016年）8頁（判例時報2280号154頁），加藤新太郎「判批」現代消費者法31号（2016年）82頁。

容が不当である等として，Yが自らの主張こそが正当であると判断したからといって，過失が否定されるものではないこと，照会の目的や照会事項に問題がないと判断される場合についてまで報告拒絶が違法とされないということにはならず，また，Yは本件照会の目的や本件照会事項につき何らの考慮もしていないこと，守秘義務と報告義務はいずれもYが負う法律上の義務であるところ，複数の義務が衝突する場面では，義務を負う者は複数の義務の軽重を比較してより適切な選択をすべきであり，一律に一方を選択することは，不当といわなければならず，また，照会の必要性等に疑義があれば弁護士会やBにその点につき確認することもできたことを理由に，Yの主張は採用できないとする。

以上のとおりであるから，本件拒絶についてYに過失があったと認められる。

(2) 依頼者の権利・法的利益の侵害の存否

23条照会については，基本的人権の擁護，社会正義の実現という弁護士の使命の公共性がその基礎にあり，依頼者の私益を図るための制度とみるのは相当でない。そして，依頼者は弁護士会に対し，23条照会をすることを求める実体法上の権利を持たない。そうすると，23条照会に対する報告がされることによる依頼者の利益は，その制度が適正に運用された結果もたらされる事実上の利益にすぎない。また，本件拒絶につき，X_1の権利，利益等を害する目的でされたとは認められないから，侵害行為の態様（違法性の程度）との関係からみてもX_1の権利ないし法的保護に値する利益が侵害されたとはいえない。

(3) 弁護士会の権利・法的利益の侵害の存否

23条照会の制度は，弁護士法1条1項に規定された弁護士の使命（※基本的人権の擁護，社会正義の実現）の公共性にかんがみ，規定された制度である。そして，23条照会の権限は，その制度の適正な運用を確保するため弁護士会にのみ与えられている。弁護士会は，個々の弁護士からの照会申出が23条照会の制度趣旨に照らして適切であるか否かを自律的に判断した上で照会の権限を行使する。各弁護士会は，自らの権限を適切に行使するため，23条照会に関し規則等を設ける，手引を作成する，照会件数の多い弁護士会では調査室を置く等の措置を講じ，照会の必要性・相当性・範囲・表現等につき複数の弁護士による審査をしている。上部団体たる日本弁護士連合会も，規則のモデル案等を作成しているほか，裁判所の真実の発見と公正な判断に寄与することが重要

◆第2部◆　弁護士会照会に対する報告拒絶と民事訴訟による対処

であるとして，23条照会の制度が拡充・強化されるよう活動している。このように，法律上23条照会の権限を与えられた弁護士会が，その制度の適切な運用に向けて現実に力を注ぎ，国民の権利の実現という公益を図ってきたことからすれば，弁護士会が自ら照会をするのが適切であると判断した事項について，照会が実効性を持つ利益（報告義務が履行される利益）は，法的保護に値する利益である。

㉒ **東京地判平成27年3月27日**（判時2260号70頁）
【事案の概要】
X（原告）は，A弁護士ほか1名の弁護士を訴訟代理人，Bらを被告として損害賠償請求訴訟を提起し（本件別件訴訟），その請求を一部認容する判決を得て，同判決は確定した。しかし，Bは前記判決で支払を命じられた損害賠償金を任意に支払わなかった。

Aは東京弁護士会に対し，独立行政法人都市再生機構が所有し，または賃借する賃貸住宅団地等につき，同機構と一体となってその管理運営に関する業務等を行い，弁護士会照会の窓口となる業務も行っているY株式会社（被告）を照会先とし，XがBの敷金返還請求権や預金債権に係る差押命令の申立てをする必要があることを理由として，弁護士会照会を申し出（照会事項の内容は，本判決登載誌，および，筆者が利用可能な電子データベースでは掲載されておらず，不明である。本判決では，照会事項のうち後記の中間確認の訴えで報告義務の確認の対象となった事項を「本件照会事項」と記す），同弁護士会はYに対する照会をした（本件照会）。これに対しYは，賃借人の個人情報に関することについては回答できない旨を報告した。

XはYを相手取り，不法行為に基づき損害賠償を請求し，また，中間確認の訴えとして，Yが本件照会事項につき東京弁護士会に報告する義務があることの確認を求めた。

【判　旨】
東京地裁は，次のように判示し，中間確認の訴えを却下し，損害賠償請求を棄却した。なお，この判決では，Yの本件照会に対する報告義務の存否は判断されていない。

◆ 第2章　報告拒絶を理由とする報告義務の確認の訴え・損害賠償請求の訴えに関する従来の最高裁判例・下級審裁判例

（1）報告義務の中間確認の訴えの適法性
「…後記…のとおり，Xは本件照会に係る報告を得ることにつき法律上保護される利益を有するとはいえず，このことはYが本件照会事項について東京弁護士会に対する報告義務を負うか否かによって左右されるものではない。

また，Xが法律上保護される利益を有するとはいえない以上，Yが上記報告義務を負うことによってYの故意又は過失が基礎付けられるということもできない。

そうすると，Yが東京弁護士会に対して本件照会事項について報告義務を負うか否かはXのYに対する不法行為に基づく損害賠償請求権の存否の前提問題であるということはできないから，本件中間確認の訴えは先決性の要件を欠き，不適法である。」

（2）依頼者の権利・法的利益の侵害の存否
「…弁護士会照会は，…その適正な運用を確保する趣旨から，照会を行う権限を弁護士会に専属させ…たものと解されるのであり，このような」弁護士「法23条の2の構造からすれば，私的紛争の当事者が弁護士会照会に係る報告を得ることによる利益は，弁護士会が照会制度を適正に運用した結果として得られる事実上の利益にとどまるというべきである。

したがって，Xが本件照会に係る報告を得る利益が法律上保護される利益に当たるということはできない。」

㉓　**最（三小）判平成28年10月18日**（民集70巻7号1725頁）[14]
【事案の概要】

---

(14)　この判決に関する論稿として，伊藤眞「弁護士会照会制度の今後―最高裁判決に接して―」金融法務事情2053号（2016年）1頁，井上聡「弁護士会照会を受けた金融機関の義務と責任」金融・商事判例1505号（2016年）1頁，加藤新太郎「弁護士会照会に対する照会先の報告拒絶による不法行為の成否」NBL1089号（2017年）86頁，吉岡伸一「弁護士会照会をめぐる裁判例と最高裁平成28年10月18日判決の与える影響」銀行法務21 809号（2017年）23頁，中村弘明「弁護士会照会に関する金融機関の対応について」前掲銀法30頁，鈴木健之「弁護士会照会（23条照会）への対応と金融機関の守秘義務」金融法務事情2057号（2017年）50頁，中務正裕「弁護士法23条の2に基づく照会を拒絶する行為の不法行為該当性―最三小判平28.10.18の検討―」金融法

◆第 2 部◆　弁護士会照会に対する報告拒絶と民事訴訟による対処

　裁判例⑱㉑の上告審判決である（Y が上告受理申立て。なお，X_1 は原判決言渡し後に死亡し，その相続人が上告・上告受理申立てをしたが，これに対しては上告棄却兼上告不受理決定がなされている(15)）。

【判　旨】

　最高裁第三小法廷は，次のように判示し，原判決中 Y 敗訴部分を破棄し，前記部分につき X_2 の控訴を棄却（X_2 の主位請求たる損害賠償請求を棄却する第一審判決を維持）したが，X_2 の予備的請求たる報告義務確認請求については原審に差し戻した。なお，この判決では，Y の報告拒絶が正当な理由を欠くか否かは判断されていない。

「23 条照会の制度は，弁護士が受任している事件を処理するために必要な事実の調査等をすることを容易にするために設けられたものである。そして，23 条照会を受けた公務所又は公私の団体は，正当な理由がない限り，照会された事項について報告をすべきものと解されるのであり，23 条照会をすることが上記の公務所又は公私の団体の利害に重大な影響を及ぼし得ることなどに鑑み，弁護士法 23 条の 2 は，上記制度の適正な運用を図るために，照会権限を弁護士会に付与し，個々の弁護士の申出が上記制度の趣旨に照らして適切であるか否かの判断を当該弁護士会に委ねているものである。そうすると，弁護士会が

務事情 2067 号（2017 年）39 頁。最高裁調査官解説として，齋藤毅「判解」ジュリスト 1504 号（2017 年）100 頁，同「判解」法曹時報 69 巻 8 号（2017 年）2417 頁。評釈として，石毛和夫「判批」銀行法務 21 808 号（2016 年）70 頁，酒井一「判批」法学教室 437 号（2017 年）145 頁，黒田直行「判批」JA 金融法務 555 号（2017 年）50 頁，加藤新太郎「判批」平成 28 年度重要判例解説（ジュリスト 1505 号）（2017 年）81 頁，安西明子「判批」新・判例解説 Watch20 号（2017 年）189 頁，髙橋眞「判批」現代消費者法 35 号（2017 年）68 頁，川嶋四郎「判批」法学セミナー 751 号（2017 年）120 頁，我妻学「判批」私法判例リマークス 55 号（2017 年）46 頁，同「判批」金融・商事判例 1538 号（2018 年）8 頁，笠井正俊「判批」金融法務事情 2073 号（2017 年）74 頁，栗田隆「判批」関西大学法学論集 67 巻 3 号（2017 年）637 頁，栗田昌裕「判批」民商法雑誌 153 巻 4 号（2017 年）555 頁，白石友行「判批」現代民事判例研究会編『民事判例 15 ― 2017 年前期―』（日本評論社，2017 年）102 頁，工藤敏隆「判批」法学研究（慶應義塾大学）90 巻 10 号（2017 年）109 頁，浦谷知絵「判批」龍谷法学 50 巻 4 号（2018 年）2477 頁，松浦聖子「判批」法学セミナー 759 号（2018 年）120 頁。

(15)　齋藤・前掲注(14)ジュリ 102 頁，同・前掲注(14)曹時 2429 頁注(19)。

◆第2章　報告拒絶を理由とする報告義務の確認の訴え・損害賠償請求の訴えに関する従来の最高裁判例・下級審裁判例

23条照会の権限を付与されているのは飽くまで制度の適正な運用を図るためにすぎないのであって，23条照会に対する報告を受けることについて弁護士会が法律上保護される利益を有するものとは解されない。

したがって，23条照会に対する報告を拒絶する行為が，23条照会をした弁護士会の法律上保護される利益を侵害するものとして当該弁護士会に対する不法行為を構成することはないというべきである。」
（岡部喜代子裁判官の補足意見）
「23条照会の制度の趣旨は，…弁護士が受任している事件を処理するために必要な事実の調査及び証拠の発見収集を容易にし，事件の適正な解決に資することを目的とするものであり，照会を受けた公務所又は公私の団体は照会を行った弁護士会に対して報告をする公法上の義務を負うものである。ただ，上記の公務所又は公私の団体において報告を拒絶する正当な理由があれば全部又は一部の報告を拒絶することが許される。」
「23条照会に対する報告義務が公法上の義務であることからすれば，その義務違反と民法上の不法行為の成否とは必ずしも一致しないとはいえるが，正当な理由のない報告義務違反により不法行為上保護される利益が侵害されれば不法行為が成立することもあり得るところである。しかし，法廷意見の述べるとおり，弁護士会には法律上保護される利益が存在しないので，仮に正当な理由のない報告拒絶であっても弁護士会に対する不法行為は成立しない。」
（木内道祥裁判官の補足意見）
「原審が，照会が実効性を持つ利益の侵害により無形損害が生ずることを認めるのは，23条照会に対する報告義務に実効性を持たせるためであると解される。しかし，不法行為に基づく損害賠償制度は，被害者に生じた現実の損害を金銭的に評価し，加害者にこれを賠償させることにより，被害者が被った不利益を補填して，不法行為がなかったときの状態に回復させることを目的とするものであり，義務に実効性を持たせることを目的とするものではない。義務に実効性を持たせるために金銭給付を命ずるというのは，強制執行の方法としての間接強制の範疇に属するものであり，損害賠償制度とは異質なものである。

そうすると，弁護士会が23条照会に対する報告を受けられなかったこと自体をもって，不法行為における法律上保護される利益の侵害ということはでき

◆第 2 部◆　弁護士会照会に対する報告拒絶と民事訴訟による対処

ないのである。」

㉔ **名古屋高判平成 29 年 6 月 30 日**（判時 2349 号 56 頁，判タ 1446 号 76 頁，金判 1523 号 20 頁，金法 2078 号 68 頁，消費者法ニュース 113 号 303 頁）[16]

【事案の概要】

裁判例⑱㉑・判例㉓の差戻審（第 2 次控訴審）判決である。上告審判決（判例㉓）で X₂ の Y に対する損害賠償請求が棄却されたため，X₂ が予備的請求として追加したものの第 1 次控訴審判決（裁判例㉑）で判断がなされなかった，X₂ の Y に対する報告義務確認請求のみが審判対象となった。

【判　旨】

名古屋高裁は，本件での報告義務の確認の訴えは行政事件訴訟法 4 条の「公法上の法律関係に関する確認の訴え」ではなく，民事訴訟と解するのが適当であるとし，確認の利益を認めた上で，本件照会事項(ア)-(ウ)につき報告義務確認請求を容認した。行訴法 4 条の「公法上の法律関係の確認の訴え」への該当性，および，確認の利益に関する判示は以下の通りである。

(1) 本件の確認の訴えが行訴法 4 条の「公法上の法律関係に関する確認の訴え」に該当するか

「…23 条照会に基づく報告義務が公法上の義務であり，弁護士会が司法制度に関与する主体として公共的・公益的な地位にあるとはいっても，弁護士会は国の機関や行政過程の主体となる法人ではないし，弁護士法は，23 条照会に関し，これを発した後の照会先との権利義務関係の形成や照会先が報告を拒絶し

---

[16] この判決に関する論稿として，平松知実「弁護士会照会と金融機関における実務対応—名古屋高判平成 29.6.30 を踏まえて—」金融法務事情 2072 号（2017 年）4 頁，香月裕爾「弁護士会照会と金融機関の対応—名古屋高裁平成 29 年 6 月 30 日判決の理論と実務—」銀行法務 21 820 号（2017 年）4 頁，加藤新太郎「弁護士会照会に対する照会先の報告義務の存否」NBL1109 号（2017 年）68 頁。評釈として，石毛和夫「判批」前掲銀法 69 頁，上田竹志「判批」法学セミナー 754 号（2017 年）108 頁，北島周作「判批」私法判例リマークス 57 号（2018 年）112 頁，今津綾子「判批」判例評論 714 号（2018 年）14 頁（判例時報 2371 号 160 頁），竹部晴美「判批」新・判例解説 Watch23 号（2018 年）153 頁。浦谷・前掲注(14)2489-2499 頁においても，この判決の検討がなされている。

た場合の強制履行ないし制裁の規定を設けておらず，単に『報告を求めることができる。』と規定するにとどまるから，弁護士会が23条照会に関し，公権力の行使の権限を付与されているとはいえ，行訴法上の『行政庁』に当たるとはいえない。また，照会先が公務所や公の団体であったとしても，照会先が23条照会に対する報告を拒絶する行為は事実行為であって行政処分でないことはもちろんのこと，所管する行政過程上の行為ということもできない。したがって，本件におけるX_2とYとの紛争が，行政過程における紛争といえないことは明らかである。」

「次に，『公法上の法律関係に関する確認の訴え』を訴訟手続の面からみると，行政庁の公権力の行使に関する不服の訴訟（抗告訴訟）を中心として定められた行訴法が，行政権行使の過程で生じる行政庁と国民との間で生じた紛争の解決を主眼とした訴訟制度であり，そのような行政権行使の過程の特質に応じて民訴法の特別法として定められたことは明らかである。さらに，平成16年の行訴法改正の際，行政過程の中で多用されながら，抗告訴訟の対象とならない行政の行為を契機として国民と行政主体との間に紛争が生じた場合，実質的当事者訴訟の活用を図るため，実質的当事者訴訟の例示として『公法上の法律関係に関する確認の訴え』が加えられた…ことからすれば，行訴法4条後段にいう『公法上の法律関係に関する訴訟』についても，国民と行政主体との間の紛争を予定していることが明らかであり，『公法上の法律関係に関する確認の訴え』が認められる行政主体との紛争は，行政処分を背景とし，あるいは後に行政処分が控えていることにより，現に存在する不利益を除去するための確認の利益が認められる場合であるということができる。

　また，『公法上の法律関係に関する確認の訴え』には，抗告訴訟の規定の一部が準用されるが（行訴法41条1項。行政庁の訴訟参加〔同法23条〕，職権証拠調べ〔同法24条〕，判決の拘束力〔同法33条1項〕，釈明処分の特例〔同法23条の2〕），本件は，X_2とYとの間における本件照会事項に対する報告義務の存否をめぐる訴訟であり，かかる個別具体的な事案における判断が求められている事件であるから，他の関係機関なり団体の訴訟参加やこれらに対する判決の拘束力を認めたり弁論主義を排除したりする理由はないし，本件では，釈明処分の対象となる『処分又は裁決』は存在しない。そうすると，行政過程における紛

◆第2部◆　弁護士会照会に対する報告拒絶と民事訴訟による対処

争とはいえない本件において，行政過程の特質に応じた上記規定を本件の訴訟手続に準用する実益や必要性を見いだすことはできない。」
「したがって，本件訴えは，『公法上の法律関係に関する確認の訴え』に該当するとしてこれに行政事件訴訟手続を適用するのではなく，原則に戻り，民事訴訟であると解するのが相当である。」
　(2)　即時確定の利益
「弁護士法23条の2が，23条照会制度の適正な運用を図るために，照会権限を弁護士会に付与し，権限の発動を個々の弁護士の申出に係らせつつ，その申出が23条照会の制度趣旨に照らして適当であるかについて，弁護士会の自律的な判断に委ねたものと解され…，弁護士会の照会権限は，飽くまでも制度の適正や運用を図るためにすぎないことから，照会先の報告拒絶に対し，弁護士会が独自の損害を被ったと主張してその賠償を受けることができる法律上の利益を有するものではないと解される。しかしながら，23条照会を受けた公務所又は公私の団体は，公法上の報告義務を弁護士会に対して負い，23条照会を拒絶する照会先に対して報告を促す権限と責務を負うのは弁護士会であるから，23条照会に対する報告義務の存否をめぐる紛争の主体は，弁護士会と照会先であるというほかない。そして，…23条照会制度は，弁護士が事件を適正に解決することにより国民の権利を実現し，弁護士の受任事件が訴訟事件となった場合には，当事者の立場から裁判所の行う真実の発見と公正な判断に寄与する結果をもたらすという公益を図る制度として理解されるべきであることに加え，照会先には公法上の報告義務が生じ，正当な理由がない限り，報告を拒絶することはできないと解されることに照らせば，報告義務の存否（拒絶する正当な理由の有無）に関し，弁護士会と照会先の判断が食い違った場合でも，常に照会先の判断が優先されるならば，結局のところ，23条照会に対する報告の拒絶を自由に許す結果を招くことになり，我が国の司法制度の円滑かつ適正な運営に寄与している23条照会制度がその使命を果たすことは困難となる。また，照会権限を付与された弁護士会は，23条照会制度の適正な運用を図る責務を負っているというべきであるから，23条照会制度の使命を実現することができるか否かについては，制度の存続にもかかわる重大な利害関係を有しているといえる。そうすると，23条照会制度の趣旨及び弁護士会に課せられ

た責務に照らせば，弁護士会が 23 条照会制度を適正かつ円滑に運営し，その実効性を確保することは，法的に保護された弁護士会固有の利益であるということができるとともに，報告義務の存否（拒絶する正当な理由の有無）に関し，弁護士会と照会先の判断が食い違った場合には，司法判断により紛争解決を図るのが相当であると解される。

本件においては，本件拒絶により，そのような X_2 の利益に対する現在の危険ないし不安が問題となっているのであるから，X_2 には法的保護に値するほどの具体的かつ現実的な法的地位はない旨の Y の主張は採用することはできない…。

そして，後述するとおり，X_2 が本件確認請求を選択したことが紛争の解決にとって適切であると認められるところ，本件確認請求が認容されれば，Y がこれに応じて報告義務を履行することが期待できることは，X_2 が主張するとおりであると認められる上（※筆者注：弁護士会照会の相手方となることが多い金融機関や郵便・通信事業者は公の監督を受ける立場にあるから，既判力をもって確定された報告義務を履行しないことは想定し難い旨，および，本件確認請求が認容されれば，Y の代理人弁護士は本件照会に対し任意に報告する意向を示しているし，Y は今後の対応方針を監督官庁である総務省に報告し，同省は Y に対し司法判断に従うことを求めるから，請求認容判決が確定すれば Y は報告義務を任意に履行すると考えられる旨の X_2 の主張を指す），認容判決を受けた上での本件照会事項に対する報告であれば，Y が A から守秘義務違反を理由として損害賠償を請求されても，違法性がないことを理由にこれを拒むことができるし，X_2 は，本件確認請求が棄却されれば，同一の照会事項による 23 条照会はしない旨明言しているから，本件照会事項に対する報告義務の存否に関する紛争は，判決によって収束する可能性が高いと認められ，本件紛争の解決にとって有効であると認められる。

そうすると，本件訴えには，即時確定の利益が認められるというべきである。」

(3) 方法選択の適否

「一般に給付訴訟が可能な場合には，給付判決を得た上でそれを執行する手続に移行すればよいから，確認の利益は認められない。しかしながら，公法上の

◆第2部◆　弁護士会照会に対する報告拒絶と民事訴訟による対処

義務である23条照会に対する報告義務に基づき，23条照会に対する報告を拒絶する照会先に対して『報告せよ』との給付判決を求めることができるかについては，…弁護士法には報告拒絶に対する強制履行の規定がない上，照会権限についても『報告を求めることができる。』と規定されるにとどまっていることからすれば，その許容性については疑義があるというほかない。仮に，給付訴訟が可能であるとしても，民事執行手続によって公法上の義務の履行を実現することはできないと解されるし，行政庁ではない弁護士会が行政代執行による義務の履行を求めることはできない。また，本件最高裁判決（※筆者注：判例㉓）により，本件拒絶に対する損害賠償請求は否定されている。そうすると，X₂が，訴訟手続を利用して本件照会に対するYの報告義務の存否の判断を得るには，確認の訴えという方法を採るよりほかないと考えられる。

　もっとも，X₂が本件確認請求の認容判決を得たとしても，結局のところ，Yの任意の履行に委ねるしかな」く，「そのような強制力を背景としない確認の訴えを認めることが相当であるかという問題もあろう。しかしながら，本件照会に対するYの報告義務の存否について現に紛争が生じている上，そもそも本件照会は，Aに対する強制執行手続をするために必要不可欠な同人の住居所を把握して，訴訟上の和解に基づくX₁ないしその訴訟承継人の権利の実現を図るという司法制度の実効性に関わる照会であるから，かかる紛争に対する司法判断が認められないという結論は相当とは解されない。しかも，Yの任意の履行に委ねるしかないとはいっても，認容判決がされれば，その履行の蓋然性が見込まれる上，本件照会に対する報告に関し，Aからの損害賠償請求も阻止することができることに照らせば，本件紛争をめぐる問題の抜本的解決につながるということができる。そうすると，強制力を背景としないからといって，本件訴えを否定する理由はないと考える。」

◆ **第 3 章** ◆

報告義務の確認の訴えの適法性

　本章では，第 2 章で概観した裁判例のうち，照会先の報告義務の確認の訴えに係るもの（裁判例②⑨⑩⑫⑮⑲⑳㉒㉔）に焦点を当て，これらの裁判例の判示等を手がかりとして，報告義務の確認の訴えの適法性に関する問題を検討する。

◆ 第 1 節 ◆ 公法上の法律関係に関する確認の訴えか，民事訴訟法上の確認の訴えか

　弁護士会照会の報告義務に関する確認の訴えは，行政機関に対して提起されることがあり，また，それ以外の場合でも，照会先の報告義務は公的な義務ないし公法上の義務とされる。そのため，この訴えが公法上の法律関係に関する確認の訴え（行政事件訴訟法 4 条後段）として認められるか否かが問題となる。この点につき判示するのは，裁判例⑨⑩⑫⑮㉔である。

　裁判例⑫は，この点につき積極に解する唯一の裁判例であり，報告義務を負う照会先が報告をしない場合，依頼者は公法上の法律関係に関する確認の訴えとして，照会先を被告として弁護士会に対する報告義務の確認を求めることができるとした。しかし，裁判例⑫は，弁護士会照会に対する報告義務の確認の訴えが民事訴訟ではなく公法上の法律関係の確認の訴えとされる理由を明確に示していない（弁護士会照会に対する報告義務が「公法上の義務」であることから直截にこの結論を導いているとも考えられる）。

　他方，裁判例⑨⑩は，弁護士会照会は私的団体も相手方にできるため，公務所・公的団体に対する照会の場合も照会者・照会申出者と照会先とが公法上の法律関係に立つとは認められないとして，報告拒絶の違法確認の訴えは公法上の法律関係に関する確認の訴えとして不適法であるとした。また，裁判例⑫の控訴審判決たる裁判例⑮は傍論で，ここでの確認の訴えは私人たる依頼者Ｘが私人たる照会先Ｙに対し報告義務の確認を求めるものであり，かつ，Ｙの報告

◆第2部◆　弁護士会照会に対する報告拒絶と民事訴訟による対処

拒絶が公権力の行使に当たる行為とすることはできないため，公法上の法律関係に関する確認の訴えとみる余地はないとした。さらに，裁判例㉔は，(a)弁護士会は国の機関や行政過程の主体となる法人ではなく，弁護士会が弁護士会照会につき公権力の行使の権限を付与されているともいえず，また，照会先が公務所や公の団体であったとしても，当該照会先による報告拒絶は事実行為であり，行政処分でもなければ所管する行政過程上の行為でもないため，報告義務をめぐる弁護士会と照会先との紛争は行政過程における紛争とはいえないこと，(b)行訴法が行政権行使の過程の特質に応じて民訴法の特別法として定められたこと，および，2004年改正後の現行行訴法では，抗告訴訟の対象とならない行政の行為を契機とする国民と行政主体との間の紛争が生じた場合に実質的当事者訴訟の活用を図るため，実質的当事者訴訟の例示として「公法上の法律関係に関する確認の訴え」が加えられたことからすれば，行訴法4条後段の「公法上の法律関係に関する訴訟」についても，国民と行政主体との間の紛争を予定していることが明らかであること，(c)「公法上の法律関係の確認の訴え」には抗告訴訟の規定の一部が準用されるが（行訴法41条1項），行政過程における紛争とはいえない，弁護士会照会での個別具体的な照会事項に対する照会先の報告義務の存否に関する紛争において，他の関係機関・団体の訴訟参加やこれらに対する判決の拘束力，弁論主義の排除等，行政過程の特質に応じた規定を準用する実益や必要性がないことの三点を根拠として，報告義務の確認の訴えは「公法上の法律関係に関する確認の訴え」に該当せず，民事訴訟と解するのが相当であるとする。

　筆者は，この問題につき詳細に判示した裁判例㉔が公刊される前に執筆した，本節の基礎となった論稿[1]で，主に行政法学上の議論を参考として[2]，一般

---

(1) 酒井博行「弁護士会照会に対する報告拒絶と報告義務の確認の訴え」北海学園大学法学部50周年記念論文集『次世代への挑戦―法学部半世紀の伝統を糧に―』（北海学園大学法学部，2015年）259頁。以下の私見に言及する論稿として，伊藤眞「弁護士会照会の法理と運用―二重の利益衡量からの脱却を目指して―」金融法務事情2028号（2015年）22頁注(46)，加藤新太郎「弁護士会照会に対する照会先の報告拒絶による不法行為の成否」NBL1089号（2017年）89頁，同「判批」平成28年度重要判例解説（ジュリスト1505号）（2017年）82頁，笠井正俊「判批」金融法務事情2073号（2017年）76頁等がある。

に弁護士会照会，および，照会に対する報告は行政処分等の行政特有の諸行為(3)に関わるものではないため，報告義務に関する確認の訴えを公法上の法律関係に関する確認の訴えとすることはできないと考えられる旨を論じていた（筆者は，この私見を現在も維持する）(4)。そして，この点から考えると，裁判

---

(2) 室井力ほか編『コンメンタール行政法Ⅱ行政事件訴訟法・国家賠償法（第2版）』（日本評論社，2006年）71頁［浜川清］は，国民の権利に影響を及ぼすが処分性の認められない行政特有の諸行為に関わる確認の訴えであれば，行訴法4条に基づく確認訴訟に該当するといえるとする。南博方原編著『条解行政事件訴訟法（第4版）』（弘文堂，2014年）124頁［山田洋］は，行訴法4条後段所定の実質的当事者訴訟の対象となる「公法上の法律関係」に該当するか否かの指標として，行政処分という仕組みが採用されているか否かを挙げ，これがない場合にはあえて公法関係とは理解せず私法関係として民事訴訟の対象とするのが一般的であるとする。

　なお，今津綾子「判批」私法判例リマークス50号（2015年）124頁は，裁判例が弁護士会照会における報告義務を公法上の，あるいは公的な義務と整理する点には，依頼者個人に対する具体的権利義務ではないという以上の積極的な意味付けはないと思われる旨を指摘する。

(3) なお，ここでの「行政処分等の行政特有の諸行為」との文言については，2004年の行政事件訴訟法改正後の同法4条後段が，公法上の法律関係に関する訴訟の例示として「公法上の法律関係に関する確認の訴え」を明記した趣旨（行政立法［法規命令・通達］，行政計画，行政指導等のように，処分性が認められないが故に従来は抗告訴訟の対象とされなかった行政機関の行為に関する事案についても，行政訴訟による救済の可能性を拡大すること。この点につき，室井ほか編・前掲注(2)70頁［浜川］，南原編著・前掲注(2)127-128頁［山田］）との関係をより正確に反映させるため，「行政処分・行政立法・行政計画・行政指導等の行政特有の諸行為」と修正することにしたい。

(4) なお，伊藤・前掲注(1)21-22頁は，弁護士会が照会先を被告として提起する報告義務の確認の訴えの活用を提唱するところ，この訴えは訴訟物が公法上の報告義務に当たることからすれば，行訴法4条後段所定の公法上の法律関係に関する確認の訴えとしての性質を有するとし，かつ，その適法性を否定すべき理由がないとする。また，笠井・前掲注(1)76頁は，報告義務の確認の訴えにつき，弁護士会照会が公権力の行使には当たらないとはいえ，公法上の義務の存在確認を求めるものであるため，公法上の法律関係に関する確認の訴えに当たると解することができるとする。加えて，栗田隆「判批」関西大学法学論集67巻3号（2017年）653頁は，弁護士会照会では照会先は自己の関与（あるいは帰責事由）なしに報告義務を負わされるため，そこには権力服従関係の存在を認めてよく，それ故，報告義務を公法上の義務とみるべきであり，照会先の報告義務を公法上の義務とする以上，報告義務の確認訴訟は行訴法4条後段の実質的当事者訴

◆第 2 部◆　弁護士会照会に対する報告拒絶と民事訴訟による対処

例㉔が弁護士会照会に対する報告義務の確認の訴えを公法上の法律関係に関する確認の訴えではなく民事訴訟としての確認の訴えとする根拠として，弁護士会が行政主体ではなく，弁護士会照会の権限も公権力の行使の権限ではないこと，および，行訴法 4 条後段の「公法上の法律関係に関する訴訟」が国民と行政主体との間の紛争を予定していること（根拠(a)(b)）を挙げる点は，妥当なものと評価できる。

　それに加え，裁判例㉔は，弁護士会照会に対する報告義務の確認の訴えが公法上の法律関係に関する確認の訴えに該当しないとする根拠の一つとして，この訴えにつき行政過程の特質に応じた行訴法上の諸規定（行政庁の訴訟参加〔同法 23 条〕，職権証拠調べ〔同法 24 条〕，判決の拘束力〔同法 33 条 1 項〕，釈明処分の特例〔同法 23 条の 2〕）を同法 41 条 1 項により準用する実益や必要性がないこと（根拠(c)）を挙げる。この点については，裁判例㉔が弁護士会照会に対する報告義務の確認の訴えの法的性質を決定する際に，行訴法 4 条後段所定の実質的当事者訴訟と民事訴訟の区別につき，当事者訴訟に適用される行訴法上の手続規定の適用が当該紛争の合理的解決に資するか否かという観点から両者を区別する「機能的アプローチ」(5) をも採用しているものとして評価できる。筆者もこの点に賛成する上，裁判例㉔の根拠(c)とは別の観点からの機能的なアプローチによっても，弁護士会照会に対する報告義務の訴えは民事訴訟としての確認の訴えとするべきであり，行訴法 4 条後段の公法上の法律関係に関する確認の訴えとするべきではないと考える。すなわち，弁護士会照会に対する報告義務の確認の訴えを公法上の法律関係に関する確認の訴えと解すると，報告義務の確認の訴えにつき，民事訴訟でも問題となる各種の訴訟要件に加え，行政訴訟たる公法上の法律関係に関する訴訟に特有の適法要件が問題となることが考えられ，このことが本案判決による原告（裁判例㉔では弁護士会であるが，私見では依頼者・弁護士の場合も考えられる）の救済に対する障壁として機能し得るところ，筆者はそのような結果は妥当ではないと考える。

　この点を敷衍すると，仮に弁護士会照会に対する報告義務の確認の訴えを行

　　訟に該当すると解するのが素直である旨を論じる。
（5）　宇賀克也『行政法概説Ⅱ行政救済法（第 6 版）』（有斐閣，2018 年）374-375 頁。

◆ 第 3 章　報告義務の確認の訴えの適法性

訴法 4 条後段の公法上の法律関係の確認の訴えであると解するとしても，報告義務の確認の訴えのみを単独で提起できることは当然であるし，報告義務の確認の訴えと（民事訴訟である）報告拒絶を不法行為とする損害賠償請求の訴えを当初から併合して提起することも問題なく認められる（行訴法 41 条 2 項による同法 16 条 1 項の準用）。また，報告義務の確認の訴えに報告拒絶を理由とする損害賠償請求の訴えを追加的に併合することも認められる（行訴法 41 条 2 項による同法 19 条 1 項の準用。なお，この場合の問題点については後述する）。

　ところが，報告拒絶を理由とする損害賠償請求の訴えに報告義務の確認の訴えを追加的に併合する場合，行政訴訟たる実質的当事者訴訟に民事訴訟を追加的に併合する前記の場合とは逆に，民事訴訟に行政訴訟を追加的に併合すること（いわゆる「逆併合」）については行訴法上の規定がないため，その可否が問題となる[6]。この点につき行政法学では，主に国家賠償請求訴訟（民事訴訟とされる）に憲法 29 条 3 項に基づく損失補償請求訴訟（実質的当事者訴訟とされる）を追加的に併合する場合を中心に議論が展開され，判例（最〔三小〕判平成 5 年 7 月 20 日〔民集 47 巻 7 号 4627 頁〕。以下，「平成 5 年最判」と記す）は，国家賠償請求訴訟の控訴審における損失補償請求の追加的併合の可否が問われた事案で，両請求は請求の基礎を同一にするものとして民訴法 143 条による訴えの追加的変更に準じて追加的併合は認められるとしたものの，損失補償請求が行政訴訟手続で審理されるべきものであること等を考慮すれば，相手方の審級の利益に配慮する必要があるため，このような訴えの変更には相手方の同意を要するとした（具体的な事案については，控訴審での損失補償請求の追加的併合につき被告の同意がないとして同請求に係る訴えを却下した控訴審の判断を維持した）。すなわち，仮に弁護士会照会に対する照会先の報告義務の確認の訴えを行訴法 4 条後段の公法上の法律関係に関する確認の訴えと解し，かつ，平成 5 年最判の立場を前提とすれば，照会先の報告拒絶が不法行為に当たるとする損害賠償

---

(6) この問題に関する議論状況については，例えば，神橋一彦「判批」行政判例百選 II（第 7 版）（2017 年）432-433 頁。この問題に関する民事手続法研究者の論稿として，例えば，田頭章一「改正行政事件訴訟法の下での請求併合論の行方―いわゆる『逆併合』の許容性を中心に―」井上治典先生追悼論文集『民事紛争と手続理論の現在』（法律文化社，2008 年）304 頁。

◆第2部◆　弁護士会照会に対する報告拒絶と民事訴訟による対処

請求訴訟の控訴審で照会先の報告義務の確認の訴えを追加的に併合する場合に限定されるとはいえ，訴えの利益をはじめとする各種の訴訟要件が問題となる以前に，併合に係る被告たる照会先の同意の有無により，報告義務の確認の訴えが適法となるか否かが左右され得ることになる。

　この点につき，第2章の冒頭でも記したように，そもそも公刊判例・裁判例で報告義務の確認の訴えが問題となった事案は全て，報告拒絶が不法行為に当たるとする損害賠償請求訴訟で報告義務の確認請求が併合された事案である。そして，本節で採り上げた裁判例に係る事案のうち，裁判例⑨（第一審）⑩（控訴審）の事案，および，裁判例⑫（第一審）⑮（控訴審）の事案では，訴訟の当初から損害賠償請求と報告義務の確認請求が併合されていた。そのため，報告義務の確認の訴えを行訴法4条の公法上の法律関係に関する確認の訴えとした裁判例⑫でも併合の可否は問題となっておらず（判旨では明記されていないが，行訴法41条2項で準用される同法16条1項により認められるとの結論になる筈である），それ以外の裁判例（裁判例⑨⑩⑮）はそもそも報告義務の確認の訴えが公法上の法律関係に関する確認の訴えに当たらないとするため，行訴法4条後段所定の実質的当事者訴訟に特有の併合要件も問題とされていない。

　それに対し，裁判例㉔の事案では第1次控訴審で損害賠償請求訴訟に報告義務の確認の訴えが追加的・予備的に併合されたため，控訴審における報告義務確認請求の追加的併合の可否が争点となり，被告たる照会先Yは，報告義務確認請求が公法上の法律関係に関する確認の訴えに当たるとの主張を前提として，同請求を控訴審で追加する場合，相手方の審級の利益に配慮して，その同意が必要となるところ，Yは報告義務確認請求の追加に同意しない旨を主張し，同請求につき訴え却下を求めていた。この点に対する裁判例㉔の判断は，第2章での紹介の際には割愛したが，報告義務の確認の訴えは民事訴訟であり，損害賠償請求とは同種の訴訟手続であるため，確認請求の追加的併合は民訴法136条により許され，かつ，照会先の報告拒絶に係る正当な理由の有無（すなわち，報告義務の存否）は損害賠償請求の判断の前提となっていたため，損害賠償請求と報告義務確認請求とは請求の基礎の同一性（民訴法143条）が認められ，控訴審での訴えの追加的変更に相手方の同意は要求されていない（民訴法297条・143条）から，控訴審における報告義務確認請求の追加的変更は適法であ

る旨を判示した。また，裁判例㉔は傍論として，仮に報告義務の確認の訴えが公法上の法律関係に関する確認の訴えに該当する余地があるとしても，損害賠償請求と報告義務確認請求は請求の基礎を同一にするものとして，民訴法143条による訴えの追加的変更に準じて認められるべきであり，かつ，他の関係機関・団体の訴訟参加を考慮する必要がないことと，報告義務の存否は第一審から審理の対象となっておりYが審級の利益を害されることはないことから，行訴法41条2項・19条1項・16条2項の規定にかかわらず，Yの同意を要しない旨を判示した。

　このように，報告拒絶が不法行為に当たるとする損害賠償請求訴訟の控訴審における報告義務の確認請求の追加的併合の可否につき，裁判例㉔は両請求が同種の訴訟手続（民事訴訟）であることを前提として積極に解した上で，確認請求に係る追加的変更に相手方の同意を要しないとし，かつ，報告義務の確認請求が公法上の法律関係に関する確認の訴えに該当するとした場合についても報告義務確認請求の追加的併合を認め，行訴法上の規定の準用の必要性や相手方の審級の利益の保護の必要性がないという機能的な観点から，追加的変更に係る相手方の同意を要しないとする。従って，裁判例㉔の判示を前提とすれば，仮に報告義務の確認の訴えが民事訴訟ではなく公法上の法律関係に関する確認の訴えと解されたとしても，損害賠償請求訴訟の控訴審で報告義務の確認請求を追加的に併合する際の相手方（被告）の同意の有無は問題にならない。しかし，報告義務の確認請求が公法上の法律関係に関する確認の訴えであると性質決定され，かつ，この点から同請求につき行訴法の判例法理の適用があると形式的に解釈されると，まさに前記のように，照会先の報告拒絶を理由とする損害賠償請求訴訟の控訴審で報告義務の確認の訴えを追加的に併合する場合に，併合に係る被告たる照会先の同意の有無により，報告義務の確認の訴えが適法となるか否かが左右されることになる。

　そもそも，いわゆる「逆併合」が控訴審でなされる場合に平成5年最判が相手方の同意を要求する理由につき，同最判の最高裁調査官解説は，実質的当事者訴訟では行政庁の訴訟参加が規定されており（行訴法41条1項による同法23条の準用），第一審での行政庁の参加の機会を奪うことは適当でないこと，および，民事訴訟たる関連請求の行政訴訟への追加的併合の場合には控訴審にお

◆ 第 2 部 ◆　弁護士会照会に対する報告拒絶と民事訴訟による対処

ける併合につき相手方の同意が要求されること（行訴法 41 条 2 項による同法 19 条 1 項・16 条 2 項の準用）との均衡を配慮したことを挙げる[7]。しかし，前記のように，弁護士会照会に対する報告義務の確認の訴えは行政特有の諸行為に関わるものではないし，国民と行政主体との間の紛争を対象としている訳でもないので，そもそも関係機関・団体の訴訟参加を考慮する必要はなく，訴訟参加の機会の保障という観点から被告たる照会先の審級の利益に配慮する必要もない（また，職権証拠調べ，関係機関・団体に対する判決の拘束力，釈明処分の特則についても考慮する必要はない）。そうすると，弁護士会照会に対する報告義務の確認の訴えを行訴法 4 条後段の公法上の法律関係に関する確認の訴えと解し，同法 41 条 1 項により取消訴訟についての規定を準用する実益はない。それにもかかわらず，報告義務の確認の訴えに実質的当事者訴訟に関する行訴法の判例法理が適用されると形式的に解釈すれば，場合が限定されるとはいえ，報告義務の確認の訴えにつき，通常の訴訟要件に加え，相手方の同意という適法要件が課されることになる。そして，弁護士会照会に対する報告義務の確認の訴えが行政特有の諸行為や国民・行政主体間の紛争を対象としていないにもかかわらず，報告義務が「公法上の義務」であるとの一事をもって報告義務の確認の訴えを行訴法 4 条後段の公法上の法律関係に関する確認の訴えと解すれば，その実益がないにもかかわらず，（場合が限定され，かつ，前記の裁判例㉔の傍論のような解釈による問題解決の方向性はあり得るとはいえ）報告義務の確認の訴えにつき，原告（依頼者・弁護士・弁護士会）が本案判決による救済を得るための障壁が民事訴訟の場合よりも上げられる反面，被告たる照会先には民事訴訟であれば認められない実質的な応訴拒絶権能が認められることになるところ，筆者はこのような結論は妥当ではないと考える[8]。

---

(7)　三村量一「判解」最高裁判所判例解説民事篇平成 5 年度（下）（1996 年）713-714 頁。
(8)　阿部泰隆『行政法解釈学 II』（有斐閣，2009 年）313-314 頁は，いわゆる「逆併合」を例に挙げ，実質的当事者訴訟は「権利救済を阻害するしくみでもある」と論じる。行政法学におけるいわゆる「実質的当事者訴訟無用（不要）論」（この議論につき，例えば，春日修「当事者訴訟」髙木光＝宇賀克也編『行政法の争点』〔有斐閣，2014 年〕138 頁，南原編著・前掲注(2)126-127 頁［山田］，宇賀・前掲注(5)120 頁，375-376 頁）については，筆者の専門分野や能力の関係上詳論し得ないが，少なくとも，本文で論じたように，行政特有の諸行為や国民・行政主体間の紛争と関係しない，従って，民事訴訟

また，報告義務の確認の訴えを行訴法4条後段の公法上の法律関係の確認の訴えと解すれば，裁判例㉔の事案とは逆に，報告義務の確認請求訴訟の控訴審で報告拒絶を理由とする損害賠償請求の訴えを追加的に併合する場合にも，行訴法41条2項による同法19条1項・16条2項の準用で，併合には相手方の同意が要求され，併合に係る被告たる照会先の同意の有無により，損害賠償請求の訴えが適法となるか否かが左右されることになる。この場合についても前記の裁判例㉔の傍論のような理論構成により，控訴審での追加的併合につき被告たる照会先の同意を要しないとの解釈を採ることは考えられる。しかし，行訴法を形式的に適用するとの解釈が採られれば，場合が限定されるとはいえ，報告拒絶を理由とする損害賠償請求の訴えにつき，通常の訴訟要件に加え，相手方の同意という適法要件が課されることになり，損害賠償請求の訴えにつき原告（依頼者・弁護士・弁護士会）が本案判決による救済を得るための障壁が上げられる反面，被告たる照会先には実質的な応訴拒絶権能が認められることになるところ，筆者はこのような結論は妥当ではないと考える。これに対し，報告義務の確認の訴えを民事訴訟と解すれば，報告拒絶を理由とする損害賠償請求の訴えとは同種の訴訟手続である以上，民訴法136条によりこの両請求を併合提起できることは当然のことである上，両請求につき請求の基礎の同一性が認められる限り，報告義務の確認の訴えに報告拒絶を理由とする損害賠償請求を追加することは民訴法143条1項により認められ，かつ，控訴審での追加的併合の場合であっても，相手方（被告たる照会先）の同意は要求されない。

　まとめると，報告義務の確認の訴えを行訴法4条後段の公法上の法律関係の確認の訴えと解した場合，その実益がない反面，報告拒絶を理由とする損害賠償請求訴訟の控訴審で報告義務の確認の訴えを追加的に併合する場合，またはその逆の場合に限定されるとはいえ，判例法理や行訴法の規定の解釈次第では，前者の場合には報告義務確認請求に，後者の場合には損害賠償請求に，民事訴訟では求められない適法要件（相手方の同意）が課されることになり，このことは原告たる依頼者・弁護士・弁護士会に対する本案判決による救済への障壁

であるとしても何ら問題のない，弁護士会照会に対する報告義務の確認の訴えを公法上の法律関係に関する確認の訴えと解することが，場合によっては報告を得ることに係る原告の救済を阻害することにつながり得るとはいえるであろう。

として機能し得る。それ故，筆者はこの点からも，報告義務の確認の訴えは行訴法4条後段の公法上の法律関係に関する確認の訴えではなく，民事訴訟としての確認の訴えと解するのが妥当であると考える。

◆ 第2節 ◆ 即時確定の利益

　確認の利益が認められるためには，原告の権利・法的地位に危険や不安が現存し，その解消のために確認判決の取得が必要かつ適切であることが求められる。この即時確定の利益の前提として，確認判決により保護されるべき原告の法的利益の存否が問題になる。この点につき本節では，弁護士会照会に対する照会先の報告義務の確認判決により保護されるべき，原告たる依頼者・弁護士の法的利益，弁護士会の法的利益の問題を検討した上で，報告義務の確認判決による原告の法的地位への危険や不安の解消につき検討する。

第1款　依頼者・弁護士の法的利益

　裁判例②⑫⑮は，報告義務の確認判決により保護されるべき，原告たる依頼者・弁護士の法的利益につき判示する。

　まず，裁判例②は，弁護士Zが照会先Yに対し直接または弁護士会に代位して回答を求める権利を有しないことを理由に，確認の利益を否定した。また，裁判例⑮は，弁護士会照会を行う主体は弁護士会であり，これに基づく法律関係は弁護士会と照会先との間に係るものであり，照会先Yが報告義務を負うとしてもそれは弁護士会に対する一般公法上の義務であり依頼者Xに対する直接の義務ではないため，Yが報告することによるXの利益は反射的利益にすぎず，事実上の利害関係を有するにすぎないため，Xの権利・法律関係につき危険や不安が現存するとはいえず，即時確定の利益を有するということはできないとした。

　他方，裁判例⑮の原判決たる裁判例⑫は，報告義務の確認請求を公法上の法律関係に関する確認の訴えとして適法とするところ，この訴えの利益は民事訴訟の確認の利益が基本となる[9]。この点につき裁判例⑫は，照会先Yが弁護士会に報告しなかったことの直接の結果として依頼者Xの債務者A・Bに対す

◆第3章　報告義務の確認の訴えの適法性

る強制執行による権利実現が妨げられており，XはYによる妨害を排除し権利救済を受けるため，Yの報告義務の確認を求めることができるとし，このような場合に報告義務を確認することが，法律上の紛争を解決し当事者の法律上の地位の不安・危険を除去するために必要かつ適切であることは明らかであるとする。

このように，裁判例②⑮が報告義務の確認判決により保護されるべき依頼者・弁護士の法的利益を否定するのに対し，裁判例⑫は依頼者の法的利益を肯定するところ，この問題をどう考えるべきであろうか。

まず，弁護士会照会では個々の弁護士に照会権は認められず[10]，弁護士会への照会申出権のみが認められる。従って，裁判例②が弁護士による照会先に対する回答請求権の確認の訴えを却下する際，弁護士が直接照会先に回答を求める権利を有しないこと，弁護士が照会・回答請求を照会先に行うことを弁護士会に求める権利を有さず，弁護士会に代位して回答請求をする権利も有しないことを根拠とするのは，その限りで妥当である。

しかし，弁護士会照会では依頼者・弁護士と照会先の間で直接の法律関係が成立しないとしても，照会先を被告とする弁護士会に対する報告義務の確認判決により保護されるべき原告たる依頼者・弁護士の法的利益が認められるか否かは別途問われるべきであろう。なぜなら，当事者の一方と訴外第三者との間の法律関係であっても，その存否に関する確認判決により原告の法的地位の安定が得られるのであれば，当該法律関係を確認の対象とし得るところ，この点の判断の前提として，当事者の一方と訴外第三者との間の法律関係の存否に関する確認判決により保護されるべき原告の法的利益の存否が問題となるからである。そのため，依頼者・弁護士が照会先を相手取り提起する弁護士会照会に対する報告義務の確認の訴えでは，訴外第三者たる弁護士会に対する被告たる照会先の報告義務の確認判決により保護されるべき，原告たる依頼者・弁護士の法的利益が認められるか否かが問題となる。

この点につき，現在公刊裁判例は裁判例⑫⑮のみであり，学説の議論も端緒

---

(9)　宇賀・前掲注(5)377頁。
(10)　第1章注(8)参照。

についたばかりである[11]。ただ，裁判例⑫⑮の事案では，依頼者の照会先に対する損害賠償請求が併合提起されているところ，特に裁判例⑮は，報告義務の確認に係る即時確定の利益を否定する理由付けとほぼ同様の理由付けにより依頼者の権利・法的利益の侵害を否定し，照会先の報告拒絶が不法行為に当たるとする依頼者からの損害賠償請求を棄却している。そして，照会先の報告拒絶を不法行為とする依頼者・弁護士による損害賠償請求において，報告拒絶により侵害される依頼者・弁護士の法的利益が認められるか否かにつき，下級審裁判例の蓄積があり，学説の展開もみられる。そのため，報告義務の確認の利益を考察する際にも，この点の検討から示唆を得られると考えられる。

報告拒絶に基づく照会先の不法行為責任が問われた下級審裁判例では，一方で，(a)照会権限を有するのは弁護士会であるとはいえ，照会による自己の法的利益の実現や享受を求めている実質的な主体が依頼者・弁護士であること等を理由に，報告拒絶が依頼者・弁護士の法的利益の侵害に当たるとする裁判例がある[12]。他方で，(b)照会権限を有するのは弁護士会のみであり依頼者・弁護士には照会権限がないこと，報告がなされることによる依頼者・弁護士の利益は事実上の利益ないし反射的利益にすぎないこと等を理由に，報告拒絶による依頼者・弁護士の法的利益の侵害はないとする裁判例がある[13]。また，学

---

(11) 弁護士会照会の報告義務の確認の訴えに関する論稿では，藤田広美「判批」事業再生と債権管理142号（2013年）124-125頁，伊藤眞ほか「(座談会)民事訴訟手続における裁判実務の動向と検討（第5回）」判例タイムズ1397号（2014年）46頁［松下淳一発言］，49頁［山本和彦発言］，伊藤眞「民事訴訟の目的再考―完結したミクロ・コスモスにならないために―」新堂幸司監修／高橋宏志＝加藤新太郎編『実務民事訴訟講座（第3期）第1巻』（日本評論社，2014年）53-54頁が，本文で後述する(a)説の立場を採る（なお，その後の伊藤・前掲注(1)20-22頁は，照会に係る依頼者の利益は間接的，ないし反射的な利益であるといわざるを得ないとの認識を示しており，伊藤教授の見解につき改説があったと思われる。ただ，さらにその後刊行された同『民事訴訟法（第5版）』〔有斐閣，2016年〕454頁注(431)は，弁護士会照会に対する照会先の報告義務が一般公法上の義務であることを理由に依頼者の確認の利益を否定した裁判例⑮の判示につき疑問がある旨を論じており，伊藤教授の見解につき再度の改説があったと思われる）。これに対し，今津・前掲注(2)124頁は，本文で後述する(b)説の立場を採る。

(12) 裁判例③④⑦⑨⑩⑫⑬。また，裁判例⑭は，弁護士と依頼者が損害賠償を請求した事案で，依頼者の法的利益の侵害を認める。

◆ 第 3 章　報告義務の確認の訴えの適法性

説でも，(a)説を採る立場[14]と(b)説を採る立場[15]とが対立しており[16]，これらの点を踏まえ，考察を進める。

　確かに，弁護士法23条の2は照会先に対する照会権限を弁護士会に専属させ，個々の弁護士には照会先に対する直接の照会権限を認めず，所属弁護士会に対する照会申出権のみを認め，依頼者には照会先に対する直接の照会権限はもちろんのこと，弁護士会に対する照会申出権も認めない。しかし，このような制度の構造から直ちに弁護士会照会に対する照会先の報告に係る依頼者・弁護士の権利・法的利益の侵害が否定されるか否かについては，より実質的な検討が必要である。この点の検討の際には，弁護士法23条の2の規定の沿革を

---

(13)　裁判例①⑤⑥⑧⑪⑮⑯⑰⑲。また，裁判例⑭は，弁護士と依頼者が損害賠償を請求した事案で，弁護士の利益を反射的利益にすぎないとする。

(14)　近衞大「判批」金融・商事判例1267号（2007年）15頁，前田陽一「判批」判例タイムズ1249号（2007年）57頁，小野寺健太「判批」早稲田法学83巻2号（2008年）138-140頁，本多正樹「判批」ジュリスト1373号（2009年）133頁，岩藤美智子「判批」金融・商事判例1336号（2010年）35頁，藤田・前掲注(11)124-125頁，森島昭夫「弁護士会照会に対する報告拒否と不法行為責任」自由と正義66巻1号（2015年）32頁，村上正子「判批」新・判例解説Watch17号（2015年）175頁等。なお，山口斉昭「判批」現代民事判例研究会編『民事判例X―2014年後期―』（日本評論社，2015年）105頁は，照会先の報告拒絶が直ちに不法行為を成立させることにはならないが，報告拒絶の態様の違法性が著しい場合（例えば，報告の必要性が高く，そのことが照会先にとっても明白であり，報告をすることに困難や障害もないのに一切の報告を拒絶する場合，そして，必要性等に関する弁護士会からの懇切・丁寧な説明や交渉の申出にもかかわらず，一切耳を貸さず無視・拒絶する等の場合）に限り，例外的に不法行為の成立を認めてよいとするところ，この場合の被侵害利益は依頼者自身の利益であるとする。

(15)　升田純「弁護士法23条の2所定の照会，民事訴訟法186条所定の調査嘱託に対する報告義務違反と不法行為の成否」金融法務事情1772号（2006年）26頁，宮川不可止「弁護士法23条の2の照会制度―守秘義務と報告義務の関係を中心に―」金融法務事情1801号（2007年）55頁，今津・前掲注(2)125頁，山本周平「判批」判例評論685号（2016年）11頁（判例時報2280号157頁）等。

(16)　栗田隆「判批」関西大学法学論集63巻2号（2013年）386頁は，調査嘱託における回答拒絶との関係で（参照されているのは弁護士会照会に関する裁判例・学説であるが），(a)説のような見解を「実質的利益主体説」，(b)説のような見解を「反射的利益説」と呼ぶ。

◆第2部◆　弁護士会照会に対する報告拒絶と民事訴訟による対処

振り返ることが有用と考えられる(17)。

　1949年の現行弁護士法制定時に，同年の第5回国会での弁護士法案の審議において，弁護士の事実の調査，証拠の収集に関する権利を確立することを目指し，23条に「弁護士は，その職務を執行するため必要な事実の調査及び証拠のしゅう集を行うことができる。但し，相手方は，正当な理由がある場合には，これを拒むことができる」との1項を挿入する修正案が参議院法務委員会に提案された。この提案の趣旨は，「現在自由に委されておる事実の調査及び証拠の蒐集というものを，権利として確立しようという」ものであった(18)。この修正案は参議院法務委員会・本会議で可決されたが，その回付を受けた衆議院は，弁護士にこのような権利まで認めることは相当でないとして，修正案に同意せず修正前の原案を再議決・可決した。しかし，弁護士の事実調査・証拠収集権を立法化したいとの要求は続き，1951年の第10回国会で弁護士法一部改正案が審議された際，現行の23条の2を挿入する修正案が参議院法務委員会・本会議で可決され，衆議院も回付された修正案に同意しこれを可決したため，現行の弁護士会照会制度が新設された。なお，現行弁護士法制定時に提案された弁護士の事実調査・証拠収集権に関する規定案が現行法23条の2の規定に変更されたのは，個々の弁護士が直接相手方に出向いて事実調査・証拠収集をなし得るとすれば，検察官類似の権限を付与するものであるし，憲法上の令状主義に照らしても行き過ぎであるとの批判を考慮した結果である(19)。

　この沿革をどう評価するかが問題となるところ，一方で，弁護士法23条の2が個々の弁護士に事実調査・証拠収集の権限を認めず，弁護士会を介する規律を採るとしても，弁護士会が権利主体となることを積極的に意図していた訳ではなく，個々の弁護士の権限を正面からは規定しないことに力点があったの

---

(17)　弁護士法23条の2の沿革に関しては，飯畑正男『照会制度の実証的研究』（日本評論社，1984年）4-12頁，日本弁護士連合会調査室編著『条解弁護士法（第4版）』（弘文堂，2007年）159頁にて紹介されている。以下での本文の記述も，これらの文献に多くを負う。

(18)　飯畑・前掲注(17) 5頁に，会議録より抄録された，修正案提出者である松井道夫委員の説明が引用されている。

(19)　日弁連調査室編著・前掲注(17)159頁。

◆ 第3章　報告義務の確認の訴えの適法性

ではないかと解する立場が考えられ[20]，この立場からは，照会に係る報告につき実質的な法的利益を有するのは弁護士やその依頼者であるとの理解が導かれると考えられる。他方で，弁護士法23条の2が弁護士会に照会権限を専属させ，個々の弁護士は照会申出権のみを有するとし，依頼者も弁護士会への照会申出権，照会先に対する報告請求権を有しないとし，照会先の報告義務も弁護士会に対して負うものとしているとの理解を形式的に徹底すれば，照会に係る報告が弁護士会になされることについての依頼者・弁護士の利益は反射的利益ないし事実上の利益にすぎないとの理解が導かれると考えられる[21]。

　この点を検討すると，まず，そもそも弁護士法23条の2の沿革をみても，この規定の新設に至る過程では個々の弁護士に職務執行のための事実調査・証拠収集の権限・手段を認めることに主眼が置かれていた。そして，現行の弁護士会照会でも，個々の弁護士には照会先に対する直接の照会権は認められず，弁護士会に対する照会申出権のみが認められ，照会は弁護士会が照会先に対して報告を求める形でなされ，かつ，弁護士会が照会申出の適否・照会の可否を判断するという形をとるとはいえ，照会はあくまでも個々の弁護士の申出に基づいてなされ，弁護士会が申出によらず自らのイニシアティブで照会をなす訳ではない。しかも，照会事項は弁護士が依頼者から受任した事件の処理のために必要な事項であり，弁護士会が個別の照会での照会事項自体につき利害関係を有する訳ではない。加えて，照会先が弁護士会に対し，照会に係る報告をした場合，その報告の結果は必ず申出弁護士に伝えられる（報告の結果を申出弁護士に伝えるか否かにつき，弁護士会に決定権限・裁量が認められる訳ではない）。従って，確かに現行の弁護士会照会での照会の主体は弁護士会であるが，その主体たる地位が能動的に発揮される場面は，個々の弁護士からなされた申出に係る照会の可否等の判断，および，照会をなすのが相当と認めた事項につき照

---

(20)　伊藤ほか・前掲注(11)49頁［松下発言］。
(21)　なお，第2章での紹介の際には割愛したが，裁判例⑰は，23条照会の申出をした弁護士の依頼者が照会先に対して報告を求める権利または利益を有すると解すべき法律上の根拠がないことは，本文で紹介したような弁護士法23条の2の立法経緯に照らしても明らかであるとして，依頼者が照会により報告を得る利益は反射的利益であり，依頼者固有の利益ではないと解するのが相当である旨を判示する。

307

◆第2部◆　弁護士会照会に対する報告拒絶と民事訴訟による対処

会先に報告を求めること等に限定され，それ以外の照会に係る多くの場面では，弁護士会の役割は個々の弁護士と照会先との間を橋渡しするようなものであるといえ(22)，そこでは弁護士会の主体たる地位につき，能動的な面はあまりみられないのではないかと考えられる。そして，前記のように，照会事項は弁護士が依頼者から受任した事件の処理のために必要な事項であり，そのため，照会先から弁護士会に対して照会事項に係る報告がなされるか否かにつき，依頼者・弁護士は直接の利害関係を有し，かつ，照会先の報告拒絶により，自らの（受任）事件の処理のために必要な事項に係る報告が得られないという結果が生じるのであり，まさに依頼者・弁護士が報告に係る不利益を被るといえる。このように，依頼者・弁護士が照会先の報告拒絶により不利益を被る主体であるといえ，かつ，弁護士会照会での照会事項は依頼者・弁護士の（受任）事件の法的な解決のために必要とされる事項であるため，照会先の報告に係る依頼者・弁護士の利益は法的な保護に値するものではないかと考えられる。このようにみていくと，弁護士会照会での弁護士会の主体たる地位についての前記の二面性を考慮せず，照会権限が弁護士会に専属する，すなわち，弁護士会照会での照会の主体が弁護士会であるという点から，直ちに照会に対する報告に係る依頼者・弁護士の法的利益の帰属主体性を否定する結論を下すことについては，論理的な必然性はないのではないかと筆者は考える(23)。従って，筆者は，

---

(22) 伊藤ほか・前掲注(11)46頁［松下発言］は，報告義務の確認の利益に関する文脈で，弁護士会は照会申出が適当か否かの判断はするが，この点以外については，報告の結果を申出弁護士に伝えるか否か等につき裁量権があるわけではなく，いわばパススルーするだけの形だけの存在であるとの理由から，申出弁護士の依頼者には報告を受けることについて反射的利益しかないとの結論を批判する。これに対し，同49頁［加藤新太郎発言］は，弁護士会はパススルーするだけのものという理解も可能かもしれないが，主体として弁護士会が審査して相当と認めたものについて照会をし，それを公法上の義務として応接することが，国民の権利・義務の実現に資するという制度的な建付けであるが故に，権利・義務の主体としては弁護士会であるという理解は相当ではないかと考えられる旨を論じる。

(23) 山本周平・前掲注(15)11頁は，報告拒絶を理由とする損害賠償請求の文脈で，報告拒絶事例における依頼者の利益の侵害は弁護士会照会制度上の義務違反を契機に生じるが故に，その利益侵害の発生自体が当該制度の存在を前提としており，そのため，その利益が法的保護に値するか否かも当該制度の趣旨により決まるものと解されるとした上

◆第3章　報告義務の確認の訴えの適法性

照会先の報告拒絶により不利益を被るのは依頼者・弁護士であり，それ故，依頼者・弁護士には報告義務の確認判決により保護されるべき法的利益が認められると解すべきであると考える。

　それでは，報告義務の確認判決により保護されるべき法的利益としていかなるものが考えられるのであろうか。まず，依頼者の法的利益について，依頼者が提起した報告義務の確認の訴えを適法とし，請求も認容した唯一の公刊裁判例たる裁判例⑫は，確認判決により保護されるべき依頼者の利益が何かを明確に述べていない。しかし，裁判例⑫では，判旨の全体からみて，「照会により強制執行のために必要な情報を得て，強制執行により実効的な権利救済を受ける利益」が，依頼者の利益として想定されていると考えられる。学説では，強制執行の場合の差押えの対象たり得る責任財産を確保する利益や訴訟の場合に事実や証拠を探知して審理に提出し適正な判断を受ける利益を挙げるもの(24)

　　　で，依頼者が照会権を有しないこと，および，弁護士会が照会申出を拒絶した場合の不服申立手続が存在しないことを考慮すれば，弁護士会照会が依頼者の私的利益を保護する趣旨を含むものではないと考えざるを得ず，それ故，依頼者の利益は原則として法的保護に値しない旨を論じる。第2章での裁判例の紹介では詳細を割愛した部分もあるが，弁護士会照会の制度趣旨が，基本的人権の擁護・社会正義の実現という弁護士の使命の公共性に鑑み，弁護士の受任事件の処理に必要な事実調査・証拠の収集を容易にし，当該事件の適正な解決に資することである（それ故，この制度の趣旨は依頼者・弁護士の利益を保護することではない）という点は，報告義務違反に係る依頼者・弁護士の法的利益の侵害を否定する全ての裁判例で，判示の前提ないし直接の理由づけとして援用される。

　　　しかし，弁護士会照会の制度趣旨が基本的人権の擁護・社会正義の実現という弁護士の公共的使命の遂行に資することであるのは確かだとしても，弁護士が主に個々の依頼者の代理人等として，当該依頼者の私的ではあるが法的な保護に値する利益を法制度により実現することを通じて，基本的人権の擁護・社会正義の実現が図られるのであり，依頼者の私的利益の実現が弁護士の公共的使命の遂行の前提となることは否定できない（それ故，弁護士の公共的使命の遂行と依頼者の私的利益の実現，および，そのための業務の遂行に係る弁護士の利益の実現とを切り離して考えることはできない）のではないか。そして，それ故に，弁護士会照会が弁護士の公共的使命の遂行に資するための制度であることと，個々の依頼者・弁護士の（受任）事件に係る照会に対する報告を得ることについての利益の要保護性が否定されることとの間には，必ずしも論理必然的なつながりはないといえるのではないかと筆者は考える。

◆ 第 2 部 ◆　弁護士会照会に対する報告拒絶と民事訴訟による対処

がある。

　また，照会先の報告拒絶に係る不法行為責任に関する裁判例では，報告拒絶により侵害される依頼者の法的利益につき，司法制度による紛争解決を適切に実現する利益[25]，遺言執行者たる司法書士の報告拒絶に関する事案で，相続人たる依頼者が遺留分減殺請求権を円滑に行使する利益[26]を挙げるものがある。また，学説では，裁判を受ける権利[27]，適正な権利の実現という利益[28]，照会により回答を得る利益[29]が挙げられている。さらに，照会先の報告拒絶により侵害される弁護士の法的利益につき，依頼者のために事務処理を円滑に遂行する利益[30]，受任事件の処理に必要な調査等を行う利益[31]を挙げる裁判例があり，学説では，照会により回答を得る利益[32]を挙げるものがある。

　そもそも，弁護士会照会は受任事件につき訴訟係属ないし訴訟提起の意図の有無にかかわらず利用可能であり，民事訴訟と関係する場面でも，訴え提起前，および，強制執行の準備段階等の様々な段階での利用が考えられ，さらに行政訴訟や刑事弁護等のための情報の入手にも用いられる[33]。従って，報告義務の確認判決により保護されるべき依頼者の法的利益として，前記の裁判例・学

---

(24)　伊藤・前掲注(11)実務民事訴訟講座（第 3 期）第 1 巻 54 頁。
(25)　裁判例⑨⑩。
(26)　裁判例④。ただし，この事案では遺言執行者の相続財産目録作成・交付義務（民法 1011 条 1 項）も同時に問題となっており，また，遺言執行の内容の報告義務（民法 1012 条 2 項・645 条・1015 条）の存在を理由として遺言執行者たる照会先の報告義務違反が認められていた点に留意する必要がある。
(27)　前田・前掲注(14)57 頁。
(28)　村上・前掲注(14)175 頁。
(29)　小野寺・前掲注(14)139 頁。
(30)　裁判例⑨⑩。
(31)　裁判例⑬。
(32)　小野寺・前掲注(14)139 頁。
(33)　飯畑・前掲注(17)79-123 頁，愛知県弁護士会編『事件類型別弁護士会照会』（日本評論社，2014 年）48-173 頁，東京弁護士会調査室編『弁護士会照会制度（第 5 版）』（商事法務，2016 年）45-213 頁，佐藤三郎ほか編著『弁護士会照会ハンドブック』（金融財政事情研究会，2018 年）67-251 頁に，弁護士会照会が用いられる事件類型ごとの照会例がまとめられている。

◆ 第3章　報告義務の確認の訴えの適法性

説で挙げられるものも含め，具体的事案に応じて多様なものが想定され，また，弁護士の法的利益として，依頼者と別次元のものも想定される。しかし，筆者は，依頼者・弁護士を問わず，また具体的な事案の相違を捨象してもなお全ての事案に共通し，かつ確認判決による保護に値する法的利益として，照会に対する報告それ自体を得る利益を想定できると考える。すなわち，依頼者は弁護士会照会を通じ，訴状が適法なものとされるに足りるよう被告を特定するための情報を入手すること，主張・立証に必要な証拠・情報を入手すること，強制執行の対象財産探索のための情報を入手すること等，ひいては司法制度による紛争解決や実効的な権利実現等を目指し，行政訴訟や刑事訴訟の文脈ではまた違った目的が想定され得る。また，弁護士は弁護士会照会を通じ，受任事件の処理に必要な調査等を行うこと，依頼者のために事務処理を円滑に遂行すること，ひいては前記の依頼者の目的達成のために代理人として助力することを目指す。そして，ここで挙げた依頼者・弁護士の目的達成につき，具体的な事案ごとに多様な利益が想定され，また，捉え方次第では抽象度の高い利益（裁判を受ける権利に係る利益等）も想定される。そのため，このような多様な利益を報告義務の確認判決により保護されるべき利益とすると，事案によっては要保護性に疑問が呈される可能性もある。しかし，依頼者・弁護士の様々な目的の実現のための共通の第一段階として，個々の（受任）事件につき必要な事項に関する弁護士会照会に係る報告それ自体を照会先より得ることが考えられ，しかも，この報告それ自体を得る利益は報告義務の確認判決による保護に値する具体性を備えた法的利益であると考えられる。故に筆者は，照会先の報告拒絶により危険・不安にさらされる，依頼者・弁護士が自らの（受任）事件に必要な照会事項に関する報告それ自体を得る利益の保護のため，報告義務の確認の訴えにつき即時確定の利益が認められるべきであると考える。

第2款　弁護士会の法的利益

　裁判例㉔は，報告義務の確認判決により保護されるべき，原告たる弁護士会の法的利益につき判示する。裁判例㉔は，(A)弁護士会の照会権限はあくまでも制度の適正な運用を図るためのものにすぎないことから，照会先の報告拒絶に対し弁護士会が独自の損害を被ったとしてその賠償を受ける法律上の利益を

◆第2部◆　弁護士会照会に対する報告拒絶と民事訴訟による対処

有するものではないとしつつ，(B)報告義務の存否（報告拒絶に係る正当な理由の有無）につき弁護士会と照会先の判断が食い違った場合でも，常に照会先の判断が優先されるならば，報告拒絶を自由に許す結果を招き，司法制度の円滑・適正な運営に寄与する弁護士会照会がその使命を果たすことが困難となること，(C)弁護士会は弁護士会照会の適正な運用を図る責務を負っているというべきであるから，弁護士会照会の使命を実現できるか否かについては，制度の存続にも関わる重大な利害関係を有しているといえることを根拠として，弁護士会照会制度を適正かつ円滑に運営し，その実効性を確保することは，法的に保護された弁護士会固有の利益である旨を判示する。

　裁判例㉔は，照会先の報告拒絶が不法行為に当たるとして弁護士会が照会先を相手取り提起した損害賠償請求の訴えにつき，弁護士会には不法行為法上保護される利益が存在しないとした判例㉓の差戻審判決であるため，判示(A)はこのことを前提としている。そうすると，第1款でみてきたように，裁判例⑮は依頼者の照会先に対する報告義務確認請求と損害賠償請求が併合提起されている事案につき，依頼者の不法行為法上の法的利益の侵害を否定するのとほぼ同様の理由付けにより，報告義務の確認に係る即時確定の利益の前提たる依頼者の法的利益を否定するところ，判示(A)のような理由付けから報告義務の確認に係る即時確定の利益の前提たる弁護士会の法的利益も否定されることになるのか否かが問題となり得る。しかし，裁判例㉔は，弁護士会照会制度を適正かつ円滑に運営し，その実効性を確保することは，法的に保護された弁護士会固有の利益であるとし，弁護士会による報告義務確認請求に係る即時確定の利益を認める。

　この点については，そもそも弁護士会照会では弁護士会が照会先に対する照会権限を有し，照会先の報告義務も弁護士会に対する義務である以上，照会先の報告につき弁護士会の法的利益が認められること自体は論理必然的な帰結といえる。そして，弁護士会が弁護士会照会制度の適正な運用を図る主体であり，かつ，前記のように個々の照会事項については利害関係を有しない以上，判示(B)(C)を根拠として，弁護士会照会制度を適正かつ円滑に運営し，その実効性を確保することが，法的に保護された弁護士会固有の利益であるとし，弁護士会による報告義務確認請求に係る即時確定の利益を認める裁判例㉔の判示は，

◆ 第3章　報告義務の確認の訴えの適法性

妥当なものと評価できる（筆者は，そもそも弁護士会照会に係る照会権限が弁護士会に認められている以上，判例㉓の判旨自体が妥当性を欠くと考えているが，この点については第3章第1節第2款で詳しく論じる）。

第3款　報告義務の確認判決による原告の法的地位への危険・不安の解消，紛争の解決

即時確定の利益が認められるためには，確認判決により保護されるべき原告の法的利益の存在を前提として，原告の法的地位に現存する危険・不安を解消し紛争を解決するために確認判決が必要かつ適切であることが求められる

この点につき，照会先の報告に係る原告たる依頼者の法的利益を認める裁判例⑫は，照会先が報告を拒絶する場合に報告義務の存否について判決をもって法律関係を確定することが，その法律関係に関する法律上の紛争を解決し，当事者の法律上の地位の不安・危険を除去するために必要かつ適切である場合であることは明らかである旨を判示するが，詳細な議論は展開していない。

他方，照会先の報告に係る原告たる弁護士会の法的利益を認める裁判例㉔はこの点につき詳細に判示し，弁護士会による報告義務の確認の訴えにつき即時確定の利益を認める。すなわち，裁判例㉔は，照会先Ｙの報告拒絶により弁護士会X_2の法的利益に対する現在の危険ないし不安があるとした上で，（ア）本件確認請求が認容されれば，Ｙがこれに応じて報告義務を履行することが期待できること，（イ）認容判決を受けた上での本件照会事項に対する報告であれば，ＹがＡ（依頼者の債務者，かつ，転居届の提出者）から守秘義務違反を理由として損害賠償を請求されても，違法性がないことを理由にこれを拒むことができること，（ウ）X_2は，本件確認請求が棄却されれば，同一の照会事項による23条照会はしない旨明言していることを根拠に，報告義務の確認請求に対する本案判決が紛争の解決にとって有効であるとする。

そもそも，即時確定の利益の有無については，個別事件の具体的な状況での評価判断が必要となるところ[34]，裁判例㉔が報告義務の確認請求に対する本案判決を紛争解決にとって有効であるとする根拠のうち，根拠（ウ）は個別事件

---

[34]　川嶋四郎『民事訴訟法』（日本評論社，2013年）245頁。

313

における原告X2が訴訟の具体的な過程で示した態度に依拠するものといえる。また，根拠(ア)も訴訟の具体的な過程でのX2の主張に依拠するところ，X2の主張のうち，確認請求が認容されればYの代理人弁護士は本件照会に対し任意に報告する意向を示している点，および，Yが今後の対応方針を監督官庁である総務省に報告している点は，当該事件での個別具体的な事情に関係するものといえる。そのため，裁判例㉔が即時確定の利益を認める根拠のうち，これらの点については一般的な評価が難しい面もある。

　それに対し，根拠(ア)が依拠するX2の主張のうち，弁護士会照会の相手方となることが多い金融機関や郵便・通信事業者は公の監督を受ける立場にあるから，既判力をもって確定された報告義務を履行しないことは想定し難いとする点は，照会先が公務所や公的団体，および，公の監督を受ける私的団体である場合の報告義務の確認の訴え一般に敷衍しても当てはまり得る要素であり，原告の法的地位に現存する危険・不安の解消という点から積極的に評価できる。また，根拠(イ)は，報告義務の確認の訴え一般に当てはまる要素である。そして，弁護士会照会を受けた照会先が守秘義務等を理由として報告を拒絶する論拠として，照会に応じて報告した場合，報告により自らの秘密を開示されたために法的利益を侵害されたと主張する者（「秘密帰属主体」[35]）から不法行為に基づく損害賠償請求の訴えを提起される可能性があることがしばしば挙げられる点に鑑みると，裁判例㉔が即時確定の利益を認めるに際し根拠(イ)を挙げる点は，原告の法的地位に現存する危険・不安の解消のみならず，報告義務と守秘義務等との衝突が考えられる場面での被告たる照会先の法的地位に係る危険・不安の解消という点からも，積極的に評価できる。

◆ 第3節 ◆ 手段選択の適否

　確認の利益が認められるためには，他の法的手段ではなく確認の訴えを選択したことが適切であることも必要とされる。それでは，依頼者・弁護士が照会先を相手取り提起する弁護士会照会に対する報告義務の確認の訴えで，裁判例

---

(35) この用語法は，伊藤・前掲注(1) 6頁に倣ったものである。

◆ 第3章　報告義務の確認の訴えの適法性

は手段選択の適否につきどのように判断しているのであろうか。

　この点につき裁判例②は，照会先Yの回答拒絶により弁護士Zの受任事件の処理につき何らかの具体的損害を被ることがあったとしても，ZはYに対し損害賠償請求等の方法により救済を求めるべきであるとして，回答請求権の確認の利益を否定する。また，裁判例⑮は，照会先Yの報告拒絶により依頼者Xの権利等につき危険・不安が生じたというのであれば，その除去のためには，Yの報告義務の確認の訴えによるよりも，報告拒絶が違法であることを理由とする損害賠償請求等による方がより有効かつ適切であるとして，報告義務の確認の利益を否定する。なお，裁判例⑨⑩は，報告拒絶の違法確認の訴えが民事訴訟として適法か否かを傍論で判断しており，そこでは，報告拒絶が違法であることを理由とする損害賠償請求によること以上に確認の訴えによることが紛争解決にとって有効ないし適切であるといえないから，この訴えは民事訴訟としても確認の利益がないとする。

　このように，報告義務の確認の利益を否定する裁判例は一様に，損害賠償請求の方が報告義務の確認の訴えよりも依頼者・弁護士の法的利益についての危険・不安の除去や紛争解決にとって有効・適切であるとして，確認の訴えの選択を不適切とするが，この点をどう考えるべきであろうか。

　そもそも，確認の訴えによることの適否が確認の利益の判断要素となるのは，確認の訴え以外により適切な紛争解決手段が存在する場合にはその手段によるべきであり，確認の訴えはそれ以外に適切な紛争解決手段が存在しない場合にのみ補充的に認められるべきであることを根拠とする[36]ところ，その前提として確認の訴えとそれ以外の紛争解決手段との目的の共通性が要求されると考えられる。しかし，報告義務の確認請求と報告拒絶を理由とする損害賠償請求とでは，目的が共通しない場合が多いのではないか。まず，多くの場合，報告義務の確認の訴えは，依頼者の権利・法的利益の実現・保護，弁護士の受任事件についての円滑な事務処理の遂行に際し，照会先からの弁護士会に対する報告を通じて必要な情報を入手するための第一歩として，照会先の報告義務につ

---

[36]　小島武司『民事訴訟法』（有斐閣，2013年）233頁，川嶋・前掲注(34)243頁，高橋宏志『重点講義民事訴訟法（上）（第2版補訂版）』（有斐閣，2013年）365頁，松本博之＝上野泰男『民事訴訟法（第8版）』（弘文堂，2015年）164-165頁［松本］等。

◆第2部◆　弁護士会照会に対する報告拒絶と民事訴訟による対処

き既判力のある判断を得るために提起されていると考えられる。それに対して，損害賠償請求の訴えは，照会先の報告拒絶により依頼者等が必要な情報を入手できなかったことにより被った損害の事後的な填補を目的とする。この場合，報告義務の確認の訴えと損害賠償請求の訴えとでは，そもそも目的自体が異なる（もっとも，報告拒絶に対する損害賠償請求の訴えが報告義務の実効化を図るという側面はあり得るが）。そのため，報告義務の確認の訴えによる法的利益の保護や紛争の解決が，損害賠償請求の訴えによってより適切に達成されるとの関係は認められない[37]。それ故，損害賠償請求の訴えをより適切な手段として選択すべきことを根拠として報告義務の確認の利益を否定する裁判例の立場は，妥当性を欠くと考えられる。

　また，依頼者・弁護士には照会先に対する照会権・報告請求権は認められないため，依頼者・弁護士が報告を拒絶する照会先に対し民事訴訟を通じて報告を求める場合，報告義務の確認請求という，直接の給付請求権が認められる場合には迂遠と思われる手段を採らざるを得ない。そして，この点からも，報告義務の確認の訴えにつき手段選択として不適切であるが故に確認の利益を否定するとの立場は採り得ないと考えられる。

　他方，弁護士会が照会先を相手取り提起する報告義務の確認の訴えについては，弁護士会が照会先に対する照会権限をもつため，照会先に対し報告を求める給付の訴えを提起し得るのではないかという意味で，確認の訴えという手段を選択したことの適否が問われ得る。この点につき裁判例㉔は，（あ）弁護士法には報告拒絶に対する強制執行の規定がない上，照会権限についても「報告を求めることができる」と規定されているにとどまるから，報告を命じる給付判決を求めることについての許容性につき疑義があること，（い）仮に給付の訴えが可能であるとしても，民事執行手続により公法上の義務の履行を実現することはできないと解されるし，行政庁ではない弁護士会が行政代執行による義務の履行を求めることはできないこと，（う）判例㉓により，報告拒絶に対する損

---

[37] 伊藤・前掲注(11)実務民事訴訟講座（第3期）第1巻54頁は，報告義務の確認の訴えで問題となるのは，照会で得られた情報に基づき責任財産を確保する利益や，事実や証拠を探知して審理に提出し適正な判断を受ける利益であり，それが事後的な損害賠償請求で救済できるとは考えられないとする。

◆ 第3章　報告義務の確認の訴えの適法性

害賠償請求が否定されていることを根拠に，弁護士会 X_2 が訴訟手続により照会先 Y の報告義務の存否の判断を得るには確認の訴えという方法を採るよりほかないとする。

　裁判例㉔が挙げるこれらの根拠のうち，まず，根拠(う)については，(報告拒絶に対する損害賠償請求の訴えが報告義務の実効化を図るという側面はあり得るとはいえ)そもそも損害賠償請求の訴えと報告義務の確認の訴えとでは目的自体が異なるため，根拠として弱いように思える。また，根拠(い)についても，国や地方公共団体が専ら行政権の主体として国民に対し民事訴訟手続・民事執行手続により行政上の義務の履行を求めることは判例上否定されているが（最〔三小〕判平成 14 年 7 月 9 日〔民集 56 巻 6 号 1134 頁〕），公法上の義務とされているとはいえ，行政主体と国民との間の法律関係に係る義務ではなく，弁護士・弁護士法人を構成員とする公的法人たる弁護士会と公務所・公私の団体との間の法律関係に係る義務である弁護士会照会に対する報告義務につき同様のことがいえるか否かが問題となり得ること，また，そもそも弁護士会照会に対する報告義務は行政代執行の対象となる代替的作為義務であるとはいえないのではないかと考えられることからすると，根拠として弱いように思える。

　他方，根拠(あ)については，弁護士法上は弁護士会照会への報告拒絶に対する強制履行の規定はないとはいえ，民事訴訟での現在の給付の訴えにつき，当該の給付請求権を強制執行により実現することが法律上または事実上不可能もしくは困難である場合にも訴えの利益は否定されないという判例[38]・通説[39]の立場を踏まえれば，照会権限を有する弁護士会が照会先に対し報告を求める給付の訴えにつき，訴えの利益を認め得るとも考えられる。仮にそのように解するとすれば，弁護士会が照会先を相手取り提起する報告義務の確認の訴えについては，給付の訴えの提起が可能である以上，手段選択として不適切であるとも考え得る。しかし，強制執行ができない場合についても現在の給付の訴え

---

(38)　例えば，最（二小）判昭和 41 年 3 月 18 日（民集 20 巻 3 号 464 頁）。
(39)　新堂幸司『新民事訴訟法（第 5 版）』（弘文堂，2011 年）265 頁，川嶋・前掲注(34) 231 頁，高橋・前掲(36)350 頁，松本＝上野・前掲注(36)149 頁［松本］，伊藤・前掲注(11)民事訴訟法 176-177 頁，中野貞一郎ほか編『新民事訴訟法講義（第 3 版）』（有斐閣，2018 年）160 頁［福永有利］等。

を認める理由として，請求権の存在を認定して給付判決をしておくことに意味があることもある点が挙げられるところ(40)，このような場合の給付判決は給付請求権の存在を既判力により確定するにとどまるのであり，その機能は実質的には確認判決と異ならないのではないかと考えられる。そうすると，報告を求める給付の訴えと報告義務の確認の訴えとで，前者を選択する方が後者を選択する場合と比べて紛争解決のためにより適切であるという訳ではなく，それ故，仮に弁護士会による（強制執行を予定しない）報告請求の給付の訴えの利益を認め得るとしても，弁護士会が照会先を相手取り提起する報告義務の確認の訴えにつき，手段選択が不適切であるとされるべきではないと筆者は考える。

以上の点から筆者は，弁護士会による報告義務の確認の訴えについての手段選択の適否に係る裁判例㉔の判示の結論に賛成する。

◆第4節◆ 報告義務の中間確認の訴えの適法性

裁判例⑲⑳㉒では，報告拒絶を理由とする照会先に対する損害賠償請求訴訟内で提起された報告義務の中間確認の訴えの適法性が問題となっている。この点につき，前記のいずれの裁判例も，照会先の報告拒絶により原告たる依頼者の法律上の利益が侵害される訳ではなく，照会先の弁護士会に対する報告義務違反が依頼者に対する不法行為を構成しないため，報告義務の有無は依頼者の照会先に対する損害賠償請求権の存否の先決問題たり得ないとして，報告義務の中間確認の訴えを不適法とする（裁判例㉒は，原告たる依頼者が法律上保護される利益を有するといえない以上，照会先が報告義務を負うことにより照会先の故意・過失が基礎付けられるともいえない点も理由として挙げる）。

中間確認の訴えの要件の一つとして，訴訟中で争われている法律関係の成立・不成立が本来の訴訟の目的たる権利・法律関係の全部または一部に対し先決的関係にあり，その判断が本来の訴訟の全部または一部の勝敗に影響を与えるものであることが求められる(41)。この点につき，照会先の弁護士会照会に

---

(40) 高橋・前掲注(36)350頁。
(41) 秋山幹男ほか『コンメンタール民事訴訟法Ⅲ（第2版）』（日本評論社，2018年）222頁。

◆ 第3章　報告義務の確認の訴えの適法性

対する報告による依頼者等の利益を事実上の利益ないし反射的利益とすると，報告拒絶による依頼者等の法的利益の侵害自体があり得ず，照会先の報告義務の有無が依頼者等の損害賠償請求権の存否の先決問題たり得ないことになる。しかし，筆者は，照会先が弁護士会に対し照会事項につき報告することによる依頼者・弁護士の利益は法的利益であると解すべきと考えるところ，このように解すると，報告拒絶による依頼者等の法的利益の侵害が認められ，照会先の報告義務の有無が依頼者等の損害賠償請求権の存否の先決問題たり得，この点から報告義務の中間確認の訴えは適法と解すべきである（この点は，弁護士会が原告である場合も同様である）。もっとも，照会先の報告義務が認められても，損害賠償請求が棄却される可能性もある（例えば，照会先の報告義務違反につき故意・過失が認められない場合等）。しかし，中間確認の訴えの対象たる法律関係の成立・不成立が本来の訴訟の勝敗に与える影響の程度については，理論上一般的に本来の訴訟の勝敗に影響を及ぼすものであれば足りるとする抽象的先決性説が判例・通説の立場であり[42]，この立場を採り，かつ，照会先の報告拒絶により依頼者等の法的利益が侵害されるとの立場を採れば，報告拒絶を理由とする損害賠償請求訴訟における報告義務の中間確認の訴えの適法性は認められると考えられる。

---

[42]　中野ほか編・前掲注(39) 575 頁［栗田隆］，秋山ほか・前掲注(41) 222-224 頁等。

◆ 第4章 ◆

照会先の報告義務違反に係る不法行為の成否

　第2章では，照会先の報告拒絶が不法行為に当たるとして損害賠償請求がなされた事案に係る判例・裁判例を概観した。そして，当然のことながら，照会先の損害賠償責任が認められるためには，照会先の報告拒絶が具体的な事件との関係で報告義務違反に当たるか否かに加え，報告義務違反が不法行為の各要件を充足するか否かが問題となる。

　この点につき，判例・裁判例の多くは，照会先の報告義務違反が原告の権利・法的利益を侵害しないこと，ないし，報告義務違反につき照会先の故意・過失が認められないことを理由に請求を棄却し，これらの判例・裁判例では，報告義務違反による原告への損害の発生，および，原告の損害と照会先の報告義務違反との因果関係の存在については判断されていない。また，原告の請求を認容した裁判例（裁判例④⑦⑨⑩⑭㉑。ただし，裁判例⑩⑭は依頼者・弁護士の請求のうち依頼者についてのみ請求を認容し，裁判例㉑は依頼者・弁護士会の請求のうち弁護士会についてのみ請求を認容する）でも，そこで認容されるのは主に慰謝料ないし無形損害に係る損害賠償であるため，原告への損害の発生，および，原告の損害と照会先の報告義務違反との因果関係につき，具体的な事情を詳細に認定して判断がなされている訳ではない。

　このように，現在の判例・裁判例を前提とすると，照会先の報告義務違反が不法行為に当たるとして損害賠償請求が認容されるためには，原告の権利・法的利益の侵害，報告義務違反に係る照会先の故意・過失という要件の充足が第一の関門になると考えられる。それ故，本章では，照会先の報告義務違反がこの二つの要件を充足するか否かを重点的に検討する。

◆ 第1節 ◆　報告義務違反による権利・法的利益の侵害

　弁護士会照会に対する照会先の報告義務違反による権利・法的利益の侵害が

◆第2部◆　弁護士会照会に対する報告拒絶と民事訴訟による対処

あるか否かについては，とりわけ，弁護士会に照会権限が専属するとされることとの関係で，照会を申し出た弁護士，および，その依頼者に保護されるべき権利・法的利益が認められるか否かが大きな問題となる。以下，依頼者および弁護士，弁護士会のそれぞれにつき，報告義務違反により侵害される権利・法的利益が認められるか否かに関する判例・裁判例・学説の状況を概観し，検討を加える。

第1款　依頼者・弁護士の権利・法的利益の侵害

　報告拒絶をした照会先に対し損害賠償を求めた事案に関する判例・裁判例のほぼ全てで，依頼者・弁護士のいずれか一方，または双方が原告となっている（なお，判例㉓では，一方の原告たる依頼者の承継人による上告・上告受理申立てにつき上告棄却・上告不受理決定がなされているため，他方の原告たる弁護士会のみが被上告人として残っている）。そのうち，裁判例⑱は照会先の報告義務違反に係る過失を否定して請求を棄却し，また，裁判例⑳は具体的な事件との関係での照会先の報告義務を否定して請求を棄却しており，いずれの裁判例でも原告たる依頼者の権利・法的利益の侵害につき判断されていない。しかし，それ以外の全ての裁判例では，具体的な事件との関係での照会先の報告義務を肯定するもののみならず，これを否定するものにおいても，報告拒絶による依頼者・弁護士の権利・法的利益の侵害が認められるか否かにつき判断されている。

1　依頼者・弁護士の権利・法的利益の侵害を認める裁判例

　裁判例②③④⑦⑨⑩⑫⑬は，照会先の報告義務違反による依頼者ないし弁護士の権利・法的利益の侵害を認める。

　まず，裁判例②は，依頼者の損害賠償請求につき，照会先の報告拒絶により依頼者に具体的損害が生じた場合に照会先への損害賠償請求が考えられなくはない旨を判示し，報告義務違反による依頼者の権利・法的利益の侵害を認めることを前提にしていると考えられるが，その理由は明示されていない。また，ここで想定されている依頼者の権利・法的利益が何であるのかも明示されていないが，判旨の文脈からは，報告を得ること自体についての利益ではなく，報告義務違反により情報を得られないがために侵害される何らかの具体的利益が想定されているのではないかと考えられる。

◆ 第4章　照会先の報告義務違反に係る不法行為の成否

　次に，裁判例③は，報告義務が弁護士会に対する法的義務であるため，報告義務違反が直ちに依頼者に対する不法行為を構成する訳ではないが，故意・過失による報告義務違反により依頼者の権利・法的利益を違法に侵害し損害を与えたと評価できる事実関係がある場合，照会先が不法行為責任を負うことがある旨を判示し，理由は明示していないものの，報告義務違反による依頼者の権利・法的利益の侵害を認める。そして，ここでは，依頼者の権利・法的利益については，照会先の報告義務違反自体が直ちに依頼者に対する不法行為を構成する訳ではないとされているところから，報告を得ること自体についての利益ではなく，報告拒絶により情報を得られないがために侵害される何らかの具体的利益が想定されていると考えられる。

　また，裁判例④⑦⑨⑩は，法律上弁護士会照会の主体が弁護士会とされるのは制度の適切かつ慎重な運用を担保する趣旨であり，この制度で情報を得ることにより自己の権利を実現し，または法的利益を享受する実質的な主体は依頼者・弁護士であることを理由に，照会先の報告義務違反による依頼者ないし弁護士の権利・法的利益の侵害を認める（なお，裁判例⑫は，この点につき明示的な判断を示していないが，併合提起されている照会先の報告義務の確認請求につき，照会先の報告拒絶により依頼者が債務名義による債務者に対する権利実現を妨げられていることを理由の一つとして確認の利益を肯定し，かつ，請求を認容しているため，報告義務違反による依頼者の権利・法的利益の侵害が認められることを前提にしていると考えられる）。そして，これらの裁判例で想定されている依頼者・弁護士の権利・法的利益については，まず，裁判例④では，相続人たる依頼者が遺留分減殺請求権を円滑に行使する利益が想定され，裁判例⑦では，判決の文脈上，相続人たる依頼者の金融機関に対する取引経過開示請求に係る利益，および，相続財産の有無等を迅速に確認する利益が想定されていると考えられる（ただし，これらの裁判例では，被告たる照会先の弁護士会照会に対する報告義務ではなく，裁判例④では遺言執行者が相続人に対して負う遺言執行の内容の報告義務〔民法1012条2項・645条・1015条〕と相続財産目録作成・交付義務〔民法1011条1項〕，裁判例⑦では預金等契約に基づく金融機関の取引経過開示義務という，情報提供に関する実体法上の義務違反によっても原告の請求を基礎付けることが可能であった点に留意が必要である）。次に，裁判例⑨⑩では，申出弁護士の業務

323

遂行の利益，および，依頼者の裁判を受ける権利ないし司法手続により紛争を解決する利益が挙げられている。また，裁判例⑫では，明示されてはいないが，依頼者の法的利益として，「照会により強制執行のために必要な情報を得て，強制執行により実効的な権利救済を受ける利益」が想定されていると考えられる。

さらに，裁判例⑬は，弁護士業務が基本的人権の擁護・社会正義の実現という公共的性格を有し，法律事務を取り扱うことができる法律専門家であること，および，弁護士の受任事件の処理のための業務の適正な遂行のため，事実の調査・証拠の収集等が重要であることから，弁護士は受任事件の処理に必要な調査等を行う利益を有し，これが法律上保護される利益に当たるとして，報告義務違反による弁護士の法的利益の侵害の可能性を肯定する。そして，ここで想定されている弁護士の法的利益としては，受任事件の処理に必要な調査等を行う利益が挙げられる。

2　依頼者・弁護士の権利・法的利益の侵害を認めない裁判例

これに対して，裁判例①⑤⑥⑧⑪⑮⑯⑰⑲㉑㉒は，照会先の報告義務違反による依頼者・弁護士の権利・法的利益の侵害を認めない。

裁判例①は，弁護士が原告となった事案につき，照会先の報告義務は弁護士の使命の遂行を容易にする目的のための協力義務に基づくものであり，弁護士ないし依頼者の利益を擁護するためのものではないとして，弁護士の権利・法的利益の侵害を否定する。

次に，裁判例⑤は，照会先の報告義務が弁護士会に対する公的な義務であり，弁護士や依頼者に対する義務ではなく，弁護士や依頼者が照会先に対して報告を求める権利を有しないこと，報告の結果が申出弁護士の側にとって必ずしも有利なものになるとは限らないこと，照会先の報告義務違反により依頼者の裁判を受ける権利が直ちに侵害されるともいえないことを理由に，依頼者の権利・法的利益の侵害を否定する。

他方，依頼者ないし弁護士の権利・法的利益の侵害を否定する大方の裁判例（裁判例⑥⑧⑮⑯⑰⑲㉒）は，弁護士会照会での照会権限は弁護士会にのみあり，照会先の報告義務も弁護士会に対する義務であり，依頼者ないし弁護士が照会先に対し報告を求める権利を有するものではないため，報告義務違反による依

◆第4章　照会先の報告義務違反に係る不法行為の成否

頼者ないし弁護士の権利・法的利益の侵害はないとする。加えて，前記の裁判例のうち，裁判例⑧⑯⑰㉒は，照会に対する報告に係る依頼者ないし弁護士の利益は，弁護士会照会が適正に運用されることに伴う反射的利益ないし事実上の利益であるとする（なお，裁判例⑮は，併合提起されている報告義務の確認の訴えの利益を否定する理由付けの一つとして，照会先が報告を行うことによる利益は依頼者にとっては反射的利益にすぎない旨を明示する）。

また，裁判例㉑は，弁護士会照会については弁護士の使命の公共性がその基礎にあり，依頼者の私益を図るための制度ではなく，依頼者は弁護士会に対し照会を求める実体法上の権利を持たないため，報告に係る依頼者の利益は，制度が適正に運用された結果もたらされる事実上の利益にすぎないとする。

なお，裁判例⑦の控訴審判決たる裁判例⑪は，照会先の報告義務は公的な義務であり，照会先が依頼者との関係で私法上の報告義務を負うものではないとし，私法上の観点からは依頼者が照会先たる金融機関に対して取引経過の開示請求権を有するとは認められない旨を判示するところ，依頼者の照会先に対する実体法上の取引経過開示請求権が認められない点から直截に依頼者の権利・法的利益の侵害を否定しているように考えられ，弁護士会照会に対する報告義務違反自体による依頼者の権利・法的利益の侵害の存否につき明確に判示していないのではないかと考えられる。

3　依頼者の権利・法的利益の侵害を認め，弁護士の権利・法的利益の侵害を認めない裁判例

裁判例⑭は，依頼者・弁護士が共同原告となっている事案で，依頼者につき権利・法的利益の侵害を認めるが，弁護士の権利・法的利益の侵害を認めない。まず，弁護士会照会の権限は弁護士会に与えられており，依頼者は照会先に対して報告を求める権利・利益を有しないため，依頼者が照会による報告を得る利益は反射的利益にすぎず，この点に係る依頼者の権利・法的利益の侵害はないとするが，照会先の報告義務違反により実現が妨げられている，債務名義による依頼者の権利実現の利益は法律上保護されるものというべきであり，この点に係る依頼者の法的利益の侵害が認められるとする。これに対して，弁護士の権利・法的利益については，弁護士は照会に係る弁護士会の権限の発動を促すことができるにとどまり，照会制度が弁護士の所属弁護士会に対する情報収

325

集権を保障しているとは解されないため，弁護士は弁護士会に対する報告による反射的利益を享受できるにすぎず，弁護士が照会により回答を得る利益や情報収集権が法律上保護されるとはいえず，それ故，照会先の公的義務たる報告義務の違反があっても，弁護士の権利・法的利益は侵害されないとする。

4　検討

報告拒絶に基づく照会先の不法行為責任が問われた従来の下級審裁判例での依頼者・弁護士の権利・法的利益の侵害の有無に係る判示をおおまかにまとめると，一方で，(a)照会権限を有するのは弁護士会であるが，照会による自己の権利・法的利益の実現や享受を求めている実質的な主体が依頼者・弁護士であること等を理由に，照会先の報告義務違反が依頼者・弁護士の法的利益の侵害に当たるとする裁判例がある。他方で，(b)照会権限を有するのは弁護士会のみであり依頼者・弁護士には照会権限がないこと，照会に対する報告がなされることによる依頼者・弁護士の利益は反射的利益ないし事実上の利益にすぎないこと等を理由に，照会先の報告義務違反による依頼者・弁護士の権利・法的利益の侵害はないとする裁判例がある。また，学説でも，(a)説を採る立場[1]と(b)説を採る立場[2]とが対立する。

この問題につき，筆者は第3章で，依頼者・弁護士が照会先に対し提起する報告義務の確認の訴えに即時確定の利益が認められる前提として，報告義務の確認判決により保護されるべき依頼者・弁護士の法的利益が存在するか否かを検討する際の示唆を得るために論じている。詳細は第3章第2節第1款をご覧いただきたいが，そこでの議論を踏まえた結論を簡潔に述べると，筆者は，依頼者・弁護士には照会先の報告義務違反により侵害される，それ故，不法行為法による保護に値する法的利益が認められると解すべきであると考える。

それでは，照会先の報告義務違反につき不法行為責任を認めることにより保護されるべき依頼者・弁護士の法的利益として，いかなるものが考えられるのであろうか。第2章で紹介した，照会先の報告拒絶に係る不法行為責任に関する裁判例では，報告義務違反により侵害される依頼者の法的利益につき，裁判

---

(1)　第3章注(14)参照。
(2)　第3章注(15)参照。

◆第4章　照会先の報告義務違反に係る不法行為の成否

を受ける権利ないし司法制度による紛争解決を適切に実現する利益，照会により強制執行のために必要な情報を得て，強制執行により実効的な権利救済を受ける利益等が具体的に挙げられ，それ以外にも，報告を得ること自体についての利益や，報告拒絶により情報を得られないがために侵害される何らかの具体的利益も想定されていると考えられる。また，学説では，依頼者の法的利益につき，裁判を受ける権利[3]，適正な権利の実現という利益[4]，照会により回答を得る利益[5]が挙げられている。さらに，照会先の報告義務違反により侵害される弁護士の法的利益につき，申出弁護士の業務遂行の利益，受任事件の処理に必要な調査等を行う利益を挙げる裁判例があり，学説では，弁護士の法的利益につき，照会により回答を得る利益[6]を挙げるものがある。

　この点を検討すると，そもそも，弁護士会照会は個々の弁護士の受任事件の処理に必要な事項の照会のため，訴訟係属ないし訴訟提起の意図の有無にかかわらず利用可能であり，民事訴訟と関係する場面でも，訴え提起前，訴訟係属中，強制執行の準備段階等の様々な段階での利用が考えられ，さらに行政訴訟や刑事弁護等のための情報の入手にも用いられ得る。従って，報告義務違反に係る照会先の不法行為責任を認めることにより保護されるべき依頼者の法的利益として，前記の裁判例・学説で挙げられるものも含め，具体的事案に応じて多様なものが想定され，また，弁護士の法的利益として，依頼者と別次元のものも想定される。そして，依頼者・弁護士が照会先に対して報告拒絶に係る損害賠償を請求する目的の一つとして，照会先の報告義務違反に端を発して発生した損害につき填補を求めることが挙げられる点に鑑みると，筆者は，照会先の報告義務違反のために情報を得られないことにより侵害される何らかの利益については，不法行為法による保護に値する法的利益として広く認めてよいのではないかと考える[7]。

---

[3]　前田陽一「判批」判例タイムズ1249号（2007年）57頁。
[4]　村上正子「判批」新・判例解説Watch17号（2015年）175頁
[5]　小野寺健太「判批」早稲田法学83巻2号（2008年）139頁。
[6]　小野寺・前掲注[5]139頁。
[7]　筆者は第3章第2節第1款で，依頼者・弁護士が提起する照会先の報告義務の確認の訴えにつき即時確定の利益を認め，その前提として，自らの事件につき必要な照会事

◆第2部◆　弁護士会照会に対する報告拒絶と民事訴訟による対処

　この点については，弁護士会照会に対して照会先が報告を行ったとしても，報告される情報が必ずしも依頼者・弁護士にとって利益となるものとは限られないため（例えば，預金債権の差押えの準備のために金融機関に対して債務者名義の預金口座の有無や口座番号等についての照会がなされたが，照会先たる金融機関が債務者名義の預金口座は存在しない旨報告する場合等が考えられる），照会先の報告義務違反に係る依頼者・弁護士の法的利益の侵害を広く認めることは妥当ではないのではないかとの批判が考えられる。そして，例えば裁判例⑤は，照会先の報告義務違反による依頼者の権利・法的利益の侵害を否定する理由の一つとして，一般的には照会に対する回答の結果が最終的に申出弁護士側に必ず有利になるとは限らない点を挙げる。しかし，筆者は，そのような場合であっても，少なくとも報告を得ること自体に関する依頼者・弁護士の利益は存在し，この利益が侵害されたことをもって，依頼者・弁護士の法的に保護されるべき利益の侵害があったと評価することは可能なのではないかと考える。

　もちろん，具体的な事案によっては，依頼者・弁護士が主張する法的利益の侵害につき，損害が発生していない，または，損害の発生が認められるとしても照会先の報告義務違反との間の相当因果関係が認められないと判断されることも想定される。しかし，これらの点は，依頼者・弁護士の法的利益の侵害があることとは区別して考えることが可能な問題であり，そのため，照会先の報告義務違反により侵害される，それ故，不法行為法による保護に値する依頼者・弁護士の法的利益を広く認めることとは別問題ではないかと考えられる。例えば，前記の裁判例⑤の判示は，照会先の報告義務違反による依頼者の法的利益の侵害が認められるか否かという問題と，報告義務違反により依頼者に損害が発生するか否かという問題を混同していると考えられ，このような場合，照会先の報告義務違反により依頼者の法的利益（報告それ自体を得る利益）の侵害は認められるが，それによる損害が発生していないとの評価をすべきではな

項に関する報告それ自体を得る利益を，報告義務の確認判決により保護されるべき依頼者・弁護士の法的利益として考えるべきである旨を論じた。そして，筆者は，報告を得ること自体に関する利益は，依頼者・弁護士が提起する照会先の報告拒絶を理由とする損害賠償請求訴訟との関係でも，不法行為法により保護されるべき最低限の法的利益として捉えられるべきではないかと考える。

◆第4章　照会先の報告義務違反に係る不法行為の成否

いかと考えられる。

　なお，判例㉓では，原告たる弁護士会のみが被上告人となっており，共同原告たる依頼者（の相続人）については上告棄却兼上告不受理決定がなされているため，法廷意見では弁護士会の法的利益に関する判断のみがなされており，依頼者の法的利益についての判断はなされていない。そして，岡部喜代子裁判官の補足意見は，照会先の正当な理由のない報告拒絶により不法行為上保護されるべき利益が侵害されれば不法行為が成立することもあり得る旨を述べるところ，この点をどのように評価するかが問題となり得る。岡部補足意見については，一方で，照会先の報告義務違反による依頼者・弁護士に対する不法行為の成立（法的利益の侵害）を認める方向を示唆するとの理解が考えられる[8]。他方で，岡部補足意見はあくまでも一般論として弁護士会照会に対する照会先の報告義務違反による不法行為の成立の可能性を論じているにすぎず，依頼者・弁護士に対する不法行為の成立（法的利益の侵害）を積極的に認めることまでは意図していないのではないかとの理解も考えられる[9]。そして，前記のように，判例㉓（および，裁判例⑱㉑㉔）の事案で最高裁は依頼者（の相続人）については上告棄却兼上告不受理決定をしており，また，報告義務違反に

---

[8]　そのような理解を示す論稿として，井上聡「弁護士会照会を受けた金融機関の義務と責任」金融・商事判例1505号（2016年）1頁，加藤新太郎「弁護士会照会に対する照会先の報告拒絶による不法行為の成否」NBL1089号（2017年）89頁，同「判批」平成28年度重要判例解説（ジュリスト1505号）（2017年）82頁，吉岡伸一「弁護士会照会をめぐる裁判例と最高裁平成28年10月18日判決の与える影響」銀行法務21 809号（2017年）25頁，中務正裕「弁護士法23条の2に基づく照会を拒絶する行為の不法行為該当性—最三小判平成28・10・18の検討—」金融法務事情2067号（2017年）49頁，髙橋眞「判批」現代消費者法35号（2017年）75頁，笠井正俊「判批」金融法務事情2073号（2017年）76頁，栗田昌裕「判批」民商法雑誌153巻4号（2017年）571-572頁，白石友行「判批」現代民事判例研究会編『民事判例15 — 2017年前期—』（日本評論社，2017年）104頁，工藤敏隆「判批」法学研究（慶應義塾大学）90巻10号（2017年）131頁注(79)。

[9]　筆者は第2部の内容につき，札幌地方裁判所民事実務研究会（2017年2月16日開催）にて報告を行う機会を得たが，研究会の席上，および，研究会終了後に，研究会に参加した複数の裁判官・弁護士から，本文で記したような理解の可能性がある旨の指摘を受けた。

329

◆第2部◆　弁護士会照会に対する報告拒絶と民事訴訟による対処

係る依頼者・弁護士の法的利益の侵害を否定した高裁裁判例についても，上告・上告受理申立てがされたものに対してはいずれも上告棄却・上告不受理決定がされたようである[(10)]。これらの点を踏まえると，最高裁は照会先の報告義務違反による依頼者・弁護士の法的利益の侵害の有無については，上告受理申立理由たる「法令の解釈に関する重要な事項」（民事訴訟法 318 条 1 項）にすら該当しないとしており，依頼者・弁護士の法的利益の侵害を（消極的な形でとはいえ）否定する方向性を示しているのではないかとも考えられる。

第2款　弁護士会の権利・法的利益の侵害

弁護士会照会に係る照会権限が弁護士会に専属する以上，照会先の報告義務違反により弁護士会の権利ないし法的利益が侵害される可能性は否定できない。この点につき，裁判例⑧は，依頼者が原告となった事案に関する裁判例であるが，その傍論で，弁護士会が照会の権限の適正な行使を阻害されたことは明らかであり，このことにつき無形の損害を受けたと評価できる旨を判示する。

そして，裁判例⑱，その控訴審判決たる裁判例㉑，および，その上告審判決たる判例㉓の事案では，依頼者に加えて弁護士会も原告となっていたため，この問題が正面から問われた。前記の通り，裁判例⑱は権利・法的利益の侵害につき判断せず，報告義務違反に係る照会先の過失を否定して請求を棄却しているが，裁判例㉑は，弁護士会が自ら照会をするのが適切であると判断した事項について照会が実効性を持つ利益（報告義務が履行される利益）は，法的保護に値する利益であるとする。これに対し，判例㉓の法廷意見は，弁護士会が弁護士会照会の権限を付与されているのはあくまでも制度の適正な運用を図るためにすぎず，弁護士会照会に対する報告を受けることにつき弁護士会が法律上保護される利益を有するものとは解されないとして，照会先の報告拒絶による弁護士会の法的利益の侵害を否定し，岡部喜代子裁判官・木内道祥裁判官の補足意見もこの結論に同調する。

この問題につき，学説では従来，依頼者・弁護士の権利・法的利益の侵害に

---

(10)　齋藤毅「判解」ジュリスト 1504 号（2017 年）102 頁，同「判解」法曹時報 69 巻 8 号（2017 年）2421-2422 頁。

◆第 4 章　照会先の報告義務違反に係る不法行為の成否

関する問題と比較すると，あまり議論されていなかったと考えられるが[11]，裁判例⑱㉑・判例㉓が出されて以降，これらの判例・裁判例の評釈等での議論が出てきている。そこでは，照会先の報告義務違反による弁護士会の権利・法的利益の侵害を肯定する見解[12]と否定する見解[13]とがあるが，判例㉓の判旨

---

[11]　飯畑正男『照会制度の実証的研究』（日本評論社，1984 年）251 頁は，弁護士会にいかなる損害を生じたとするかがまず問題であるとし，弁護士会は多くの場合照会申出弁護士から照会手数料や費用を徴収しているから，報告拒絶等の場合でも現実に経済的損害を生じていないのが通例であり，精神的損害の賠償も，弁護士会が法人であることから必ずしも容易ではないとするところ，ここでは，明示的には論じられていないものの，照会先の報告義務違反による弁護士会の法的利益の侵害があることは前提とされていると思われる。他方，今津綾子「判批」私法判例リマークス 50 号（2015 年）125 頁は，弁護士会については，照会に関する法律関係の当事者であることから照会先の報告義務違反を問いやすいように思われるものの，照会事項につき直接の利害関係を有しないため，損害を認めることは難しい旨を論じるところ，ここでは，照会先の報告義務違反による弁護士会の法的利益の侵害があることが前提とされているか否かは明らかではないように思われる（ただ，同 124 頁は，弁護士会は弁護士会照会制度の適正かつ慎重な運用を担保する趣旨で照会権限の主体とされているにすぎず，報告事項に関して直接の利害関係を有する訳ではないから，弁護士会による報告義務の確認の利益は否定されようとも論じており，この点を敷衍すると，報告拒絶を理由とする損害賠償請求との関係でも弁護士会の法的利益の侵害を否定する結論につながるとも思われる）。

[12]　伊藤眞「弁護士会照会の法理と運用―二重の利益衡量からの脱却を目指して―」金融法務事情 2028 号（2015 年）15 頁，20 頁は，裁判例㉑を踏まえ，照会先の報告拒絶による弁護士会への無形の損害の発生を認める趣旨の議論をしており，そこでは照会先の報告拒絶による弁護士会の法的利益の侵害があることが前提とされていると考えられる（なお，同 22 頁注(46)は，弁護士会による報告義務の確認の訴えとの関係で，弁護士会が弁護士会照会制度の運営主体として適時に報告を受領する利益はあるように思われる旨を論じる）。また，加藤新太郎「判批」現代消費者法研究 31 号（2016 年）87 頁注(6)は，報告拒絶による弁護士会の法益侵害が生じていることを前提とする議論を展開する。

[13]　山口斉昭「判批」現代民事判例研究会編『民事判例Ⅹ―2014 年後期―』（日本評論社，2015 年）104 頁は，照会先の報告義務が公法上の義務であり，その発動の判断が弁護士会に委ねられているという仕組みから考えた場合，そもそも弁護士会に「法律上保護される利益」が存在するかは議論があり，むしろ否定的に考える方が素直であろうとする。なお，その後刊行された，同「弁護士会照会に対する照会先の不法行為責任について―二つの高裁判決を契機に―」早稲田法学 91 巻 3 号（2016 年）226 頁は，照会先が一切弁護士会との応接交渉の場に出てくることなく，説明を聞くことも話し合いに応

◆第2部◆　弁護士会照会に対する報告拒絶と民事訴訟による対処

に対しては，現在のところ，評価が分かれているように思われる[(14)]。

　ところで，裁判例㉑と判例㉓はいずれも，弁護士会照会の適正な運用を図るために弁護士会に照会権限が付与されているという点から議論を始める。しかし，少なくとも判示のみをみる限り，この点の趣旨や背景をどのように捉えるかについて，裁判例㉑と判例㉓は立脚点が異なるように思われる。

　まず，裁判例㉑は，弁護士会が弁護士の使命（基本的人権の擁護，社会正義の実現〔弁護士法1条1項〕）・職務に鑑み，その品位を保持し，弁護士の事務の改善進歩を図るため，弁護士の指導・連絡および監督に関する事務を行うことを目的とする（弁護士法31条1項）点から，弁護士会照会についてはその制度の適正な運用を確保するために照会権限を弁護士会に付与し，個々の弁護士に

　　じることもない場合等につき，弁護士会の法益侵害を認める方向性を示す。
(14)　伊藤眞「弁護士会照会の今後―最高裁判決に接して―」金融法務事情2053号（2016年）1頁は，照会を発し，報告を得ることが法人としての弁護士会の業務であり，法律上保護される利益ではないかとの疑問を呈する。また，加藤新太郎・前掲注(8) NBL88頁は，判例㉓の判示につき，「弁護士会が照会権限を付与されている理由が制度の適正な運用を図るためにすぎない」ことが「弁護士会に報告を受ける法益なし」論を論理必然的に導く根拠になるとは思われないとした上で，判例㉓としては今少し理由付けに腐心することが相当であった旨を論じる。なお，加藤新太郎教授はその後の論稿（加藤新太郎・前掲注(8)平成28年度重判解82頁）で，判例㉓の「正当な理由なく報告拒絶しても弁護士会に対する法益侵害なし」論には与しない旨を明言する。それに加え，栗田隆「判批」関西大学法学論集67巻3号（2017年）660-661頁も，判例㉓の結論に反対する。

　　これに対し，川嶋四郎「判批」法学セミナー751号（2017年）120頁は，判例㉓が弁護士会の法的利益の侵害を否定した点につき，調査嘱託，訴え提起前の照会，当事者照会等との比較からも妥当であろうとする。また，笠井・前掲注(8)76頁は，弁護士会照会は弁護士法により与えられた公的権限に基づき弁護士会が照会先に義務を課すものであり，その法的性格は国や地方公共団体が行政上の権限を行使する場合と類似するところ，義務の履行を受けられる公的権限の主体の地位を直接に不法行為法で保護される利益と認めることには，公法上の義務主体の利益擁護という観点から，相当に慎重な姿勢が必要であり，基本的には権限の根拠法や公法上の履行確保措置により実効性が確保されるべきであるとして，判例㉓の結論に賛成する。それに加え，栗田・前掲注(8) 573-574頁，工藤・前掲注(8)116-120頁，浦谷知絵「判批」龍谷法学50巻4号（2018年）2487-2488頁も，判例㉓の結論に賛成する。

◆第4章　照会先の報告義務違反に係る不法行為の成否

よる照会申出が適切であるか否かにつき弁護士会の自律的な判断に委ねたものと解されるとの前提に立つ。その上で裁判例㉑は，弁護士会が自らの照会権限の適切な行使のために様々な措置を講じ，国民の権利の実現という公益を図ってきた点から，弁護士会照会に対する報告に係る弁護士会の法的利益を認める。すなわち，裁判例㉑は，「弁護士会照会制度の適正な運用を図ること」との関係では，弁護士会自身がその公益的な役割を果たすために主体的に照会制度を運用し，また，そのための種々の措置を講じている点を重視し，それ故，弁護士会が自ら照会をするのが適切であると判断した事項について照会が実効性を持つ利益（報告義務が履行される利益）を，照会に対する報告に係る弁護士会独自の法的利益として認めているのではないかと考えられる。

それに対し，判例㉓は，照会先たる公務所・公私の団体は正当な理由がない限り照会事項につき報告義務を負い，弁護士会照会が照会先の利害に重大な影響を及ぼし得るが故に，弁護士法23条の2が弁護士会照会の照会権限を弁護士会に付与し，個々の弁護士の照会申出が制度の趣旨に照らして適切か否かの判断を弁護士会に委ねているものであるとする。すなわち，判例㉓は，「弁護士会照会制度の適正な運用を図ること」については，照会先の保護のためであるという点を重視し，それ故，照会制度の適正な運用を図ることに係る弁護士会独自の法的利益を否定しているのではないかと考えられる。

そもそも，弁護士会照会においては弁護士会が照会先に対する照会権限を有し，照会先の報告義務も弁護士会に対する義務である以上，照会先の報告義務違反による弁護士会の法的利益の侵害が認められること自体は論理必然的な帰結といえる。この点につき，判例㉓の法廷意見は，弁護士会の照会権限は制度の適正な運用を図るためのものにすぎず，しかも，照会制度の適正な運用を図ることは照会先の保護のためであるという点から，照会に対する報告に係る弁護士会の法的利益を否定するとの結論を導いていると考えられる。しかし，筆者は，判例㉓の法廷意見のこのような見方は一面的に過ぎるのではないかと考える。すなわち，弁護士会照会制度で照会権限が弁護士会に専属するものとされている理由としては，確かに，個々の弁護士からの照会申出につき審査の上，制度の趣旨にかなう適切な照会事項についてのみ照会先に報告を求めるというスクリーニングを行い，もって，照会先に無用の負担を負わせることを防ぎ，

◆第2部◆ 弁護士会照会に対する報告拒絶と民事訴訟による対処

照会先を保護するという点があり得る。しかし，この点から直ちに，弁護士会には弁護士会照会に対する報告に係る独自の法的利益はないとは論理必然的にはいえないのではないかと筆者は考える。すなわち，個々の弁護士からの照会申出をスクリーニングし，制度の趣旨にかなう照会事項についてのみ照会を求めるという形で照会先の保護を図ることにより，照会先となり得る公務所・公私の団体からの弁護士会照会に対する信頼を確保し，もって，個々の弁護士にとって利用可能な情報収集制度としての弁護士会照会の実効性を確保するという点も，弁護士会照会につき弁護士会のみが照会権限を有するとされる理由として考えられ，それ故，裁判例㉑が指摘するように，弁護士会が自らの照会権限の適切な行使のために様々な措置を講じているのだと考えられる。そのため筆者は，弁護士会照会の適正な運用に係る弁護士会の法的利益は存在し，それ故，照会先の報告拒絶による弁護士会の法的利益の侵害はあると考えるべきであり，判例㉓の法廷意見の立場は論理必然的に成り立つ訳ではないのではないかと考える。そして，前記のように弁護士会は個々の照会事項につき利害関係を有しない以上，照会が実効性を持つ利益を法的保護に値する弁護士会の利益であるとする裁判例㉑の判示の方が妥当なものと評価できると筆者は考える。

なお，判例㉓の木内道祥裁判官の補足意見は，(1)原審（裁判例㉑）が，照会が実効性を持つ利益の侵害により無形損害が生ずることを認めるのは，弁護士会照会に対する報告義務に実効性を持たせるためであると解される，(2)しかし，不法行為に基づく損害賠償制度は，被害者に生じた現実の損害を金銭的に評価し，加害者にこれを賠償させることにより，被害者が被った不利益を補填して，不法行為がなかったときの状態に回復させることを目的とするものであり，義務に実効性を持たせることを目的とするものではない，(3)義務に実効性を持たせるために金銭給付を命ずるというのは，強制執行の方法としての間接強制の範疇に属するものであり，損害賠償制度とは異質なものであるという点を理由として，弁護士会が弁護士会照会に対する報告を受けられなかったこと自体に係る法的利益の侵害を否定する。しかし，筆者は木内補足意見の結論・理由付けのいずれにも反対であり，その理由を以下で述べる。

まず，第2章での判例・裁判例の紹介の際には割愛したが，裁判例㉑は弁護士会（X_2）の損害につき，「X_2は，本件拒絶により，本件照会が実効性を持つ

◆ 第 4 章　照会先の報告義務違反に係る不法行為の成否

（報告義務が履行される）という法的保護に値する利益を侵害され，国民の権利を実現するという目的を十分に果たせなかったのであるから，これによる無形損害を被ったと認められる」と判示している。そして，弁護士会照会が実効性を持つことに係る法的利益の侵害による弁護士会の無形損害を裁判例㉑が認める点につき，木内補足意見の理由(1)のように，不法行為法による弁護士会照会に対する報告義務の実効化，言い換えると，報告義務違反という違法行為の抑止を意図していたと解することは不可能ではない。しかし，そのような意図があったとしても，そこから直ちに，裁判例㉑につき，弁護士会照会が実効性を持つ利益の侵害によって生じた弁護士会の「現実の損害を金銭的に評価し」，照会先にその賠償を命じることにより，「弁護士会が被った不利益を補填」するという面，すなわち，木内補足意見の理由(2)が不法行為制度の目的として強調する損害填補の面を否定することはできないのではないかと考えられる。

　この点をより詳しく述べると，不法行為による法人の無形損害に関するリーディングケースである最（一小）判昭和 39 年 1 月 28 日（民集 18 巻 1 号 136 頁）は，民法 710 条の「財産以外の損害」(15)につき，「慰藉料を支払うことによって，和らげられる精神上の苦痛だけを意味するものとは受けとり得ず，むしろすべての無形の損害を意味するものと読みとるべきである」と判示し，法人の権利・法的利益の侵害に係る「金銭評価の可能な無形の損害」の賠償を認める。この昭和 39 年最判は，法人の名誉毀損の事案に関する判例であるが，同最判が認める無形損害は文言上は法人の名誉権侵害に係るものには限定されないと考えられ，それ故，弁護士会照会が実効性を持つ利益を侵害されたことによる弁護士会の無形損害の発生も，同最判の論理に即して認め得るのではないかと考えられる(16)。そして，弁護士会の無形損害の発生が認められ得る以上，裁

---

(15)　裁判例㉑の掲載誌では，参照条文として民法 709 条は挙げられているが，同 710 条は挙げられていない。しかし，民法 710 条は同 709 条の「損害」の中に非財産的損害が含まれることを注意的に説明したにすぎず，同 709 条の「損害」には当然に非財産的損害も含まれていると理解すべきであるため（加藤一郎『不法行為（増補版）』〔有斐閣，1974 年〕231 頁，窪田充見編『新注釈民法(15)』〔有斐閣，2017 年〕863 頁〔窪田〕），本文の文脈で民法 710 条に言及することにつき，問題はないと考えられる。

(16)　民法 710 条は，被侵害法益につき，身体，自由，名誉，財産権のみを挙げるが，これは限定列挙ではなく例示にすぎないとされている（前田達明『民法Ⅵ-2』〔青林書院

335

判例㉑が弁護士会の損害賠償を認めることは，例えば英米法における名目的損害賠償（nominal damages）[17]のように，損害の填補以外の目的のために，損害がなくとも賠償を認めることとは異なると考えられる。そうすると，裁判例㉑が弁護士会の無形損害を認めたことにつき，弁護士会の損害の填補のためという面を否定することはできないのではないかと考えられる。

次に，木内補足意見の理由(2)について，前記のように，木内補足意見がいう「義務に実効性を持たせること」は，「違法行為の抑止」と同様に考えられる。そして，不法行為制度の目的が被害者の損害の填補にとどまるのか，違法行為を行った加害者に対する制裁（応報）や違法行為の抑止（一般予防）も不法行為制度の目的に含まれるのかという点[18]につき，リーディングケースである最（二小）判平成9年7月11日（民集51巻6号2573頁。懲罰的損害賠償を認めたアメリカ合衆国カリフォルニア州裁判所の判決の承認・執行を否定）は，「我が国の不法行為に基づく損害賠償制度は，被害者に生じた現実の損害を金銭的に評価し，加害者にこれを賠償させることにより，被害者が被った不利益を補てんして，不法行為がなかったときの状態に回復させることを目的とするものであり…，加害者に対する制裁や，将来における同様の行為の抑止，すなわち一般予防を目的とするものではない」と判示しており，木内補足意見の理由(2)もこの平成9年最判の判示を踏襲していると考えられる。しかし，同最判は上で引用した判示の直後で，「もっとも，加害者に対して損害賠償義務を課することによって，結果的に加害者に対する制裁ないし一般予防の効果を生ずることがあるとしても，それは被害者が被った不利益を回復するために加害者

新社，1980年〕320頁，窪田編・前掲注(15)862頁［窪田］）。

なお，平井宜雄『債権各論Ⅱ』（弘文堂，1992年）163頁，幾代通＝徳本伸一『不法行為法』（有斐閣，1993年）279頁，潮見佳男『不法行為法（初版）』（信山社，1999年）261頁は，「無形損害」という概念を認めることに批判的であり，裁判例㉑の評釈である山本周平「判批」判例評論685号（2016年）12頁（判例時報2280号158頁）も，同裁判例のいう無形損害の実体が明らかでない旨を論じる。

(17) 名目的損害賠償については，例えば，加藤一郎・前掲注(15)3-4頁，樋口範雄『アメリカ不法行為法（第2版）』（弘文堂，2014年）35頁，349頁等参照。

(18) わが国における不法行為制度の目的に関する議論の概略については，例えば，窪田編・前掲注(15)261-264頁［橋本佳幸］参照。

◆ 第 4 章　照会先の報告義務違反に係る不法行為の成否

に対し損害賠償義務を負わせたことの反射的，副次的な効果にすぎず…」と判示しており，この判示がわが国の不法行為法とアメリカ法の懲罰的損害賠償制度のそれぞれの目的の違いを述べる文脈でなされていることを考慮したとしても，わが国の不法行為制度が加害者に対する制裁（応報）や一般予防（違法行為の抑止）の機能を果たすことをも同最判が否定している訳ではないのではないかと考えられる。また，法人の無形損害の賠償と同様に民法 710 条所定の「財産以外の損害」の賠償に含まれる慰謝料についても，損害填補機能のみならず制裁的機能（制裁〔応報〕や一般予防〔抑止〕の機能）もあるのではないかとの議論[19]があり，学説では肯定的な見解もある[20]。これに対し，わが国の下級審裁判例は制裁的慰謝料を認めることには否定的である。しかし，これらの一連の下級審裁判例（例えば，東京地判昭和 57 年 2 月 1 日〔判時 1044 号 19 頁，判タ 458 号 187 頁。クロロキン薬害訴訟第一審判決〕，東京高判昭和 63 年 3 月 11 日〔判時 1271 号 3 頁，判タ 666 号 91 頁。同控訴審判決〕，東京地判平成 6 年 5 月 27 日〔判時 1498 号 102 頁，判タ 846 号 218 頁〕，横浜地判平成 18 年 4 月 18 日〔判時 1937 号 123 頁，判タ 1243 号 164 頁。三菱自動車車輪脱落事故第一審判決〕）は，あくまでも原告が明示的に制裁的慰謝料として請求した部分について否定しているにすぎず，通常の精神的損害に対する填補賠償としての慰謝料請求を否定している訳ではない。そして，民法 710 条所定の「財産以外の損害」については，賠償額の算定基準が明確には存在せず，基本的に裁判官の裁量的判断によって決定される[21]が故に，たとえ通常の精神的損害に対する填補賠償としての慰謝

---

(19)　慰謝料の制裁的機能に関する議論の概略については，例えば，窪田編・前掲注(15) 878-880 頁［窪田］参照。

(20)　前田・前掲注(16)321-322 頁，澤井裕『テキストブック事務管理・不当利得・不法行為（第 3 版）』（有斐閣，2001 年）243 頁，加藤雅信『新民法大系Ⅴ事務管理・不当利得・不法行為（第 2 版）』（有斐閣，2005 年）288-289 頁，吉村良一『不法行為法（第 5 版）』（有斐閣，2017 年）168 頁，窪田充見『不法行為法（第 2 版）』（有斐閣，2018 年）390 頁等。これに対し，慰謝料の制裁的機能につき否定的，ないし慎重な見解として，加藤一郎・前掲注(15)228 頁，四宮和夫『事務管理・不当利得・不法行為（中巻）』（青林書院，1983 年）267 頁，潮見佳男『不法行為法Ⅰ（第 2 版）』（信山社，2009 年）52 頁等。

(21)　窪田編・前掲注(15)865 頁［窪田］。

◆第 2 部◆　弁護士会照会に対する報告拒絶と民事訴訟による対処

料であっても，その額の裁量的な算定に際し，制裁的な側面を含めて考えることについての障壁は何ら存在しない(22)し，裁判官が制裁（応報）ないし一般予防（抑止）のために慰謝料請求を認容する旨を明示的に述べていない限り，慰謝料請求を認容する判断を覆すことはできないのではないかと考えられる(23)。言い換えると，わが国の不法行為制度上問題なく認められる，自然人の精神的損害の賠償のための慰謝料について，それが損害填補の機能だけではなく，制裁（応報）や一般予防（抑止）の機能をも果たし得ることを理由として，そもそも填補賠償としての慰謝料請求すら全く認めないという立論は成立し得ないと考えられる。そして，この点は，裁判例㉑で認容された，弁護士会照会が実効性を持つ利益の侵害に係る弁護士会の無形損害の賠償についても当てはまると考えられ，そのような無形損害の賠償を認めることが弁護士会照会に対する報告義務の実効化という機能を果たし得るが故に，そもそも填補賠償としての無形損害の賠償，および，その前提たる弁護士会の法的利益の侵害を否定するという立論は成立し得ないのではないかと筆者は考える。

　さらに，木内補足意見の理由(3)は，義務の実効化のために金銭給付を命じることは間接強制（民事執行法 172 条）の範疇に属するものであるとして，不法行為に基づく損害賠償制度と間接強制との違いを強調し，その点を弁護士会が弁護士会照会に対する報告を受けられなかったこと自体に係る法的利益の侵害を否定する根拠の一つとして挙げる。しかし，筆者はこの点に対しても疑問がある。すなわち，現行法上は債務者から債権者に対し支払われる間接強制金（民事執行法 172 条 1 項）の法的性質については議論があるところ（この議論の

---

(22) 窪田充見「不法行為法における法の実現」『岩波講座　現代法の動態 2　法の実現手法』（岩波書店，2014 年）85 頁。

(23) 窪田・前掲注(22)105 頁注(32)は，クリスティアン・フォン・バール（窪田充見編訳）『ヨーロッパ不法行為法(2)』（弘文堂，1998 年）374 頁における，フランス民法典では不法行為法の刑罰的機能を原則として受け入れていないとはいえ，損害賠償（額）の評価，ならびに，賠償の対象とされる精神的損害確定もまた，事実審裁判官の自由裁量の対象とされており，従って，事実審裁判官が明示的に判決理由中で刑罰的損害賠償を言い渡すつもりであるということを述べない限り，上告審はその判決を破棄することはできない旨の記述を引用し，同様の状況はわが国においても当てはまるであろう旨を論じる。

◆ 第 4 章　照会先の報告義務違反に係る不法行為の成否

契機の一つとなったのは，被保全権利が仮処分命令発令時から存在しなかったものと本案訴訟の判決で判断され，仮処分命令が事情の変更により取り消された場合における，当該仮処分命令の保全執行としてされた間接強制に係る間接強制金についての不当利得返還請求の可否につき判断した最〔二〕小判平成 21 年 4 月 24 日〔民集 63 巻 4 号 765 頁〕である[24]。この点に関する学説は，損害賠償金説（法定または裁定の違約金と説明し，実質的に損害賠償の性格を重視する），制裁金説（損害賠償とは異なる制裁とする），折衷説（損害賠償と制裁の性質を併有するとみる）の三説が存在し，損害賠償金説が従来の通説であり，制裁金説も近時有力になっている[25]。前記の平成 21 年最判は間接強制金の法的性質につき明確に判断していない[26]が，その原判決（福岡高判平成 19 年 10 月 31 日〔民集 63 巻 4 号 813 頁参照〕）は折衷説を採っている。木内補足意見の理由(3)の立論は，間接強制金の法的性質につき制裁金説を採るのであれば成り立ち得る。しかし，条文上は間接強制金が債務者の債務不履行による債権者の損害の賠償に充当されることが前提とされており（民事執行法 172 条 4 項），この点からは，間接強制金の損害賠償金としての性格が否定されるべきではないのではないかと筆者は考える[27]。それ故，木内補足意見の理由(3)の立論は，民執法 172 条 4 項の存在を考慮すると，論理必然的に成り立つ訳ではないのではないかと筆者は考える。

以上の理由から，筆者は，木内補足意見は弁護士会照会に対する報告拒絶に係る不法行為法上保護されるべき弁護士会の法的利益の侵害を否定するとの結論に至る説得的な論拠をほとんど示していないのではないかと考える。

---

[24]　山本和彦ほか編『新基本法コンメンタール民事執行法』（日本評論社，2014 年）429 頁［大濱しのぶ］。
[25]　間接強制金の法的性質に関する議論の概略については，酒井博行「判批」北海学園大学法学研究 46 巻 1 号（2010 年）130-131 頁，山本和彦ほか編・前掲注(24)429 頁［大濱］，中野貞一郎＝下村正明『民事執行法』（青林書院，2016 年）822 頁注(2)等参照。
[26]　中村心「判解」最高裁判所判例解説民事篇平成 21 年度（上）（2012 年）386-387 頁。
[27]　酒井・前掲注(25)131 頁。

◆第 2 部◆　弁護士会照会に対する報告拒絶と民事訴訟による対処

◆第 2 節◆　報告義務違反に係る照会先の故意・過失

　当然のことながら，弁護士会照会に対する報告義務違反が不法行為に当たるとして照会先の損害賠償責任が認められるためには，報告義務違反に係る照会先の故意・過失が肯定されなければならない。本節では，この点に関する裁判例の判示を検討する。

第 1 款　故意・過失を否定する裁判例

　報告義務違反に係る照会先の故意・過失を否定する裁判例として，裁判例③⑫⑮⑱があり，いずれも詳細な理由付けを行っている。

　まず，裁判例③⑫⑮（裁判例⑫の控訴審判決）では，銀行が有する顧客の情報についての報告拒絶が問題となっており，おおむね，（ア）報告拒絶がなされた時点のみならず現在でも，弁護士会照会に対する報告義務と金融機関の秘密保持義務との関係につき解釈が確立しておらず，確立した銀行実務上の運用基準も存在しないこと，（イ）銀行が顧客に対する秘密保持義務を果たすことは重要な責務の一つであり，顧客の同意なき限り報告してはならないとの考え方もあること，（ウ）銀行が顧客に関する情報を不当に報告した場合，顧客から法的責任の追及を受ける立場にあり，情報が開示されるとその原状回復は困難であるから，これにより顧客の法的利益が回復不可能なまでに侵害されること，（エ）照会を受けた銀行は，裁判外での対応を余儀なくされるから，慎重な対応が要請されること等の事情を総合考慮して，照会先たる銀行の報告義務違反に係る故意・過失を否定する。また，特に裁判例⑫⑮は，弁護士会照会に対する報告義務と金融機関の秘密保持義務との関係についての最高裁判例が存在しないことをも根拠として挙げる。

　また，裁判例⑱では，郵便事業者が有する転居届に係る情報についての報告拒絶が問題となっており，（あ）照会先は「信書の秘密」（郵便法 8 条 1 項），「郵便物に関して知り得た他人の秘密」（郵便法 8 条 2 項）につき守秘義務を負い，「信書の秘密」を侵した場合，罰則が科されるところ，「信書の秘密」の対象範囲を直接に判断した最高裁判例は存在せず，加えて，「郵便物に関して知り得

◆ 第4章　照会先の報告義務違反に係る不法行為の成否

た他人の秘密」を侵したにすぎない場合でも，照会先は守秘義務違反を理由に利用者から法的責任の追及を受ける立場にあること，(い)照会先の守秘義務と報告義務のいずれが優越するかについての判断は，関連諸規定の趣旨を踏まえた解釈を前提とし，各照会事項ごとに情報の秘匿性の程度や報告を受ける必要性の程度等を踏まえた利益衡量に基づく微妙な判断となるから，その判断が事後的に誤りとされたからといって，直ちに過失があるとすることは相当でなく，かつ，漫然と照会に応じた照会先の損害賠償責任を肯定した最高裁判例（最〔三小〕判決昭和 56 年 4 月 14 日〔民集 35 巻 3 号 620 頁〕。第 3 部第 2 章で紹介する判例③。以下，「昭和 56 年最判」と記す）が存在するから，弁護士会で相当と判断されて照会が行われた以上，照会先はその判断を信頼して照会に応ずれば過失がないとする考え方も採用できないこと，(う)転居届に係る情報に関する照会に対する報告拒絶に正当な理由が認められるかにつき，照会先の守秘義務との関係から判断した最高裁判例はなく，かえって，漫然と照会に応じた照会先の損害賠償責任を認めた昭和 56 年最判があり，この判例の事案での照会事項（前科・犯罪経歴）に比して本件での照会事項がどの程度の秘匿性を有するかにつき判断した最高裁判例もないこと，(え)原告が照会先の過失の根拠として援用した裁判例⑧は上告審の判断を経ておらず，原審（裁判例⑥）は異なる見解を採っていたことに照らしても，照会先が同判決の説示に従わないときに直ちに過失が認められるとまではいえないこと，(お)本件の事実関係をみても，照会先に送付された照会申出書・本件照会書では，情報を入手するための他の手段の有無等を判断するために必要な事情は明らかにされていなかったこと等の事情を総合勘案し，照会先の報告義務違反に係る過失を否定する。

第 2 款　故意・過失を肯定する裁判例

　他方，報告義務違反に係る照会先の故意・過失を肯定する裁判例として，裁判例④⑨⑩（裁判例⑨の控訴審判決）⑭㉑（裁判例⑱の控訴審判決）がある。
　これらのうち，裁判例㉑以外の裁判例は，比較的簡潔な理由付けで照会先の過失を肯定する。まず，裁判例④は，司法書士として，また遺言執行者として当然有すべき照会先の法的知見等に照らせば，照会先の報告義務違反につき過失があるとする。次に，裁判例⑨⑩は，照会先（消防署長）の公的機関として

◆第2部◆　弁護士会照会に対する報告拒絶と民事訴訟による対処

の位置付け，弁護士会長が報告拒絶後の再度の回答依頼書により報告拒絶の不当性を説明したこと等から，照会先には報告拒絶による依頼者・弁護士の法的利益の侵害につき少なくとも認識可能性があり，過失があるとする。また，裁判例⑭は，照会先が申出弁護士より，弁護士会照会に対する報告が個人情報保護法23条1項1号所定の個人情報の第三者提供の禁止の除外事由に該当する旨を教示されたこと，強制執行（給与債権の差押え）のために照会を申し出る旨が照会申出書に明記されており，報告拒絶により依頼者の権利実現ができなくなることを容易に予見できたことから，照会先の過失を認める。

　これに対し，裁判例㉑は，原判決たる裁判例⑱と同様に，照会先の過失につき詳細な議論を行うが，原判決とは反対に，報告義務違反に係る照会先の過失を認める。裁判例㉑は，照会先は照会事項ごとに，報告による不利益と報告拒絶により犠牲となる権利実現の利益とを比較衡量し，対応を判断すべきであるところ，このような比較衡量をせずに報告を拒絶した以上，通常尽くすべき注意義務を尽くさなかったとする。そして，予見可能性がなかったとの照会先の主張に対しては，照会先が報告拒絶の根拠として援用した，照会先の報告に基づく損害賠償請求を認容した昭和56年最判は前科・犯罪経歴に係る照会が問題となった事案についての事例判例というべきであること，照会先は原告が照会先の過失の根拠として援用した裁判例⑧の理由中の判断に従う法的な義務はないとはいえ，同判決では本件と類似の事案につき判断が示されていること，裁判例⑧が出された当時，転居届に係る情報につき，郵便法8条1項の「信書の秘密」に該当するとの見解が一般的であったとか，そのような見解が立法に関与した者により明確に示されていたとはうかがわれないことを理由に，一律の報告拒絶が違法と判断され得ることにつき予見可能であったとする。また，結果回避義務を尽くした旨の照会先の主張に対しては，裁判例⑧の内容が不当である，また，同判決につき最高裁の判断がされていないため同判決に拘束される必要がないとして，照会先が自らの主張こそが正当であると判断したからといって，過失が否定されるものではないこと，照会の目的等や照会事項によっては，報告が違法とされる場合があることは，昭和56年最判からも明らかであるからといって，照会の目的や照会事項に問題がないと判断される場合についてまで報告拒絶が違法とされないということにはならず，また，照会先

◆ 第 4 章　照会先の報告義務違反に係る不法行為の成否

が本件照会の目的や本件照会事項につき何らの考慮もしていないこと，守秘義務と報告義務はいずれも照会先が負う法律上の義務であるところ，複数の義務が衝突する場面では，義務を負う者は複数の義務の軽重を比較してより適切な選択をすべきであり，このような比較をすることなく一律に一方を選択することは不当であり，また，照会の必要性等に疑義があれば弁護士会や申出弁護士にその点につき確認することもできたことを理由に，照会先の主張は採用できないとする。

第 3 款　検　討

　第 1 款・第 2 款で概観した各裁判例を踏まえ，報告義務違反に係る照会先の故意・過失に関する判断につき検討を加えると，まず，照会先の故意・過失を否定する裁判例は，おおむね，弁護士会照会に対する報告義務と照会先が負う守秘義務等との関係について解釈が確立していないこと，照会先が有する第三者の情報を不当に報告した場合，当該第三者から法的責任を追及されたり，罰則を科されたりする可能性があること等を論拠とし，とりわけ裁判例⑫⑮⑱は，弁護士会照会に対する報告義務と照会先が負う秘密保持義務・守秘義務との関係につき判断した最高裁判例がないことをも論拠として挙げる。

　この点につき，ここでの判示は被告たる照会先の報告拒絶当時の認識を基準として過失を判断しているところ，このような過失の主観的判断を行うことは今日の不法行為法上の過失の客観化とは相容れず，また，不法行為判例が過失の厳格化を通じて変化する社会のニーズに応えてきた役割を放棄するのではないかとの懸念を示し，また，最高裁判例がないことを過失否定の事情としていることは，これまでの不法行為判例にはない，理解できない論拠である旨を指摘する見解がある(28)。しかし，筆者は，ここで示される事情は基本的には照会先の主観的認識と区別できる客観的事情であり，過失を客観的な行為義務違反として捉える立場の下でも，照会先に報告拒絶に係る結果回避義務を課す前提としての，報告拒絶が違法と判断され得ることに係る予見可能性の有無を判

---

(28) 森島昭夫「弁護士会照会に対する報告拒否と不法行為責任」自由と正義 66 巻 1 号（2015 年）33 頁。

◆第2部◆　弁護士会照会に対する報告拒絶と民事訴訟による対処

断するための要素として捉えられるのではないかと考える。このような理解は，詳細な理由付けにより照会先の過失を肯定した裁判例㉑が，予見可能性がなかった旨の照会先の主張を排斥する際，同種の事案に関する裁判例が存在すること等を挙げる点からも，妥当であると評価されるのではないかと思われる。ただし，報告義務と守秘義務等との関係につき判示した最高裁判例がないことについては，少なくとも，弁護士会照会に対する報告拒絶に係る問題につき，照会先の報告拒絶に正当事由が認められないとする下級審裁判例が多少なりとも蓄積されている点に鑑みると，照会先の予見可能性を否定する論拠としては説得力に欠けると考えられる[29]。そして，ここで挙げられている諸事情を，照会先の報告拒絶が違法と判断され得ることに係る予見可能性の有無の判断要素として考えると，弁護士会照会に対する報告義務と照会先が負う守秘義務等との関係につき下級審裁判例が蓄積される等することにより，解釈が確立される方向に向かえば，報告拒絶が問題となる場合の，報告拒絶が違法と判断され得ることに係る予見可能性は肯定される方向に向かうと考えられる。

　他方，照会先の過失を肯定する裁判例㉑は，照会先が報告拒絶につき違法と判断され得ることに係る予見可能性があったことを前提に，照会先が照会事項ごとに，報告により生じる照会先等の不利益と報告拒絶により犠牲となる依頼者の利益とを比較衡量して対応を判断すべきところ，このような比較衡量をすることなく報告を拒絶したことにつき，通常尽くすべき注意義務を尽くさなかったと評価し，過失の認定の根拠とする。現在の裁判例の趨勢が，具体的事案での照会先の報告義務の存否につき，おおむね，弁護士会照会により情報を得ることによる依頼者・弁護士・弁護士会の利益と，守秘義務等を守ることによる照会先の利益，ないし，照会先が有する自己の情報を開示されないことによる第三者の利益を衡量して判断されるとの枠組みを採用する点に鑑みると，報告拒絶の際に比較衡量をそもそも行わなかったことをもって注意義務違反，ひいては過失を認定する点については，妥当であると評価できる。それでは，

---

(29)　小野浩奈ほか「個人情報保護をめぐる最近の判例」専門実務研究（横浜弁護士会）9号（2015年）50-51頁［小野］。なお，山口・前掲注(13)民事判例Ⅹ 104頁は，報告拒絶の違法性に関する裁判例の判断が分かれ，最高裁判例も存在しない中では，照会先の過失を否定する判断もやむを得ないようにも思われるとする。

◆第4章　照会先の報告義務違反に係る不法行為の成否

　仮に照会先が前記のような比較衡量をして報告を拒絶したところ，それが事後的に報告義務違反であると評価された場合に，報告拒絶の判断につき注意義務を尽くさなかった，ひいては過失があったと判断される可能性についてはどう考えるべきであろうか。この点については，個別の事案ごとの事情に依拠するので難しい面もあるが，筆者は，照会の必要性に係る事情等が照会先に伝えられている，または，照会の必要性等に疑義がある場合に弁護士会や申出弁護士に問い合わせをして確認を行ったこと等を前提に，照会先が合理的な比較衡量をしているのであれば，注意義務ないし結果回避義務が尽くされているとして照会先の過失を否定すべきではないかと考える。この点につき，筆者は，加藤新太郎教授が提示する概念である照会先の「応諾検討義務」[30]の具体的内容を，「照会先が個々の照会事項ごとに，報告により生じる照会先・秘密帰属主体（弁護士会照会に対する照会先の報告により秘密を開示されたため法的利益を侵害されたと主張する者）[31]の不利益と報告拒絶により犠牲となる申出弁護士・依頼者等の利益とを比較衡量し，報告の可否を判断する義務」という注意義務ないし結果回避義務として捉え，この義務が尽くされていることをもって，報告拒絶に係る照会先の過失は否定されるものとすべきではないかと考える[32]。

　なお，裁判例⑱㉑の事案では，照会先が報告拒絶に係る過失を否定する根拠として，照会に対する報告に係る損害賠償請求に関する昭和56年最判[33]を援用するところ，この判例はそれ以外の場面でも，照会先が報告を拒絶する，または報告につき消極的な態度をとる際の根拠としてしばしば援用される[34]。

---

(30)　加藤新太郎・前掲注(12)88頁。

(31)　この用語法は，伊藤・前掲注(12)6頁に倣う。

(32)　この点についての詳細は，酒井博行「弁護士会照会に対する報告義務の判断構造」高橋宏志先生古稀祝賀論文集『民事訴訟法の理論』（有斐閣，2018年）108-109頁をご覧いただきたい。

(33)　この判決の最高裁調査官解説・評釈等については，第3部第2章注(2)参照。

(34)　例えば，中原利明「判批」金融法務事情1812号（2007年）66頁は，昭和56年最判が弁護士会照会に応じて報告しても不法行為を構成することがあるとしたことで，金融機関に大きな警戒感を与える結果となり，これが実務対応に大きく影響している旨を論じる。近衞大「判批」金融・商事判例1267号（2007年）14頁も，昭和56年最判が，いわば金融機関が慎重な対応をなすことにお墨付きを与えてしまった旨を論じる。

◆第2部◆　弁護士会照会に対する報告拒絶と民事訴訟による対処

そのため，特に報告義務違反に係る照会先の過失の存否との関係で，昭和56年最判をどう評価するかが問題となる。

　昭和56年最判では，労働事件との関係で特定の個人の前科・犯罪経歴を照会する弁護士会照会に対し，京都市の区長が報告を行ったため，当該個人が京都市に対し損害賠償を請求した事案につき，請求を一部認容する原判決の判断が維持されている。しかし，昭和56年最判の事案では，区長に送付されていた照会文書（申出弁護士作成の照会申出書）に，照会を必要とする事由として，「中央労働委員会，京都地方裁判所に提出するため」と書かれていたにすぎないにもかかわらず，区長が漫然と照会に応じ，しかも全ての前科につき報告したことが問題とされている。それだけではなく，この事案では，申出弁護士から当該個人の前科に係る情報を得た依頼者（当該個人の使用者たる株式会社）の幹部らが，中央労働委員会や京都地方裁判所の構内等で，関係事件の審理終了後等に事件関係者・傍聴人らの前で当該個人の前科を摘示し公表したとの事情がある。すなわち，昭和56年最判については，(1)前科・犯罪経歴という，人の名誉・信用性に直接かかわり，秘匿性の極めて高い情報に係る報告が問題とされていること，(2)照会先が照会の必要性等につき具体的に検討せず，漫然と，かつ照会事項の全てにつき報告していること，(3)報告された情報に基づき申出弁護士の依頼者による当該個人に対するプライバシー侵害，名誉毀損行為が行われたという，照会先の側で予見不可能とも考えられる事情があり，かつ，この点につき，照会先の報告との相当因果関係を認めることが不当であるとも考えられること[35]を指摘し得る。それ故，昭和56年最判が照会先の報告拒絶を正当化する一般的な根拠になるとは考えられず，筆者は，照会先が漫然と（すなわち，必要な比較衡量をせずに）報告を拒絶した場合には，照会先の過失が認められてしかるべきであると考える。

---

(35)　飯畑・前掲注(11) 260頁。また，堀部政男（司会）ほか「(鼎談) 名誉・プライバシーの新判例」ジュリスト744号（1981年）23頁［内田剛弘発言］，平松毅「判批」昭和56年度重要判例解説（ジュリスト768号）（1982年）19頁は，区長の報告と依頼者によるプライバシー侵害，名誉毀損行為との相当因果関係は切断されている旨を論じる。

◆ 第 5 章 ◆

弁護士会照会の実効化と報告義務の確認の訴え，損害賠償請求の訴え

　第3章では，弁護士会照会に対する照会先の報告拒絶を理由とする依頼者・弁護士・弁護士会による照会先の報告義務の確認の訴えにつき，その適法性に関する問題に焦点を当て検討し，依頼者・弁護士・弁護士会による報告義務の確認の訴え（および，中間確認の訴え）の適法性を広く認めるべきである旨を論じた。第4章では，照会先の報告拒絶を理由とする依頼者・弁護士・弁護士会による損害賠償請求の訴えにつき，照会先の報告義務違反による権利・法的利益の侵害，報告義務違反に係る照会先の故意・過失の要件を充足するか否かに焦点を当て検討し，特に権利・法的利益の侵害につき，照会権限を有する弁護士会のみならず，依頼者や弁護士についても幅広く認めるべきである旨を論じた。それでは，報告拒絶の是非を巡る照会先との紛争を解決し，ひいては弁護士会照会の実効化を図ることとの関係で，確認請求や損害賠償請求にどの程度の役割を期待すべきであろうか。

　確かに，弁護士会照会に対する報告拒絶が不法行為であると評価され，損害賠償責任を認められる可能性があるとの威嚇により，照会先に対して，正当な理由がないにもかかわらず報告を拒絶する選択肢を採ることなく報告を行う動機付けを与え，ひいては不当な報告拒絶を抑止する可能性は，理論的には肯定し得る[1]。しかし，実際問題として，照会先の報告拒絶を理由とする損害賠償請求につき，前記のような動機付けや抑止のための効果が発揮される場面はかなり限定されてくるのではないかと考えられる。

　まず，照会先の報告義務違反による権利・法的利益の侵害により生じた損害

---

(1) 不法行為法の目的・機能としての制裁（応報）と抑止（一般予防）に関する議論の概略については，例えば，窪田充見編『新注釈民法(15)』263-264頁［橋本佳幸］参照。この点に関するわが国の民法学説の展開については，廣峰正子『民事責任における抑止と制裁』（日本評論社，2010年）第1章（初出2005年）が概観する。

◆第2部◆　弁護士会照会に対する報告拒絶と民事訴訟による対処

を金銭的に評価したところ，認められるべき賠償額が低額にとどまることは十分想定される。実際，請求を認容する裁判例（裁判例④⑦⑨⑩⑭㉑）でも，認容額は比較的低額にとどまる。そのため，経済的合理性の観点からは，報告義務違反を理由とする損害賠償請求が認容される可能性の存在が，照会先に対する報告の動機付け，および，照会先による正当な理由のない報告拒絶の抑止のために十分に機能しないことも少なからず考えられる。

また，原告が主張する損害と照会先の報告義務違反との間に相当因果関係が認められない場合も十分想定される。この点につき，請求を認容する前記の裁判例が認めた損害費目は主に慰謝料ないし無形損害，弁護士費用であり，相当因果関係を認めることにあまり困難がなかったとも考えられる。しかし，それ以外の場合につき，照会先の報告義務違反との相当因果関係を認めることができるか否かについては，難しい問題が生じるように思われる[2]。例えば，裁判例③⑤の事案では，依頼者 X_1・X_3が照会に係る預金口座の名義人と思われる者の関係者（貸金業者の従業員）等から脅迫的な取立てないし嫌がらせを受けたことによる精神的損害につき賠償を請求していたところ，この事案では照会先（銀行）が報告を拒絶する際に照会に係る預金口座の名義人に同意を求めていたという事実があったとはいえ，照会先の報告義務違反と X_1・X_3が脅迫的な取立てないし嫌がらせを受けたこととの相当因果関係を認めることは困難であるとも考えられる。

加えて，仮に照会先の報告拒絶につき正当事由がないとされ，報告義務違反による権利・法的利益の侵害が認められても，報告義務違反につき照会先の故意・過失が否定されることも十分考えられる。

さらに，照会先の報告義務違反が不法行為の要件を充たすか否かを問わず，照会先の報告義務の存否につき判決内で判断され得るとはいえ，この判断は判

---

[2]　飯畑正男『照会制度の実証的研究』（日本評論社，1984年）251-252頁は，依頼者が原告となる損害賠償請求につき，照会先から必要な報告が得られなかったために莫大な財産を失ったとする場合には，損害額の点から実益があるものの，因果関係の点で問題が残るとする。また，岩藤美智子「判批」金融・商事判例1336号（2010年）35頁は，依頼者等が照会先に帰責されるべき損害（額）を具体的に主張・立証することは，実際には容易なことではないであろうとする。

◆ 第5章　弁護士会照会の実効化と報告義務の確認の訴え，損害賠償請求の訴え

決理由中の判断であり，報告義務の存否につき既判力のある判断が得られる訳ではない。

　そうすると，筆者は，照会先の報告義務違反により特に依頼者・弁護士に多大な損害が現実に発生し，かつ，照会先の故意・過失や報告義務違反との相当因果関係を肯定できる事案が生じる可能性を完全には否定できず，それ故，弁護士会照会での報告拒絶の場面で損害賠償請求が果たす役割が完全に否定される訳ではないと考えられることから，特に依頼者・弁護士が原告となる，照会先に対する損害賠償請求訴訟の可能性自体は開いておくべきであると考えるものの，他方，弁護士会照会の実効化という点で損害賠償請求に過度の期待をすることは難しいのではないかと考える。そして，筆者は，照会先の報告拒絶に係る正当事由の存否，すなわち報告義務の存否のみが審理・判断されることになるが故に，報告義務違反に係る照会先の故意・過失，原告への損害の発生，報告義務違反と損害発生との相当因果関係の存否につき審理・判断を要しない点，および，報告義務の存否につき既判力のある判断が得られ，関係者の以後の行動指針が得られる点[3]から，弁護士会照会に対する報告拒絶への対処，および，弁護士会照会の実効化に際しては，むしろ照会先の報告義務の確認の訴えを活用する方向性が採られるべきではないかと考える。なお，特に依頼者・弁護士が照会先を被告として提起する報告義務の確認の訴えでは，報告義務の確認判決が確定しても，その既判力が及ぶのはあくまでも当事者たる依頼者・弁護士と照会先に対してであり，当事者となっていない弁護士会に対し報告義務の確認判決の既判力が及ぶ訳ではない。しかし，依頼者・弁護士と照会先との間での，弁護士会照会についての弁護士会への報告義務の存否をめぐる

---

(3) 伊藤眞「確認訴訟の機能」判例タイムズ339号（1976年）30頁，32頁注(5)は，判決が持つ訴訟制度上の効果（既判力等）を判決の直接効果と考え，この直接効果を基礎として当事者が紛争解決に向かって行動する際に役立つ判決の事実上の効果を波及効果と考えるとした上で，確認訴訟は紛争解決に一定の基準を示し，その基準に基づき当事者が自主的に行動することによる紛争解決を期待する，いわば波及効果型の訴訟であるといえる旨を論じる。また，川嶋四郎『民事訴訟法』（日本評論社，2013年）237頁は，確認判決の機能の一つとして，既判力により係争事項に関する「法的情報提供」を行い，当事者がそれを将来の拘束的指針・行為規範として最終的な結果の実現に漕ぎ付くことを可能とする「法的情報提供」機能を論じる。

◆第2部◆　弁護士会照会に対する報告拒絶と民事訴訟による対処

紛争では，照会を行った弁護士会自身が照会先からの報告を受けることを拒むことはおおよそ考えられない以上，当該紛争の解決のためには，依頼者・弁護士と照会先との間で照会先の弁護士会に対する報告義務を確認判決の既判力により以後争い得なくすることで必要にして十分といえる。

照会先による報告拒絶に係る紛争の解決，ひいては照会制度の実効化についての前記のような方向性は，既に先行業績で示されており[4]，とりわけ，伊藤眞教授が最近の論稿で詳細な議論を展開する[5]。そして，筆者もその基本的な部分に賛成する。ただ，伊藤教授は，特に照会に係る依頼者の利益が間接的，ないし反射的な利益であるといわざるを得ないとの認識の下，弁護士会が照会先を被告として提起する，公法上の法律関係に関する確認の訴え（行政事件訴訟法4条）としての報告義務の確認の訴え，および，損害賠償請求の訴えの活用を提唱するところ[6]，このような方向性には疑問もある。

筆者がこのように考える理由として，まず，依頼者・弁護士にも弁護士会照会に対する報告に係る法的利益を肯定すべきであるという点がある。また，報告拒絶が問題となる事件につき訴訟となる場合，常に弁護士会のみが原告とな

---

(4)　村上正子「判批」新・判例解説 Watch17号（2015年）176頁は，そもそも履行確保の手段として不法行為による損害賠償請求訴訟が適当かどうかは疑問であるし，原告の目的が報告義務の有無を明らかにすることにあり，またそれが明確になることで照会先も守秘義務違反についての懸念がなくなることから，両当事者の法的地位の改善に少なからず役に立ち，ストレートに報告義務の有無を確認の訴えで明らかにする方が紛争の直接かつ抜本的な解決につながるともいえる旨を論じる。

(5)　伊藤眞「弁護士会照会の法理と運用―二重の利益衡量からの脱却を目指して―」金融法務事情2028号（2015年）21-22頁。

(6)　伊藤・前掲注(5)20-22頁。なお，伊藤眞「民事訴訟の目的再考―完結したミクロ・コスモスにならないために―」新堂幸司監修／高橋宏志＝加藤新太郎編『実務民事訴訟講座（第3期）第1巻』（日本評論社，2014年）53-54頁は，照会先の報告に直接の利害関係を有するのは依頼者であり，その利益を反射的利益にとどまるとすることについては疑問がある旨を論じており，伊藤教授の見解につき，この論稿の時点から改説があったと思われる。ただ，その後刊行された同『民事訴訟法（第5版）』（有斐閣，2016年）454頁注(431)は，弁護士会照会に対する照会先の報告義務が一般公法上の義務であることを理由に依頼者の確認の利益を否定した裁判例⑮の判示につき疑問がある旨を論じており，伊藤教授の見解につき，再度の改説があったと思われる。

◆第5章　弁護士会照会の実効化と報告義務の確認の訴え，損害賠償請求の訴え

らなければならないとすれば，弁護士会が個々の依頼者・弁護士の事件についての複数の，また，場合によっては多数の訴訟を追行しなければならないことになりかねず，弁護士会の負担が大きくなることが考えられる。さらに，個々の依頼者・弁護士が自らの（受任）事件に係る報告拒絶につき常に弁護士会に訴訟提起を依頼しなければならないとすれば，個別紛争の解決の点でも，依頼者や弁護士自身が訴訟を提起する場合と比べて迂遠となる可能性は否めないと思われる。

　もっとも，伊藤教授の見解には，その前提として，（α）弁護士会と業界団体ないし事業体との間で弁護士会照会に関する協議を行った上で照会ないし報告についての基準・内容に関する合意形成を図り，報告義務の存否に係る弁護士会・照会先の判断を実質的に統一していくこと[7]，および，（β）照会の手続において，照会先の意見聴取を行う等の形での手続保障を図ることにより，報告義務の存否に関する紛争の発生をできるだけ事前に抑え，訴訟にまで持ち込まれる事案を減少させていくことが想定されている点に留意が必要であり[8]，これらの点には筆者も賛成する。そして，実際にこのような方策が採られることで，照会先の報告拒絶に係る紛争は減少することが予想される。しかし，とりわけ（α）の点については，照会先となり得る全ての公務所・公私の団体，ないしこれらに関係する業界団体等との間で，照会事項となり得る全ての事項につき合意形成がなされるとは限らないと考えられる。そのため，個別の事案で照会先の報告拒絶をめぐる紛争が発生する可能性を完全に排除することは不可能であり，このような紛争を訴訟手続により解決しなければならない場合に弁護士会のみが原告となり得るとすれば，まさに前記の点（弁護士会が個々の依頼者・弁護士の紛争に係る複数ないし多数の訴訟を抱える負担，個々の依頼者・弁護士の紛争の解決との関係での迂遠さ）が正面から問題になると考えられる。故

---

(7)　弁護士会と銀行との間で，債務名義に表示された債務者の預金口座の情報に係る弁護士会照会に関して協定を締結する動きが生じていることにつき，橋田浩「金融機関に対する照会について」自由と正義66巻1号（2015年）19頁，長谷川卓＝木村健太郎「弁護士会照会に関する三井住友銀行の取組み」金融法務事情2022号（2015年）30-32頁等。

(8)　伊藤・前掲注(5)22-23頁。

◆第2部◆　弁護士会照会に対する報告拒絶と民事訴訟による対処

に筆者は，弁護士会が原告となる訴訟の可能性自体は肯定するものの，むしろ，依頼者・弁護士が照会先を被告として提起する，報告義務の確認の訴えや損害賠償請求の訴えを正面から認め，その活用を考えていくべきではないかと考える(9)。

---

(9)　弁護士会照会に対する報告拒絶に係る損害賠償請求訴訟につき，京野垂日（司会）ほか「（座談会）弁護士会照会の現状と今後の課題について―各弁護士会の審査の実情を踏まえて―」自由と正義62巻13号（2011年）21頁［荒井哲朗発言］は，自身が原告の代理人弁護士として担当した事件（裁判例⑥⑧の事案）を例に挙げ，1万円の損害賠償請求（前記の事案では慰謝料の請求である）を提起し，その賠償を肯定させることは，単に1万円の金銭賠償を支払えばいいというのではなく，その支払のために照会先たる組織の下から上まで決裁を取らなければならないが故に，問題意識が大きく広がり，そのため，たとえ1円であっても請求が認容されることには大きな意味がある旨を論じる。荒井弁護士のこの考え方は，照会先の報告拒絶を理由とする損害賠償請求訴訟を，実損害の填補のためではなく問題意識を広く喚起すること等を主な目的として提起するものとして捉えていると思われ，報告拒絶が問題となる状況下での一つの対処法として，筆者もその基本的な方向性に賛成する。しかし，まず，報告義務の確認の訴えであっても，その審理過程で照会先の報告拒絶が正当であったか否か等につき主張立証が必然的になされ，かつ，報告義務の存否につき，判決主文での，それ故既判力のある判断を得られるため，問題意識の喚起という点で損害賠償請求の訴えに決定的に劣る点はないのではないかと考えられる。それ故，筆者は，弁護士会照会の実効化という目的のためには，損害賠償請求訴訟より，むしろ報告義務の確認の訴えを活用していく方向が基本的には望ましいのではないかと考える。

　なお，筆者はこの点につき，本節の基礎となった論稿（酒井博行「弁護士会照会に対する報告拒絶と損害賠償請求の訴え」北海学園大学法学研究51巻4号〔2016年〕513-514頁注(45)）では，慰謝料請求ないし無形損害の賠償請求を弁護士会照会の実効性確保のための「名目的損害賠償」の請求として活用することについても異論があり得ること（山本周平「判批」判例評論685号〔2016年〕12頁〔判例時報2280号158頁〕が裁判例㉑での弁護士会の無形損害につき論じる）をも論拠として挙げていた。しかし，筆者は，第4章第1節で論じたように，照会先の報告拒絶による依頼者・弁護士・弁護士会の法的利益の侵害が認められるべきであると考えるところ，そのような法的利益の侵害による精神的損害ないし無形損害の発生の可能性を否定できないと考える（加藤新太郎「判批」現代消費者法31号〔2016年〕87頁注(7)は，弁護士会の法益侵害が生じている以上，損害賠償を否定することはできないであろうとする）。そのため，前記の論拠についてはこれを撤回し，見解を改めることにしたい。

◆第6章◆

おわりに

　第2部では，弁護士会照会に対する照会先の報告拒絶への対処，および，弁護士会照会の実効化のための手段としての民事訴訟（照会先の報告義務の確認の訴えや中間確認の訴え，照会先の報告拒絶が不法行為に当たるとする損害賠償請求の訴え）の可能性を検討した。ここでは，従来の公刊判例・裁判例の状況を踏まえて第3章から第5章で行った検討の結果をまとめる。

(1) 報告義務の確認の訴え・中間確認の訴え

　まず，報告義務の確認の訴えを公法上の法律関係に関する確認の訴え（行政事件訴訟法4条後段）と解するべきか，民事訴訟法上の確認の訴えと解するべきかという点については，

(A) 弁護士会照会，および，照会に対する報告は，行政処分・行政立法・行政計画・行政指導等の行政特有の諸行為に関わるものではない

(B) 弁護士会は行政主体ではなく，弁護士会照会の権限も公権力の行使の権限ではない（裁判例㉔参照）

(C) 行訴法4条後段の「公法上の法律関係に関する確認の訴え」は，国民と行政主体との間の紛争を予定しているところ，弁護士会照会に対する照会先の報告拒絶をめぐる紛争は国民・行政主体間の紛争とはいえない（裁判例㉔参照）

(D) 報告義務の確認の訴えを公法上の法律関係に関する確認の訴えと解しても，この訴えにつき行政過程の特質に応じた行訴法上の諸規定（行政庁の訴訟参加〔同法23条〕，職権証拠調べ〔同法24条〕等）を同法41条により準用する実益や必要性がない（裁判例㉔参照）

(E) 報告義務の確認の訴えを公法上の法律関係に関する確認の訴えと解した場合，報告拒絶を理由とする損害賠償請求訴訟の控訴審で報告義務の確認の訴えを追加的に併合する場合，またはその逆の場合に限定されるとはいえ，判例（最〔三小〕判平成5年7月20日〔民集47巻7号4627頁〕）の法理

◆第2部◆　弁護士会照会に対する報告拒絶と民事訴訟による対処

　　　　や行訴法の規定（同法41条2項・19条1項・16条2項）の解釈次第では，前者の場合には報告義務確認請求に，後者の場合には損害賠償請求に，民事訴訟では求められない適法要件（相手方の同意）が課されることになり，このことは原告たる依頼者・弁護士・弁護士会に対する本案判決による救済への障壁として機能し得る
との理由から，民事訴訟法上の確認の訴えと解するのが妥当である。

　次に，報告義務の確認の訴えについては，確認の利益が認められるべきであるところ，この点に係る判断基準のうち，即時確定の利益については，その前提として，報告義務の確認判決により保護されるべき原告の法的利益の存否が問題となる。

　まず，依頼者・弁護士が原告となる報告義務の確認の訴えについては，依頼者・弁護士は照会先に対する直接の照会権を有しないとはいえ，自らの（受任）事件の法的な処理のために必要な照会事項につき照会先が報告を拒絶した場合，直接の不利益を被るのであり，それ故，依頼者・弁護士には，報告義務の確認判決により保護されるべき法的利益が認められると解すべきである。そして，依頼者・弁護士の別や事案の相違を捨象してもなお全ての事案に共通し，かつ，具体性を備えた法的利益である，自らの（受任）事件に必要な照会事項に関する報告それ自体を得る利益を，報告義務の確認判決により保護されるべき依頼者・弁護士の法的利益とするべきである。

　また，弁護士会が原告となる報告義務の確認の訴えにおける，報告義務の確認判決により保護されるべき弁護士会の法的利益については，弁護士会照会では弁護士会が照会先に対する照会権限を有し，照会先の報告義務も弁護士会に対する義務である以上，照会先の報告につき弁護士会の法的利益が認められるべきである。そして，弁護士会が弁護士会照会制度の適正な運用を図る主体であり，かつ，個々の照会事項につき利害関係を有しない以上，弁護士会照会制度を適正かつ円滑に運営し，その実効性を確保することに係る利益を，報告義務の確認判決により保護されるべき弁護士会の法的利益とするべきである（裁判例㉔参照）。

　そして，報告義務の確認の訴えにつき即時確定の利益が認められるためには，原告の法的地位に現存する危険・不安を解消し紛争を解決するために報告義務

◆第6章◆ おわりに

の確認判決が必要かつ適切であることが求められる。そして，この点を認め，かつ，判断の根拠を詳細に提示する現時点での唯一の公刊裁判例である，弁護士会が原告となっている事案に係る裁判例㉔が提示する根拠のうち，照会先となることが多い金融機関や郵便・通信事業者は公の監督を受ける立場にあるため，既判力により確定された報告義務を履行しないことは想定し難く，それ故，確認請求が認容されれば，このような照会先がこれに応じて報告義務を履行することが期待できるという点は，照会先が公務所や公的団体，および，公の監督を受ける私的団体である場合の報告義務の確認の訴え一般に敷衍しても当てはまり得る要素であり，原告の法的地位に現存する危険・不安の解消という点から，積極的に評価できる。また，裁判例㉔が提示する根拠のうち，認容判決を受けた上での報告であれば，照会先が秘密帰属主体から守秘義務違反を理由として損害賠償を請求されても，違法性がないことを理由にこれを拒むことができるという点は，報告義務の確認の訴え一般に当てはまる上，原告の法的地位に係る危険・不安の解消のみならず，報告義務と守秘義務等との衝突が生じ得る場面での被告たる照会先の法的地位に係る危険・不安の解消にも資するという点からも，積極的に評価できる。

　また，確認の訴えという手段の選択の適否につき，まず，依頼者・弁護士が原告となる報告義務の確認の訴えについては，(A)照会先の報告義務につき既判力のある判断を得ることを目的とする報告義務の確認の訴えと，照会先の報告拒絶による損害の事後的な填補を目的とする損害賠償請求の訴えとでは目的が異なる（もっとも，報告拒絶に対する損害賠償請求の訴えが報告義務の実効化を図るという側面はあり得るが），(B)依頼者・弁護士には照会先に対する照会権・報告請求権は認められないため，依頼者・弁護士が報告を拒絶する照会先に対し民事訴訟を通じて報告を求める場合，報告義務の確認請求という手段を採らざるを得ないとの二点から，（報告拒絶を理由とする損害賠償請求の訴えとの関係での）手段選択が不適切とされるべきではない。

　次に，弁護士会が原告となる報告義務の確認の訴えについては，裁判例㉔が手段選択を適切と判断する根拠のうち，弁護士会照会に対する報告請求が認められるとしても，民事執行手続や行政代執行による義務の履行を求めることはできないこと，および，（判例㉓により）報告拒絶に対する損害賠償請求が否定

◆第 2 部◆　弁護士会照会に対する報告拒絶と民事訴訟による対処

されていることの二点は根拠として弱いと思われる。しかし，裁判例㉔が挙げる，弁護士法上は弁護士会照会につき強制履行の規定はなく，照会権限についても，「報告を求めることができる」との規定にとどまるため，報告を求める給付の訴えの許容性につき疑義があるという根拠については，妥当であるし，仮に（強制執行を予定しない）報告請求の給付の訴えの利益を認め得るとしても，その場合の給付判決は弁護士会の報告請求権（照会先の報告義務）を既判力により確定するにとどまり，その機能は実質的に報告義務の確認判決と異ならないと考えられるため，そのような場合に報告義務の確認の訴えという手段の選択が不適切とされるべきではない。

　最後に，報告拒絶を理由とする照会先に対する損害賠償請求訴訟内での報告義務の中間確認の訴えの適法性についてまとめると，筆者は照会先の報告につき，依頼者・弁護士・弁護士会のいずれも保護に値する法的利益を有すると解すべきと考えるところ，そうすると，照会先の報告拒絶による原告の法的利益の侵害が認められ，照会先の報告義務の有無が原告の損害賠償請求権の存否の先決問題たり得，この点から，報告義務の中間確認の訴えは適法と解すべきである。

　(2)　報告拒絶を理由とする損害賠償請求の訴え
　照会先の報告義務違反が不法行為の各要件を充足するか否かという点については，現時点での判例・裁判例の状況に鑑み，照会先の報告義務違反が原告の権利・法的利益を侵害するか否か，および，報告義務違反に係る照会先の故意・過失の有無の二要件を重点的に検討した。

　まず，照会先の報告義務違反による原告の権利・法的利益の侵害については，報告義務の確認の訴えにおける即時確定の利益の前提たる，報告義務の確認判決により保護されるべき法的利益が認められるべきとする理由と同様の理由により，依頼者・弁護士が原告となる場合，弁護士会が原告となる場合のいずれについても，原告には照会先の報告義務違反により侵害される，それ故，不法行為法による保護に値する法的利益が認められるべきである。そして，依頼者・弁護士については，照会先の報告義務違反により情報を得られないが故に侵害される何らかの利益（報告を得ること自体についての利益のみならず，裁判を受ける権利ないし司法制度による紛争解決を適切に実現する利益，強制執行により

◆第6章◆ おわりに

実効的な権利救済を受ける利益等，具体的な事案に応じ多様なものが考えられる）を，不法行為法により保護されるべき法的利益として広く認めてよいのではないかと考える。また，弁護士会については，照会が実効性を持つ利益を，不法行為法により保護されるべき法的利益として認めてよいのではないかと考える。

　次に，報告義務違反に係る照会先の故意・過失の有無について，まず，現時点では，照会先の故意・過失を否定する根拠の一つとして，弁護士会照会に対する報告義務と照会先が負う守秘義務等との関係に関して解釈が確立されていない点がしばしば挙げられるところ，この点に関する下級審裁判例が蓄積される等することにより，解釈が確立される方向に向かえば，照会先の報告拒絶が問題となる場合の，報告拒絶が違法と判断され得ることに係る予見可能性は肯定される方向に向かうと考えられる。また，照会先の注意義務ないし結果回避義務については，照会の必要性に係る事情等が照会先に伝えられている，または，照会の必要性等に疑義がある場合に弁護士会や申出弁護士に問い合わせをして確認を行ったこと等を前提に，照会先の「応諾検討義務」，すなわち，「照会先が個々の照会事項ごとに，報告により生じる照会先・秘密帰属主体の不利益と報告拒絶により犠牲となる申出弁護士・依頼者等の利益とを比較衡量し，報告の可否を判断する義務」が尽くされているか否かにより，報告拒絶に係る注意義務ないし結果回避義務が尽くされているか否かが判断されるべきである。

（3）弁護士会照会の実効化と報告義務の確認の訴え，損害賠償請求の訴え

　報告拒絶を理由とする損害賠償請求の訴えについては，損害賠償責任の可能性という威嚇により，照会先の不当な報告拒絶を抑止する可能性は肯定し得るとはいえ，賠償額が低額にとどまり得ること，原告が主張する損害と照会先の報告義務違反との相当因果関係が認められない場合も想定されること，報告義務違反に係る照会先の故意・過失が否定されることも考えられること，判決内で報告義務の存否につき判断されても，判決理由中の判断であるため，報告義務の存否が既判力により確定されないことから，弁護士会照会に対する報告拒絶への対処，および，弁護士会照会の実効化という点で過度の期待をすることは困難である。

　そして，報告義務の確認の訴えでは，照会先の報告義務の存否のみが審理・判断されることになるが故に，報告義務違反に係る照会先の故意・過失，原告

◆ 第 2 部 ◆　弁護士会照会に対する報告拒絶と民事訴訟による対処

への損害の発生，報告義務違反と損害発生との相当因果関係の存否につき審理・判断を要さず，また，報告義務の存否につき既判力のある判断が得られ，関係者の以後の行動指針が得られるため，弁護士会照会に対する報告拒絶への対処，および，弁護士会照会の実効化に際して，報告義務の確認の訴えを活用する方向性が採られるべきではないかと考える。

　筆者は基本的に，弁護士会照会自体の中に照会先の報告拒絶に対処するための制裁等の手続がない現状の下で制度の実効化を図るとの観点から，照会先に対する報告義務の確認の訴えや損害賠償請求の訴えの可能性が広く認められるべきであるとの立場を採る[1]。しかし，このような考え方に対しては批判も

---

(1)　報告義務の確認判決や報告拒絶を理由とする損害賠償請求による弁護士会照会の実効化につき，他の制度とのバランスが問題となり得る。例えば，民事執行法上の財産開示手続では対象たる債務名義が限定され，かつ，債務者のみが開示を求められるが，強制執行の対象財産探索のための弁護士会照会につき報告義務の確認判決を認めると，第三者がその義務を確定される対象となり，かつ，債務名義も財産開示手続の対象たるものに限定されない。そのため，両者のバランスが問題となる。しかし，そもそも弁護士会照会は弁護士の受任事件につき広範に情報収集を認める制度であり，財産開示手続も含め，他の証拠・情報収集手続の射程が及ばない場面で活用されることは織り込み済みなのではないか。また，効果面でも，報告義務の確認判決は報告義務を既判力で確定するにとどまり，財産開示手続における義務違反に対する過料の制裁のような，より徹底した効果を認める訳ではない。また，損害賠償請求については，少なくとも現状を前提とすれば，強制執行の対象財産探索のための情報に係る報告拒絶が問題となった事案に関する裁判例で，請求認容の場合でも認容額が比較的低額にとどまる点に鑑みると，損害賠償請求の認容判決が財産開示手続での過料の制裁よりも過大な効果を認めることにはならない。そのため筆者は，報告義務の確認判決や損害賠償請求の認容判決を認めても，基本的には他の制度とのバランスが崩れることにはならないのではないかと考える。
　また，今津綾子「判批」私法判例リマークス 50 号（2015 年）125 頁は，民事執行法上の財産開示手続や民事訴訟法上の証拠・情報の収集手続が利用しづらいのであれば，それらをどう機能させていくかを考えるのが筋であり，弁護士会照会に過度の期待を寄せることは制度間の役割分担を見えにくくするリスクを伴うことに留意すべき旨を指摘する。この指摘は，弁護士会照会の実効化のための解釈論・立法論に対し消極的な文脈でなされているが，重要な内容を含む。例えば，受任事件の相手方に対する弁護士会照会が許されるかという問題があり，学説では，民事訴訟法上の証拠・情報の収集手続

◆第6章◆　おわりに

（当事者照会，文書提出命令，証拠保全等）によるべきことを根拠として，消極に解する見解が多い（飯畑正男『照会制度の実証的研究』〔日本評論社，1984年〕68頁〔国・地方公共団体が相手方である場合につき留保がある〕，日本弁護士連合会調査室編著『条解弁護士法（第4版）』〔弘文堂，2007年〕164頁，新堂幸司『新民事訴訟法（第5版）』〔弘文堂，2011年〕389頁，髙中正彦『弁護士法概説（第4版）』〔三省堂，2012年〕117頁，川嶋四郎『民事訴訟法』〔日本評論社，2013年〕495頁〔訴訟外で弁護士会という巨大組織の圧力の下，紛争の相手方から強制的に情報を引き出すことは不公正にわたる可能性が生じかねないことを理由とする〕，高橋宏志『重点講義民事訴訟法（下）（第2版補訂版）』〔有斐閣，2014年〕87頁等。笠井正俊「当事者照会の可能性」谷口安平先生古稀祝賀『現代民事司法の諸相』〔成文堂，2005年〕224頁注(2)は，平成15年の民訴法改正前であれば，提訴前の情報収集のために相手方への弁護士会照会がまだしも意味を持ち得たが，同年の改正で提訴前の証拠・情報収集手続が設けられた後は，よりいっそう相手方への弁護士会照会を否定する解釈の妥当性が高まったといえる旨を論じる。これに対し，佐上善和「証拠収集方法の拡充」伊藤眞＝山本和彦編『民事訴訟法の争点』〔有斐閣，2009年〕179頁は，訴訟の相手方に対する弁護士会照会につき，当事者照会との権衡上これを肯定してよいであろう旨を論じる。弁護士会照会と当事者照会・訴え提起前の照会との関係につき，田村陽子「弁護士照会制度の法的位置づけ」自由と正義54巻12号〔2003年〕15-16頁も参照）。実務上は，積極に解する単位会も存在する。例えば，東京弁護士会（東京弁護士会調査室編『弁護士会照会制度（第5版）』〔商事法務，2016年〕24-25頁）は，現行民訴法で当事者照会制度が設けられて以来，積極説に基づく運用を行っている（ただし，審査の際，相手方に対する不意打ちにならないようにする配慮をしたり，回答範囲に関する照会先の判断能力等につき，通常より慎重な取扱いをしたりしている）。また，愛知県弁護士会（愛知県弁護士会編『事件類型別弁護士会照会』〔日本評論社，2014年〕30頁）は，相手方が国・地方公共団体である場合につき，国民主権・住民自治，証拠の偏在化是正の観点から積極的に回答すべきであること，相手方であっても報告義務を認めても酷とはいえないことを理由に，積極説に基づく運用を行っている。

　この点につき，まさに制度間の役割分担の観点から，民事訴訟法上の証拠・情報の収集手続が利用可能な場合はそれらの手続により相手方からの情報収集等を行うべきであり，この場合相手方に対する弁護士会照会は許されないとの考え方は成り立ち得るし，民訴法上の証拠・情報の収集手続に問題があるのであれば，まずそれらを実効化するための解釈論・立法論（文書提出義務の除外事由の限定的解釈や，当事者照会への回答拒絶に対する制裁の新設等）を講じるべきであるといえる。しかし，筆者は一般論として，他の制度と弁護士会照会との相違（紛争の相手方に対しての利用も想定されるか否か，訴訟係属や訴え提起の意図がなくても利用可能か否か等）やそれに伴う役割分担を踏まえた上で，受任事件につき弁護士に一般的に認められる（他の手段の射程が及ばない場

◆第 2 部◆　弁護士会照会に対する報告拒絶と民事訴訟による対処

考えられる(2)。また，特に第 4 章では，主に民法上の不法行為に関して論じてきたが故に，思わぬ誤解も多々あるかと思われる。

このように，第 2 部の検討には不十分な点が多々あるが，今後も弁護士会照会について検討を深めていくに当たり，多くの方々からのご教示・ご批判を仰ぐことができることを願いつつ，第 2 部を閉じることにしたい。

面でも利用可能な）情報収集手段をより充実させるという点から，報告義務の確認の訴えや報告拒絶を理由とする損害賠償請求の訴えといった弁護士会照会の実効化手段を講じることは，検討されてしかるべきではないかと考える。
(2)　例えば，升田純「弁護士法 23 条の 2 所定の照会，民事訴訟法 186 条所定の調査嘱託に対する報告義務違反と不法行為の成否」金融法務事情 1772 号（2006 年）26 頁は，弁護士会照会は不報告に関する規定を全く欠くところ，照会先の不報告に不法行為責任を肯定することは根拠のない制裁を科すものであるし，不法行為責任を介して報告を強制するものであり，弁護士法 23 条の 2 の規定の趣旨を逸脱したものといえる旨を論じる。

第3部
弁護士会照会に対する報告と照会先の損害賠償責任

◆ 第1章 ◆

問題の所在

　第2部では，照会先の一般的・抽象的な意味での報告義務が認められる弁護士会照会（弁護士法23条の2）につき，弁護士の具体的な受任事件で照会先から報告を拒絶された場合の照会申出弁護士，その依頼者，照会を行った弁護士会による対処手段として考えられる，照会先の報告義務の確認の訴え，および，照会先の報告拒絶を理由とする不法行為に基づく損害賠償請求の訴えについて検討した。

　しかし，照会先が守秘義務等を理由として弁護士会照会に対する報告を拒絶する根拠として，照会に応じて報告した場合，報告により自らの秘密を開示されたために法的利益を侵害されたと主張する者（以下，「秘密帰属主体」[1]と記す）から不法行為に基づく損害賠償請求の訴えを提起される可能性があることがしばしば挙げられる。そして，その際，特定の個人の前科・犯罪経歴を照会事項とする弁護士会照会に対し政令指定都市の区長が報告を行った事案につき，国家賠償法1条1項により市の損害賠償責任を認めた最高裁判例たる最（三小）判昭和56年4月14日（民集35巻3号620頁。第2章で紹介する判例③）がしばしば援用される[2]。

---

(1) この用語法は，伊藤眞「弁護士会照会の法理と運用—二重の利益衡量からの脱却を目指して—」金融法務事情2028号（2015年）6頁に倣ったものである。
(2) 中原利明「判批」金融法務事情1812号（2007年）66頁は，同判例が弁護士会照会に応じて報告しても不法行為を構成することがあるとしたことで，金融機関に大きな警戒感を与える結果となり，これが実務対応に大きく影響している旨を論じ，近衞大「判批」金融・商事判例1267号（2007年）14頁も，同判例が，いわば金融機関が弁護士会照会に対し慎重な対応をなすことにお墨付きを与えてしまった旨を論じる。
　　また，名古屋地判平成25年10月25日（金判1443号46頁，金法1995号127頁，判時2256号23頁参照。第2部第2章で紹介する裁判例⑱）は，弁護士会照会に対する報告拒絶につき照会先の不法行為法上の過失を否定する際の考慮要素として，同判例を挙げる。

◆第3部◆　弁護士会照会に対する報告と照会先の損害賠償責任

　筆者は第2部で，弁護士の受任事件につき一般的に利用可能な第三者からの情報収集手続たる弁護士会照会の実効性を確保するとの問題意識から，照会先を被告とする報告義務の確認の訴えや報告拒絶を理由とする損害賠償請求の訴えの可能性を広く認めるべき旨を論じてきた。しかし，守秘義務等を負う公務所・公私の団体が他人の秘密に係る事項を開示した場合，秘密帰属主体から損害賠償責任を追及されたり，場合によっては刑事罰を科されたりする可能性がある点に鑑みると，このような事項につき弁護士会照会を受けた照会先が報告を拒絶しようとすることを全面的に批判する訳にはいかない。そして，照会先の報告拒絶を減少させ，弁護士会照会の実効化を図るためには，どのような場合に照会先が秘密帰属主体に対し報告を理由とする損害賠償責任を負うことになるのかを明らかにすることが，第2部での検討といわばコインの裏表の関係になる検討として，必要と考えられる[3]。

　もちろん，弁護士会照会の照会先となり得る公務所・公私の団体は千差万別であり，これらの照会先が負う守秘義務等の内容も多様であるので，これらの全てを検討することは，筆者の能力面からもなし得ない。しかし，現時点でも既に，弁護士会照会に対する報告を理由に秘密帰属主体が照会先に対し損害賠償を請求した事案に係る公刊判例・裁判例が複数存在する。そして，特に前記の最高裁判例のような請求認容の判例・裁判例が照会先の報告拒絶の理由として援用される点に鑑みると，これらの公刊判例・裁判例を分析し，どのような場合に照会先の損害賠償責任が肯定され，どのような場合に否定されるかを明らかにする作業も，（公刊判例・裁判例として現れた事案の範囲で，との留保は必要であるが）一定の意義を有すると考えられる。管見の限り，前記の最高裁判例については，（プライバシー権に係る問題も含まれていたが故に）評釈等が相次いだものの，弁護士会照会に対し報告した照会先が秘密帰属主体から損害賠償を請求された事案に係る公刊判例・裁判例の総合的な研究はあまりなされていないのではないかと思われる[4]。

---

(3)　伊藤・前掲注(1)7頁は，照会先にとって，報告をしたことを理由として秘密帰属主体から損害賠償責任を追及される可能性があることが報告拒絶の理由の一つとなるという点で，報告に係る損害賠償責任の問題が照会先の報告拒絶に係る一連の問題の根底にあるといえる旨を論じる。

◆ 第1章　問題の所在

　第3部は，以上の問題意識から，弁護士会照会に対し報告した照会先の秘密帰属主体に対する損害賠償責任が問題となった公刊判例・裁判例を検討し，報告に係る照会先の秘密帰属主体に対する損害賠償責任の有無の判断基準を明らかにすることを目的とする。

　まず，第2章で，照会先の報告に係る秘密帰属主体に対する損害賠償責任が問題となった従来の判例・裁判例を概観する。その上で，第3章では，照会先が弁護士会照会に対し報告したことが秘密帰属主体との関係で不法行為となるか否かにつき，特に報告の違法性の有無，報告に係る照会先の故意・過失の有無に焦点を当て検討する。

---

(4)　第3部の基礎となった論稿（酒井博行「弁護士会照会に対する報告と照会先の損害賠償責任」北海学園大学法学研究52巻2号〔2016年〕99頁）の後に刊行された，弁護士会照会に対し報告した照会先の秘密帰属主体に対する損害賠償責任につき検討する論稿として，吉田英男「弁護士会照会（23条照会）に応じて報告した者の責任」琉大法学97号（2017年）1頁がある。

◆第2章◆

従来の最高裁判例・下級審裁判例

　弁護士会照会に対する報告を理由に秘密帰属主体が照会先を相手取り損害賠償を請求した事案についての公刊判例・裁判例は，2018年10月中旬現在で計8件あり，そのうち1件は第1章で言及した最高裁判例であり，それ以外は下級審裁判例である。本章では，これらの判例・裁判例の事案の概要と判旨を紹介する（判旨中の見出しは筆者による）。

　なお，弁護士会照会に対する照会先の一般的な報告義務は判例・裁判例で問題なく承認されている点に鑑み，本章での判例・裁判例の紹介ではこの点の判示の詳細な紹介は割愛する。弁護士会照会に対する一般的な報告義務の根拠につき，従来の判例・裁判例ではおおむね，弁護士会照会は弁護士が基本的人権の擁護，社会正義の実現をその使命とする点（弁護士法1条1項）に鑑み，弁護士の受任事件の処理のために必要な事実の調査や証拠の発見収集を円滑に行うことを可能とするために設けられた制度であること等が挙げられる。

① **京都地判昭和50年9月25日**（判時819号69頁，判タ333号276頁，民集35巻3号637頁参照）

【事案の概要】

　X（原告）は，A株式会社が経営する自動車教習所で技能指導員をしていたが，Aから解雇され，Aとの間で地位保全仮処分命令により従業員たる地位が仮に定められ，これに関連する事件が京都地方裁判所・中央労働委員会に係属していた。Aからこれらの事件につき受任していたB弁護士は，照会を必要とする事由を「中央労働委員会，京都地方裁判所に提出するため」として，Xの前科・犯罪経歴についての照会を京都弁護士会に申し出た。同弁護士会はY市（京都市。被告）伏見区役所に照会（本件照会）を行い，その回付を受けた中京区長は，Xの前科につき，道路交通法違反11犯，業務上過失傷害1犯，暴行1犯がある旨を報告した。

◆第3部　弁護士会照会に対する報告と照会先の損害賠償責任

　この結果，AはXの前科を知り，Aの幹部らは中央労働委員会・京都地方裁判所の構内等で，Xの事件等の審理終了後等に，事件関係者や傍聴のため集まっていた者らの前でXの前科を摘示した。また，AはXがこの前科を秘匿して入社したことを経歴詐称であるとして，Xに予備的解雇の通告をした。
　Xは，Yの報告によりプライバシーを侵害された等と主張し，Yに損害賠償と謝罪文の交付を請求した。

【判　旨】
　京都地裁は，次のように判示し，請求を全部棄却した。
　(1)　弁護士会照会に対する報告義務
「…弁護士法23条の2…により報告を求める弁護士や弁護士会がこれを慎重に用うべきは当然であり，必要以上に市民の名誉，信用，プライバシーを犯すために用うべき性質のものでないことはいうまでもないが，…この照会と回答のため某かの個人のプライバシー等が侵されることがあるのはやむを得ない…というべく，弁護士法は敢てこれを許していると解さざるを得ない。
　そしてこの照会を受けた公務所等としては…，権威ある弁護士会からの法律に基づく照会である以上，それが不法不当な目的に供されることが判明できるとか他に根拠がある場合はともかく，然らざる限りそれに応ずるのが当然であり，不法不当な目的に供されることが判らないのに容易にこれを拒絶できるとあっては折角法律で設けられた同条の窓口を狭くし弁護士の活動を不便にすることは明らかであるから公務所等はこの照会に対し正当な事由がない限りこれに応ずる法律上の義務がある…。」
　(2)　報告に係る故意・過失，違法性
「一般に，市民が前科，犯歴を他人に知られたくない権利を有」し，「Yの中京区長が必要以上にXの前科，犯歴を他人に報告することがXの信用，プライバシーを侵害するものであることを知らなかったとはいえないが，同区長は本件照会が公的機関である弁護士会からの法律にもとづく照会であり，かつ，その照会要求に『中央労働委員会，京都地方裁判所に提出するため』必要とあったので…，この文面よりしてこの照会が不法不当な目的に供されるとか必要以上に市民のプライバシーを侵す目的に供されるものと解さず，真実の発見又は正確を期するために要求されるのだと考えても無理からぬところであるからその

要求を拒むことに当然正当な事由があり，これを拒まなかったことに故意又は過失があったとみることはできない。」

昭和「36年に…自治省行政課長の回答が出て」おり（※筆者注：弁護士法23条の2による前科照会に対し市区町村長は回答できないとする），「市町村長や区長には弁護士会を通じてなされる…前科照会に応じていないものが多いことが認められるので本件の中京区長もこれと同じ扱いをした方が無難であった…が形式上からもこの自治省の行政課長回答が当然Yらを拘束するものとは解されず弁護士法23条の2の解釈は既に述べたとおりであるからこれに回答したことを以てYに故意又は過失があるとすることもできない。

又仮にXが中京区長の本件回答により不利益を被った事実があるとしても，中京区長は正当な業務行為をしたまでであって違法性を欠いている…。」

② **大阪高判昭和51年12月21日**（下民集27巻9-12号809頁，民集35巻3号647頁参照）[1]

【事案の概要】
裁判例①の控訴審判決である（Xが控訴）。

【判　旨】
大阪高裁は，次のように判示し，原判決を変更し損害賠償請求を一部認容（慰謝料20万円，弁護士費用5万円）した。

（1）弁護士会照会に対する報告義務

弁護士法23条の2の「照会に対しては，相手方は，自己の職務の執行に支障のある場合及び照会に応じて報告することのもつ公共的利益にも勝り保護しなければならない法益が他に存在する場合を除き，照会の趣旨に応じた報告をなすべき義務がある…。」

（2）前科・犯罪経歴を知らせることが許される場合

「…何人も自己の名誉，信用，プライバシーに関する事項については，不当に他に知らされずに生活をする権利を有し，前科，犯罪経歴は右事項に深い関係を有するものとして，不当に他に知らされてはなら…ない…。前科や犯罪経歴

---

(1) この判決の評釈として，福原忠男「判批」判例評論222号（1977年）31頁（判例時報853号145頁），山下善三「判批」法律のひろば30巻9号（1977年）55頁。

が公表され，又は，他に知らされるのは，法令に根拠のある場合とか，公共の福祉による要請が優先する場合等に限定されるべきものである。

　…前科や犯罪経歴の公表が右のように慎重に取扱われなければならないことから考えると，犯罪人名簿の使用についても，…これを保管する市町村が，本来の目的である選挙権及び被選挙権の資格の調査，判断に使用するほかは，裁判所，検察庁，警察，その他…行政庁が，法令の適用，又は，法律上の資格を調査，判断するために使用するとして照会した場合…，弁護士会が弁護士名簿に登録の請求を受けその資格の審査に関し調査，判断するために使用するとして照会した場合…等にこれに回答するため使用する場合に限られ，一般的な身元証明や照会等に応じ回答するため使用すべきものではない…。」

(3) 報告の違法性

「弁護士又は弁護士であった者は，その職務上知り得た秘密を保持する権利を有し義務を負う（弁護士法 23 条本文）。しかし，その義務は，弁護士が依頼者の請求により委任事務処理の状況を報告する義務（民法 645 条）に優先するものとは解し難い。弁護士が，その職務上知り得た依頼者の対立当事者らの秘密は，依頼者の請求があれば，これを依頼者に告げざるを得ないし，依頼者に対して対立当事者らの秘密を告げた後に，依頼者がその秘密を漏洩，濫用することを有効に阻止するための制度上の保障は存在しない。…してみると，市町村は，前科等について，弁護士法 23 条の 2 に基づく照会があった場合には，報告を拒否すべき正当事由がある…。

　本件の場合，…報告を拒否すべき場合で…あり，…報告した中京区長の行為は違法であった…。」

(4) 報告に係る過失

「…昭和 36 年 1 月 31 日付自治省行政課長から…の回答」（※筆者注：裁判例①の判旨中で引用されている回答と同じものである）「は以上判示した趣旨に沿うものであり，また，…自治省から関係行政庁に対し，数回にわたり，以上判示した趣旨と同様の通知をなし，関係各行政庁においてもその趣旨に沿って取扱いをしていたこと，Y における実務もそのように取扱われていたことが認められる。

　そうすると，Y の行政機関である中京区長は，本件照会について…，報告を

◆ 第 2 章　従来の最高裁判例・下級審裁判例

拒否すべき義務があるのにこれを怠った過失があった…。」

③ **最（三小）判昭和 56 年 4 月 14 日**（民集 35 巻 3 号 620 頁）[(2)]
【事案の概要】
裁判例①②の上告審判決である（Y が上告）。
【判　旨】
最高裁第三小法廷は，次のように判示し，上告を棄却した（補足意見・反対意見につき，紹介は割愛する）。
（1）報告の違法性
「前科及び犯罪経歴（以下『前科等』という。）は人の名誉，信用に直接にかかわる事項であり，前科等のある者もこれをみだりに公開されないという法律上

---

(2)　この判決の最高裁調査官解説として，平田浩「判解」最高裁判所判例解説民事篇昭和 56 年度（1986 年）252 頁。この判決を主に論じる論稿（弁護士会照会の問題に言及するもの）として，飯畑正男「弁護士法に基づく照会制度と公務所等の回答義務—最判昭 56・4・14 をめぐって—」NBL234 号（1981 年）6 頁，堀部政男（司会）ほか「〔鼎談〕名誉・プライバシーの新判例」ジュリスト 744 号（1981 年）14 頁，平田浩「中京区長前科回答事件」前掲ジュリ 33 頁，竹中勲「行政機関によるプライバシー侵害と救済方法—最（三小）判昭 56・4・14 の検討を中心にして—」論集（神戸大学教養部紀要）29 号（1982 年）55 頁。評釈（弁護士会照会の問題に言及するもの）として，河田勝夫「判批」法律のひろば 34 巻 7 号（1981 年）30 頁，はやし・しうぞう「判批」時の法令 1113 号（1981 年）47 頁，佐藤和寿「判批」地方自治 404 号（1981 年）61 頁，小西秀宣「判批」研修 398 号（1981 年）687 頁，警備判例研究会「判批」警察時報 36 巻 12 号（1981 年）129 頁，竹中勲「判批」法学セミナー 324 号（1982 年）127 頁，同「判批」憲法判例百選（第 6 版）（2013 年）42 頁，平松毅「判批」昭和 56 年度重要判例解説（ジュリスト 768 号）（1982 年）17 頁，呉松枝「判批」法学研究（慶應義塾大学）55 巻 6 号（1982 年）794 頁，田之上虎雄「判批」昭和 56 年度民事主要判例解説（判例タイムズ 472 号）（1982 年）222 頁，吉川日出男「判批」札幌商科大学論集商経編 32 号（1982 年）263 頁，更田義彦「判批」ジュリスト 779 号（1982 年）116 頁，行政判例研究会編『昭和 56 年行政関係判例解説』（ぎょうせい，1983 年）517 頁〔川上磨姫〕，西村宏一ほか編『国家補償法大系 3』（日本評論社，1988 年）239 頁〔芝田俊文〕，井上正三＝井上治典「判批」民事訴訟法判例百選Ⅱ（新法対応補正版）（1998 年）306 頁，石村修「判批」憲法判例百選Ⅰ（第 4 版）（2000 年）44 頁，稲場一将「判批」行政判例百選Ⅰ（第 6 版）（2012 年）98 頁，椎橋邦雄「判批」民事訴訟法判例百選（第 5 版）（2015 年）156 頁。

の保護に値する利益を有するのであって，市区町村長が，本来選挙資格の調査のために作成保管する犯罪人名簿に記載されている前科等をみだりに漏えいしてはならない…。前科等の有無が訴訟等の重要な争点となっていて，市区町村長に照会して回答を得るのでなければ他に立証方法がないような場合には，裁判所から前科等の照会を受けた市区町村長は，これに応じて前科等につき回答をすることができるのであり，同様な場合に弁護士法23条の2に基づく照会に応じて報告することも許されないわけのものではないが，その取扱いには格別の慎重さが要求される…。本件において，…Xの前科等の照会文書には，照会を必要とする事由としては，右照会文書に添付されていたBの照会申出書に『中央労働委員会，京都地方裁判所に提出するため』とあったにすぎないというのであり，このような場合に，市区町村長が漫然と弁護士会の照会に応じ，犯罪の種類，軽重を問わず，前科等のすべてを報告することは，公権力の違法な行使にあたる…。」

④ 広島高岡山支判平成12年5月25日（判時1726号116頁）[3]
【事案の概要】
　A株式会社ほか1名は別件訴訟でBに請負代金等を請求していたが，さらに，Bがその支配下にある破産会社C株式会社を計画的に倒産させるつもりであったのに請負代金としてC振出しの約束手形をAに受領させたことを不法行為として構成し，損害賠償請求をすることも検討していた。
　Aらの別件訴訟での代理人であったD弁護士は，BがCを支配していたことを裏付ける事実として，BのE事務所長であったX（原告・被控訴人）が自宅新築資金をCから受領したとの事実を主張する予定であった。Dは，Cの資料等から，Y銀行（被告・控訴人）F支店にX名義の預金口座があることを把握しており，同口座の入出金の状況を確認できれば，XがCから自宅新築資金を受領した事実が裏付けられると判断した。
　Dは，Y・F支店に照会しX名義の口座の預金元帳の写しの送付を求めることを岡山弁護士会に申し出，同弁護士会はYへの照会（本件照会）を行い，F支店長代理GはX名義の取引明細表と取引時の伝票の写しを送付した。

---

(3)　この判決の評釈として，塩崎勤「判批」民事法情報173号（2001年）106頁。

Xは，取引明細表と伝票の写しの送付によりプライバシーを侵害されたとして，Yに損害賠償を請求した。第一審判決（岡山地判平成11年4月8日〔判例集未登載〕）は，前記の送付行為の違法性とGの過失を認め，請求を一部認容した。これに対し，Yが控訴した。

【判　旨】

広島高裁岡山支部は，次のように判示し，第一審判決を取り消し請求を棄却した。

(1) 預金取引に関する情報に係る銀行の守秘義務

「預金取引の内容は人の信用に関わる事項であるから，預金者は，預金取引に関する情報について，いわゆるプライバシーとして，これをみだりに公開されないという法律上の保護に値する利益を有するのであり，特に…銀行の従業員は，…右預金取引に関する情報について，法律上の守秘義務を負」う。

「しかし，預金取引についての情報も完全に秘匿されるべきものではなく，これに優越する利益が認められる場合には，必要な範囲内で公開されることは許され，銀行の従業員の守秘義務も免除される…。」

(2) 弁護士会照会に対する報告義務

弁護士法23条の2の照会の「相手方には報告義務がある…。そして，右照会制度の…公共的性格に照らすと，照会の相手方が銀行であり，照会事項が預金取引に関するものであっても，…必要性と合理性が認められる限り，…銀行はその報告をすべきであり，また，当該報告したことについて不法行為の責めを負うことを免れる…。」

(3) 報告の違法性

「…Dは，別件訴訟において，BがCを支配していたことを裏付ける事実として，…Xが自宅新築資金…をCから受領したとの事実を主張する予定であり，右事実の有無が争点になることは予想されたところであるから，右事実を裏付ける資料として，右金員の入金先のX名義の口座の入出金の経緯を示す資料の収集を考えるのは当然であること，そのためにはYに照会して回答を得る以外には適切な方法がないこと，Xは，別件訴訟の当事者ではないものの，当事者であるBのもとE事務所長であり，同訴訟で証人として右の事実についても供述していることに照らすと，本件照会には，必要性，合理性が認められる…。

◆第3部　弁護士会照会に対する報告と照会先の損害賠償責任

そして，照会文書」の「『申出の理由』の欄には『貴行F支店に…開設された…X名義の預金口座の資金の動きと，訴外Cの資金の動きの相関関係から，BがCを支配していた事実を立証する…』と具体的な記載があり，特にY・F支店に…X名義の預金口座が開設されたことはYの側の資料とも一致していた…。そうすると，Gが…右照会に必要性，合理性があると判断したのは相当であって，これに基づきX名義の預金について報告したことには違法性が認められない…。」

⑤ **東京地判平成22年8月10日**（季報情報公開・個人情報保護40号69頁）
【事案の概要】
　不動産取引を業とするY株式会社（被告）は，宅地建物取引業法2条2号の「宅地建物取引業者」，個人情報保護法2条3項の「個人情報取扱業者」に該当する。X（原告）はYとの間で，X所有の本件建物を第三者に賃貸し，管理する業務を委託する賃貸住宅業務委託基本契約（本件基本契約）を締結した。
　XはYの仲介により，本件建物をAに賃貸するとの契約（本件賃貸借契約）を締結し，これに伴い，Yとの間で賃貸住宅業務委託個別契約（第一次委託個別契約）を締結した。本件賃貸借契約は更新され（賃貸借更新契約），これに伴い，XとYは賃貸住宅業務委託個別契約を改めて締結した（第二次委託個別契約）。
　XはBと婚姻していたが，別居，離婚調停を経て，XとBを当事者とする婚姻費用分担の調停事件（本件調停事件）が係属していた。本件調停事件でBの代理人であったC弁護士は，弁護士法23条の2に基づくYへの照会を札幌弁護士会に申し出た。照会事項は，要旨，本件建物に係る現在・過去におけるX・Y間の管理委託契約の存否，契約の締結年月日，締結されていた期間，本件建物に係る現在・過去におけるXを賃貸人とする，またはYを賃貸人代理人とする賃貸借契約の存否，契約の締結年月日，賃借人の氏名，賃料，賃貸期間，および，管理委託契約書・賃貸借契約書の写しの交付の要求であった。
　札幌弁護士会はYへの照会（本件照会）を行い，Yは，本件賃貸借契約，賃貸借更新契約，本件基本契約，第一次委託個別契約，第二次委託個別契約の各契約書の写し（本件各契約書）を送付する方法により報告した（本件報告）。

Xは，本件報告が個人情報保護法23条，および，宅地建物取引業法上の守秘義務に違反する違法なものであるとして，債務不履行または不法行為に基づき，Yに損害賠償を求めた。

【判　旨】

東京地裁は，次のように判示し，請求を棄却した。

(1) 本件報告の内容が宅地建物取引業法上の「秘密」，個人情報保護法上の個人情報に該当するか

「本件各契約書の記載内容は，Yが宅地建物取引業者としてXと取引したことによって取得したXの銀行口座等の情報を含み，これは宅地建物取引業法45条の『秘密』に該当する…から，Yがこれを第三者に伝える場合には，正当な理由が必要である。また，本件各契約書の記載内容はXを識別することができる情報を含むので，個人情報取扱業者であるYが『法令に基づく場合』など個人情報保護法23条1項の定める一定の場合以外には本人の同意なしに第三者に提供することが許されない個人情報に該当する…。」

(2) 弁護士会照会に対する報告義務

「…23条照会を受けた公務所又は公私の団体は，当該照会により報告を求められた事項について，当該照会をした弁護士会に対して報告すべき法的義務を負う…。

もっとも，…23条照会に対する報告が上記『正当な理由』あるいは『法令に基づく場合』に該当し，違法性を欠くと認められるためには，当該照会について，23条照会の制度趣旨及び目的に即した必要性と合理性が認められることを要する…。」

(3) 報告の違法性

「…XとBとの間の本件調停事件は，夫婦間の婚姻費用の分担を定めることを目的とするものであり，X及びBの双方がそれぞれ得ている収入や収入を得るために支出する費用等を把握することが，調停の前提となるから，本件建物からXが賃料収入を得ているか否かは，本件調停事件の重要な争点の一つであった…。…そして，Xが，…本件建物からの賃貸収入はないとの説明をしていた状況において，…Cが，本件建物からのXの賃料収入の有無を明確にするために資料の収集を行うのは代理人として必要な行為であり，そのためには，…Y

◆ 第3部　弁護士会照会に対する報告と照会先の損害賠償責任

に対し，23条照会の制度を利用して報告を受ける以外には適切な方法はない…。

　そして，相当の期間継続して夫婦間の婚姻費用の分担を定める資料とするには，Xの得ている賃料収入の状況やそれに伴う支出の状況を賃貸期間等を含め，ある程度詳細に把握することも合理性を否定できず，Cが，本件照会の照会事項として，XとYの業務委託契約及びXが賃貸人となっている賃貸借契約について，契約日や賃料等の報告を求めると共に，契約書の写しの送付を求めたことには，合理性がある…。

　…本件照会には，…必要性と合理性が認められるから，…Yが行った本件報告は違法性を欠く…。」

⑥ 京都地判平成25年10月29日（金法2024号107頁参照）
【事案の概要】
　X（原告）は，従前個人で建築工事の請負を業としており，平成19年9月から23年2月まで，A（Xの実母）が代表取締役を務めていたB株式会社に在籍していた。Bの実質的なオーナーはC（Aの実兄）であった。
　Y税理士（被告）は平成21年に訴外税理士法人を設立し，その代表社員に就任した。Y（訴外税理士法人）はXやAの依頼により，平成15年分から21年分までXの確定申告手続を行っていた。
　Bは平成23年頃，D弁護士を訴訟代理人として，Aが代表取締役在任中に，Bをして，平成22年4月以降稼働実態のないXに給与・賞与を支給させる等してBに損害を生じさせたと主張し，Aに損害賠償を求める訴訟（別件訴訟）を提起した。別件訴訟については，第一審で請求を全部棄却する判決がされ，同判決は平成22年4月以降につきXにBでの稼働実態がないとは認められない旨を判示している。これに対し，Bは控訴を提起した。
　Dは，別件訴訟の控訴審係属中に，弁護士法23条の2に基づく訴外税理士法人への照会を京都弁護士会に申し出，同弁護士会は訴外税理士法人に照会を行った（本件照会）。本件照会の照会事項は，Xの確定申告への訴外税理士法人の関与等の有無・期間，Xの確定申告書・総勘定元帳の写しの回答書への添付の要求（大量にある場合には直近10年分のみ）であり，申出の理由は，要旨，

Xの確定申告書等の記載内容を明らかにすることにより，平成22年3月以降Xが就労困難な状態にあり，Bにおける就労実態がなかったことを立証するためというものであった。訴外税理士法人は，Xの同意を得ることなく，平成15年から21年までXの確定申告を行っていた旨を回答し，前記の期間の確定申告書・総勘定元帳の各写し（平成21年分の総勘定元帳の写しを除く）（本件確定申告書等）を電子データで提供した（本件回答。特に確定申告書等の写しの提供を「本件開示行為」とする）。本件開示行為として訴外税理士法人から提示されたXの平成21年分確定申告書（控え）に添付された青色申告決算書には，「本年中における特殊事情」の欄に，同年につき体調不良（腰痛）のため就労できなかった旨の記載（本件特殊事情記載）があった。

Dは別件訴訟の控訴審で，本件回答で得たXの平成20年・21年分の各確定申告書（控え）を書証として提出した。別件訴訟の控訴審判決は原判決を変更して請求を一部認容し，同判決は本件特殊事情記載をBに有利な証拠として評価している。

Xは，Yにおいて，自らが代表役員を務める訴外税理士法人に対する照会に応じ，同税理士法人をして，Xの承諾を得ないままXの確定申告書控え等を開示したことがプライバシー権を侵害する不法行為に当たるとして，Yに損害賠償を請求した。

【判　旨】

京都地裁は，次のように判示し，請求を棄却した。

(1) 弁護士会照会に対する報告義務

「…23条照会を受けた者は，照会の申出が権利の濫用にあたるなどの特段の事情のない限り，報告を求められた事項について，照会をした弁護士会に対して報告をする法律上の義務を負い，当該報告をしたことについて不法行為責任を免れる…。」

23条「照会を受けた者は，照会事項が個人情報に該当するようなものであっても，その情報に係る本人の同意の有無にかかわらず，当該照会に対する報告義務を負う…。

なぜなら，…照会を受けた弁護士会が，その制度趣旨を踏まえて，当該申出を適切であると判断して照会を求めたにもかかわらず，照会を受けた者が，個

◆第3部　弁護士会照会に対する報告と照会先の損害賠償責任

人情報であるとの理由で報告を拒否することができるとすれば，弁護士法23条の2の趣旨が没却され，弁護士は受任した事件について必要な事実関係の解明をすることが困難となり，ひいては我が国の司法制度の円滑な運営にも支障を来すことになりかねないからである。なお，個人情報保護法23条1項1号は，『法令に基づく場合』には，個人情報取扱事業者が，本人の同意を得ないで個人情報を第三者に提供することを許容しており，23条照会に対する回答は，まさにこの『法令に基づく場合』に当たると解されるところ…，同規定の存在も，…報告義務を裏付けるものと考えられる。」

(2) 本件回答・本件開示行為の不法行為該当性

「…本件照会については，『申出の理由』の内容や本件に現れた一切の事情に照らしても，申立権の濫用にあたるなどの特段の事情は認められないから，…訴外税理士法人は，当該照会に応じる法律上の義務を負う。

したがって，…本件回答ないし…本件開示行為については，Xの同意を得ないでされたものであっても，プライバシー権侵害の不法行為を構成しない…。」

(3) 税理士法38条との関係

「税理士法38条は，『税理士は，正当な理由がなくて，税理士業務に関して知り得た秘密を他に漏らし』てはならない旨を規定し，税理士法基本通達38-1は，『法38条に規定する「正当な理由」とは，本人の許諾又は法令に基づく義務があることをいうものとする』としている…。

そして，…23条照会の趣旨及び回答の性質に照らせば，23条照会に対する回答は，『法令に基づく義務がある』場合に該当し，税理士法38条の『正当な理由』がある…。

したがって，…本件回答には『正当な理由』がある…。」

(4) 個人情報保護法との関係

「個人情報保護法16条及び23条は，原則として予め本人の同意を得ずに，個人情報の目的外使用や第三者へ提供することを禁じているが，『法令に基づく場合』には，例外として本人の同意を得ない個人情報の目的外利用や第三者への提供を許容している（同法16条3項1号，23条1項1号）。

そして，…23条照会の趣旨及び回答の性質に照らせば，23条照会に対する回答は，…『法令に基づく場合』に該当する…。

したがって、…本件開示行為が個人情報保護法に違反する旨のＸの主張は理由がない。」

⑦ **大阪高判平成 26 年 8 月 28 日**（判時 2243 号 35 頁、判タ 1409 号 241 頁、金法 2024 号 94 頁）(4)

【事案の概要】

裁判例⑥の控訴審判決である（Ｘが控訴）。

【判　旨】

大阪高裁は、次のように判示し、原判決を変更し請求を一部認容（慰謝料 30 万円、弁護士費用 5 万円）した。

（1）弁護士会照会に対する報告義務

「…23 条照会を受けた公務所又は公私の団体は、…報告を求められた事項について、照会をした弁護士会に対して、法律上、原則として報告する公的な義務を負う…。」

「23 条照会は、…公共的性格を有する…が、法文上、照会事項は『必要な事項』と規定されるのみで特段の定義や限定がなく、照会先も『公務所又は公私の団体』と広範囲であるため、事案によっては、照会を受けた者が照会事項について報告することが、個人のプライバシーや職業上の秘密保持義務等の保護されるべき他の権利利益を侵害するおそれのある場合も少なくない…。した

---

(4) この判決を主に論じる論稿として、木村健太郎「弁護士会照会を受けた照会先の不法行為責任を認めた事例の検討—名古屋高判平 27・2・26 と大阪高判平 26・8・28 —」金融法務事情 2022 号（2015 年）6 頁、岩﨑政明「弁護士会照会に対する回答報告と守秘義務違反」横浜法学 24 巻 1 号（2015 年）3 頁、山口斉昭「弁護士会照会に対する照会先の不法行為責任について—二つの高裁判決を契機に—」早稲田法学 91 巻 3 号（2016 年）181 頁、長谷川記央「税理士法における個人のデータに係る守秘義務の検討—税理士業務の定義と弁護士照会制度を題材として—」税務事例 49 巻 9 号（2017 年）57 頁。評釈として、浅井弘章「判批」銀行法務 21 785 号（2015 年）64 頁、丸山昌一「判批」NBL1050 号（2015 年）74 頁、林仲宣「判批」法律のひろば 68 巻 8 号（2015 年）72 頁、林仲宣＝高木良昌「判批」税務弘報 63 巻 8 号（2015 年）84 頁、濱田広道「判批」金融法務事情 2025 号（2015 年）75 頁、藤中敏弘「判批」東海法学 50 号（2015 年）27 頁、佐藤孝一「判批」税務事例 48 巻 5 号（2016 年）10 頁、増田英敏＝高砂昭宏「判批」TKC 税研情報 25 巻 2 号（2016 年）15 頁。

がって，23条照会を受けた者は，…正当な理由がある場合には，報告を拒絶できる…。そして，正当な理由がある場合とは，照会に対する報告を拒絶することによって保護すべき権利利益が存在し，報告が得られないことによる不利益と照会に応じて報告することによる不利益とを比較衡量して，後者の不利益が勝ると認められる場合をいう…。この比較衡量は，23条照会の制度の趣旨に照らし，保護すべき権利利益の内容や照会の必要性，照会事項の適否を含め，個々の事案に応じて具体的に行わなければならない…。」

(2) 税理士法38条の守秘義務とその例外

「税理士の守秘義務の例外としての『正当な理由』（税理士法38条）とは，本人の許諾又は法令に基づく義務があることをいう…ところ，一般には23条照会に対する報告義務も『法令に基づく義務』に当たる…。

　もっとも，23条照会に対する報告義務は絶対的なものではなく，被照会者は正当な理由があるときは報告を拒絶することができる…。そして，税理士の保持する納税義務者の情報にプライバシーに関する事項が含まれている場合，当該事項をみだりに第三者に開示されないという納税義務者の利益も保護すべき重要な利益に当たる…。したがって，税理士は，23条照会によって納税義務者のプライバシーに関する事項について報告を求められた場合，正当な理由があるときは，報告を拒絶すべきであり，それにもかかわらず…報告したときは，税理士法38条の守秘義務に違反する…。そして，税理士が故意又は過失により，守秘義務に違反して納税義務者に関する情報を第三者（照会した弁護士会及び照会申出をした弁護士）に開示した場合には，当該納税義務者に対して不法行為責任を負う…。」

(3) 本件開示行為の違法性

「本件照会申出の理由は，Bが，別件訴訟において，Xが平成22年3月以降，体調を崩して就労困難な実態にあり，Bにおける就労実態がなかったことを立証するためのものということである。一方，…照会事項の中心は，…確定申告書及び総勘定元帳の写しの送付を求めることにある…。しかし，Xの健康状態を立証するためであれば，医療機関等への照会によるのが直截であり，収入の変動を通じて健康状態の悪化を立証するということ自体が迂遠というべきである。この点を措くとしても，平成22年3月以降のXの体調不良を立証しよう

とするのであれば，Xの平成22年の確定申告書等とそれ以前の確定申告書等を比較するのでなければ意味がないはずである。ところが，YがXの確定申告を行っていたのは平成15年から平成21年までであり…，平成22年の確定申告は担当していない。そうであるとすれば，Yの所持する確定申告書等だけではXが平成22年に体調不良により収入が減少したかどうかを認定することはおよそ期待できない…から，…最長10年間にわたる確定申告書等の送付を求める照会事項…は，23条照会としての必要性，相当性を欠く不適切なものといわざるを得ない。」

「他方，本件開示行為によって開示されたのは，Xの平成15年から21年までの7年間にわたる確定申告書及び総勘定元帳の写しである。確定申告書及び総勘定元帳の内容は，X本人の収入額の詳細…等，プライバシーに関する事項を多く含むものであり，これらの事項がみだりに開示されないことに対するXの期待は保護すべき法益であり，これらの事項が開示されることによるXの不利益は看過しがたい…。」

「…本件確定申告書等については，これが開示されることによるXの不利益が本件照会に応じないことによる不利益を上回ることが明らかである。したがって，Yが本件照会に応じて本件確定申告書等を送付したこと（本件開示行為）は，守秘義務に違反する違法な行為…である。」

　(4) 本件開示行為に係る過失
「Yは，税理士として，守秘義務の趣旨及びその重要性について当然認識している…。また，Yは，税務関係に限られるとはいえ，法律実務に従事する者であるから，本件照会申出の理由に照らして本件照会事項が適当でないことを十分認識し得た…。」

「Yは，長年にわたり」顧問税理士として「Bの会計及び申告業務に関与していた…などBとは深い関係があり，本件照会時点では，Cの関係する会社の顧問税理士として報酬を得ていた。また，別件訴訟では，B申請の証人として証言したほか」，Cが配置した「調査スタッフの調査に協力するなど，B側の立場で関与していた。一方，Yは，Xとの間でも平成21年分の確定申告までは業務委嘱契約関係を有していた。すなわち，Yは，BとXの双方と確定申告業務等の委嘱契約関係を有していたところ，本件照会は，Bの代理人弁護士から

の照会申出に基づくものであり，本件開示行為は，Xのプライバシーに属する事項を含む情報をBに提供する結果となるものである。

さらに，Yは，平成22年分以降は，Xから確定申告の依頼を受けておらず，本件照会の時点…では依頼を受けなくなってから2年以上経過しているのであり，Xとの業務委嘱契約は黙示に解除されていたと解されるから，本来は，本件確定申告書等をXに返還すべきであり（近畿税理士会綱紀規則11条3項），返還していれば，本件照会時点で本件確定申告書等の情報は保持しておらず，…本件照会に対して報告できないはずのものであったともいえる。

以上のようなYとB及びXとの関係からすれば，Yとしては，本件照会に対して，守秘義務の観点から，一般の23条照会に比してより慎重に検討すべきであったのであり，Xの意向も確認する等した上で本件照会に応じて報告することの適否を判断すべきであった…。」

「…Yは，本件照会に対して本件確定申告書等の開示を拒絶すべきであること（本件開示行為が違法であること）を認識し得たものであり，そうでないとしても，Xの意向を確認する等した上で本件照会への対応を判断すべきであったと認められる。したがって，Yは，少なくとも，Xの意向を確認する等することもなく安易に本件照会に応じて本件開示行為を行ったことにつき，過失がある…。」

⑧ **鳥取地判平成28年3月11日**（金法2040号94頁）
【事案の概要】

X（原告）を債務者とする金銭債権に係る債務名義（確定判決）を有していたA・Bは，Z₁弁護士（被告補助参加人）・Z₂弁護士（被告補助参加人）を訴訟代理人として，前記債務名義に基づく債務の履行を求め，Xら複数名を被告とする訴訟を提起した（別訴）。Z₂は，Z₃弁護士（被告補助参加人）を別訴につき復代理人と定めた。

Z₃は鳥取県弁護士会に，Y銀行（被告）のX名義の預金口座の全てについての口座番号，照会に対する報告日現在の残高および報告日から遡って3年間の取引履歴（本件照会事項）につき，Yに報告を求めるよう弁護士法23条の2所定の照会を申し出た（本件照会申出）。照会の理由は，要旨，A・BがXに対す

る債務名義に基づき再三にわたり強制執行を試みたものの不奏功に終わったところ，XがYに預金口座を有することが判明したので，本件照会事項を把握して，執行の端緒とするというものであった（本件申出理由）。

鳥取県弁護士会はYに照会を行い（本件照会），Yは本件照会事項の報告を書面で行った（以下，「本件報告」といい，同書面を「本件報告書」という）。Z_1・Z_2は，別訴で本件報告書を書証として提出した。

Xは，Yが適切に審査を行わず，また，Xの同意なく本件報告を行ったことがプライバシー権を違法に侵害する不法行為である旨を主張し，Yに損害賠償を請求した。

【判　旨】

鳥取地裁は，次のように判示し，請求を棄却した。

(1) 弁護士会照会に対する報告義務

「弁護士会照会制度の趣旨及びその基本的な制度設計…によれば，基本的人権の擁護と社会正義の実現という弁護士の職責を全うさせるべく，弁護士に申出権限を認めるが，その申出理由の適否（必要性・相当性）の審査権限はこれを弁護士会に付与し，弁護士会は，審査に当たっては，弁護士懲戒制度による制度的担保のもと，弁護士が申出理由として示した内容を基本的には信頼することができ，これを前提に申出の必要性・相当性の判断を行い，これが肯定されれば…照会を行う…。このような制度設計に照らせば，弁護士会から照会を受けた照会先は，法律上の審査権限を有する弁護士会のした，照会申出に必要性・相当性ありとする判断をひとまず信頼することが許され…，その照会が明白に不必要又は不合理であると認めるに足りる特段の事情が認められない限りは，これに対して報告する公法上の義務を負い，その義務の履行としてした報告は違法なものとはいえず，不法行為が成立することはない…。」

(2) 本件報告の違法性

（※筆者注：本件では，鳥取県弁護士会が強制執行の不奏功の事実等が真実であるか否かにつき審査を尽くさずに本件照会を行ったとの主張に基づく，Xの同弁護士会に対する損害賠償請求が併合されており，この請求を棄却する理由として，強制執行の不奏功という事態は一般の民事事件を受任した弁護士が日常的に遭遇し得るものというべきであるため，本件申出理由の内容がそれ自体として外形上・文面上不

◆第3部　弁護士会照会に対する報告と照会先の損害賠償責任

合理であることが明白であるということはできない旨，および，執行の端緒とするためには口座番号はもちろんのこと，的確に預金を差し押さえるためには，ある程度まとまった期間の取引履歴の開示を受け，定期的な入金の有無やその時期等を把握する必要が高いため，本件照会事項のいずれについても報告を求める必要性は認められるし，開示を受ける履歴の期間を3年分としたことも過剰とまではいえず，合理的なものである旨が述べられているところ，以下の判示はこれを踏まえる）「…本件照会に当たって…弁護士会からYに示された…本件申出理由の記載内容は，明白に不必要又は不合理であるなどとは到底考えられないものであるから，Yとしては，…弁護士会が必要性・合理性ありと認めてした本件照会に応じることが義務づけられ…，Yは同義務の履行として本件報告をしたに過ぎないのであるから，違法であるということはできない。」

◆ 第3章 ◆

照会先による報告に係る不法行為の成否

　本章では，照会先の報告が秘密帰属主体との関係で不法行為の各要件を充足するか否かについての判例・裁判例の判示を検討し，どのような場合に秘密帰属主体に対する照会先の損害賠償責任が肯定され，どのような場合に否定されるかを明らかにすることを試みる。

　なお，秘密帰属主体の損害賠償請求を認容した判例・裁判例（裁判例②・判例③・裁判例⑦）でも，認容されているのは慰謝料・弁護士費用であり，秘密帰属主体への損害の発生，秘密帰属主体の損害と照会先による報告との因果関係については，具体的な事情を詳細に認定した上で判断がなされている訳ではない。それ故，本章では，不法行為の各要件のうち前記の二要件は分析の対象から除外することをお断りしたい[1]。

◆ 第1節 ◆　報告の違法性

　弁護士会照会に対する照会先の報告の違法性が認められるのは，照会事項につき報告を拒絶する正当な理由があるにもかかわらず報告をした場合である。従来の判例・裁判例ではおおむね，報告を拒絶する正当な理由が認められるか否かは，照会の必要性，報告が得られないことによる照会申出弁護士やその依

---

(1)　なお，裁判例②・判例③は，中京区長による秘密帰属主体Xの前科等の報告とA（依頼者，かつ，Xの使用者）の幹部らが中央労働委員会・京都地方裁判所の構内等で事件関係者・傍聴人等にXの前科等を摘示・公表したこととの間に相当因果関係を認める。しかし，この判断に対し，飯畑正男『照会制度の実証的研究』（日本評論社，1984年）260頁は「風が吹けば桶屋が儲かる」式の論理であり誤謬を犯していると批判し，堀部政男（司会）ほか「(鼎談) 名誉・プライバシーの新判例」ジュリスト744号（1981年）23頁［内田剛弘発言］，平松毅「判批」昭和56年度重要判例解説（ジュリスト768号）（1982年）19頁は，区長の報告と依頼者によるプライバシー侵害・名誉毀損行為との相当因果関係は切断されている旨を論じる。

頼者等の不利益，報告を行うことによる秘密帰属主体ないし照会先の不利益等を比較衡量することにより決せられるとされる(2)。この比較衡量の結果，報告を拒絶する正当な理由がないとされる場合には，照会先は報告義務を負うが故にその報告は違法性を欠き，他方，報告を拒絶する正当な理由があるにもかかわらず照会先が報告をした場合，秘密帰属主体の法的利益を侵害する，ないし，守秘義務等に違反するとして違法性が認められる(3)。

第1款　報告の違法性の判断基準

照会先の報告の違法性を肯定した判例・裁判例として，裁判例②・判例③・裁判例⑦がある。これらの判例・裁判例での報告の違法性に係る判示をみると，まず，裁判例②は，具体的な事案との関係で報告を拒絶すべき正当な理由の有無の判断につき，報告に係る公共的利益と他の法益との比較衡量を前提とし，かつ，前科等を他に知らせること，ないし，犯罪人名簿の使用についても，それらが許される場合を明示する。そして，報告の違法性につき，弁護士の守秘

---

(2)　なお，(a)報告を拒絶する正当な理由の有無を決する際の比較衡量の要素として何を挙げるべきかについては，現在のところ，判例・裁判例では十分に判断が統一されていないきらいがあり，また，(b)照会を行う弁護士会のみが比較衡量を行うのか，照会先も独自に比較衡量を行い報告するか否かを判断すべきであるかとの問題もある。第3部では，これらの点は検討対象とせず，報告拒絶の正当な理由の有無の判断要素については各判例・裁判例の判示を前提として，具体的な事案との関係での報告の違法性を検討することにしたい。なお，(b)の点を検討する論稿として，伊藤眞「弁護士会照会の法理と運用—二重の利益衡量からの脱却を目指して—」金融法務事情2028号（2015年）18-20頁。

(3)　佐藤三郎（司会）ほか「(座談会)地域金融機関における弁護士会照会制度の現状と課題」金融法務事情2040号（2016年）10頁［加藤文人発言］は，「弁護士会照会に対する報告を拒絶すれば弁護士会等から訴訟提起される一方で，照会に応じて報告すれば報告された情報の帰属主体から訴訟提起される」というように単純に整理するべきではなく，この点を合理的に整理すると，「必要性・相当性ある弁護士会照会」を受けたにもかかわらず報告を拒絶すれば，弁護士会照会に対する報告義務に違反することになる一方で，例えば「必要性・相当性の評価につき照会先として異議を述べなければならない範囲が存在する事案」で照会先が「漫然とこれに回答した場合」は，当該情報の帰属主体に対する損害賠償義務等が問題となり得るといえる旨を論じる。

◆ 第3章 照会先による報告に係る不法行為の成否

義務（弁護士法23条）が依頼者に対する委任事務の処理状況の報告義務（民法645条）に優先するとは解し難いこと，照会により得られた対立当事者らの秘密を依頼者に告げた後に依頼者がこれを漏洩・濫用することを阻止するための制度上の保障が存在しないことという弁護士業務一般に当てはまる理由から，中京区長による報告の違法性を肯定する。しかし，この裁判例②の判示では，報告拒絶のための正当な理由の有無の判断に関する判示と報告の違法性に関する判示とがつながっていないきらいがあり，むしろ，前科等のみならず，おおよそ照会先が守秘義務等を負う事項に係る照会については，申出弁護士や依頼者と秘密帰属主体ないし照会先のそれぞれの利益の比較衡量以前に，報告された情報を依頼者が漏洩・濫用する恐れがあり，これを阻止する制度的保障が存在しないとの理由で一律に報告が違法性を有することになる。この点につき，特に弁護士による論稿・評釈等で，報告により得られた情報を依頼者が漏洩・濫用することを弁護士が阻止する手段はある等の理由から批判がなされ[4]，

---

(4) 福原忠男「判批」判例評論222号（1977年）32-33頁（判例時報853号145頁）は，裁判所・検察庁・行政機関等がそれぞれにつき認められる照会権限（民事訴訟法186条，刑事訴訟法197条2項・279条等）により知り得た個人の前科等についても，公開の法廷または審判廷における審理・弁論または判決・審決等により公表される結果となるのは通常の事例であり，これを知り得た関係者・傍聴人等が濫用することを阻止する保障はないこと，弁護士についても守秘義務違反に対し懲戒の制度があることを理由に，裁判例②の判示を批判する。また，堀部ほか・前掲注(1)22頁〔内田発言〕は，弁護士の職責上，具体的に照会回答を受けた他人の前科等につき，プライバシーまたは名誉の問題が絡むので公表してはならないということを依頼者に対し遵守させることは可能である旨を論じる。さらに，飯畑・前掲注(1)246頁も，裁判例②の判示を批判する理由の一つとして，申出弁護士やその依頼者が不特定多数人に他人の秘密にわたる事実を公然摘示すれば名誉毀損罪が成立するほか，弁護士については，所属弁護士会の秩序または信用を害し，その他弁護士としての品位を失うべき非行があったものとして，懲戒責任を生ずることを挙げる。

なお，梅本吉彦「弁護士会照会制度の現代的意味」自由と正義62巻13号（2011年）12頁注(7)は，弁護士が弁護士会照会制度により取得した情報を本来の趣旨と異なる目的のために流用した場合，それ自体が弁護士懲戒の対象となる旨を論じ（佐藤三郎ほか「弁護士会照会をめぐる最近の動向―金融機関への照会を中心に―」銀行法務21 776号〔2014年〕25頁も同旨），佐藤三郎「制度を維持するために注意すべき点」自由と正義66巻1号（2015年）39頁，愛知県弁護士会編『事件類型別弁護士会照会』（日本評論社，

◆第3部 弁護士会照会に対する報告と照会先の損害賠償責任

上告審判決たる判例③でも，この点は報告の違法性を肯定する理由として挙げられておらず，以後の裁判例でもこの点は具体的な事件との関係での報告義務に係る判示の理由付けとして用いられていない[5]。そのため，報告の違法性に係る裁判例②の判示は，今日では先例としての意義は薄いと考えられる。

他方，判例③は，前科等についてもその有無が訴訟等の重要な争点となっていて，市区町村長から回答を得なければ他に立証方法がないような場合には，前科等に係る弁護士会照会に応じて報告することも許されない訳ではないとする。その上で，判例③は，照会理由が「中央労働委員会，京都地方裁判所に提出するため」とあったにすぎないにもかかわらず，中京区長が漫然と照会に応じ，犯罪の種類・軽重を問わず前科等の全てを報告したことが公権力の違法な行使に当たるとする。すなわち，この事案では，そもそも照会文書に記載された照会理由が漠然としたものであったことにつき，申出弁護士または照会を行った弁護士会の側にも問題があるのではないかと考えられるものの[6]，中京区長が秘密帰属主体Xの全ての前科等につき報告をした点が，判例③で照会先Yの報告に係る違法性が肯定される決め手となったと考えられる。この点につき，判例③の最高裁調査官解説は，裁判例①②・判例③の事案につき，原審

2014年）37頁，東京弁護士会調査室編『弁護士会照会制度（第5版）』（商事法務，2016年）38頁，佐藤三郎ほか編著『弁護士会照会ハンドブック』（金融財政事情研究会，2018年）61-62頁も，照会で得られた情報の目的外使用を戒める。

(5) 第2部で照会先の報告拒絶を理由とする報告義務の確認の訴え，損害賠償請求の訴えの可能性を論じるために検討した従来の裁判例でも，具体的な事案での照会先の報告義務の有無の判断に際し裁判例②のような理由付けを行うものはない。第2款も参照。

(6) なお，加藤文人「弁護士会照会の審査体制，審査基準，審査の際の留意点」自由と正義66巻1号（2015年）36頁は，現在多くの弁護士会で，「照会を求める事項」のみならず，「照会を求める理由」についても照会先に送付する「副本方式」を採用し，照会先においても「当該照会が必要性・相当性があり，回答義務があること」を個別に確認できるようにしている旨を論じる。また，佐藤三郎ほか「弁護士会照会の審査の手続と体制について―5つの弁護士会の審査の実状の紹介―」金融法務事情2022号（2015年）17頁［佐藤］も，古くは弁護士会照会の審査が緩やかであった時代もあったが，判例③を契機に，実質的な審査が広く行われるようになった旨，照会の方法自体も，照会事項だけを発送する目録方式から，照会先に照会理由も発送する副本方式へとほぼ統一された旨を論じる（伊藤・前掲注(2) 9頁注(11)も同旨）。

の認定にはないものの，記録によれば，京都府地方労働委員会がXの解雇を不当労働行為と認めてA（依頼者，かつ，Xの使用者）に対し発した救済命令には，解雇理由のうち暴行罪による罰金刑と窃盗罪による起訴猶予処分を秘匿したことによる経歴詐称の点については証明なしとの判断が記載されており，B（Aの代理人弁護士）がXの前科照会を申し出たことには無理からぬところがあり，それ故，争点とされていた特定の前科等の有無に限って照会・報告がなされていたならば問題は生じなかったのではないかと思われる旨を論じる(7)。従って，報告の違法性に関する判例③の判示については，一般論としては特定個人の前科等に係る弁護士会照会に対しても市区町村長が報告義務を負う場合があることを前提として(8)，あくまでも，（照会理由が漠然としたものであったとの要因はあるものの）照会先たる市区町村長が申出弁護士の受任事件の争点となっていた事項の立証に必要な範囲を超えて特定個人の前科等の全てを報告したことが違法な公権力の行使に当たる，すなわち，違法性を有するという点につき先例的意義があると解するのが相当と考えられる(9)。

　また，裁判例⑦は，報告拒絶が認められる正当な理由の有無の判断につき，

---

(7) 平田浩「判解」最高裁判所判例解説民事篇昭和 56 年度（1986 年）259 頁。同「中京区長前科回答事件」ジュリスト 744 号（1981 年）35 頁も参照。

(8) 伊藤・前掲注(2)9-10 頁は，判例③の判示を判例法理として一般化した場合の要素の一つとして，法律上の保護に値する秘匿性の高い法益に係る照会であっても報告すべき場合があるという点を挙げ，その上で，同判例は一般論として，秘匿性の高い法益に関する照会の場合であっても，合理的判断に基づく報告内容であれば，照会先が秘密帰属主体に対し損害賠償責任を負うことはないとの法理を明らかにしたものと考えられる旨を論じる。

(9) 梅本吉彦「民事訴訟手続における個人情報保護」法曹時報 60 巻 11 号（2008 年）3382 頁は，判例③の先例的意義は，照会申出書に「中央労働委員会，京都地方裁判所に提出するため」とあったにすぎない場合に，市区町村長がその保管する犯罪人名簿に記載されている前科等の全てを報告したことは違法な公権力の行使に当たるという点にあると解するのが相当である旨を論じる。また，佐藤三郎＝長谷川卓（司会）ほか「（座談会）弁護士法 23 条の 2 の照会に対する金融機関の対応」金融法務事情 1991 号（2014 年）9 頁［杉本朗発言］は，判例③は弁護士会照会の回答義務自体を否定している訳ではなく，前科や犯罪歴につき，漠然とした照会理由に，漠然と多数ある前科を全て回答したことが問題にされた事案にすぎない旨を論じる。

◆第3部　弁護士会照会に対する報告と照会先の損害賠償責任

比較衡量のための要素を詳細に示し，具体的な事案との関係では，最長10年間にわたる秘密帰属主体Xの確定申告書等の写しの送付を求めることという照会事項が，平成22年3月以降Xが体調を崩し就労困難な実態にありB（依頼者，かつ，Xの元勤務先会社）での就労実態がなかったか否かという別件訴訟での争点についての立証のためには必要性・相当性を欠くのに対し，確定申告書等の写しが開示されることでXのプライバシーに関する事項が開示されることによる不利益が看過し難いものであることを理由に，照会先Yの報告は税理士法38条の守秘義務に違反する違法な行為であるとする。すなわち，裁判例⑦でも，報告につき違法性が肯定される決め手となったのは，照会事項が申出弁護士の受任事件の争点となっていた事項の立証との関係で照会としての必要性・相当性を欠くという点であるといえる(10)。

これに対し，裁判例①④⑤⑥⑧は，照会先の報告の違法性を否定する。これらの裁判例での報告の違法性等に係る判示を見ると，まず，裁判例①（裁判例②・判例③の第一審判決），裁判例⑥（裁判例⑦の第一審判決）は，いずれもその

---

(10) なお，木村健太郎「弁護士会照会を受けた照会先の不法行為責任を認めた事例の検討―名古屋高判平27・2・26と大阪高判平26・8・28―」金融法務事情2022号（2015年）12頁は，裁判例⑥⑦の事案での立証目的との関係で確定申告書の内容が有用でないとまで言い切れるかという疑問がある旨を論じる。裁判例⑥⑦の事案では，照会で得られたXの平成20年・21年分の確定申告書等の写しが別件訴訟の控訴審に提出され，本件特殊事情記載がBに有利な証拠として評価され，Bの請求が一部認容されている。しかし，本件確定申告書等が別件訴訟の決定的な資料といえること等から，裁判における真実発見という公共的利益がXのプライバシー権の保護の利益に優先する旨のYの主張に対し，裁判例⑦は，本件確定申告書等にはたまたま本件特殊事情記載が存在したことから，それが別件訴訟の有力な証拠になったにすぎず，それは結果論であり，一般的には，平成22年3月以降の就労不能の状態を立証する証拠として，平成15-21年の確定申告書や総勘定元帳の記載内容とは関連が希薄であるとの理由から，Yの主張を排斥する。しかし，裁判例⑥⑦の事案で本件特殊事情記載が平成22年3月以降のXの就労不能の証明のための間接証拠となる可能性は十分にあり，それ故，別件訴訟の控訴審では本件特殊事情記載がBに有利な証拠として評価されていると考えられるため，筆者は，Xの確定申告書等の写しの送付を求める照会自体が別件訴訟の争点に係る立証との関係で必要性・相当性を完全に欠くとする裁判例⑦の判示はにわかには首肯できないと考える。

◆第3章　照会先による報告に係る不法行為の成否

判断が上訴審で覆されているが，報告を拒絶できる場合を例外的な場合に限定し，緩やかな形で報告の違法性を否定する。これに対し，裁判例④⑤⑧は，照会の必要性と合理性が認められるとして，報告の違法性を否定する。

　まず，裁判例④は，秘密帰属主体Xが自宅新築資金を破産会社Cから受領していたか否かが別件訴訟の争点となることが予想されるところ，この点の立証のために申出弁護士DがX名義の口座の入出金の経緯を示す資料の収集を考えるのは当然であり，かつ，この資料の収集のための適切な方法は照会先Yに対する照会以外にないこと，Xが別件訴訟で前記の事実につき証言している（Cからの自宅新築資金の受領を否定している）ことから，照会の必要性・合理性を認める。

　次に，裁判例⑤は，本件調停事件で夫婦間の婚姻費用分担を定めるに際し，秘密帰属主体Xが本件建物から賃料収入を得ているか否かが重要な争点となっていたこと，Xは本件建物からの賃料収入がない旨を一貫して説明していたこと，本件建物からのXの賃料収入の有無を明確にするために申出弁護士Cが資料収集を行うのは必要な行為であり，かつ，そのための適切な方法は照会先Yに対する照会以外にないこと，相当の継続的期間における婚姻費用の分担を定める資料として，Xの賃料収入の状況等をある程度詳細に把握することについては合理性を否定できないが故に，本件各契約書の送付を求めたことには合理性があることから，照会の必要性・合理性を認める。

　また，裁判例⑧は，本件申出理由の記載内容が明白に不必要または不合理であるとは到底考えられないものであったために，照会先Yは本件照会に対する報告義務を負うとして，報告の違法性を否定するところ，問題の本件申出理由は，依頼者A・Bが秘密帰属主体Xに対する確定判決に基づき試みた強制執行が不奏功に終わったところ，YにX名義の預金口座があることが判明したため，口座番号・取引履歴等を把握し執行の端緒とするというものであった。

　そして，裁判例④⑤⑧での報告の違法性に係る判断をまとめると，まず，裁判例④⑤では，照会事項が別件の訴訟手続ないし調停手続の争点についての立証のために必要な範囲内の情報に関するものである点が，報告の違法性を否定する決め手となっているといえる。なお，裁判例④⑤では，いずれの事案でも秘密帰属主体が別件の訴訟手続ないし調停手続で事実と異なる証言や説明をし

ていることから，これらを弾劾するために照会申出が必要であったという点も指摘できる。しかし，報告の違法性を否定する際にこの点を必須の要素とすることは，違法性を否定するハードルを上げることにつながりかねないため，妥当ではないと筆者は考える。

　また，裁判例⑧では，照会事項が債務名義に基づく強制執行の対象財産を探索するために必要な範囲内の情報に関するものである点が，報告の違法性を否定する決め手となっているといえる[11]。この点につき，そもそも債務名義に基づく金銭執行を受ける段階では債務者の財産は預金債権も含め包括的に責任財産を構成し，民事執行法上の財産開示制度が利用可能な場合には債務者は自らの預金債権に係る情報についても当然に開示義務を負い，それ故，この場合には債務者の財産的プライバシーが一定程度後退していると評価できる点からも正当化が可能といえる[12]。なお，裁判例⑧の事案では，強制執行の端緒を得るためとの照会理由に基づき報告された本件報告書が別訴の書証として提出されている点が問題となることが考えられ，実際，秘密帰属主体Xはこの点につき目的外使用である旨を主張していた。しかし，裁判例⑧の事案では，申出

---

(11) この点に関しては，現行民事執行法にも金銭執行の債務者に自らの財産を開示させる財産開示手続（民事執行法196条以下）があるため，弁護士会照会によらなければ強制執行の対象財産の探索のために必要な情報が入手できない訳ではないのではないかとの批判が考えられる。しかし，現行の財産開示制度は，不出頭や虚偽陳述等に対する制裁が30万円以下の過料にとどまること（民事執行法206条1項）から，実効性を欠く（三木浩一「わが国における民事執行制度の課題―財産開示制度を中心として―」同編『金銭執行の実務と課題』〔青林書院，2013年〕116-117頁〔初出2012年〕），対象となる債務名義も限定される。加えて，債務者の財産情報を第三者に照会するための制度は現行民執法には存在しない。そのため筆者は，現行法を前提とすれば，弁護士会照会により債務者の財産に関する情報につき第三者に報告を求めることは，実効的な形で執行の端緒となる情報を収集する手段として認められるべきであり，財産開示制度の存在から直ちにその可能性が否定されるべきではないと考える。

　なお，2018年10月現在，「民事執行法制の見直しに関する要綱案」が法制審議会第182回会議において原案どおり採択されており，その中で財産開示手続の実施要件・罰則の見直し，および，第三者から債務者財産に関する情報を取得する制度の新設が提案されていることについては，第2部第1章注(5)参照。

(12) 佐藤＝長谷川ほか・前掲注(9)16頁〔京野垂日発言〕。

弁護士Zらにより，別訴は，依頼者A・BがXに対する確定判決に基づき強制執行を試みるも，Xの財産がXまたはその元妻が代表者である各法人の名義となっている可能性が高いことが判明したため，これらの各法人の法人格否認を主張し，前記確定判決上のXの支払義務と同様の支払をXおよびこれらの各法人に対し求めるものであり，別訴自体，Xに対する執行の端緒にほかならないため，本件報告書を別訴の書証として提出することは何ら目的外使用に当たらない旨が主張されていた。この点につき，裁判例⑧の判示では何ら問題とされておらず，執行の端緒としての使用という点では目的が共通していることから，特段の問題はないと考えてよいといえる。

ここまで行ってきた，判例・裁判例での報告の違法性に関する判示の検討の結果をまとめると，照会事項が弁護士の受任事件の処理との関係で必要な範囲内の情報に関するものである場合，照会先の報告は守秘義務等に違反せず，報告の違法性は否定される。これに対し，照会事項が弁護士の受任事件の処理との関係で必要な範囲を超える場合，照会先の報告の違法性が肯定される。故に，報告の違法性を肯定した判例・裁判例（特に判例③・裁判例⑦）の先例としての意義が，弁護士会照会に応じて報告をした場合，照会先は秘密帰属主体に対する法的責任を負う旨を判示するというように，過度に一般化された形で理解されるべきではない[13]。

なお，従来の裁判例では，報告の違法性の判断をなす際に，問題となる照会事項に係る照会が申出弁護士の受任事件との関係で必要性・相当性，または必要性・合理性を有するか否かを基準とするものがあり（裁判例④⑤⑦⑧），照会申出の適否についての弁護士会での審査体制を紹介する文献でも，審査の基準

---

[13] 梅本・前掲注(9)3384頁は，判例③の先例としての機能が，照会先が弁護士会照会の内容につき情報の主体の同意なしに回答したところ，その内容とする情報の主体から照会先に後日法的責任を追及された場合には，回答した照会先は法的責任を負うことになる，との命題に抽象的に一般化されて社会的に機能していることが顕著に伺われるとして，このような状況を批判する。また，伊藤・前掲注(2)8頁は，判例③が従来，照会先による報告が秘密帰属主体に対する不法行為となる場合があることを認めたものと理解されており，そのことが，報告義務の存否，性質，要件をめぐる議論に影を落とし，ひいては，報告義務をめぐる紛争をどのように解決すべきかの検討にも波及しているように思われる旨を論じる。また，第1章注(2)も参照。

として照会の必要性・相当性を挙げるものがある(14)。しかし，ある照会事項に係る照会が申出弁護士の受任事件の処理との関係で必要性を認められるのであれば，当然に照会の相当性ないし合理性も認められる筈であり，相当性ないし合理性を必要性と特段に区別して報告の違法性の判断要素とするまでもないように思われる。故に筆者は，報告の違法性が認められるか否かの判断に際し，ある照会事項に係る照会が弁護士の受任事件の処理との関係で必要性を認められるか否かが基準となるというように，照会の必要性に一元化する形で基準を理解する立場を採りたい。

第2款　報告拒絶に基づく損害賠償請求の事案との整合性

ここまで，判例・裁判例の検討から，照会先の報告につき違法性が認められるか否か，すなわち，具体的な事案との関係で報告義務と守秘義務等のいずれが優先するかという問題につき，照会事項が弁護士の受任事件の処理との関係で必要な範囲内の情報に関するものであるか否かが基準となることを明らかにした。この点については，特に照会先の報告拒絶が照会申出弁護士・依頼者・弁護士会に対する不法行為に当たるとして照会先に対し損害賠償請求の訴えが提起された事案に係る判例・裁判例で，報告拒絶が具体的な事案との関係で正当な理由がない，すなわち，報告義務に違反するとされる場合と平仄が合っているか否かを確認する必要がある。

報告拒絶を理由として照会先に対し損害賠償請求の訴えが提起された事案に関する公刊判例・裁判例は，2018年10月中旬現在，最高裁判例が1件，下級審裁判例が22件あり(15)，請求を認容しているものは6件である（事案の詳細は第2部第2章で紹介している）。

まず，(a)京都地判平成19年1月24日（判夕1238号325頁。第2部第2章の裁判例④）は，申出弁護士の依頼者たる相続人の請求を認容しているところ，

---

(14)　佐藤ほか・前掲注(4)24頁，愛知県弁護士会編・前掲注(4)7頁，加藤・前掲注(6)35頁，東京弁護士会調査室編・前掲注(4)4頁，佐藤ほか編著・前掲注(4)22-24頁等。

(15)　照会先の報告拒絶を理由とする損害賠償請求の訴えに関する諸問題につき，森島昭夫「弁護士会照会に対する報告拒否と不法行為責任」自由と正義66巻1号（2015年）29-33頁，伊藤・前掲注(2)20-21頁，本書第2部第4章等。

◆第3章　照会先による報告に係る不法行為の成否

被告たる照会先は遺言執行者たる司法書士であり，報告を拒絶された照会事項も，受遺者に対する遺留分減殺請求手続のための遺言執行状況に関する情報であり，報告拒絶に正当な理由がないとされた理由も，遺言執行者が相続人に対し遺言執行の内容についての報告義務を負う（民法1012条2項・645条・1015条）ことである。次に，(b)東京地判平成22年9月16日（金法1924号119頁。第2部第2章の裁判例⑦）も，申出弁護士の依頼者たる相続人の請求を認容しているところ，被告たる照会先は金融機関であり，報告を拒絶された照会事項も，相続財産の有無等の確認のための金融機関・被相続人間の総合口座取引等に係る取引経過等であり，報告拒絶に正当な理由がないとされた理由も，金融機関が相続人に対し被相続人名義の預金等契約に関する取引経過開示義務を負っていたことである（控訴審判決たる東京高判平成23年8月3日〔金法1935号118頁。第2部第2章の裁判例⑪〕は，依頼者の金融機関に対する取引経過開示請求権を否定し，原判決を取り消し請求を棄却している）。まとめると，裁判例(a)(b)は，照会先が依頼者に対し情報提供に関する実体法上の義務を負うが故に報告拒絶に正当な理由がないとされた事案であり，照会事項が弁護士の受任事件の処理との関係で必要な範囲内の情報に関するものであるか否かは，報告拒絶の正当な理由の有無の判断に当たり表には出ていない。

加えて，(c)岐阜地判平成23年2月10日（金法1988号145頁参照。第2部第2章の裁判例⑨）は，申出弁護士・依頼者の請求を認容しているところ（控訴審判決たる(d)名古屋高判平成23年7月8日〔金法1988号135頁。第2部第2章の裁判例⑩〕は，申出弁護士の請求につき原判決を取り消し，請求を棄却している），照会先は消防署長（被告は市）であり，報告を拒絶された照会事項は，医療過誤訴訟提起の際の方針の判断のための，依頼者の亡妻に係る救急搬送の経緯等である。そして，裁判例(c)(d)で報告拒絶に正当な理由がないとされた理由は，主に，照会事項につき個人情報保護条例に基づく情報開示請求により回答可能であることは弁護士会照会に対する報告拒絶の正当な理由とはならないことであった。すなわち，裁判例(c)(d)では，依頼者が個人情報保護条例に基づく情報開示請求をなし得ることが照会先の報告拒絶に正当な理由がないことの前提となっており，それ故，裁判例(c)(d)でも，照会事項が弁護士の受任事件の処理との関係で必要な範囲内の情報に関するものであるか否かは，報告

◆第3部　弁護士会照会に対する報告と照会先の損害賠償責任

拒絶の正当な理由の有無の判断に当たり表には出ていない。

　また，(e)福岡地判平成 25 年 4 月 9 日（判時 2258 号 61 頁参照，金判 1440 号 47 頁参照，金法 1995 号 118 頁参照。第 2 部第 2 章の裁判例⑭）は，依頼者の請求を認容しているところ（併合されていた申出弁護士の請求は棄却されている），被告たる照会先は全国健康保険協会であり，報告を拒絶された照会事項は，依頼者の元夫に対する離婚訴訟提起，債務名義に基づく給与債権差押えのための元夫の就業先に関する情報である。そして，裁判例(e)で報告拒絶に正当な理由がないとされた理由は，照会先が弁護士会照会に応じることは個人情報保護法 23 条 1 項 1 号所定の個人情報の第三者提供が本人の同意なしに認められる場合たる「法令に基づく場合」に当たるというものであり，この裁判例でも，照会事項が弁護士の受任事件の処理との関係で必要な範囲内の情報に関するものであるか否かは，報告拒絶の正当な理由の有無の判断に当たり表には出ていない。

　これに対し，(f)名古屋高判平成 27 年 2 月 26 日（判時 2256 号 11 頁，金判 1470 号 14 頁，金法 2019 号 94 頁。第 2 部第 2 章の裁判例㉑）は，弁護士会の請求を認容しているところ（併合されていた申出弁護士の依頼者の請求は棄却されている），被告たる照会先は（旧）郵便事業株式会社（現，日本郵便株式会社）であり，報告を拒絶された照会事項は，債務名義に基づく動産執行に際し債務者の住居所を把握するための債務者宛の郵便物についての転居届記載の新住所（居所）等である。そして，裁判例(f)は，報告を拒む正当な理由があるか否かにつき，照会事項ごとに，報告により生ずる不利益と報告拒絶により犠牲となる権利実現の利益との比較衡量により決せられるべきであるとした上で，まず，(α)報告による不利益につき，住居所は社会生活上，一定範囲の他者への開示が予定され，個人の内面に関わる秘匿性の高い情報ではなく，さらに，各弁護士会は個々の弁護士に，照会で得られた報告につき慎重な取扱いを求め，目的外の使用を禁じる等しているから，照会事項に係る情報が不必要に拡散される恐れは低いとする。次に，(β)報告拒絶により犠牲となる利益につき，照会に対する報告が拒絶されれば申出弁護士の依頼者が司法手続により救済が認められた権利の実現の機会を奪われ，これにより損なわれる利益は大きく，また，動産執行をするに当たり照会事項を知る必要性が高いとする。そして，前記の

◆第3章　照会先による報告に係る不法行為の成否

（α）と（β）との比較衡量により，弁護士会照会に対する報告義務が郵便法8条2項の「郵便物に関して知り得た他人の秘密」に係る照会先の守秘義務に優越し，照会先の報告拒絶には正当な理由がないとする。すなわち，裁判例(f)では，照会事項が弁護士の受任事件の処理との関係で必要な範囲内の情報に関するものである点が，照会先の報告拒絶に正当な理由がないとする理由として挙げられている。

　ここまで，照会先の報告拒絶を理由とする申出弁護士・依頼者・弁護士会からの損害賠償請求に係る公刊判例・裁判例のうち，請求を認容したものを概観してきた。他方，請求を棄却した判例・裁判例の中には，申出弁護士・依頼者・弁護士会の権利・法的利益の侵害や照会先の過失が認められないこと等を理由に，照会先の報告拒絶が具体的な事案との関係で報告義務違反に当たるか否か，すなわち，報告拒絶に正当な理由があるか否かを判断せずに請求棄却の結論を導いたものもある[16]。しかし，請求を棄却した裁判例の多くは，具体的な事案との関係での照会先の報告義務を認めた上で[17]，申出弁護士・依頼者の権利・法的利益の侵害や照会先の過失が認められないこと等を理由に請求棄却の結論を導いているところ，その多くは何らかの形で，照会事項が弁護士の受任事件の処理との関係で必要な範囲内の情報に関するものであることを，報告拒絶に正当な理由がないとの判断をする際の基準としている[18]。

---

[16] 岐阜地判昭和46年12月20日（判時664号75頁，判タ283号284頁。第2部第2章の裁判例①），大阪地判昭和62年7月20日（判時1289号94頁，判タ678号200頁。第2部第2章の裁判例②），東京高判平成25年4月11日（金判1416号26頁，金法1988号114頁。第2部第2章の裁判例⑮），東京地判平成26年7月22日（金判1452号50頁①事件。第2部第2章の裁判例⑲），東京地判平成27年3月27日（判時2260号70頁。第2部第2章の裁判例㉒），最（三小）判平成28年10月18日（民集70巻7号1725頁。第2部第2章の判例㉓）。

[17] なお，東京地判平成21年7月27日（判タ1323号207頁。第2部第2章の裁判例⑥），東京地判平成26年8月7日（金判1452号50頁②事件。第2部第2章の裁判例⑳）は，具体的な事案との関係での照会先の報告義務を否定して請求を棄却する。

[18] なお，名古屋地判平成25年2月8日（金法1975号117頁，金判1430号29頁参照。第2部第2章の裁判例⑬），および，その控訴審判決たる名古屋高判平成25年7月19日（金判1430号25頁。第2部第2章の裁判例⑯）は，照会先（クレジット会社）と秘密帰属主体（加盟店）との間の加盟店契約で，法令の規定により提供を求められた場合

397

◆第3部　弁護士会照会に対する報告と照会先の損害賠償責任

　まず，具体的な事案との関係での報告義務の有無の判断につき，報告による利益と報告拒絶による照会先ないし秘密帰属主体の利益との比較衡量の枠組みを採用する東京地判平成24年11月26日（判タ1388号122頁，金判1414号31頁，金法1964号108頁。第2部第2章の裁判例⑫），福岡高判平成25年9月10日（判時2258号58頁，金判1440号39頁，金法1995号114頁。裁判例(e)の控訴審判決。第2部第2章の裁判例⑰），名古屋地判平成25年10月25日（金判1443号46頁，金法1995号127頁，判時2256号23頁参照。裁判例(f)の第一審判決。第2部第2章の裁判例⑱）では，照会事項が弁護士の受任事件の処理との関係で必要な範囲内の情報に関するものであることが，照会先の報告拒絶に正当な理由がないとする判断の決め手となっている。次に，大阪地判平成18年2月22日（判タ1218号253頁，金判1238号37頁，消費者法ニュース67号76頁，判時1962号85頁参照。第2部第2章の裁判例③）は，プロバイダ責任制限法の趣旨・理念を参酌し，照会先が弁護士会照会に対する報告義務を負う場合につき独自の要件を定立するところ，その一つとして，照会されている情報が申出弁護士の依頼者の権利・法的利益の裁判制度による回復を求めるために必要である場合その他これに準じる当該情報の開示を受けるべき正当な理由があることを挙げており，照会事項が弁護士の受任事件の処理との関係で必要な範囲内の情報に関するものであることは，具体的な事案との関係での照会先の報告義務を認める前提となっているといえる。前記の大阪地判の控訴審判決たる大阪高判平成19年1月30日（判時1962号78頁，金判1263号25頁，金法1799号56頁，消費者法ニュース71号109頁。第2部第2章の裁判例⑤）は，照会された情報が個人の情報であっても照会先は当然に報告義務を負うとするところ，その理由として，弁護士法により弁護士会がその個人情報を得ることが必要であると判断した情報が個人情報であるとの理由でその取得を制限されるのであれば，弁護士法の趣旨が没却され，必要な事実関係の解明を追及する国の司法制度は維持できなくなってしまうことが挙げられており，この裁判例でも，照会事項が弁護士の受任事件の処理との関係で必要な範囲内の情報に関するものであること

等には公的機関に加盟店情報を提供することに同意することが定められており，弁護士会照会に対する報告はこの場合に該当するとの理由から照会先の報告義務を認めるが，原告たる弁護士の法的利益の侵害がない等の理由により請求を棄却する。

は，具体的な事案との関係での照会先の報告義務を認める前提となっているといえる。また，東京高判平成 22 年 9 月 29 日（判時 2105 号 11 頁，判タ 1356 号 227 頁，金法 1936 号 106 頁。第 2 部第 2 章の裁判例⑧）は，照会事項たる個人の郵便物についての転居届に係る情報のうち，転居届記載の転送先等につき，住居所は人が社会生活を営む上で一定範囲の他者に開示されることが予定されている情報であり実質的な秘密性が薄いのに対し，弁護士会照会は申出弁護士が受任事件の処理に必要として照会申出をし，弁護士会が照会を相当と認めた情報につき報告を求めるものであり，その制度趣旨からして報告の必要性は高いとして，照会先の報告拒絶に正当な理由は認められないとし，これに対し，転居届の筆跡の状況，転居届受理の際の本人確認の有無・方法につき，秘密性が高いのに比し，受任事件の処理（動産執行の準備のための債務者の住居所の探索）のための必要性が比較的低いとして，報告拒絶の正当な理由を認める。すなわち，この東京高判でも，照会事項が弁護士の受任事件の処理との関係で必要な範囲内の情報に関するものであることは，具体的な事案との関係での照会先の報告義務を認める前提となっているといえる。

まとめると，照会先の報告拒絶を理由として損害賠償請求の訴えが提起された事案に係る従来の公刊裁判例では，照会先が情報提供に係る実体法上の義務を負うことや，弁護士会照会に対する報告が個人情報保護法所定の個人情報の第三者提供が本人の同意なしに認められる除外事由に該当すること等の理由から，報告拒絶の正当な理由を否定するものもある。しかし，多くの裁判例ではおおむね，照会事項が弁護士の受任事件の処理との関係で必要な範囲内の情報に関するものであるか否かが，報告拒絶の正当な理由があるか否かを判断する基準となっているといえ，照会先の報告を理由とする損害賠償請求の訴えに係る判例・裁判例とは平仄が合っているといえる。

◆ 第 2 節 ◆ 報告に係る照会先の故意・過失

報告に係る照会先の損害賠償責任を否定する裁判例①④⑤⑥⑧は，報告の違法性が認められないことのみを理由に請求を棄却しているため，報告に係る照会先の故意・過失については判断を示していない。

◆第3部　弁護士会照会に対する報告と照会先の損害賠償責任

　これに対し，当然のことながら，報告に係る照会先の損害賠償責任を肯定する裁判例②・判例③・裁判例⑦は，照会先の過失を認める。このうち，判例③は，控訴審判決たる裁判例②に対する照会先Yの上告理由中で報告の違法性，および，報告と秘密帰属主体Xの損害との相当因果関係についてのみ争われている関係で，Yの故意・過失につき明示の判断を示していない。

　裁判例②は，前科に関する報告を求める弁護士会照会に対し市区町村長は回答できないとする昭和36年1月31日付の（旧）自治省行政課長からの回答等が存在し，関係各行政庁もその趣旨に沿った取扱いをし，照会先Yでも同様の実務を行っていたことから，中京区長には報告を拒絶すべきであったのにこれを怠った過失がある旨を判示するところ，この判示は市区町村長に対する前科等の照会に限定されたものであり，他の事例には一般化できない。

　また，裁判例⑦は，(1)照会先Yが税理士として守秘義務の趣旨・重要性につき当然認識していて，また，法律実務に従事する者であるから，本件照会申出の理由に照らして本件照会事項が適当でないことを十分認識し得たこと，(2)Yは別件訴訟ではB（依頼者，かつ，秘密帰属主体Xの元勤務会社）側の立場で関与していて，また，B・Xの双方と確定申告業務等の委嘱契約関係を有していたところ，本件照会はBの代理人弁護士からの照会申出に基づくものであり，本件開示行為はXのプライバシーに属する事項を含む情報をBに提供する結果となるものであること，(3)本件照会の時点ではYがXからの確定申告の依頼を受けなくなってから2年以上経過しており，Xとの業務委嘱契約は黙示に解除されていたと解されるため，本来は本件確定申告書等をXに返還すべきであり，返還していれば本件照会に対し報告できない筈のものであったことから，Yが少なくともXの意向を確認する等することなく安易に本件開示行為を行ったことにつき過失があるとする。

　しかし，裁判例⑦でのYの過失に関する判示の一部については，その前提に対し，既に疑問が呈されている。まず，(3)の点につき，租税法研究者による論稿等で，裁判例⑦が援用する近畿税理士会綱紀規則11条3項が依頼者への返還を命じているのは帳簿等である等の理由から，この規定をYの過失を認める根拠とすることに疑問が呈されている[19]。また，裁判例⑦は，弁護士会照会は事前に弁護士会が必要性・相当性を審査して行われているため，Xの意向

◆ 第3章　照会先による報告に係る不法行為の成否

を確認せずに本件照会に応じたことに過失はない旨のYの主張に対し，弁護士会が現実に弁護士会照会の申出の適否につきどの程度の審査を行っているのか不明であるとしてYの主張を排斥し，その際，京都弁護士会は申出弁護士Dの申出を受けた当日に直ちに本件照会をYに発送しており，厳格な審査が行われた形跡はない旨を述べる。しかし，この点に対しては，弁護士による論稿で，京都弁護士会では形式面での審査を経た段階で照会申出を受け付けた日としており，申出がされた当日に照会の発送をした訳ではないとの指摘がなされている[20]のをはじめ，疑問が呈されている[21]。

---

(19)　ただ，租税法研究者の論稿等でも，近畿税理士会綱紀規則11条3項の理解は分かれる。まず，藤中敏弘「判批」東海法学50号（2015年）44頁は，帳簿・請求書・領収書等は依頼者の所有物であり，委任関係が終了すれば依頼者に税法上の保管義務があるため，この規定が返還を定めるのは帳簿等である旨を述べた上で，確定申告書等（の写し）は税理士が業務上作成した書類であるからむしろ税理士に税法上の保管義務が課せられる旨を論じる。他方，岩﨑政明「弁護士会照会に対する回答報告と守秘義務違反」横浜法学24巻1号（2015年）18-19頁は，同規定が返還を定めるのは依頼者の確定申告書等の資料の原本についてであり，本件で開示されたのは税理士により保管されていたこれらの資料の写しのデータであること，税理士法41条5項が税務に係る帳簿につき閉鎖後5年間保存しなければならないと規定し，同法施行規則19条により，この帳簿を磁気ディスクをもって調整する場合にも適用していること，実際には依頼者に係る税務調査等に対応するため，租税ほ税や更正処分に係る除斥期間に対応して，7年間程度は資料を保管することがあり得ることを論じる。

　なお，近畿税理士会綱紀規則11条3項の条文は裁判例⑦の理由中で引用されており，その文言は「会員は，業務委嘱契約を解除したときは，やむを得ない事由による場合を除き，すみやかに委嘱者に帰属する帳簿等を返還しなければならない。」である。

(20)　佐藤ほか・前掲注(6)16-17頁〔佐藤〕。

　なお，裁判例⑥⑦の事案に関係する裁判例として，弁護士会照会が違法であることを理由とする，同事案での原告であった秘密帰属主体Xの京都弁護士会に対する損害賠償請求を棄却した京都地判平成29年9月27日（金法2084号82頁。評釈として，河津博史「判批」銀行法務21 828号〔2018年〕71頁）がある。この判決では，裁判例⑥⑦の事案で問題となった弁護士会照会につき，照会がなされた2012年当時，京都弁護士会では照会申出を受け付けた場合，事務局が形式的な面につきチェックを行った上で，受付日の翌日（または翌営業日）に同日の担当副会長が審査を行うこととなっていた旨，および，前記の受付・審査の体制を前提とすると，問題の照会につき受付日が照会の発送日の前日であった可能性も否定できない旨の事実認定がなされている。

401

◆第3部　弁護士会照会に対する報告と照会先の損害賠償責任

　すると，Yの過失に関する裁判例⑦の判示のうち，意義を有するのは(1)(2)の点に限られると思われる。まず，(1)の点は，守秘義務等を負う者や法律実務に従事する者全般に当てはまる。しかし，(2)の点については，申出弁護士の依頼者と照会先との特別な関係の存在，ないし，照会先が申出弁護士の依頼者と秘密帰属主体の双方と委嘱契約関係を有していたことがYの過失の認定の基礎となっており，他の事例には一般化できないと考えられる[22]。

　このように，報告に係る照会先の過失を認める裁判例の判示をみても，個々の裁判例の事案を超えて一般化できる判断要素の抽出は困難であり，強いて一般化可能な判断要素を挙げるとすれば，裁判例⑦が挙げる，照会先が守秘義務の趣旨・重要性につき当然認識していたこと程度ではないかと考えられる。

　しかし，個々の事案での事実関係をみると，照会先の損害賠償責任が最終的に肯定された事案（裁判例①②・判例③の事案，裁判例⑥⑦の事案）では，照会先が報告に際し弁護士会ないし申出弁護士に対し照会の必要性や照会事項等につき問い合わせて確認をしたとの事実が認められないのに対し，照会先の損害賠償責任を否定した裁判例の事案では，多くの場合，照会先が弁護士会ないし

---

(21)　木村・前掲注(10)13頁は，各弁護士会が弁護士会照会の審査体制の充実を図っていることは多くの論考で発表されているところであるが，それにもかかわらず「どの程度の審査を行っているか不明」とし，さらに照会申出当日に照会が発送されたことをもって「厳格な審査が行われた形跡はない」と断ずるのは唐突な感を免れない旨を論じる。また，佐藤ほか・前掲注(3)13頁［富田隆司発言］は，報告拒絶を理由に弁護士会が原告となって照会先に対する損害賠償請求の訴えを提起し，請求が一部認容された名古屋高判平成27年2月26日（判時2256号11頁，金判1470号14頁，金法2019号94頁。第2部第2章の裁判例㉑）と裁判例⑦を比較し，両裁判例の違いにつき，裁判例⑦では照会を実施した弁護士会が訴訟当事者となって具体的な審査方法等を裁判所に対し説明していないため，裁判所からすると，弁護士会の審査や，当該照会の実施に至った経緯がどのようなものであったか等についての正確な認識がないまま判断しているところにある気がする旨を論じる。

(22)　伊藤・前掲注(2)10-11頁は，裁判例⑦については，照会申出をした弁護士（依頼者）と照会先との間に以前から一定の関係が存在したことが判断の基礎となっており，これを一般化して，報告を拒絶すべき正当な理由に関する利益衡量を誤れば，照会先が秘密帰属主体に対し損害賠償責任を負担するとの判断を示したものと解することは適切でないと思われる旨を論じる。

◆ 第3章　照会先による報告に係る不法行為の成否

申出弁護士に対する問い合わせ・確認をしたとの事実が認められる。

　まず、裁判例④の事案では、照会事項が秘密帰属主体Xの「預金元帳」の写しの送付であるのに対し、当時照会先Yにおいては「元帳」はなく、預金の入出金は取引明細表として管理されていたため、G（Y・F支店長代理）が照会事項に記載されていた「元帳」の意味につき取引明細表の趣旨であるか否かを確認するために申出弁護士Dに電話で確認したところ、Dから取引明細表の写しに伝票等の写しを付して送付するよう強く求められたとの事実がある（この点は、報告自体ではなく、照会事項以外の書類の送付についてのGの過失を否定する根拠とされている）。

　また、裁判例⑤の事案では、照会先Yの担当者が札幌弁護士会に電話で問い合わせを行い、同弁護士会の副会長に、法律上の守秘義務を負う場合でも報告が許されるかとの趣旨の質問をし、照会に対する報告は公的な義務であり正当な理由がない限り拒絶できない旨、および、本件では報告拒絶の正当な理由はない旨の回答を受けたとの事実がある。

　まとめると、照会先が報告に際し弁護士会ないし申出弁護士に対し照会の必要性や照会事項等につき問い合わせて確認をしたか否かについては、従来の判例・裁判例では報告に係る照会先の過失の有無の認定に際し判断要素とされている訳ではないが、報告に係る照会先の損害賠償責任を否定する裁判例の事案の多くで問い合わせ・確認を行ったとの事実が認められることから、この点を報告に係る照会先の過失の有無を判断するための、個々の事案を超えて一般的に当てはまる要素の一つとして考えてよいように思われる[23]。

---

(23)　第3部では、従来の公刊判例・裁判例が報告に係る秘密帰属主体に対する照会先の損害賠償責任の有無につきいかなる判断基準を示しているかを明らかにすることを目的として論述を進めたため、この問題に関するあるべき判断基準については基本的に提示していない。しかし、報告に係る照会先の過失の有無の判断要素の一つである照会先の注意義務ないし結果回避義務については、報告拒絶に係る照会先の損害賠償責任との関係で第2部第4章第2節第3款で論じた照会先の「応諾検討義務」（この概念については、加藤新太郎「判批」現代消費者法31号〔2016年〕88頁より多大の示唆を得た）、すなわち、照会の必要性に係る事情等が照会先に伝えられている、または、照会の必要性等に疑義がある場合に弁護士会や申出弁護士に問い合わせをして確認を行ったこと等を前提に、「照会先が個々の照会事項ごとに、報告により生じる照会先・秘密帰属主体

◆第 3 部　弁護士会照会に対する報告と照会先の損害賠償責任

の不利益と報告拒絶により犠牲となる申出弁護士・依頼者等の利益とを比較衡量し，報告の可否を判断する義務」という概念を，報告に係る照会先の過失の判断基準としても用いることが考えられる。そして，筆者は，この義務が尽くされているか否かにより，報告に係る照会先の注意義務ないし結果回避義務が尽くされているか否かが判断されるべきであると考える。この点についての詳細は，酒井博行「弁護士会照会に対する報告義務の判断構造」高橋宏志先生古稀祝賀論文集『民事訴訟法の理論』（有斐閣，2018 年）108-109 頁をご覧いただきたい。

　なお，吉田英男「弁護士会照会（23 条照会）に応じて報告した者の責任」琉大法学 97 号（2017 年）20 頁は，照会が明らかに不適切である，濫用のおそれがある等の特段の事情がない限り，照会先は照会申出を適当と認めて照会を行った弁護士会の判断に従ってよく，そうしていれば報告に係る過失はない旨を論じる。

◆第4章◆

おわりに

　ここまで，弁護士会照会に対する報告を理由として秘密帰属主体が照会先に対し提起する，不法行為に基づく損害賠償請求の訴えにつき検討してきた。

　そして，公刊判例・裁判例の検討から，まず，報告につき違法性が認められるか否かの判断に際しては，照会事項が弁護士の受任事件の処理との関係で必要な範囲内の情報に関するものであるか否かが基準となる旨を明らかにすることができた。そして，この点については，照会先の報告拒絶が照会申出弁護士・依頼者・弁護士会に対する不法行為に当たるとして照会先に対し損害賠償請求の訴えが提起された事案に係る判例・裁判例のうち，報告拒絶が具体的な事案との関係で正当な理由がない，すなわち，報告義務に違反すると判断したものとも平仄が合っていることを確認できた。

　他方，報告に係る照会先の過失の有無を判断する際の要素については，判例・裁判例の判示からは，個別の事案を超えて一般化が可能な要素の抽出は困難であった。しかし，従来の判例・裁判例では明示の判断要素とされていた訳ではないが，個々の事案での事実関係をみてみると，照会先が報告に際し弁護士会ないし申出弁護士に対し照会の必要性や照会事項等につき問い合わせて確認をしたか否かという点については，報告に係る照会先の過失の有無を判断するための一般的な要素の一つとして考えてよいように思われる。

　もっとも，ここまでの分析には不十分な点や思わぬ誤解も多々あると思われるが，今後も弁護士会照会の検討を深めていくに当たり，多くの方々からのご教示・ご批判を仰ぐことができることを願い，第3部を閉じることにしたい。

初出一覧

序 　　当事者主導の情報収集手続の実効化
　　　　書き下ろし

第 1 部　当事者主義的民事訴訟運営と当事者照会の実効化
　　「当事者主義的民事訴訟運営と制裁型スキームに関する一考察―日本民事訴訟法の当事者照会とアメリカ連邦民事訴訟規則の質問書を素材として―(1)-(8・完)」北海学園大学法学研究 45 巻 4 号（2010 年）653 頁, 46 巻 2 号（2010 年）377 頁, 46 巻 3 号（2010 年）629 頁, 48 巻 1 号（2012 年）135 頁, 48 巻 4 号（2013 年）641 頁, 49 巻 3 号（2013 年）617 頁, 49 巻 4 号（2014 年）825 頁, 51 巻 3 号（2015 年）279 頁
　　　＊本書への収録に際し, 必要な部分の加筆・修正, 冗長な部分の整理, 引用文献のアップデートを行った。

第 2 部　弁護士会照会に対する報告拒絶と民事訴訟による対処
　　「弁護士会照会に対する報告拒絶と報告義務の確認の訴え」北海学園大学法学部 50 周年記念論文集『次世代への挑戦―法学部半世紀の伝統を糧に―』（北海学園大学法学部, 2015 年）247 頁,「弁護士会照会に対する報告拒絶と損害賠償請求の訴え」北海学園大学法学研究 51 巻 4 号（2016 年）455 頁を基に再構成
　　　＊本書への収録に際し, 重複する記述の整理, 必要な部分の加筆・修正, 判例・裁判例や引用文献のアップデートを行った。

第 3 部　弁護士会照会に対する報告と照会先の損害賠償責任
　　「弁護士会照会に対する報告と照会先の損害賠償責任」北海学園大学法学研究 52 巻 2 号（2016 年）99 頁
　　　＊本書への収録に際し, 第 2 部と重複する部分の整理, 必要な部分の加筆・修正, 引用文献のアップデートを行った。

事項索引

◆ あ 行 ◆

identification interrogatories ····· 107, 108, 117
遺言執行の内容の報告義務················ 323
意思疎通機能································ 37, 38
慰謝料··············· 321, 337, 338, 348, 352, 385
　──の制裁的機能························ 337
一応の証明····································· 123
一般予防································· 336-338
イニシャル・ディスクロージャー········ 103,
　　　　　　　　104, 108, 109, 112, 117
委任事務の処理状況の報告義務··········· 387
因果関係································· 321, 385
応諾検討義務························ 345, 357, 403
応　報······································ 336-338
公の監督································· 314, 355
オピニオン・ワーク・プロダクト········· 115

◆ か 行 ◆

回答拒絶事由の有無に関する裁定········· 209,
　　　　　　　　　　　　　212, 214
回答の促し······················ 207-209, 213-215
回答命令······················ 207, 208, 212-215,
　　　　　　　　222-224, 231, 235, 239-242
学習促進装置······························· 45, 47
過失の客観化································· 343
活動促進機能·························· 233, 234
過　料···· 90, 92, 93, 208, 225-228, 231, 240, 358
間接強制······························ 334, 338, 339
間接強制金（民事執行法172条1項）の
　法的性質································ 338, 339
間接事実······························ 66, 77, 80, 81
管理的権限······························ 27-31, 238
企業秘密······························ 116, 129, 133, 134

機能的アプローチ······························ 296
既判力···· 251, 316, 318, 349, 350, 352, 355-358
逆併合································· 297, 299
協議または協議の試み········ 214, 215, 222-224
行政代執行······························ 316, 317, 355
行政特有の諸行為························ 295, 300, 353
強制命令················ 13, 14, 94, 97, 126, 128, 134,
　　　　　　136-142, 144, 147-152, 154-160,
　　　　　　162-164, 166-170, 172, 173, 175,
　　　　　　180-185, 189, 195, 206, 207,
　　　　　　211-214, 221, 226, 230, 231
強制履行································· 317, 356
共同訴訟··· 62
共同訴訟参加··································· 62
近畿税理士会綱紀規則················ 400, 401
禁反言··· 77
金融機関の秘密保持義務····················· 340
経済的合理性···························· 228, 348
刑事的裁判所侮辱······················ 176, 179
係争事項··································· 104, 106
継続的交渉義務································ 218
懈怠判決················ 158, 161-172, 174-176, 188,
　　　　　　　191, 195, 197, 199, 224-226, 230
結果回避義務··········· 342, 343, 345, 357, 403, 404
権利義務設定文書······························ 182
交渉促進規範（論）·················· 216, 217, 221
公的な義務······················ 248, 293, 324, 403
行動指針································· 349, 358
公法上の義務······················ 74, 248, 293, 316, 317
公法上の法律関係に関する確認の訴え
　························ 293-300, 302, 350, 353
公法上の法律関係の確認の訴え······ 297, 301
合理的な費用························ 180, 182, 183,
　　　　　　　　　　　188, 200, 224, 226

407

事 項 索 引

　　──の償還…………………126, 149, 155, 168
個人情報の第三者提供の禁止…………342
個人情報保護条例……………………395
個人情報保護法………………342, 396, 399
国　　家…………………………………33
　　──の役割………………………22, 31
古典弁論主義的消極釈明モデル…………33
contention interrogatories………107, 110,
　　　　　　　　　　　　 117, 118, 124

◆ さ　行 ◆

債権執行………………………………247
再交渉義務(論)………………216-221, 223
財産開示制度…………………………392
財産開示手続……………………3, 247, 358
裁定裁判所(あるいは裁所)……………206
裁判官主導型訴訟………………………20, 21
裁判所主導型争点整理手続……30, 36, 39, 41
裁判所審理規則………………………138
裁判所の後見的関与……………………19
裁判所侮辱………87, 93, 175-177, 179, 224, 225
裁判の迅速化に関する法律…………18, 87
裁判を受ける権利………310, 311, 324, 327, 356
裁　　量…………………93, 152, 213, 231,
　　　　　　　　241, 242, 307, 337, 338
裁量権………………140, 150, 154, 160-162,
　　　　　　　　173, 180, 184, 192, 194
　　──の濫用…………………154, 160, 194
サマリ・ジャッジメント………………99, 125
五月雨型審理……………………………11
事案解明義務……………………………82
時機に後れた攻撃防御方法……………40, 77
　　──の却下…………28, 29, 40, 41, 237, 238
自己責任………………19, 20, 30, 36, 39, 49
自己負罪供述強要禁止…………………223
自己負罪拒否特権………………………114
事実上の利益………304, 307, 319, 325, 326

事実審の口頭弁論終結時………………63
自治的権限………………………27-30, 238
実質的手続保障……………………43, 44, 239
実質的当事者訴訟………295, 296, 298-300
実質的な応訴拒絶権能………………300, 301
実質的利益主体説………………………305
実体的正義…………20, 39-42, 226, 238, 240
　　──と手続的正義との対立……………41
　　──と手続的正義との対立という見か
　　　　け………………………………41
　　──と手続的正義の対立という見かけ
　　　　…………………………………239
実体的訴訟指揮………………………34, 35
私的自治…………4, 215, 216, 218, 221, 223
自白要求……………………………97, 186
司法制度改革……………………………22
　　──における証拠収集手続拡充のた
　　　　めの弁護士法第23条の2の改正に関
　　　　する意見書……………………249
　　──における証拠収集手続の拡充のた
　　　　めの弁護士法第23条の2の改正に
　　　　関する意見書…………………249
司法制度改革審議会……………………57
社会的法治国家………………………35, 36
社会統制機能…………………………234
釈　　明……………………16, 24-26, 30, 31,
　　　　　　　　33-41, 43, 49, 237, 238
釈明義務………………………20, 25, 30-32
釈明権………24, 30-32, 37, 38, 40, 49, 84, 209
自由主義的な理念………………………33
自由心証………………………………77, 81
十分な理由………………………106, 133, 134
手段選択の適否………………………315, 318
主張責任………………………………65, 66
守秘義務………248, 314, 343, 344, 357, 363, 364,
　　　　　　　386, 387, 390, 394, 397, 402, 403
守秘義務違反…………………………313

事項索引

主要事実……………………………66
準訴訟係属……………………75, 236
準備書面………………70, 71, 76, 85
照会が実効性を持つ利益……330, 333, 334, 357
消極的釈明……………………………31
証言拒絶権…………………………223
証言拒絶事由…………………………69
証言録取………137, 184, 189, 191-195, 201
証言録取書……………96, 98-100, 102, 104, 108, 111, 116, 131, 133
証拠漁り………………………………67
証拠・情報…………………………238
　──の収集手続……12, 26-31, 41, 42, 47, 49, 238, 239, 358, 359
証拠能力ある証拠……………107, 129
情報に基づく決断……………………33
情報の目的外使用…………………388
証明擬制……………………………225, 226
証明責任………65, 66, 148, 180, 181
証明妨害………………………78, 229, 230
初期必要的ディスクロージャー……96
職権主義……………………………15
職権主義的積極釈明モデル………32, 33
自律支援規範……………216, 219, 221
信義則……………58, 69, 73, 74, 77, 219
真実擬制……93, 225, 226, 229-231, 240
真実発見……………………………40
信書の秘密………………………340, 342
審　尋……………………213, 232, 240, 241
身体・精神検査……………97, 116, 175
審問の機会……………………152, 187
審理の現状に基づく判決……225, 226, 230, 231, 240
スケジューリング・オーダー……102, 117
スケジューリング・カンファレンス……117
制裁型スキーム……12, 86, 88, 90, 92, 93, 232, 233

制裁的慰謝料………………………337
制裁的機能…………………………337
税理士法……………………………390, 401
責任財産……………………………246
責任を伴わない当事者主義…………21
積極的釈明……………………20, 31-33
説得責任……………………………102
前科・犯罪経歴……………341, 342, 346, 363
宣誓供述書………………………130, 182
全体国家的な理念……………………33
専門家証言のディスクロージャー……104, 108, 109
専門家証人……………………104, 108, 109
相続財産目録作成・交付義務……323
争点整理手続……14-19, 24, 27, 29, 36, 39, 40, 237, 238
争点中心型審理………………………11
相当因果関係……328, 346, 348, 349, 357, 358, 385, 400
即時確定の利益……302, 311-314, 326, 354, 356
即時抗告……………90-92, 213, 232, 240, 241
訴訟係属……………63, 75, 236, 242, 310, 327
訴訟原因……………………………111
訴訟手続の却下……………………191
訴訟手続の停止……………173, 176, 224
訴訟の却下……………161, 163-172, 174-176, 195, 197, 199, 225, 226
訴訟費用……78, 81, 88, 90, 184, 208, 226, 227
疎　明………………………………222
損害の事後的な填補………………316, 355
損害(の)発生…………321, 349, 358, 385

◆た　行◆

第三者から債務者財産に関する情報を取
　得する制度………………………247
代替的作為義務……………………317
ただ乗り……………………………115

409

事項索引

弾劾……………………………… 125, 392
注意義務………………… 344, 345, 357, 403, 404
中間確認の訴え………………… 318, 319, 353, 356
抽象的先決性説…………………………… 319
調査嘱託………………… 3, 84, 246, 305, 332
懲罰………………… 155-158, 179, 225, 228, 240
懲罰的損害賠償………………… 113, 336, 337
直送…………………………………………… 70
提出・調査要求…… 137, 186, 189, 191-195, 201
ディスカバリ・カンファレンス………… 117
手続的正義……… 20, 39-42, 226, 238, 240
手続保障…………… 33, 42-45, 90, 213,
232, 240, 241, 351
手続保障志向積極釈明モデル………………… 33
手続保障論………………………………… 42
デュー・プロセス…………… 157, 161, 162,
170, 176, 182
填補賠償………………………………… 337, 338
当事者主義…… 11, 15, 21-23, 25, 33, 237, 245
当事者主義的争点整理手続…… 26-30, 37,
38, 41, 42, 49
当事者主義的訴訟運営…… 11-14, 19, 20, 22,
23, 26, 27, 37, 39-42, 50, 215, 237
当事者主義的な争点整理手続…… 25, 26,
237, 238
当事者自立支援的権限…………… 29, 31, 238
当事者・代理人弁護士の裁判所へのもた
れかかり…………………………… 19, 30, 36
到達主義……………………………………… 64
動的システム (bewegliches System) 論
…………………………………………… 219, 220
独立当事者参加…………………………… 61, 62
トライアル…… 96, 99, 102, 104, 108, 109, 115,
116, 125, 139, 179, 186, 187, 203
取引経過開示義務………………………… 323, 395
取引経過開示請求権……………………… 325, 395

◆ な 行 ◆

内容証明郵便………………………………… 84
ノンオピニオン・ワーク・プロダクト…… 115

◆ は 行 ◆

陪審………………………………… 179, 188
排斥命令……………………… 170-172, 176
パターナリズム………………… 12, 33, 237
判決理由中の判断…………………… 348, 357
反射的利益（説）……… 302, 304, 305, 307,
319, 325, 326, 350
被告の特定………………………………… 246
非制裁型スキーム……………… 12, 236, 242
必要的ディスクロージャー…… 99, 103, 105,
108, 112, 113, 118, 119,
135, 136, 139, 149, 151, 186
秘匿特権…………… 105, 114, 127, 129, 147
秘密帰属主体……………… 314, 355, 363-365, 367,
385-387, 393, 398, 402
秘密保持義務……………………………… 343
費用負担…………………………………… 226
漂流型審理………………………………… 11
武器平等…………………………………… 59
福祉国家・社会国家的な理念………… 33, 36
副本方式…………………………………… 388
不当判決…………… 24, 28, 30, 36, 39, 40, 49
不法行為…… 250, 253, 297-299, 304, 312,
314, 318, 321, 323, 326, 327,
329, 334-336, 340, 347, 348,
353, 360, 363, 394, 405
不法行為制度の目的……………………… 336
不法行為法……… 250, 326, 328, 332, 335, 356, 357
プライバシー（権）…… 346, 364, 390, 392, 400
プリーディング…………… 172, 173, 176, 191,
196, 197, 203, 224-226
プリトライアル・カンファレンス……… 102,

事項索引

	117, 139
プリトライアル・ディスクロージャー	…… 104, 108
プロセス関連的規範	218, 219
プロバイダ責任制限法	247, 398
文書送付嘱託	84
文書提出義務	5, 12, 233, 359
文書提出・土地立入	97
文書提出命令	3, 5, 12, 84, 229, 233, 359
——及び当事者照会制度改正に関する民事訴訟法改正要綱試案	90
——及び当事者照会制度改正に関する民事訴訟法改正要綱中間試案	89
文書の送付嘱託	3
紛争当事者間のコミュニケーション	60, 74
変換機能	37, 38
弁護士-依頼者間の秘匿特権	114
弁護士会の仲裁センター	206
弁護士主導型訴訟	21
弁護士職務基本規程	79-81, 86
弁護士の守秘義務	386
弁護士費用	88, 93, 126, 136, 137, 144, 145, 149, 153, 155, 157, 168, 180, 182-184, 200, 224-227, 348, 385
弁護士倫理	79-81, 86
弁論権	23-25, 27-30, 36-40, 42, 44, 49, 235, 237, 238
弁論主義	15, 23, 24, 32, 35, 237
弁論の全趣旨	77, 81
報告それ自体を得る利益	311, 328, 354
報告の違法性	365, 385-393, 399, 400
法廷侮辱	87
「法的情報提供」機能	349
法と事実が混合した質問	110, 118
法の手続化	216, 218
法のプロセス化	216, 218
保護命令	116, 119, 133, 134, 190, 193
補償	155, 225, 228, 240
補助参加	61, 62
補助事実	66, 77, 80, 81
本人訴訟	146, 151, 182, 202

◆ ま 行 ◆

民事訴訟手続に関する改正要綱	57
民事訴訟手続に関する改正要綱試案	54
民事訴訟手続に関する検討事項	51
——に対する意見書	53
民事訴訟法改正研究会	92, 209, 210, 212-214, 225, 231
民事訴訟法改正にあたっての検討事項についての意見書	50
民事訴訟法改正要綱中間試案	58
民事の裁判所侮辱	176-179
無形(の)損害	321, 330, 331, 334-338, 348, 352
明確化機能	37
名目的損害賠償	336, 352
模索的・探索的照会	67, 68

◆ や 行 ◆

優先的証拠調べ	79
郵便物に関して知り得た他人の秘密	340, 397
要因規範論	220, 242
抑止	155-157, 159, 166, 167, 191, 225, 240, 335-338, 347

◆ ら 行 ◆

令状主義	306
ローカル・ルール	101, 138, 142, 144-146, 214

◆ わ 行 ◆

ワーク・プロダクト	114, 115, 128, 129, 147

〈著者紹介〉

酒井 博行（さかい・ひろゆき）

1976年　佐賀県佐賀市生まれ
1999年　九州大学法学部卒業
2002年　九州大学大学院法学府修士課程修了
2004年　九州大学大学院法学府博士後期課程中退
　　　　同年より，北海学園大学法学部講師，同准教授を経て
2017年　北海学園大学法学部教授（現在に至る）

〈主要著作〉

本書に収録した論稿のほか
『民事訴訟の計量分析（続）』（共著，商事法務，2008年）
『新基本法コンメンタール民事訴訟法1』（共著，日本評論社，2018年）
「民事訴訟手続過程における弁護士の行為規律の実効化手段に関する一考察」
　北海学園大学法学研究42巻1号（2006年）
「弁護士会照会に対する報告義務の判断構造」高橋宏志先生古稀祝賀論文集
『民事訴訟法の理論』（有斐閣，2018年）

学術選書
146
民事訴訟法

✿ ✾ ✿

民事手続と当事者主導の情報収集

2018（平成30）年12月25日　第1版第1刷発行

著　者　酒　井　博　行
発行者　今井　貴　稲葉文子
発行所　株式会社 信山社
〒113-0033　東京都文京区本郷6-2-9-102
Tel 03-3818-1019　Fax 03-3818-0344
info@shinzansha.co.jp
笠間才木支店　〒309-1611　茨城県笠間市笠間515-3
笠間来栖支店　〒309-1625　茨城県笠間市来栖2345-1
Tel 0296-71-0215　Fax 0296-72-5410
出版契約2018-6746-4-01010 Printed in Japan

Ⓒ 酒井博行, 2018　印刷・製本／亜細亜印刷・牧製本
ISBN978-4-7972-6746-4 C3332　分類327.215-a015民事訴訟法・法社会学

JCOPY　〈（社）出版者著作権管理機構　委託出版物〉
本書の無断複写は著作権法上での例外を除き禁じられています。複写される場合は，
そのつど事前に，（社）出版者著作権管理機構（電話 03-5244-5088, FAX03-5244-5089,
e-mail:info@jcopy.or.jp）の許諾を得てください。

法律学の森シリーズ

変化の激しい時代に向けた独創的体系書

大村敦志　フランス民法

戒能通厚　イギリス憲法〔第2版〕

新　正幸　憲法訴訟論〔第2版〕

潮見佳男　新債権総論Ⅰ　民法改正対応

潮見佳男　新債権総論Ⅱ　民法改正対応

小野秀誠　債権総論

潮見佳男　契約各論Ⅰ

潮見佳男　契約各論Ⅱ（続刊）

潮見佳男　不法行為法Ⅰ〔第2版〕

潮見佳男　不法行為法Ⅱ〔第2版〕

藤原正則　不当利得法

青竹正一　新会社法〔第4版〕

泉田栄一　会社法論

芹田健太郎　国際人権法

小宮文人　イギリス労働法

高　翔龍　韓国法〔第3版〕

豊永晋輔　原子力損害賠償法

―――信山社―――

各国民事訴訟法参照条文　三ケ月章・柳田幸三 編

民事訴訟法旧新対照条文・新民事訴訟規則対応
　日本立法資料全集編集所 編

民事裁判小論集　中野貞一郎 著

民事手続法評論集　石川 明 著

民事訴訟法〔明治23年〕　松本博之・徳田和幸 編著
　日本立法資料全集本巻

破産法比較条文の研究　竹下守夫 監修
　　　　　加藤哲夫・長谷部由起子・上原敏夫・西澤宗英 著

民事手続法の現代的機能　石川明・三木浩一 編

国際的民事紛争と仮の権利保護　野村秀敏 著

民事訴訟法判例研究集成　野村秀敏 著

手続保障論集　本間靖規 著

倒産法　三上威彦 著

〈概説〉倒産法　三上威彦 著

法学六法
池田真朗・宮島司・安冨潔・三上威彦・三木浩一・小山剛・北澤安紀 編集代表

信山社